HISTOIRE

DE

LA TERREUR

PARIS. — IMPRIMERIE DE J. CLAYE

RUE SAINT-BENOÎT, 7

HISTOIRE

DE

LA TERREUR

1792-1794

D'APRÈS DES DOCUMENTS AUTHENTIQUES

ET INÉDITS

PAR

M. MORTIMER-TERNAUX

TOME QUATRIÈME

PARIS

MICHEL LÉVY FRÈRES, LIBRAIRES ÉDITEURS

RUE VIVIENNE, 2 BIS, ET BOULEVARD DES ITALIENS, 15

A LA LIBRAIRIE NOUVELLE

1864

Tous droits réservés

HISTOIRE

DE

LA · TERREUR

LIVRE XIV

LES ÉLECTIONS CONVENTIONNELLES.

I.

Au lendemain des journées de septembre, Paris présentait tous les symptômes d'une complète désorganisation sociale.

Avez-vous assisté à un phénomène singulier, qui se produit parfois dans certaines villes du Nord? Tout à coup, au milieu du jour, une brume épaisse les envahit et les plonge dans une obscurité profonde. Toute activité, toute vie s'arrête instantanément. Vous êtes pris au dépourvu, vous comprenez que vous ne pouvez plus compter sur les secours que la civilisation accumule autour de vous dans les temps ordinaires. En vain vous appelleriez à votre aide voisins, amis, parents : les ténèbres interceptent le son et la lumière; on ne voit plus, on n'entend plus. Vous sentez vos forces paralysées par une frayeur insurmontable, vous n'osez faire un pas ni en avant ni en arrière; car vous ignorez le danger que vous pouvez rencontrer, vous vous sentez incapable de le prévenir ou de l'éviter. Accoutumés à vivre dans l'obscurité des nuits, les malfaiteurs profitent de la circonstance pour exercer leur métier avec plus de sécurité; ils dévalisent les passants, forcent les maisons et font main basse sur tout ce qui est à leur convenance.

La lumière du soleil éclairait la capitale de la France, mais ses habitants étaient moralement plongés dans d'épaisses ténèbres; tous les liens sociaux étaient détendus; les idées du juste et de l'injuste flottaient, confuses et indécises, dans les consciences obscurcies. On ne savait auprès de quelle autorité chercher aide et assistance; on était livré à ses seuls instincts, on ne pensait qu'à sa sûreté personnelle; nul n'était assuré, même pour un instant, de sa propriété, de sa liberté, de sa vie. Le crime, sous toutes les formes, régnait en maître absolu dans la métropole des arts et de la civilisation. Paris se sentait retomber à l'état sauvage [1].

Les assassins qui avaient *travaillé* dans les prisons, leurs amis et complices qui étaient accourus des villes environnantes, les voleurs qui ne tuent pas, mais qui épient les tueries comme les corbeaux épient les batailles,

---

1. C'est l'expression dont se sert M. Michelet, *Histoire de la Révolution*, tome IV, p. 249.

les filous qui, d'ordinaire, se contentent de dépouiller les vivants, mais à l'occasion ne se font aucun scrupule de dépouiller les morts, tous ces misérables enfin qui hantent les bouges malfamés et ne vivent que d'industries inavouées, se donnaient libre carrière. L'écume de la civilisation montait à la surface et semblait avoir tout envahi.

L'armée du mal existe à l'état latent dans les grandes villes, principalement dans celles qui sont depuis longtemps le théâtre de crises révolutionnaires; mais, en ce moment, cette armée antisociale se trouvait naturellement doublée par les bandits que les envahisseurs des prisons s'étaient empressés de relaxer et de s'adjoindre. Paris, pendant plus de huit jours, fut littéralement abandonné aux voleurs. Les citoyens paisibles, ne se sentant plus protégés, n'osaient se protéger eux-mêmes; aucune résistance individuelle n'était opposée aux tentatives des malfaiteurs, dont l'impunité toujours croissante augmentait sans cesse et le nombre et l'audace.

On vit en plein jour se produire ce fait inouï : des groupes d'individus arrêtant les passants dans les rues, sur les places et sur les boulevards les plus fréquentés, leur prenant leur bourse, leur montre, leurs bagues. Ces brigandages s'exécutaient avec une certaine régularité. Des hommes apostés proclamaient tout haut que les bijoux étaient devenus inutiles, que chacun était tenu de déposer ceux qu'il possédait sur l'autel de la patrie, afin qu'ils fussent fondus, transformés en numéraire et employés à couvrir les frais de la défense nationale. Survenaient d'autres individus, porteurs de balances, qui, mettant aussitôt en pratique les théories de leurs affidés, pesaient gravement les objets dont ils s'emparaient et en délivraient un reçu aux victimes. Ces méfaits ne se passaient pas seulement dans les quartiers que leur renom aristocratique exposait à être le théâtre de pareils *actes de civisme*. Les dépouillés n'étaient pas toujours ces suspects bien mis contre lesquels, suivant la morale maratiste, tout pouvait être permis, puisqu'ils étaient présumés désirer le triomphe des ennemis de la patrie. Les collecteurs de cet impôt somptuaire d'un nouveau genre opéraient sur le boulevard du Temple et à la Halle, sur les ouvriers comme sur les messieurs, sur les marchandes de légumes ou de poisson comme sur leurs pratiques; aux barrières, sur les laitières et sur les maraîchers. La saisie se pratiquait avec une telle brutalité que plusieurs femmes eurent les oreilles arrachées, parce qu'elles ne livraient pas assez vite leurs boucles d'or ou d'argent.

Quelques jours après, un autre crime vint révéler l'absence de toute espèce de police; des voleurs émérites, presque tous mis en liberté par les massacreurs, préparèrent, avec une rare habileté, un coup de main sur le garde-meuble de la couronne. Ce dépôt était alors établi dans une des dépendances du monument qui était et qui est encore affecté au ministère de la marine, au coin de la rue Saint-Florentin et de la place Louis XV. Durant la nuit du 16 au 17 septembre, tandis que de faux gardes nationaux se tenaient en observation sur la place et dans les rues voisines, le reste de la bande escalada la colonnade, força les croisées, enfonça les portes et les armoires, enfin saisit, parmi les richesses royales entassées, tout ce qui se trouvait d'un transport facile[1].

[1]. Montagnards et Girondins se renvoyèrent, à l'occasion de ce vol, les accusations les plus acrimonieuses et les plus mal fondées. Les Girondins prétendirent que leurs adversaires l'avaient fait exécuter par leurs affidés pour solder ce qui était dû aux assassins de septembre. Nous avons prouvé dans le volume précédent qu'ils n'avaient pas besoin de recourir à ce moyen pour se procurer de l'argent. Les visites domiciliaires et les violations de dépôts les avaient nantis de tout ce qui pouvait leur être nécessaire à cet égard. Marat et ses amis lancèrent de leur côté des insinuations contre la probité de Roland qui, comme ministre de l'intérieur, avait le garde-meuble sous sa responsabilité. Quelques-uns des voleurs et de leurs complices furent arrêtés et jugés par le tribunal du 17 août. Les débats prouvèrent (nous en avons eu toutes les pièces entre les mains) qu'il avait été tout simplement commis par des individus sortis récemment des prisons et qui avaient voulu fêter leur délivrance par une audacieuse déprédation. Plusieurs condamnations à mort furent prononcées, parce que, d'après les déclarations du jury, le vol devait être considéré comme le résultat d'une conspiration tendant à spolier la République à force ouverte. Huit au moins des condamnés furent exécutés entre le 16 octobre et le 11 novembre 1792.

Tant que dura la Terreur, les démagogues parurent attribuer une grande importance à ce que le vol du garde-meuble ne cessât pas d'être considéré comme une affaire politique. C'est pourquoi le tribunal criminel de Paris refusa, en prairial an II, de juger un nommé Duvivier, ancien commis du ministère de la guerre, accusé de complicité dans la soustraction d'un chétif mobilier, marqué aux armes royales. Ce malheureux fut renvoyé devant le tribunal révolutionnaire qui le condamna à mort, comme « convaincu d'avoir aidé et facilité le vol fait, en 1792, au garde-meuble, *des diamants de la Couronne*, pour fournir de secours aux ennemis coalisés contre la France. » Ce qui était matériellement faux, puisque, d'après les pièces du procès, Duvivier n'avait eu aucune espèce de rapport avec les voleurs du 17 septembre, et que les objets dont il s'était trouvé détenteur n'étaient rien moins que des diamants, mais bien une couchette et des matelas!

II.

Le trouble et la confusion n'étaient pas seulement dans la rue, ils étaient aussi et plus encore dans les esprits. La presse, dont la mission sainement entendue est de défendre le faible et l'opprimé, d'éclairer les masses et d'adoucir les mœurs, n'était pas même restée muette et atterrée comme l'immense majorité de la population parisienne; elle avait applaudi aux massacres, elle avait cherché des excuses, des justifications aux crimes qui s'étaient perpétrés sous ses yeux. Les journaux girondins, pour la plupart, ne se montrèrent pas moins lâches à l'égard des assassins, pas moins infâmes à l'égard des victimes que les feuilles de Marat et de ses imitateurs. Ils croyaient qu'en flattant les passions de la tourbe ils conserveraient cette popularité qu'ils s'étaient acquise en déblatérant à tout propos contre les royalistes et les constitutionnels, cette popularité que de nouveaux venus leur disputaient déjà et allaient bientôt leur ravir[1].

Cependant l'Assemblée législative semblait avoir honte d'elle-même; elle commençait à comprendre qu'elle avait failli à son devoir le plus sacré en n'allant pas se présenter tout entière aux égorgeurs et les adjurer

---

1. Nous avons réuni à la fin du volume les jugements émis sur les journées de septembre par les journaux du temps et par quelques contemporains illustres. Nous avons voulu ainsi fournir à nos lecteurs le moyen de juger entre notre opinion et celle des hommes qui ont cru devoir excuser ces exécrables événements.

d'inaugurer, par le meurtre en masse de la représentation nationale, le triomphe de l'anarchie et l'anéantissement de toutes les lois divines et humaines. Ayant conscience de la tache éternelle qui, aux yeux de l'histoire, devait souiller les derniers mois de son existence, elle gardait contre la Commune de Paris la rancune dont s'arme la faiblesse vis-à-vis de la violence qui l'a maîtrisée et déshonorée. Cette rancune, elle attendait pour l'exhaler une occasion favorable; l'initiative de quelques citoyens courageux ne tarda pas à la faire naître.

Plusieurs sections, où les honnêtes gens étaient parvenus à ressaisir la majorité, se déclarèrent, dans des délibérations solennelles, prêtes à suppléer par elles-mêmes à l'impuissance des autorités pour le maintien de l'ordre et le rétablissement de la sécurité publique. Elles proposèrent de former, entre elles et en dehors de toute organisation municipale, une confédération dans le but de se garantir mutuellement contre le retour des saturnales qui venaient d'ensanglanter Paris. Elles prirent sous leur protection spéciale les signataires des pétitions des huit mille et des vingt mille, auxquels chaque jour les ultra-révolutionnaires prédisaient le sort des malheureux prisonniers de la Force et de l'Abbaye; elles demandèrent qu'il fût fait un *auto-da-fé* des originaux de ces pétitions, qui avaient été déposés à l'Assemblée nationale.

Les sections du Mail, du Marais et des Lombards, qui eurent l'initiative de cette mesure, s'adressèrent en même temps à la Législative et à la Commune; mais leur pétition reçut de ces deux autorités un accueil bien différent. Le conseil général, fidèle aux inspirations de son oracle Robespierre, refusa net d'y faire droit, parce qu'il était imprudent (ce sont les termes mêmes du procès-verbal) *de se laisser aller à un tolérantisme capable de perdre la chose publique.* La Législative, au contraire, sur la proposition du montagnard Choudieu et des girondins Larivière et Brissot, rendit le décret suivant :

« L'Assemblée nationale, considérant qu'au moment
« où tous les Français prennent les armes pour la dé-
« fense de la liberté et de l'égalité, tous les sentiments
« doivent se confondre dans le seul amour de la patrie, et
« les haines particulières s'anéantir, décrète que l'origi-
« nal de la pétition dite des vingt mille, et celui de la
« pétition dite des huit mille, et autres pétitions sem-
« blables, seront brûlés.

« L'Assemblée nationale invite tous les citoyens qui
« auront ces listes imprimées à les anéantir, et déclare
« ennemis de l'union fraternelle qui doit régner désor-
« mais entre tous les Français ceux qui voudraient
« donner quelque effet à ces listes. »

Mais cet appel à l'oubli et à l'union fut peu entendu. De nombreux exemplaires des fatales pétitions se conservèrent dans les archives de la démagogie ; elles se retrouvèrent plus tard pour servir de listes de proscription contre ceux qui avaient eu la naïveté de croire à l'amnistie solennellement décrétée par la Législative.

III.

L'Assemblée semblait vouloir profiter des derniers jours de son existence pour réparer quelque peu le mal qu'elle avait laissé commettre par son impéritie et sa pusillanimité. Le ministre de l'intérieur aidait dans la mesure de ses forces à cette réaction encore bien timide; il venait chaque jour apporter à la tribune ses doléances sur les attentats aux personnes et aux propriétés qui, dans un grand nombre de départements, suivaient de près l'apparition de certains hommes partis de Paris et revêtus du titre de commissaires extraordinaires. Or, par une singularité bien digne de ce temps d'effroyable anarchie, les hommes que dénonçait Roland étaient porteurs de pouvoirs signés et expédiés par lui-même. Vers la fin d'août, l'Assemblée avait autorisé le pouvoir exécutif à envoyer dans les départements des agents chargés de presser la formation des nouveaux bataillons de gardes nationaux et de pourvoir aux besoins de la défense nationale. Danton s'était fait donner la mission de choisir ces agents[1]; ses préférences étaient natu-

---

[1]. L'ineptie de Roland dans cette circonstance est constatée par le passage suivant des *Mémoires* de sa femme, p. 64 : « On avait imaginé, comme l'une des premières mesures à prendre par le conseil, l'envoi dans les départements de commissaires chargés d'éclairer sur les événements du 10 août, etc. Dès qu'il fut question de leur choix en même temps que de la proposition de leur envoi, Roland demanda jusqu'au lendemain pour réfléchir aux sujets qu'il pourrait indiquer : — Je me charge de tout, s'écria Danton, la Commune de Paris nous

rellement tombées sur les apôtres les plus fervents des doctrines maratistes. Par des retards calculés, il les avait retenus à Paris jusqu'au 4 ou 5 septembre, de manière qu'ils pussent emporter avec eux la circulaire du comité de surveillance par laquelle les autorités des départements étaient invitées à imiter l'exemple de Paris, c'est-à-dire à exterminer d'un seul coup tous les ennemis de la patrie [1].

Ces individus voyageaient aux frais de l'État, dans des voitures confisquées sous toutes sortes de prétextes. La plupart avaient en poche deux commissions : l'une, ostensible, signée de Roland et de ses collègues, leur confiait le droit de réquisition et était accompagnée d'instructions parfaitement avouables [2]; l'autre, émanée du comité de surveillance de la Commune, leur donnait

fournira d'excellents patriotes! Le lendemain il arrive au conseil avec les commissions toutes dressées. Il ne s'agit plus que de les remplir des noms qu'il présente et de signer. On examine peu, on ne discute point et on signe. Voilà donc un essaim d'hommes peu connus, intrigants de sections ou brouillons de clubs, patriotes par exaltation et encore plus par intérêt, mais très-dévoués à Danton leur protecteur et facilement épris de ses mœurs et de sa doctrine licencieuses, les voilà représentants du conseil exécutif dans les départements!.»

Nous avons réuni dans une note spéciale à la fin de ce volume les documents que nous avons pu trouver sur la manière dont les commissaires du pouvoir exécutif et les commissaires de la Commune, nommés dans les mois d'août et de septembre 1792, remplirent leur mission, et sur les débats auxquels l'arrestation de plusieurs d'entre eux par les autorités de certains départements donna lieu au sein de la Convention.

1. Nous avons donné le texte de cette circulaire, tome III, page 308.
2. Voir le modèle de ces commissions, tome III, p. 349.

l'ordre de faire réimprimer et de répandre, par la voie de l'affichage ou autrement, la trop fameuse circulaire. Naturellement ils ne manquaient pas d'en prêcher les doctrines et de soulever, partout où ils passaient, les passions les plus désordonnées, les appétits les plus brutaux. Ils déclaraient ouvertement qu'il n'existait plus de loi, que chacun était maître, puisque le peuple était souverain ; que chaque fraction de la nation pouvait prendre les mesures qui lui conviendraient au nom du salut de la patrie ; qu'on avait le droit de taxer les blés, de les saisir dans les granges des laboureurs, de faire tomber les têtes des fermiers qui refuseraient d'amener leurs grains sur les marchés[1]. De la main-mise sur les récoltes à la doctrine du partage des terres, à la loi agraire, il n'y avait qu'un pas : il fut bientôt franchi, et les doctrines les plus subversives de tout ordre social furent ouvertement prêchées.

Outre-passant leurs pouvoirs, les commissaires du pouvoir exécutif et de la Commune de Paris se mirent à destituer de leur seule autorité les magistrats élus par le peuple, à créer des comités de surveillance qu'ils investissaient d'une autorité supérieure à celle de toutes les administrations et de toutes les magistratures. Semblables à ces insectes que produit la terre après la tem-

---

1. Nous copions presque textuellement un rapport fait, le 6 novembre 1792, par Fauchet, à la Convention nationale, sur la mission de certains de ces commissaires. Ce rapport fut imprimé par ordre de l'Assemblée à un très-grand nombre d'exemplaires pour être envoyé aux départements et aux sociétés populaires, preuve évidente qu'elle lui donnait sa complète approbation.

pête¹, ils semblaient, par leur apparition, faire surgir des myriades d'êtres plus malfaisants encore. Leur passage était partout signalé comme une véritable calamité publique. Cette nouvelle plaie d'Égypte paraissait ne devoir épargner aucun département, car dans tous il y avait des déprédations à commettre, des proscriptions à édicter.

Un des plus importants objets de la mission qui leur avait été confiée par Danton et ses amis était d'exercer une pression révolutionnaire sur les corps électoraux alors tous réunis pour choisir les députés à la future Convention. Dans chaque chef-lieu où se tenait une assemblée électorale, ils s'empressaient de se mettre en rapport avec les plus purs Jacobins, que leur avait désignés d'avance la société mère de Paris et auprès desquels ils étaient secrètement accrédités. Ils leur indiquaient les candidats qu'il fallait soutenir, ceux qu'il fallait écarter, et, selon l'exemple que nous verrons donner par l'assemblée électorale de Paris, ils s'efforçaient de faire prévaloir, contrairement à la loi, le système du vote à haute voix, grâce auquel, en plus d'un endroit, la majorité *terrorisée* laissa passer les candidats de la minorité *terrorisante*.

Du reste, ces étranges agents du pouvoir exécutif ne cessaient de diffamer les ministres dont ils tenaient leurs commissions. Ils n'exceptaient de leurs anathèmes que Danton, en qui seul, disaient-ils, les vrais patriotes avaient confiance. Partout où ils passaient, ils répétaient que les mauvais députés ne seraient point

---

¹ Cette expression est de Vergniaud, séance du 17 septembre 1792.

acceptés, qu'on saurait se défaire de ceux qui ne marcheraient pas dans le sens de la Commune de Paris.

Aussitôt que Roland avait été averti des hauts faits de ces commissaires, il refusa de signer les passe-ports de ceux d'entre eux qui n'avaient pas profité, pour quitter Paris, du premier moment de trouble et de confusion. Mais le ministre de la justice, qui exerçait une sorte de fascination sur ses autres collègues, s'embarrassa peu de ce refus tardif et n'en continua pas moins de leur faire signer les commissions qu'il apportait au conseil toutes préparées. S'apercevant de l'inutilité de son opposition muette, et enhardi par les plaintes qui commençaient à arriver des départements[1], Roland se détermina à venir, le 17 septembre, faire à l'Assemblée cette incroyable confession :

« Je me repens d'avoir signé dans le conseil des commissions sans connaître ceux à qui je les donnais; non que je veuille inculper les intentions de quiconque a choisi les personnes, mais parce qu'on a pu se tromper avec de bonnes intentions, ainsi qu'il le paraît par les plaintes auxquelles plusieurs de ces commissaires ont donné lieu. Je le déclare ici, pour infirmer autant qu'il

---

1. La ville d'Amiens signala la première à l'Assemblée l'infâme circulaire du comité de surveillance. Les autorités d'autres départements eurent le courage d'arrêter quelques-uns de ces apôtres du pillage et de l'assassinat et de les faire reconduire à Paris par la gendarmerie, de brigade en brigade. La municipalité de Quimper notamment mit la main sur l'un des émissaires du comité de surveillance, Royou, dit Guermeur, et le retint prisonnier jusqu'au commencement du mois de mars 1793. (Voir, à la fin du volume, la note sur les commissaires.)

est en moi, la portion de confiance que pourrait faire accorder ma signature à ceux qui se trouveraient capables d'en abuser. »

Mazuyer, Kersaint, Vergniaud font ressortir tour à tour l'importance de la déclaration ministérielle et tonnent contre la Commune de Paris d'où est parti le signal de tous les désordres qui déshonorent la France. « La Commune continue le système de terreur qui lui a si bien réussi, s'écrie Mazuyer ; les prisons s'emplissent de nouveau sans que l'on sache la plupart du temps qui a délivré des mandats d'arrêt ; les richesses accumulées dans les maisons d'émigrés, dans les Tuileries, sont livrées au pillage ; tout ce qui peut tenter la cupidité d'un agent subalterne est mis en réquisition et disparaît sans qu'on puisse en retrouver la trace dans le moindre procès-verbal ; des ressources précieuses sont gaspillées sans profit pour la nation ; les moyens de défense sont annihilés ; Paris et la France sont livrés aux folies les plus absurdes comme à la plus insatiable avidité. Il faut qu'une loi décide si la nation française est souveraine ou si c'est la Commune de Paris. »

Kersaint veut que la Commune usurpatrice réponde sur la tête de chacun de ses membres de la sûreté des prisonniers. Vergniaud s'élève « contre les hommes hypocrites et féroces tout à la fois qui prêchent les délations infâmes, les arrestations arbitraires, l'oubli des lois, en un mot l'anarchie générale, contre ces hommes qui aristocratisent la vertu et démocratisent le vice pour perdre l'une et déifier l'autre. » Puis, il lit au milieu de l'indignation générale le texte même de la circulaire du comité de surveillance qui avait été tenue secrète à Paris pendant qu'elle était répandue à profusion dans les provinces, et termine ainsi son réquisitoire contre les dictateurs de l'Hôtel de Ville :

« Les citoyens de Paris osent se dire libres. Ah! ils ne sont plus, il est vrai, esclaves des tyrans couronnés, mais ils le sont des hommes les plus vils et les plus scélérats. Il est temps de briser ces chaînes honteuses, d'écraser cette nouvelle tyrannie. Il est temps que ceux qui auront fait trembler les hommes de bien tremblent à leur tour. Apprenez à l'Europe que, malgré les calomnies dont on cherche à flétrir la France, il est encore, au sein même de l'anarchie momentanée où des brigands nous ont plongés, il est encore dans notre patrie quelques vertus. Périsse l'Assemblée nationale et sa mémoire si elle épargne un crime qui imprimerait une tache au nom français! Périsse l'Assemblée nationale et sa mémoire si sur nos cendres nos successeurs peuvent établir une constitution qui assure le bonheur de la France et consolide le règne de la liberté et de l'égalité! »

Ces magnifiques paroles galvanisent l'Assemblée; saisie d'un élan spontané, elle se lève et répète avec Vergniaud : « Oui, périssons tous, périsse notre mémoire, et que la France soit libre! »

Aussitôt est proposée et votée, par acclamation unanime, toute une série de décrets, par lesquels il est déclaré :

1° Que les commissaires du pouvoir exécutif sont tenus de se renfermer strictement dans les bornes des pouvoirs qui leur ont été donnés, d'exhiber ces pouvoirs à toutes les autorités constituées ; que, s'ils s'y refusent ou s'ils se permettent des réquisitions et des actes abusifs, ils devront être sur-le-champ arrêtés par les ordres des autorités constituées, à charge par celles-ci d'en donner avis, sans délai, au pouvoir exécutif qui en instruira l'Assemblée nationale ;

2° Que les suspensions et les destitutions qu'ils pourraient avoir prononcées, doivent être considérées comme nulles et non avenues ;

3° Que le pouvoir exécutif est tenu de rappeler à l'instant même ceux de ces commissaires contre lesquels il est parvenu des plaintes fondées et de leur faire rendre compte de leur conduite ;

4° Que les municipalités ne peuvent ni donner d'ordre, ni envoyer de commissaires, ni exercer aucune fonction municipale que dans l'étendue de leur territoire ;

5° Qu'il est défendu à tous corps administratifs ou militaires comme à tout citoyen d'obéir aux réquisitions faites par des commissaires envoyés par une municipalité hors des limites de sa compétence ;

6° Que si, à partir de ce jour, de prétendus commissaires font de pareilles réquisitions, ils devront être poursuivis comme coupables d'offense et de rébellion aux lois ;

7° Que le ministre de l'intérieur et le commissaire de la trésorerie nationale rendront compte, dès le lendemain, de l'exécution de la loi qui les charge de recevoir tous les effets d'or et d'argent et tous les bijoux provenant des églises, maisons dites royales ou particulières, qui ont dû leur être remis par les représentants de la Commune de Paris, commissaires de sections ou particuliers.

IV.

Le ministre de l'intérieur venait d'avouer son impuissance et son impéritie. Il était dit que ce jour-là l'Assemblée devait entendre des aveux du même genre de la part d'un magistrat chargé, lui aussi, d'une immense responsabilité. A peine Vergniaud est-il descendu de la tribune[1] que Pétion paraît à la barre, conduisant une nombreuse députation du conseil général de la Commune.

Il commence sa harangue par cette phrase d'une solennité ridicule : « Ma tête a toujours été dévouée à la liberté de mon pays ; elle tombera avant que le maire de Paris cesse de remplir ses devoirs. » Il énumère avec complaisance tous les efforts qu'il a faits pour le rétablissement de l'ordre. Il cherche à faire admettre une distinction entre le conseil général et le comité de surveillance, auquel seul il faut imputer les derniers mandats d'amener dont l'Assemblée nationale s'est émue à si juste titre. Il déclare, comme Roland l'avait fait avant lui, qu'il est sans pouvoir et sans force ; il avoue avec douleur qu'il est toujours le dernier instruit de tout ce qui se passe. Son discours se termine par une phrase où achève de se révéler ce personnage chez lequel la dupli-

---

1. *Journal des Débats et Décrets*, séance du 17 septembre, n° 357, p. 326.

cité n'excluait pas la niaiserie : « Tout ce que je désire, c'est d'être averti avant que les forfaits commencent; car, lorsqu'ils sont commencés, on ne sait plus où placer la force publique, on ne sait quel usage en faire, quel langage tenir, quels moyens employer, et le crime se consomme. »

Le président, c'était le courageux Dubayet, congédie Pétion et la députation de la Commune par ces quelques paroles : « L'Assemblée qui a détruit le despotisme et qui résiste encore aux tyrans de l'Europe, saura bien affronter les poignards de quelques scélérats ! »

Le conseil général était averti, et par les décrets rendus coup sur coup contre ses commissaires et par l'accueil que la députation venait de recevoir à l'Assemblée. Il comprit qu'il était plus que temps de séparer définitivement sa cause de celle de son comité de surveillance.

Dès le lendemain du jour où le président de l'Assemblée nationale avait si vertement admonesté le maire et les municipaux qui l'accompagnaient, le conseil général, dans une séance extraordinaire présidée par Pétion en personne, mande à sa barre Panis, celui-là même qui s'était permis un si étrange abus de pouvoir en introduisant, de sa seule autorité, dans le comité de surveillance, des membres qui ne faisaient partie ni de la nouvelle ni de l'ancienne municipalité. Panis essaye de tenir tête à l'orage. Il se déclare prêt à présenter la justification complète du comité et à prouver que ses collègues et lui n'ont jamais cessé d'être animés et dirigés par le plus pur patriotisme.

Pétion lui répond. Mais, fidèle à ses habitudes de

ménager tous les partis et de changer de langage en changeant d'auditoire, il n'est pas, à beaucoup près, aussi explicite qu'il l'a été la veille devant l'Assemblée nationale. Il ne demande pas mieux que de rejeter sur une impérieuse nécessité toutes les illégalités que l'on peut reprocher au Comité. Il se hasarde seulement à exprimer le regret que Panis et ses collègues aient pris Marat pour collaborateur. C'était la première fois qu'à ce nom, jusque-là toujours applaudi dans cette enceinte, s'attachaient des paroles de blâme. Aussi Pétion s'arrête-t-il un moment pour voir comment ses paroles seront accueillies.

Aucun murmure, aucune protestation ne se fait entendre. Pétion enhardi ajoute : « Ce Marat est un fou atrabilaire ou le plus grand ennemi de la liberté. »

La réaction qui s'opérait dans la masse de la population parisienne et même dans l'auditoire habituel qui garnissait la salle des séances de la Commune était déjà si accentuée, que de vifs applaudissements accueillent ces paroles.

Pétion, de plus en plus rassuré, croit donc pouvoir généraliser un peu plus ses reproches et s'élever contre « le triomphe éphémère de ces prétendus patriotes, qui, n'ayant aucune responsabilité, agitent le peuple sans cesse et entretiennent ses défiances. En quel état affreux se trouverait Paris, ajoute-t-il, si les gens riches fuyaient loin de ses murs, si la Convention nationale, craignant d'y faire son séjour, entraînait avec elle dans une autre ville et le conseil exécutif et tous les bureaux, changeait ainsi le centre de toutes les affaires et de toutes les personnes dont le concours alimente cette ville immense? »

Panis ne croit pas devoir réfuter ces dernières considérations, mais il tente un effort suprême pour défendre son ami. « Marat est un homme extraordinaire, dit-il, hors de la règle commune ; il ne dort point, il est sans cesse occupé de la chose publique ; son expérience, ses connaissances très-étendues, lui ont fait prédire tout ce qui est arrivé. Avec une âme brûlante, une imagination vive et toujours tendue vers le même objet, est-il étonnant qu'il dise des choses extraordinaires ! Mais il serait le premier à couvrir de son corps le plus criminel des aristocrates. *Il a provoqué les vengeances les plus terribles,* mais c'était pour effrayer les scélérats, pour qu'une crainte salutaire les détournât de leurs affreux projets... Au reste, dans le sein du comité de surveillance, *jamais Marat n'a eu d'influence particulière, jamais son avis n'a prévalu sur celui d'aucun autre patriote.* »

Le conseil coupe court à cette discussion et se hâte d'adopter deux arrêtés préparés d'avance, et au moyen desquels il espère donner le change et à l'Assemblée législative, qui n'a plus que quelques jours à vivre, et à la Convention, qui va lui succéder.

Par le premier de ces arrêtés, il déclare que :

« Ceux des membres adjoints au comité de surveillance qui n'ont point été nommés par leur section, ne peuvent revêtir de leur signature aucun des actes de l'autorité publique émanés de ce comité. »

Par le deuxième :

« Il reconnaît lui-même qu'il importe à la chose

publique que les affaires reprennent leur cours ordinaire ; qu'il y a lieu par conséquent de présenter une pétition à l'Assemblée, pour que, dès la semaine prochaine, les sections soient convoquées à l'effet de procéder au remplacement du maire, du procureur général de la Commune, et à l'organisation de la municipalité ; que les élections du conseil général qui devaient avoir lieu, d'après la loi, à la Saint-Martin prochaine, soient avancées ; que les officiers municipaux nommés au mois de novembre 1791 puissent être réélus cette fois seulement pour un an [1]. »

Ces votes, à première vue, semblaient être une concession à l'opinion publique ; en réalité ils consacraient une fois de plus l'usurpation commencée le 10 août et continuée depuis, grâce à la faiblesse de l'Assemblée législative.

En effet, en demandant à celle-ci d'avancer de six semaines environ les élections *de la moitié du conseil général,* la commune insurrectionnelle n'offrait pas un bien grand sacrifice, mais par cela même elle faisait confirmer, pour une année encore, les pouvoirs plus que contestables de l'autre moitié du conseil, et elle légalisait tout son passé.

---

[1]. Les détails de cette séance si curieuse sont très-peu connus. On ne comprend pas pourquoi MM. Buchez et Roux, qui ont extrait du registre des délibérations de la Commune tant de discussions peu importantes, ont complétement négligé celle-ci. On trouve dans le *Thermomètre du jour* (3ᵉ trimestre de 1792, p. 657) un extrait du discours de Pétion, sans doute envoyé par Pétion lui-même à son ami Dulaure ; la version du *Thermomètre* confirme pleinement le procès-verbal que nous avons suivi.

V.

Les Girondins comprirent cette fois ce qui était au fond de la proposition de la Commune ; leur réponse ne se fit pas attendre. Elle était contenue dans un projet de loi que Gensonné, au nom de la commission extraordinaire, vint soumettre à la sanction de l'Assemblée et qui fut immédiatement adopté sous ce titre :

Décret rendu pour le rétablissement de l'ordre et de la sûreté individuelle des citoyens dans la ville de Paris.

Ce décret, qui porte la date du 20 septembre, peut être considéré comme le testament politique de la Législative. En le lisant on sent à chaque ligne que l'Assemblée expirante a sondé toute la profondeur de l'abîme de misère et d'ignominie dans lequel elle est tombée ; qu'à sa dernière heure elle veut essayer au moins de préserver son héritière, la Convention, des mêmes dangers et de la même honte.

Les huit premiers articles du décret détaillent toutes les précautions à prendre pour la délivrance des cartes de sûreté dont chaque citoyen de Paris doit être tenu de se munir ; puis, sans transition et comme une conséquence du rétablissement de l'ordre, l'arrêt de mort de la Commune insurrectionnelle est libellé en ces termes :

« Il sera procédé à la réélection de tous les membres composant la municipalité de Paris et le conseil général de la Commune. Ces élections se feront suivant le mode prescrit par la loi de 1790. Elles commenceront dans le délai de trois jours après la publication de la loi et seront continuées sans interruption. »

En vertu des articles suivants, les mandats d'arrêt, dans les cas où la loi permettait à la municipalité de les décerner, devaient être désormais signés par le maire et quatre officiers municipaux ; dans les trois jours expédition en serait envoyée à l'Assemblée nationale avec l'énoncé des motifs qui les auraient nécessités ; tous les auteurs ou complices d'une arrestation arbitraire, outre la peine de six années de prison édictée par le Code pénal, devenaient passibles solidairement de dommages-intérêts en faveur des personnes arbitrairement détenues.

Enfin les articles 17 et 18 posaient pour la première fois les principes tutélaires de la liberté individuelle.

« Art. 17. L'asile du citoyen est déclaré inviolable,
« même au nom de la loi, durant la nuit. En consé-
« quence nulle perquisition ne pourra être faite dans la
« maison d'un citoyen d'un soleil à l'autre, hors le cas
« d'un coupable surpris et poursuivi en flagrant délit. »

« Art. 18. Hors le cas prévu par l'article précédent,
« tout citoyen dont on voudrait violer l'asile est autorisé
« à résister à une telle violence par tous les moyens qui
« sont en son pouvoir, et les auteurs d'une pareille ten-
« tative seront poursuivis à la requête de l'accusateur
« public comme coupables d'attentat à la liberté indivi-
« duelle. »

Ces principes n'ont pas cessé depuis 1792 d'être inscrits dans nos Codes. Si depuis cette époque ils ont été outrageusement violés, toutes les fois que le règne de l'arbitraire a remplacé celui de la loi ; si, dans ce pays, où depuis soixante-dix ans la responsabilité des agents du pouvoir n'a jamais pu être efficacement établie, ils n'ont pas été protégés par les garanties qui les consacrent chez d'autres peuples, ce n'est pas une raison pour nous montrer ingrats envers l'Assemblée qui les proclama la première. Après avoir flétri, comme elles le méritaient, les fautes et les défaillances de la Législative, nous sommes heureux d'avoir au moins à la louer de s'être souvenue, à sa dernière heure, qu'elle avait sa part de responsabilité dans les visites domiciliaires exécutées durant la nuit du 29 août, et qu'elle devait à l'humanité une réparation éclatante pour les effroyables attentats dont ces visites avaient été le prélude[1].

Le dernier article du décret du 20 septembre était ainsi conçu :

« Dans les villes où le corps législatif tiendra ses

---

[1]. Nous n'avons pas pu, sans interrompre notre récit, insister sur les derniers travaux purement législatifs de notre seconde Assemblée nationale. Citons au moins les principaux, ceux qui complètent l'œuvre de la Constituante et préparent, dans nos codes, celle de la Convention :

Du 11 août. — Suppression de la prime en faveur de la traite des noirs (mesure décisive pour arriver à l'abolition de l'esclavage).

Du 14 août au 14 septembre. — Plusieurs décrets sur les biens et usages communaux, en faveur des communes et des citoyens « dépouillés par l'effet de la puissance féodale. »

Du 16 août au 21 septembre. — Nombreux décrets éteignant les procès en matière féodale, supprimant sans indemnité certains droits ci-devant féodaux, convertissant d'autres droits fixes et casuels en rentes annuelles, remboursant les offices des justices seigneuriales, etc.

Du 16 août au 21 septembre. — Plusieurs décrets sur les primes et encouragements accordés au commerce; sur l'enregistrement et

« séances, l'ordre pour faire sonner le tocsin et tirer le
« canon d'alarme ne pourra être donné sans un décret
« du corps législatif. En cas de contravention au présent
« article, ceux qui auront donné cet ordre ou qui auront
« sonné le tocsin et tiré le canon d'alarme sans ordre
« seront punis de mort. »

Pourquoi, dans une loi spécialement destinée à régler la police de Paris, le législateur insérait-il un article qui

l'imposition des effets au porteur; sur les postes et courriers; sur le code monétaire, etc.

Du 19 août et du 7 septembre. — Décrets sur le tribunal de cassation.

Des 25 août et 2 septembre. — Décret qui interdit les substitutions et proclame l'égalité des successions.

Du 29 août. — Suppression de la régie générale des économats; des congrégations séculières et des confréries, etc.

Des 30 et 31 août. — Loi relative aux conventions faites entre les auteurs dramatiques et les entrepreneurs des spectacles.

Du 3 au 20 septembre. — Liquidation des dettes des ci-devant provinces et pays d'États.

Des 6 et 17 septembre. — Construction d'un canal de jonction du Rhône au Rhin.

Des 11 et 19 septembre. — Répartition des fonds destinés à récompenser les travaux et découvertes utiles à l'agriculture.

Des 15 et 18 septembre. — Liquidation et recouvrement des indemnités dues pour l'abolition des jurandes et maîtrises.

Des 17 et 18 septembre. — Décrets sur l'organisation de la marine (en deux titres); sur les aspirants entretenus par la marine, sur les officiers et sous-officiers.

Des 20 et 25 septembre. — Décret sur les causes, les modes et les effets du divorce (en quatre chapitres).

Du 20-21 septembre. — Décret qui détermine le mode de constater l'état civil des citoyens (en six titres).

Des 20 et 21 septembre. — Décret concernant la restitution des biens des religionnaires fugitifs.

prévoyait le cas où le siége du gouvernement serait transféré dans une autre ville? Pour répondre à cette question et pour comprendre toute la portée de la menace contenue dans cet article, il faut se reporter au discours prononcé la veille par le chef de la municipalité parisienne devant le conseil général.

Pétion venait de se démettre de ses fonctions de maire. Il était furieux contre les électeurs parisiens qui, après tous les gages qu'il avait donnés, tous les services qu'il avait rendus au parti démagogique, avaient, pour nous servir de ses propres expressions, *poussé l'oubli de toutes les convenances* jusqu'à lui préférer Robespierre, Danton et leurs amis. Secouant la poussière de ses souliers au moment de quitter l'Hôtel de Ville, où il avait trôné pendant une année entière, il avait tenu à montrer qu'il ne voulait plus rien avoir de commun avec l'ingrate cité qui, l'ayant adopté comme premier magistrat, à sa sortie de l'Assemblée constituante, ne s'était pas empressée de le mettre en 1792 à la tête de la députation conventionnelle. Il avait jusqu'alors louvoyé entre tous les partis, ménagé Montagnards et Girondins. Mais devant une pareille injure, dont il reportait avec raison la responsabilité à son ancien collègue et ami Robespierre, il oublia sa prudence ordinaire. Se jetant résolûment dans les bras de Brissot et de ses adhérents, il épousa leurs querelles et leurs antipathies.

Les Girondins n'étaient pas fédéralistes dans la véritable acception du mot. Ils n'avaient garde de rêver le démembrement de la France, comme on devait les en accuser injustement plus tard. Ils voulaient, comme leurs adversaires, l'unité et l'indivisibilité de la république. Seulement, ils se préoccupaient des moyens d'abattre la suprématie de cette grande cité où l'influence commençait à leur échapper; après s'être appuyés sur les démagogues parisiens pour renverser le trône de Louis XVI, ils voulaient briser l'instrument de leur triomphe, ou du moins le laisser à l'écart en transférant ailleurs le siége du gouvernement. C'était cette pensée qui s'était révélée à deux jours d'intervalle, à l'Hôtel de Ville par la bouche de Pétion, à la salle du Manége par celle de Gensonné, pensée qui, rappelée sans cesse et sous toutes les formes, devait plus que toute autre cause amener la chute du parti girondin. Car, à la longue, tous les citoyens de Paris, de quelque classe de la société qu'ils fissent partie, quelles que fussent d'ailleurs leurs opinions, devaient se sentir froissés, dans leur amour-propre comme dans leurs intérêts, en entendant chaque jour retentir à leurs oreilles la même menace. Dans tous les temps, mais particulièrement en temps de révolution, rien ne sert de menacer, il faut agir; c'est ce que ne surent jamais Brissot et ses amis; c'est ce que savaient Marat et ses adeptes.

Chaque jour les murs de Paris étaient couverts de nouveaux placards où *l'Ami du Peuple* prêchait le meurtre de tous ceux auxquels il soupçonnait le dessein de s'opposer à ses fureurs, et dénonçait d'avance aux vengeances populaires « ces hommes flétris par leur incivisme, ces hommes reconnus pour traîtres à leur patrie, ces hommes pervers, l'écume de l'Assemblée constituante et de l'Assemblée législative. » — « Français, s'écriait cet énergumène, qu'attendez-vous d'hommes de cette trempe? Ils achèveront de tout perdre... *si vous ne les livrez au glaive de la justice populaire* dès l'instant qu'ils viendront à manquer à leurs devoirs... Nous sommes trahis de toutes parts,... par les ministres, les corps administratifs, les officiers généraux, les commissaires des guerres et la *majorité pourrie de l'Assemblée nationale, centre de toutes les trahisons...* Il importe que la Convention nationale soit sans cesse sous les yeux du peuple, afin qu'il puisse la lapider si elle oublie ses devoirs [1]. »

C'était par ces cris de bête fauve que le promoteur des massacres de septembre saluait l'arrivée de la nouvelle assemblée. Il avait été désavoué par la Commune, dénoncé à la Législative, mis au ban de l'empire comme le plus exécrable des scélérats. Mais que lui importait? L'action des lois ne pouvait pas l'atteindre. Il était inviolable; il allait entrer triomphalement à la Convention, accompagné de deux des principaux membres du comité de surveillance, Panis et Sergent; du procureur et du substitut de la Commune, Manuel et Billaud-Varennes, qui avaient harangué les assassins de l'Abbaye; de Danton, de Camille Desmoulins et de Fabre d'Églantine, qui avaient si fraternellement secondé au ministère de la justice leurs amis de la mairie.

Aussi bien il est temps de faire connaître par quelle

---

1. *L'Ami du Peuple*, du 15 septembre, cité dans l'*Histoire parlementaire*, tome XVIII, p. 40 à 42.

série de violences et d'illégalités tous les héros du 2 septembre parvinrent à former cette trop fameuse députation de Paris qui était destinée à effrayer d'abord, à dominer ensuite la Convention.

VI.

Pour les élections conventionnelles, le système des deux degrés avait été maintenu par les décrets du 10 et du 12 août[1]. En conséquence, les assemblées primaires furent convoquées pour le dimanche 26 août, et les assemblées électorales pour le dimanche suivant 2 septembre. Les lois du 22 décembre 1789 et du 3 février 1790, relativement à la tenue de ces assemblées, n'avaient point été abrogées; seulement, la distinction constitutionnelle entre les citoyens actifs et les citoyens passifs ayant été supprimée, les corps électoraux du degré inférieur étaient composés de l'universalité des citoyens majeurs et domiciliés.

Déjà, avant la chute de la royauté et surtout après le 10 août, chacune des 48 sections de Paris avait, comme nous l'avons vu, pris les allures d'une assemblée souveraine et s'était habituée à exécuter ou modifier, selon son bon plaisir, les lois générales édictées par l'Assemblée législative. Dans une république la loi émanant de la volonté générale doit, avant tout, être uniformément appliquée et obéie; mais les sections parisiennes, donnant au principe

---

[1]. Voir page 342 du tome II, et p. 14 du tome III.

de la souveraineté populaire la plus singulière des interprétations, prétendaient que chaque assemblée primaire devait avoir la faculté d'exercer « la portion de souveraineté qui lui appartenait, de la manière qui lui paraissait la plus sage et la plus expéditive [1]. » A l'occasion des élections conventionnelles, leur esprit d'insubordination, soutenu et encouragé par le conseil général de la Commune lui-même, se manifesta avec plus d'éclat que jamais. Dès que les sections constituées en assemblées primaires eurent à s'occuper du choix des électeurs du deuxième degré, on les vit, sans le moindre égard pour les dispositions les plus formelles de la loi électorale, agiter dans un sens ultra-révolutionnaire les questions les plus graves. Celles qui eurent le privilége de passionner le plus grand nombre des sections furent :

L'abolition du mode d'élection à deux degrés ;

Le droit d'ostracisme à réserver aux assemblées primaires sur les choix faits par le corps électoral ;

Le vote à haute voix dans les assemblées du premier et surtout du deuxième degré.

Dès le 16 août, la première de ces questions avait été mise à l'ordre du jour par une délibération de la section de Montreuil, qui déclarait qu'elle était décidée à ne plus reconnaître « de corps électoral, » toutes les élections, notamment celles des députés à la Convention nationale, devant être faites directement par le peuple. Un certain nombre de sections adhérèrent à cette proposition, des

---

[1]. Ce sont les termes mêmes d'un arrêté de la section de la Fontaine de Grenelle, en date du 17 août.

commissaires furent nommés pour rédiger et présenter une adresse à l'Assemblée nationale; mais le rédacteur ordinaire de ces *notifications du peuple souverain*, Collot-d'Herbois, avait à peine achevé son œuvre, que l'on jugea prudent de n'en point faire usage. La grande croisade contre les élections à deux degrés s'arrêta tout d'un coup; on avait été averti que l'Assemblée législative ne se rendrait certainement pas à la première sommation, et qu'il ne serait pas prudent de passer outre après son refus, parce que des élections, faites d'après un mode si évidemment contraire au mode légal, seraient contestées et peut-être cassées par les élus du reste de la France. Les meneurs ne voulurent point courir cette chance et résolurent d'arriver à leurs fins en tournant la difficulté. Le point essentiel, c'était de faire arriver à la Convention les coryphées de la démagogie parisienne. Le mode importait peu, pourvu que l'on fût assuré du succès.

Les 48 sections parisiennes réunies en assemblées primaires comprenaient 160,000 électeurs; les 16 cantons ruraux, 30,000 environ [1]. Une aussi nombreuse armée, composée d'éléments très-divers, était naturellement difficile à discipliner; les démagogues sentaient

---

1. Ces nombres se déduisent des calculs suivants. Les électeurs parisiens, sous l'empire de la constitution de 1791, qui les partagea en citoyens actifs et non actifs, étaient au nombre de 812 (Voir t. Ier, note III). Les électeurs des 16 districts ruraux étaient au nombre de 138. Comme il y avait un électeur par 100 citoyens actifs, il y avait donc à cette époque, à Paris et dans la banlieue, 95,000 citoyens actifs. On peut considérer que le chiffre des électeurs des assemblées primaires fut doublé par le décret qui supprima, après le 10 août, la distinction établie par la loi de l'Assemblée constituante.

que, quand bien même ils parviendraient à écarter de l'urne, par la crainte ou par le dégoût, un nombre considérable de citoyens, il en resterait toujours assez pour qu'on ne pût exercer sur eux une pression efficace. Le nombre échappe à l'intimidation. Les opinions extrêmes ne sauraient longtemps prévaloir dans une grande réunion d'hommes, à plus forte raison dans soixante réunions différentes votant au même instant. Mais il en est tout autrement lorsqu'on n'a affaire qu'à quelques centaines de personnes rassemblées dans une même salle, votant publiquement et à haute voix devant un public composé avec soin. Les meneurs et leurs affidés sont là, surveillant les votes et poursuivant de leurs applaudissements ou de leurs imprécations les électeurs qui donnent ou refusent leur suffrage au candidat désigné d'avance. Enfin, il est un dernier moyen à employer pour se débarrasser de quelques choix malsonnants, si, à travers tant de précautions prises, il a pu s'en glisser de tels dans la liste des députés élus. Le droit d'ostracisme existant dans la loi spéciale qui règle l'organisation de la municipalité parisienne, pourquoi n'en pas faire une application que la loi n'a pas prévue, mais qu'elle n'a pas non plus explicitement interdite? pourquoi ne pas transporter des élections locales aux élections générales ce droit dont l'exercice a servi jadis à écarter certains démagogues[1], et qui pourra cette fois être retourné contre les citoyens que leurs talents, leurs services, leur

---

1. Voir tome Ier, pages 44 et 333 de la 1re édition, 45 et 337 de la 2e.

ancienne popularité auraient pu encore, malgré tout, désigner au choix des électeurs ?

Toutes ces hypothèses débattues, toutes ces questions posées et résolues, le programme des élections parisiennes est ainsi fixé :

1° On n'insistera plus sur l'abolition du corps électoral, c'est-à-dire du vote à deux degrés.

2° On forcera les électeurs, dans les assemblées primaires et surtout dans la réunion du corps électoral, à voter à haute voix.

3° On installera les sept à huit cents électeurs du deuxième degré dans une salle, dont les abords sont depuis longtemps surveillés et gardés par des affidés aux gages des dictateurs de l'Hôtel de Ville, dont les tribunes sont garnies de spectateurs dévoués, dont l'atmosphère est imprégnée de la démagogie la plus pure, en un mot dans la salle du club des Jacobins.

4° On réservera aux sections, après qu'elles auront remis légalement leurs pouvoirs à des électeurs de leur choix, le droit d'exclure de la députation parisienne les élus qui ne conviendraient pas.

5° Enfin on organisera un système général de terreur s'étendant sur tout Paris, au moyen de visites domiciliaires, d'arrestations, de meurtres s'il le faut, pour que les élections, au premier comme au deuxième degré, soient faites sous l'inspiration unique et sous la dépendance absolue de la commune insurrectionnelle.

Ce programme avait été secrètement arrêté dans la matinée du 27 août. Robespierre se charge de le faire adopter, le jour même, par les divers degrés de juridiction qu'il doit nécessairement parcourir avant de recevoir une pleine et entière exécution. Tout-puissant dans sa section, à la Commune, aux Jacobins, le tribun peut seul amener toutes ces volontés, la veille encore si divergentes, à soutenir d'un effort unanime ce qui a été décidé dans le cénacle démagogique. Il se transporte d'abord à la section des Piques (place Vendôme), dont il fait partie depuis qu'il demeure chez le menuisier Duplay. Après avoir expliqué d'une manière plus ou moins explicite le changement de front qu'il propose d'opérer dans la stratégie précédemment suivie, il fait prendre à cette section une délibération ainsi conçue :

« 1° En principe, tous les mandataires du peuple doivent être nommés immédiatement par le peuple, c'est-à-dire par les assemblées primaires ; ce n'est qu'à cause de la nécessité des circonstances que la méthode de nommer les députés à la Convention nationale par l'intermédiaire des assemblées électorales est adoptée.

« 2° Pour prévenir, autant que possible, les inconvénients attachés à ce système, les électeurs voteront à haute voix et en présence du public.

« 3° Afin de rendre cette dernière précaution efficace, ils se rassembleront dans la salle des Jacobins, et les députés nommés par les électeurs seront soumis à la révision et à l'examen des sections en assemblées primaires, de manière que la majorité puisse rejeter ceux qui seraient indignes de la confiance du peuple [1]. »

---

[1]. Nous avons retrouvé cette délibération sur le registre de la section des Piques. Chose remarquable, Robespierre, qui présidait la séance, n'a pas signé la minute, comme l'ont fait les autres officiers

Armé de cette délibération, Robespierre se transporte au conseil général de la Commune; il y ajoute quelques considérants et la transforme en un arrêté municipal qui, signé par Huguenin et Tallien, est aussitôt imprimé et placardé dans Paris. Les sections, même les moins engagées dans le mouvement ultra-révolutionnaire, sont obligées de s'y conformer malgré les velléités de résistance que manifestent d'abord certaines d'entre elles [1].

VII.

Nous avons raconté dans le volume précédent les événements qui, dans les derniers jours d'août et dans les premiers jours de septembre, épouvantèrent la capitale.

---

du bureau. C'était son habitude: il faisait prendre des résolutions importantes à sa section, à la Commune; mais il ne les signait pas, se réservant ainsi la faculté de les désavouer, s'il le croyait plus tard utile à sa politique.

1. Quoique l'arrêté de la Commune ne soit que la reproduction presque textuelle de la délibération de la section des Piques, nous croyons devoir le donner ici *in extenso*. Nos lecteurs pourront comparer ces deux documents et suivre les transformations, du reste très-peu importantes, que la même idée, reproduite par le même homme, subit en suivant la filière administrative.

« COMMUNE DE PARIS.

« Le conseil général, considérant que le salut de la patrie réside
« dans le choix qu'on va faire des membres appelés à la Convention
« nationale; que les assemblées électorales ayant constamment trompé
« l'espérance du peuple, il est instant de prendre des mesures pour

Nous ne reviendrons pas sur cette lamentable histoire. Les élections du premier degré eurent lieu dans toutes les sections, et dans toutes les communes composant le département, du dimanche 26 août au samedi suivant. Le 2 septembre, jour de funeste mémoire, pendant que le canon d'alarme retentissait au Pont-Neuf, pendant que la bande de Maillard commençait ses exploits à l'Abbaye et aux Carmes, le corps électoral se réunissait dans la grande salle de l'Évêché, où il avait siégé déjà plusieurs fois depuis trois ans, et notamment pour les élections de la Législative.

Aussitôt après la constitution du bureau provisoire, un affidé de Robespierre fait observer que le peuple doit être témoin de toutes les opérations électorales, que la salle où les électeurs se trouvent ne contient pas de tribunes et que, dès lors, il n'est pas possible de continuer

« prévenir les abus résultant d'un mode d'élection évidemment vicieux, « lorsqu'il ne reste plus assez de temps pour l'abolir;

« Que la publicité est la sauvegarde du peuple;

« Arrête, le substitut du procureur de la Commune entendu :

« 1° Que les sections ordonneront à leurs électeurs de faire leurs « élections à haute voix et par appel nominal ;

« 2° Que les membres nommés par l'assemblée électorale seront « soumis individuellement à la sanction de toutes les autres sections « et des municipalités composant le département de Paris, qui seront « invitées d'adopter cette mesure ;

« 3° Que les séances du corps électoral se tiendront en présence « du peuple, et que, la salle de l'Évêché n'offrant pas les dispositions « nécessaires pour recevoir le public, l'assemblée électorale siégera « dans le local occupé par les amis de la Constitution.

« HUGUENIN, président.
« TALLIEN, secrétaire-greffier. »

d'y siéger ; il propose de demander aux Jacobins de vouloir bien prêter leur salle au corps électoral. Personne n'ose s'élever contre cette motion, et il est décidé que les électeurs iront, en corps, sous la conduite de Collot-d'Herbois et de Robespierre, demander une hospitalité fraternelle à la Société des Amis de la liberté et de l'égalité. Celle-ci n'avait garde de repousser une démarche qui témoignait pour elle une si haute estime et qui, par le fait, la rendait l'arbitre des élections parisiennes.

Le 3 au matin, les membres du corps électoral allèrent processionnellement prendre possession de leur nouveau local ; dans le trajet de l'Évêché à la salle de la rue Saint-Honoré, ils eurent à passer sur le Pont-au-Change devant la haie de cadavres que les égorgeurs de la Conciergerie et du Châtelet y entassaient au même moment.

A peine la deuxième séance était-elle ouverte que Robespierre, qui vient de retrouver sa tribune et son auditoire habituels, s'abandonne à ses instincts de proscription. Ce soi-disant adorateur de la souveraineté du peuple ne trouve rien de mieux, pour en inaugurer le culte, que de proposer d'exclure du corps électoral quiconque a été affilié à des sociétés anti-civiques ou s'est avisé de signer une des deux fameuses pétitions des huit mille ou des vingt mille. Cette proposition est adoptée sans conteste, et, à l'instant même, commence l'appel nominal des 900 électeurs[1]. Chacun d'eux est obligé de venir se placer au milieu de la salle et de déclarer à haute et intelligible

---

1. Quoique le nombre des électeurs primaires eût été au moins doublé, on ne changea rien au nombre d'électeurs du second degré attribué antérieurement à chaque section et à chaque canton rural.

voix si, oui ou non, il s'est rendu coupable d'un acte qui, bien que datant de plusieurs mois, doit, d'après la singulière décision de l'assemblée, vicier le mandat électoral que sa section vient de lui confier[1].

L'appel de son nom paraît à Robespierre une occasion favorable pour se draper, suivant sa tactique habituelle, dans son dévouement héroïque. « Je braverai tranquillement, s'écrie-t-il, le fer des ennemis du bien public et j'emporterai au tombeau la satisfaction d'avoir bien servi la patrie et l'assurance que la France conservera sa liberté. »

Quel moment ce misérable rhéteur choisit-il pour parler de poignards dirigés contre lui? celui-là même où ses amis et ses collègues de l'Hôtel de Ville remplissent de meurtres sept prisons différentes !

Le 4 septembre, Collot-d'Herbois et Robespierre furent proclamés à l'unanimité et par acclamation, le premier président, le second vice-président du corps électoral ; Marat, Santerre et Carra furent élus secrétaires. Robes-

---

[1]. Cette exclusion fut appliquée séance tenante à plusieurs électeurs. D'autres, craignant d'être atteints par elle ou même seulement discutés, se retirèrent prudemment avant l'appel de leur nom.

Dans une séance subséquente (celle du 8 septembre), des délégués de la section des Arcis vinrent réclamer contre l'exclusion de plusieurs de leurs électeurs qui avaient été accusés d'avoir fait partie du club de la Sainte-Chapelle. L'assemblée électorale passa à l'ordre du jour sur cette délibération, par le motif, dit le procès-verbal, « qu'elle n'émane pas de la section et n'est que le résultat de l'intrigue de quelques signataires de pétitions anticiviques. »

Voilà, il faut en convenir, une manière commode d'écarter des réclamations embarrassantes.

pierre dut être profondément blessé de cette préférence accordée sur lui à un vil histrion. Il le fit sentir à ses amis, et le lendemain ceux-ci donnèrent satisfaction à son orgueil en l'élisant premier député de Paris. Danton fut le deuxième, Collot-d'Herbois dut se contenter de la troisième place; Manuel et Billaud-Varennes vinrent après.

Le mode d'élection établi par la Constituante pour l'élection des représentants était le scrutin individuel; la majorité absolue était nécessaire pour être élu; c'est ce qui explique comment le corps électoral employa vingt-trois séances à élire vingt-quatre députés et huit suppléants.

Dans toute assemblée, quel que soit l'emportement des opinions, il se forme nécessairement après quelques jours un groupe d'hommes qui, moins ardents que les autres, se refusent à suivre jusqu'au bout l'entraînement de la masse. Un certain nombre d'électeurs jugèrent les cinq premiers choix suffisants pour donner satisfaction aux ultra-révolutionnaires. Ils résolurent de porter leurs suffrages sur un ancien membre du conseil général du département, qui, l'année précédente, avait été élu à une grande majorité député de Paris à l'Assemblée législative, sur Kersaint, qui ne pouvait être suspect d'incivisme, puisqu'il était un des trois représentants que La Fayette, moins d'un mois auparavant, avait fait arrêter et enfermer à la citadelle de Sedan [1].

Mais cette velléité d'opposition à leurs volontés souveraines déplut vivement aux dictateurs de l'Hôtel de

---

1. Voir tome III, p. 60.

Ville. Le candidat inclinait du côté de Roland, de Brissot et autres *modérantistes*. C'en était assez pour lui mériter une exclusion formelle et acharnée de la part des amis de Robespierre et de Danton. Ils opposèrent au nom de Kersaint celui de Camille Desmoulins, l'ami intime des deux coryphées de la démagogie.

Depuis six jours que les électeurs étaient réunis, jamais ils n'avaient été si nombreux; jamais l'animation dans les groupes n'avait été aussi grande; chacun comprenait que le combat qui allait se livrer devait décider de l'émancipation ou de l'asservissement définitif du corps électoral. Le premier tour de scrutin ne donne pas de résultat; mais Camille Desmoulins a obtenu plus de voix que son concurrent; encore un effort, et le triomphe des ultra-révolutionnaires est assuré. Un de leurs affidés demande qu'avant de procéder à un second tour, et pour toutes les élections qui vont suivre, on ait la faculté de discuter les titres des divers candidats, ce qui n'avait pas eu lieu pour les cinq premiers élus. Les amis de Robespierre et de Danton exigent que l'on mette immédiatement aux voix cette proposition. Toute discussion est étouffée sous leurs vociférations, et le président Collot-d'Herbois déclare que la motion est adoptée. L'assemblée électorale devient alors un véritable club où les orateurs de la démagogie se donnent carrière pour, aux applaudissements frénétiques des tribunes, vanter leurs amis et dénigrer leurs adversaires. Kersaint[1] est l'objet des plus infâmes calomnies, Ca-

---

1. Kersaint ne faisait pas partie du corps électoral, il n'avait donc

mille Desmoulins est célébré, prôné sur tous les tons. Ouvert après ce simulacre de débat contradictoire, le second tour de scrutin donne la majorité à l'auteur des *Révolutions de France et de Brabant*, à celui qui s'était proclamé lui-même « le procureur général de la lanterne. »

Le succès fait naître chez les exagérés l'idée de mettre en avant la candidature à laquelle ils tenaient le plus, parce qu'elle était la plus difficile à faire réussir, celle de Marat. Quoique vaincus dans la personne de Kersaint, ceux des électeurs que les menées et les fureurs des démagogues n'ont pas encore terrorisés, lui opposent le fameux Priestley, savant anglais, auquel un décret solennel venait de décerner le titre de citoyen français pour les écrits nombreux qu'il avait publiés en faveur de la Révolution.

Robespierre, qui depuis quelques jours s'était abstenu avec soin de paraître vouloir influer d'une manière trop directe sur les votes de l'Assemblée, demande la parole à l'occasion de cette dernière candidature. Il entâme un long exposé des découvertes scientifiques du patriote

---

pas pu se défendre à la salle Saint-Honoré; mais, le soir même, il livra à l'impression sa réponse aux attaques dont il avait été l'objet. Il s'y élevait contre le droit qu'on s'était arrogé de calomnier publiquement les absents et qualifiait cette manière d'agir « de véritable assassinat moral. » Cela était parfaitement vrai : mais n'en est-il pas de même dans les luttes électorales, chaque fois que l'arbitraire, armé de tous les pouvoirs, foule aux pieds tous les droits, et, n'admettant pas plus la contradiction que la résistance, s'assure un facile triomphe en étouffant la voix importune de ses adversaires sous les calomnies de la dernière heure?

anglais, mais il termine son panégyrique en regrettant d'être obligé de constater que, dans l'illustre Priestley, l'homme politique n'est pas à la hauteur de l'homme de science. Robespierre s'était bien gardé de dire un mot de Marat, l'ancien médecin des écuries du comte d'Artois, qui avait fait rire tout Paris à ses dépens avec ses prétendues découvertes avant qu'il se fût avisé de le faire trembler avec ses sanglantes utopies. Les affidés comprennent ce que signifie cette prétérition calculée ; Marat est élu.

A moins d'une injustice apparente, pouvait-on imputer à Robespierre l'élection d'un homme dont il n'avait pas même prononcé le nom ; et cependant son double but était atteint : il avait réussi à prouver à ses adversaires de la Législative que leur recommandation n'était d'aucun poids, lorsqu'elle n'avait pas obtenu son assentiment; dans la personne de Marat, il avait récompensé les organisateurs des massacres de Septembre de leur complaisance à lancer des mandats d'amener contre les chefs de la Gironde, ses ennemis personnels.

Ces deux échecs successifs suffirent pour convaincre les plus incrédules du corps électoral qu'il était impossible de faire la moindre opposition aux nominations arrêtées d'avance dans les conciliabules de la démagogie. Quel courage, en effet, n'eût-il pas fallu pour braver les menaces de deux ou trois cents énergumènes, revêtus du titre d'électeurs, pour affronter les vociférations des tribunes, peuplées du public ordinaire du club des Jacobins? Et d'ailleurs, ces menaces, ces vociférations ne se mêlaient-elles pas aux hurlements des tueurs et aux cris suprêmes des victimes dont retentissaient encore les échos des prisons[1]?

Aux journalistes Desmoulins et Marat furent adjoints quelques folliculaires en sous-ordre, Laignelot, Lavicomterie, Robert, Fréron, tous alors les très-humbles serviteurs de Robespierre. Celui-ci exerçait sur l'assemblée électorale une telle domination qu'il faisait repousser ou élire à son gré qui bon lui semblait. Le secrétaire-greffier de la commune insurrectionnelle, Tallien, avait donné assez de gages aux ultra-révolutionnaires pour croire son élection assurée; un mot imprudent lancé contre le grand prêtre de la démagogie le fit écarter de la liste[2]. Robespierre avait un jeune frère qui avait toujours habité Arras; il manifeste le désir de le voir siéger

---

1. Le procès-verbal de l'assemblée électorale ne fait qu'une seule allusion aux meurtres qui se commettaient alors dans Paris; c'est pour enregistrer la motion d'un électeur, appartenant probablement à la banlieue, qui demande qu'il soit jeté de la chaux vive dans les carrières où viennent d'être enterrées les victimes. Mais, en revanche, ce même procès-verbal mentionne la réception fraternelle faite: 1° aux *citoyens de la patrie qui viennent d'accompagner les conspirateurs déposés dans les prisons d'Orléans*, c'est-à-dire aux soldats de Fournier qui avaient égorgé ou laissé égorger, à Versailles, les prisonniers confiés à leur garde; 2° à une députation *des malheureuses victimes de l'insurrection d'Étampes*, c'est-à-dire aux assassins de Simonneau. L'assemblée électorale non-seulement invite aux honneurs de la séance ces deux bandes de meurtriers, mais elle presse le commandant général Santerre, l'un de ses membres, de faire entrer dans les rangs de l'armée les deux individus qui avaient été condamnés à mort trois mois auparavant, par le jury de Seine-et-Oise, comme convaincus d'être les auteurs principaux de l'assassinat du maire d'Étampes. (Voir tome Ier, livre Ier, §§ VIII et IX, et note VII.)

2. Tallien avait voulu commencer ainsi un discours: « Je ne suis pas

à ses côtés à la Convention. Ce désir est un ordre pour les électeurs, qui s'empressent d'élire député de Paris ce jeune homme sans antécédents et qu'aucun d'eux ne connaît[1]. Ainsi, à peine en possession de la puissance publique, ceux qui se prétendent les représentants des idées nouvelles imitent et amplifient les pratiques de l'ancien régime. En 1792, un aîné dispose, en faveur de son frère, d'un siége à la Convention ; attendons quelque temps encore, et un autre parvenu de la révolution fera asseoir ses puînés sur des trônes.

VIII.

Le 19 septembre, vingt-trois députés avaient été élus, il n'en restait plus qu'un à nommer. Les démagogues parisiens consentirent à donner leur appui à un candidat qui espérait trouver, au sein de la Convention, un refuge contre les proscriptions futures, et qui n'y rencontra que les remords, le désespoir, le trépas.

Brissot, » — on l'acclame — « je ne suis pas non plus Robespierre... » on le hue et on l'empêche de continuer. (Voir la brochure *J.-B. Louvet à Maximilien Robespierre et à ses royalistes*, citée dans l'*Histoire parlementaire*, tome XXI, p. 116-138.)

1. Dans la note 1re du tome II, nous avons donné un extrait du procès-verbal du département du Pas-de-Calais qui prouve qu'au commencement de juillet 1792, Robespierre jeune résidait à Arras, où il s'essayait dans le rôle de tribun que son frère jouait avec tant de succès à Paris ; le procès-verbal de l'assemblée électorale du même département (septembre 1792) constate que Robespierre jeune en faisait partie. Il n'était donc pas même à Paris lorsqu'il y fut élu député.

Le duc d'Orléans avait depuis longtemps séparé sa cause de celle du reste de la famille royale. C'est l'inévitable tendance des branches cadettes que de vouloir se différencier de la branche régnante en exagérant dans un sens ou dans un autre les idées qui s'agitent autour du trône. Le comte d'Artois et les Condé s'étaient, dès le commencement de la révolution, déclarés les soutiens des opinions les plus rétrogrades. Le duc d'Orléans avait, au contraire, pris parti pour les innovations. Le comte de Provence avait d'abord paru vouloir embrasser les idées constitutionnelles ; mais bientôt, voyant qu'il lui était difficile de se maintenir en équilibre entre les deux partis extrêmes, il était allé rejoindre les princes de sa maison qui, dès le 14 juillet 1789, avaient cru devoir abandonner Louis XVI et la reine à leur malheureux sort. L'antagonisme entre les Tuileries et le Palais-Royal s'était accru à mesure que le roi s'était trouvé isolé du reste de sa famille.

Cependant d'heure en heure la tempête révolutionnaire augmentait de violence; chaque éclair, en découvrant de nouveaux abîmes sous les pieds du malheureux monarque, semblait illuminer pour le duc d'Orléans les flatteuses perspectives d'un avenir inespéré. Après le voyage de Varennes, le mot de déchéance avait été prononcé, la date de 1688 avait été rappelée ; mais l'arrière-petit-fils du régent n'était pas Guillaume d'Orange, il était trop léger et trop inconsistant pour ourdir, de longue main, de vastes et ténébreuses conspirations, comme on l'en a si souvent accusé. Amoureux de popularité, désireux d'humilier ses ennemis, il était le jouet de misérables intrigants qui exploitaient à leur profit son nom et ses richesses. Chacun de ses favoris, chacune de ses maîtresses le poussait en avant ou cherchait à le retenir, suivant la passion ou l'intérêt du moment.

Quelque temps avant le 10 août, des amis fidèles et dévoués avaient essayé d'opérer un rapprochement entre le roi et lui; mais on avait paru douter de son repentir, comme en d'autres temps on avait cherché à faire douter de son courage. Une visite qu'il risqua aux Tuileries fut, de la part de quelques subalternes, l'occasion d'avanies nouvelles qui achevèrent de l'exaspérer. Toute réconciliation devint désormais impossible par la faute de ces imprudents et trop zélés serviteurs, qui, se faisant les échos des ressentiments de leurs maîtres, se plaisent à décupler la portée du moindre propos ou de la confidence la plus intime.

Le duc d'Orléans avait dans le caractère presque autant d'indécision que son infortuné cousin Louis XVI; il ne possédait aucune des qualités qui constituent un chef de parti. Mirabeau, avant de se rapprocher de la cour, avait songé un instant à se servir du premier prince du sang; mais il n'avait pas tardé à voir que l'homme n'était pas à la taille du rôle qu'il lui destinait, et il avait été porter aux pieds de la reine l'hommage de son respect malheureusement trop tardif. A cette même époque, La Fayette avait fortement contribué à faire abandonner au duc d'Orléans son poste dans le sein de l'Assemblée constituante, pour l'obliger à accepter une mission en Angleterre qui déguisait assez mal un exil forcé. Depuis son retour, les feuillants et les girondins l'avaient systématiquement écarté de toutes les combinaisons qu'ils avaient pu concerter dans leurs conciliabules intimes.

Repoussé ainsi par toutes les fractions du parti constitutionnel auxquelles il aurait voulu lier son sort, le duc se précipita dans les bras des plus ardents jacobins; il s'abandonna aveuglément aux conseils d'un des hommes les plus dépravés de ce temps où la dépravation était si répandue. Choderlos de Laclos, l'auteur du fameux roman des *Liaisons dangereuses,* le rédacteur de la pétition du Champ de Mars qui demandait la déchéance de Louis XVI, fut le Méphistophélès de cet autre Faust. Comme le personnage de l'antique légende allemande que Goëthe, en ce moment même, se préparait à ressusciter dans un poëme immortel, le premier prince du sang évoqua les esprits infernaux pour triompher de ses ennemis; comme lui, il but à la coupe empoisonnée, au fond de laquelle il espérait puiser une vie nouvelle. Dès lors, entraîné dans le pandemonium jacobin, au milieu du tourbillon « où tel est poussé qui croit pousser[1], » il n'eut plus ni trêve ni repos. A chaque pas qu'il fit dans cette voie funeste, il croyait, mais en vain, atteindre un terrain ferme et solide, d'où, à l'abri de la tourmente, il pût contempler les événements et voir s'accomplir les destinées que ses confidents lui avaient plus d'une fois présagées.

Avant de le prendre sous leur protection, les dictateurs de l'Hôtel de Ville imposèrent à leur nouvel adepte l'obligation de se dépouiller du nom qu'il avait reçu à sa

---

[1]. *Faust,* 1re partie, nuit du sabbat.

naissance. L'arrière-petit-neveu de Louis XIV dut s'appeler *Égalité*, en vertu d'une décision du conseil général de la Commune.

L'arrêté municipal fut pris le 15 septembre, inséré au *Moniteur* le 17, l'ex-duc fut élu le 19. Ainsi se trouva accompli dans toutes ses conditions le pacte en vertu duquel le malheureux prince appartint désormais corps et âme aux hommes qui devaient le pousser jusqu'à l'abîme du régicide.

Cette nomination fut le dernier acte important qui marqua la session du corps électoral. Satisfaits de posséder un mandat qui semblait les rendre inviolables, les meneurs du parti démagogique ne donnèrent qu'une attention très-médiocre au choix des suppléants qui, cependant, devaient tous venir, avant la fin de la session conventionnelle, occuper les places que l'échafaud allait rendre vacantes dans les rangs de la députation parisienne[1].

Nous avons vu plus haut que les ultra-révolutionnaires avaient fait adopter le principe d'un scrutin épuratoire auquel, dans chaque section, seraient soumis les députés élus. Cette mesure devait, aux termes de la délibération, « renouveler l'esprit de souveraineté dans tous les membres du corps politique. » Mais elle n'avait été inventée que dans l'hypothèse où quelques an-

---

1. Des vingt-quatre députés de Paris, huit devaient successivement mourir sur l'échafaud durant la session conventionnelle : Égalité, Manuel, Danton, Desmoulins, Fabre d'Églantine, Osselin, Robespierre aîné, Robespierre jeune. Un neuvième, Marat, devait périr assassiné par la main vengeresse de Charlotte Corday.

ciens membres du parti constitutionnel auraient réussi à se glisser parmi les vingt-quatre élus ; c'était une dernière carte à jouer que les habiles meneurs de l'Hôtel de Ville s'étaient réservée. La députation parisienne étant sortie de l'urne électorale pure de tout mélange anticivique, la précaution devint naturellement inutile. Quelques sections, fidèles au programme primitif, déclarèrent approuver les choix du corps électoral, beaucoup d'autres s'abstinrent ; on ne fit aucun recensement officiel de ces votes. La session du corps électoral fut déclarée close[1], et l'on congédia ce troupeau d'électeurs que pendant vingt-trois jours on avait parqué dans la salle des Jacobins et auquel on avait imposé les Collot-d'Herbois, les Robespierre, les Marat et les Santerre pour guides et pour pasteurs.

IX.

Dans les départements les élections conventionnelles se firent généralement d'une manière plus légale.

L'esprit qui dominait en chacune des quatre-vingt-deux villes où se rassembla le corps électoral, influa beaucoup sur le caractère des opérations[2]. Il fut dans

---

1. Dans tout le récit des opérations électorales de Paris, nous avons suivi exactement les indications du procès-verbal officiel que nous avons eu entre les mains.

2. Aux termes de la loi des 26 février - 4 mars 1790, le corps électoral de chaque département devait successivement se réunir dans les différents chefs-lieux de district, beaucoup plus nombreux que les

quelques localités franchement jacobin; beaucoup plus souvent girondin, quelquefois même constitutionnel.

Dans un certain nombre de départements, la réunion du corps électoral fut précédée d'une messe du Saint-Esprit célébrée par l'évêque assermenté, un de ses grands vicaires ou un ecclésiastique électeur [1].

Le vœu manifesté par les élus des assemblées primaires de se conformer aux usages de l'ancienne monarchie, leur réunion au pied des autels de nos vieilles basiliques, indiquent assez que, dans la plupart des provinces, on était encore loin d'avoir adopté les idées de la démagogie parisienne, qui déjà professait tout haut la négation de toute idée religieuse.

La première opération des corps électoraux fut natu-

---

chefs-lieux d'arrondissement actuels. Un roulement avait été établi entre tous les districts. La loi du 12 août, rectifiée par un décret du 19 du même mois, détermina les villes où les corps électoraux se rassembleraient. L'approche de l'ennemi dans les départements de l'Est et du Nord fit changer au dernier moment plusieurs des désignations primitives.

1. Nous avons constaté, à l'aide des procès-verbaux officiels, que des messes solennelles précédèrent l'ouverture des séances du corps électoral dans les départements suivants :

Aisne,	Charente-Inférieure,	Meurthe,
Allier,	Creuse,	Morbihan,
Aube,	Eure,	Hautes-Pyrénées,
Aude,	Eure-et-Loir,	Haut-Rhin,
Calvados,	Loire-Inférieure,	Somme.
Cantal,	Manche,	

La clôture des opérations électorales fut suivie d'un *Te Deum* dans les départements des Côtes-du-Nord, d'Ille-et-Vilaine et de Loir-et-Cher.

rellement la vérification des pouvoirs donnés par les assemblées primaires. Cette vérification fit connaître que plusieurs de celles-ci avaient eu le courage de demander le maintien de la monarchie et de la constitution de 1791, et de donner à leurs délégués mandat de voter en ce sens [1].

De semblables pouvoirs étaient en trop flagrante opposition avec l'opinion alors victorieuse pour être admis par les assemblées électorales ; les délégués qui en étaient revêtus furent repoussés de l'urne du scrutin. Le même ostracisme fut prononcé, dans quelques départements, à l'égard des signataires des pétitions et des protestations contre la journée du 20 juin [2]. C'était l'exé-

[1]. Nous avons trouvé ce fait officiellement constaté dans les procès-verbaux des assemblées électorales de neuf départements, à savoir : dans l'Allier, pour cinq assemblées primaires dont les noms ne sont point indiqués ; dans l'Ariége, pour une assemblée non dénommée ; dans les Bouches-du-Rhône, dont faisait alors partie le district d'Apt, pour l'assemblée de Saigeon ; dans le Lot, pour trois sections du district de Cahors ; dans Lot-et-Garonne, pour l'assemblée primaire de Cahuzac, district de Villeneuve ; dans la Meurthe, pour celle de Dieulouard, district de Pont-à-Mousson ; dans la Nièvre, pour celle de Cosne (extra muros) ; dans Rhône-et-Loire, qui comprenait en un seul les deux départements actuels du Rhône et de la Loire, pour celle de Saint-Symphorien de Lay ; et enfin dans les Vosges, pour celle de Damblin.

[2]. Le fait est constaté dans les procès-verbaux de l'Aisne, d'Ille-et-Vilaine, de Maine-et-Loire, de la Haute-Loire et de la Somme. Dans l'Orne, on se livra à des recherches bien autrement rétrospectives. Un ancien constituant, Goupil de Prefeln, fut déclaré par ses coélecteurs indigne de siéger parmi des hommes libres, pour avoir, quinze mois auparavant, voté en faveur de la révision de la constitution. Par la même occasion, on exclut son gendre, qui n'avait pas le même méfait à se reprocher, mais que sa seule parenté rendait suspect.

cution du mot d'ordre adopté à Paris sous l'inspiration de Robespierre, expédié par la société des Jacobins à toutes les sociétés affiliées et transmis par elles aux corps électoraux sur lesquels elles pouvaient avoir quelque influence. Conformément à une autre partie du programme parisien, les ultra-révolutionnaires essayèrent de faire substituer le vote à haute voix au mode légal du scrutin secret. Ils n'y réussirent que dans une dizaine de départements [1]. Partout où cette violation flagrante de la loi fut commise, on voit qu'elle ne fut acceptée que sur l'invitation, c'est-à-dire sur l'ordre de la Société des Amis de la constitution du chef-lieu électoral ; à Meaux, ce furent trois commissaires de la Commune de Paris qui l'imposèrent le lendemain du jour où le massacre de sept prêtres avait ensanglanté les prisons de cette ville [2].

Certaines assemblées électorales se prétendant, suivant la doctrine démagogique, investies de la totalité de la souveraineté populaire dans leur ressort, se substituèrent aux administrations régulières et, de leur autorité privée, prirent en main tous les pouvoirs. Parmi celles qui se livrèrent à de pareilles usurpations, il faut citer l'assemblée des Bouches-du-Rhône, qui était présidée par Barbaroux. Fier d'avoir, le 10 août, abattu à ses pieds l'antique monarchie, le jeune révolutionnaire était

[1]. L'adoption du vote à haute voix est constatée dans les procès-verbaux des départements de la Corrèze, de la Drôme, du Gers, de l'Hérault, de l'Oise, des Hautes-Pyrénées, des Bouches-du-Rhône, du Lot et de Seine-et-Marne.
[2]. Voir tome III, p. 324.

venu jouir dans son pays natal de son triomphe éphémère. Il préconisait hautement des doctrines dont, huit mois plus tard, il devait être une des premières victimes. Sur sa motion, le corps électoral des Bouches-du-Rhône envoya 1,200 hommes de gardes nationales avec cinq pièces de canon contre la ville d'Arles, dans le sein de laquelle des troubles venaient d'éclater; il décida que tous les frais de l'expédition seraient payés par la caisse de l'État et conféra aux commissaires qu'il mit à la tête des troupes un pouvoir qu'il n'avait pas lui-même, celui de suspendre et de faire emprisonner les fonctionnaires publics qui n'obéiraient pas à ses ordres ou qui lui paraîtraient suspects [1].

[1]. Cette même assemblée donna, en ces termes, un certificat de civisme au fameux Jourdan Coupe-tête, l'un des principaux auteurs du massacre de la Glacière:

« Séance du 9 septembre au matin.

« On lit une lettre de M. Jourdan, ci-devant général de l'armée de
« Vaucluse. Cette lettre est accompagnée de nombreux certificats de
« différentes communes du comtat Venaissin, attestant la bonne con-
« duite de M. Jourdan, calomnié pendant si longtemps par les ennemis
« de la révolution avignonnaise. Le corps électoral, instruit des faits,
« arrête qu'il sera fait mention dans son procès-verbal de la justice
« qu'il rend à la conduite de M. Jourdan. »

Voici, du reste, la description de l'assemblée électorale des Bouches-du-Rhône, telle que la donne le président même de cette assemblée, Barbaroux (*Mémoires*, p. 88 et suivantes) :

« Qu'on se représente une réunion de neuf cents personnes, en général peu instruites, n'écoutant qu'avec peine les gens modérés, s'abandonnant aux effervescents, et, dans cette assemblée, une foule d'hommes avides d'argent et de places, dénonciateurs éternels, supposant des troubles ou les exagérant pour se faire donner de lucratives commissions; des intrigants habiles à semer la calomnie, de petits

Les électeurs d'Eure-et-Loir réunis à Dreux firent du moins un plus noble usage de l'autorité morale dont les circonstances les avaient investis. On vient les avertir que quarante prêtres insermentés, voyageant ensemble pour se rendre en exil et obéir à la loi, sont arrêtés aux portes de la ville et menacés de mort ; aussitôt l'assemblée tout entière se lève et sort du lieu de ses séances, sous la conduite de son président ; la foule s'écarte devant cette manifestation imposante, et les quarante malheureux sont sauvés !

Terminons ce tableau des élections de 1792 par le récit de deux scènes qui nous ont paru caractéristiques. Nous copions textuellement les procès-verbaux des corps électoraux de la Drôme et de la Sarthe, qui siégeaient, le premier à Valence et le second à Saint-Calais.

« Valence, le 5 septembre.

« Sur la motion d'un citoyen, les membres du bureau se couvrent du bonnet de la liberté, tous les électeurs sont invités à l'arborer, et à l'instant la salle présente le spectacle d'une longue file de bonnets rouges, emblème cher à tous les amis de l'égalité. »

« Saint-Calais, le 9 septembre.

« Les dames patriotes de la ville sont introduites ;

---

esprits soupçonneux, quelques hommes vertueux mais sans lumières ; quelques gens éclairés mais sans courage ; beaucoup de patriotes, mais sans mesure, sans philosophie : tel était le corps électoral du département des Bouches-du-Rhône. Un trait le peindra mieux que ce tableau très-imparfait : *A la nouvelle des massacres du 2 septembre, il fit retentir la salle de ses applaudissements.* »

elles sont accompagnées d'un détachement de gardes nationaux et de plusieurs officiers municipaux en écharpe ; une musique guerrière les précède ; les grâces et les ris les suivent. La joie est peinte sur tous les visages. Les dames se rangent autour du bureau, Mme Froger prononce un discours et le termine en posant sur la tête du président Philippeaux le bonnet de la liberté. Le secrétaire, les scrutateurs et les autres députés présents reçoivent la même faveur des autres dames. Le président répond en ces termes :

« Le corps électoral est heureux de se voir encouragé et approuvé dans ses efforts patriotiques par le sexe aimable et enchanteur qui fait la consolation et les délices de l'espèce humaine. Quant à moi, paré par la main des grâces, je vais, au nom de l'assemblée, donner à ces dames le baiser de la fraternité. »

X.

Dans certains départements, les honneurs de la députation conventionnelle n'étant pas très-enviés, les électeurs se virent obligés de prendre pour mandataires des hommes qui leur étaient personnellement inconnus ; ils allèrent naturellement les choisir dans les rangs des journalistes parisiens ou des révolutionnaires émérites.

L'Assemblée législative, par un décret solennel du 26 août, avait accordé le titre de citoyen français à quelques étrangers qui, suivant elle, avaient bien mérité de la France [1]. Trois d'entre eux, Priestley, Anacharsis Cloots et Thomas Payne, furent élus par plusieurs départements. Le premier refusa ; les deux autres acceptèrent [2].

Le nom du journaliste Carra, l'ex-conspirateur du *Soleil d'Or*, l'ami de Roland qui venait de le nommer conservateur de la Bibliothèque nationale, sortit six fois de l'urne électorale ; la Somme, l'Orne, l'Eure, la Charente, Loir-et-Cher et Saône-et-Loire se disputèrent l'honneur d'être représentés par le rédacteur des *Annales patriotiques*.

1. Ce fut à l'occasion de ce décret qu'Anacharsis Cloots, venant remercier l'Assemblée législative, prononça ce mot fameux : « Mon cœur est français, mais mon âme est sans culotte. » *Moniteur*, p. 1026.

2. Nous avons vu pages 41 et 42 Marat préféré à Priestley par les électeurs parisiens ; mais le corps électoral de Rhône-et-Loire et celui de l'Orne vengèrent le savant anglais de cette injustice. Cloots fut élu dans Saône-et-Loire et dans l'Oise ; Thomas Payne dans l'Aisne, l'Oise, le Puy-de-Dôme et le Pas-de-Calais. La lettre par laquelle Priestley refusa la députation se trouve au *Moniteur*, 30 septembre, n° 294. Bien lui en prit de décliner cet honneur, car les belles phrases par lesquelles la Législative avait convié les écrivains, qu'elle déclarait dignes de la reconnaissance du peuple français, à venir s'asseoir au foyer de leur patrie adoptive, furent plus tard oubliées. Le titre d'étranger devint un motif de suspicion contre Cloots et Thomas Payne. Le premier, malgré son extravagance démagogique, fut déclaré déchu de son siège, enveloppé dans la proscription de son ami Hébert, le père Duchêne, envoyé avec lui au tribunal révolutionnaire, condamné à mort et exécuté le 4 germinal an II (24 mars 1794). Thomas Payne, exclu également de la Convention, fut traîné de prison en prison pendant toute la tourmente révolutionnaire ; mais le patriote américain eut plus de bonheur que le baron prussien : il ne fut pas désigné à Fouquier-Tinville par les pourvoyeurs de la guillotine, et, après la session conventionnelle, il retourna en Amérique.

Dubois-Crancé, ex-constituant, qui alors était attaché à l'état-major de l'armée du Midi, obtint les suffrages du Var, des Bouches-du-Rhône et de l'Isère, où se trouvait cantonnée cette armée; les Ardennes, son pays natal, lui décernèrent un quatrième mandat, qu'il accepta [1].

Condorcet fut, comme Dubois-Crancé, honoré d'une quadruple élection dans la Sarthe, l'Aisne, la Loire et l'Eure. Brissot et lui étaient députés de Paris à la Législative. Mais leur influence, qui était considérable en 1791 dans la capitale, avait fort diminué en 1792; ils ne purent ni l'un ni l'autre se faire réélire par leurs anciens électeurs. Brissot en fut consolé par les suffrages d'Eure-et-Loir, de l'Eure et du Loiret. Pétion, qui n'avait plus voulu courir les chances de la députation parisienne depuis qu'il n'avait pas été le premier élu, ne reçut qu'un seul mandat, celui de Chartres, sa patrie.

Robespierre fut élu à Arras en même temps qu'à Paris, Sieyès dans l'Orne et dans la Sarthe, Merlin (de Thionville) dans la Moselle, son pays natal, et dans la Somme, où il était en mission; Héraut-Séchelles, Gorsas et Barrère furent également nommés deux fois.

De tous les départements celui qui se montra le moins disposé à choisir ses mandataires dans son propre sein,

---

[1]. L'option de Dubois-Crancé pour les Ardennes laissa une place vacante dans la députation du Var. Le suppléant, qui en profita, fut le fameux Barras, alors parfaitement inconnu : ainsi, celui qui plus tard devait jouer un si grand rôle pendant tout le règne du Directoire, celui qui pendant cinq ans en fut le membre inamovible, n'entra à la Convention que par hasard.

fut certainement celui de Seine-et-Oise. Sur les quatorze députés qui furent nommés par le corps électoral de ce département, cinq seulement lui appartenaient en propre et étaient assez obscurs ; les neuf autres étaient empruntés aux célébrités de la capitale, savoir : Treilhard, député de Paris à l'Assemblée constituante ; Kersaint et Héraut-Séchelles, députés de la même ville à la Législative; trois journalistes, Mercier, l'auteur du *Tableau de Paris*, Gorsas, le rédacteur du *Courrier des départements*, et Audouin, qui publiait le *Journal universel;* Tallien, le fameux secrétaire de la commune insurrectionnelle dont, pour un mot imprudent, Robespierre avait fait échouer la candidature à Paris ; Marie-Joseph Chénier, l'auteur de *Charles IX* (ainsi le désigne le procès-verbal), et enfin Dupuis, l'auteur de l'*Origine des cultes*.

Cette manie d'élire des individus sans les connaître produisit un curieux incident qui prit naissance dans l'assemblée électorale de l'Oise et se termina dans la salle des Jacobins de Paris. L'Oise avait choisi pour douzième et dernier député un sieur Bourdon, qualifié dans le procès-verbal de vainqueur de la Bastille et de membre de la Commune de Paris. Or, parmi les démagogues parisiens, il y avait deux Bourdon : Léonard, instituteur, et Louis-François, ex-procureur au Châtelet. Lorsqu'on apprit qu'un Bourdon avait été élu député dans l'Oise, les deux homonymes, l'un et l'autre membres du corps électoral parisien, réclamèrent à la fois le bénéfice de cette nomination. Ils s'accablèrent mutuellement des récriminations les plus vives et fatiguèrent leurs auditeurs du pompeux étalage de tous les titres qu'ils prétendaient avoir au suffrage du peuple. Ils faisaient surtout valoir : Léonard, son élection au tribunal du 17 août, la mission de confiance dont Danton l'avait honoré en l'envoyant récemment à Orléans préparer le départ des accusés de la haute cour, sa nomination récente aux fonctions de substitut du procureur de la Commune ; Louis-François, les services qu'il avait rendus à la patrie en se mettant à la tête des volontaires qui avaient dépouillé de ses merveilles le château de Chantilly et en allant au-devant des Marseillais dans les premiers jours d'août. La querelle menaçait de s'envenimer et de produire un scandale dont commençaient à rire *les gens mal intentionnés*. Des amis communs s'interposèrent entre ces deux citoyens si bien faits pour s'entendre. Léonard Bourdon, qui avait appartenu à la section du Finistère, avant d'être le meneur de celle des Gravilliers, avait oublié de rendre compte de l'argent qui lui avait été confié par ses anciens *commettants pour des achats de grains* ; une accusation de malversation, lancée par eux, et qui lui mérita même d'être chassé de l'assemblée électorale parisienne[1], vint

1. C'est le 13 septembre qu'eut lieu l'exclusion de Léonard Bourdon du sein de l'assemblée électorale séant aux Jacobins.

Le 15 septembre (*Moniteur*, p. 1005), la section des Gravilliers envoie à la barre de la Législative une députation « pour se plaindre des intrigues qui agitent le corps électoral, dans lequel l'envie s'arme impunément de la calomnie contre les citoyens vertueux et patriotes qui ne partagent pas les fureurs de quelques factieux. M. Léonard Bourdon, électeur de cette section, l'un des représentants de la commune de Paris, et député à la Convention par les départements de l'Oise et du Loiret, vient d'être exclu de l'assemblée électorale par l'effet de ces intrigues. La section demande justice en faveur de ce

fort à propos lui faire comprendre combien il avait intérêt à ne pas trop éveiller l'attention publique sur ses antécédents. D'un autre côté, il apprit que, grâce à l'influence de son ami Lombard-Lachaux, le maire d'Orléans, il avait été élu par le Loiret. Il renonça donc de bonne grâce au vain honneur d'une double élection et remit entre les mains de Louis-François Bourdon le procès-verbal, si peu explicite, de l'élection de l'Oise. Louis-François s'en servit pour se faire reconnaître comme représentant d'une population qui n'avait peut-être jamais songé à l'élire. Afin de mieux prendre possession d'un mandat fort contestable, il ajouta à son nom celui du département, auquel il s'était si singulièrement imposé; il devint ainsi le fameux Bourdon (de l'Oise) dont le nom est resté inscrit en caractères sanglants dans les fastes révolutionnaires.

La Convention, comme la Législative, devait compter 749 membres[1]. Parmi les conventionnels, 75 avaient

citoyen qui a constamment montré le patriotisme le plus pur et est le principal auteur de la révolution du 10 août. » — Lecointe-Puyraveau et Cambon s'élèvent contre cette exclusion, « qui est de nature, disent-ils, à infecter d'un vice radical toutes les opérations de l'assemblée électorale postérieures à cet acte. » Cambon ajoute que ce sera à la Convention à connaître de la pétition des Gravilliers.

L'incident n'eut pas de suites. Au sein de la Convention, les opérations de l'assemblée parisienne ne furent attaquées ni pour les élections faites avant le 13 septembre ni pour celles faites après, et Léonard Bourdon fut admis sans s'être justifié de la grave accusation qui pesait sur lui.

1. Sans compter les représentants des colonies et des départements annexés qui vinrent successivement siéger pendant la durée du règne conventionnel.

fait partie de la Constituante et 183 de la seconde Assemblée nationale[1].

En parcourant la liste des députés à la Convention, on est étonné de trouver des députations tout entières composées de dix à douze individus, dont pas un n'a laissé un souvenir dans la mémoire des hommes; tant, au sein de la redoutable assemblée, on sentait le besoin de s'effacer et de cacher sa propre individualité.

Les conventionnels furent recrutés en grande majorité dans les administrations départementales, qui renfermaient elles-mêmes beaucoup de propriétaires et d'hommes de loi. Au milieu d'eux se trouvaient un assez grand nombre d'officiers ayant appartenu à l'ancienne armée et surtout aux corps privilégiés, mousquetaires et gardes du corps; quelques-uns de ceux-ci étaient même titrés, ce fut pour eux une raison de plus de faire preuve d'ardent républicanisme.

Le clergé constitutionnel était aussi très-largement représenté : 17 évêques, 6 vicaires généraux, 25 curés ou simples prêtres vinrent, dès le début de la session, siéger dans cette assemblée, dont l'un des premiers actes devait être d'envoyer à l'échafaud le roi très-chrétien[2].

1. On trouvera à la fin de ce volume la liste des 75 membres de l'Assemblée constituante et des 183 membres de l'Assemblée législative qui vinrent siéger le 20 septembre à la Convention.

2. Sept ministres protestants figuraient aussi dans les rangs des conventionnels.

On trouvera à la fin de ce volume la nomenclature des quarante-huit ecclésiastiques et des sept ministres protestants qui faisaient partie de la Convention à son début.

La Législative ne comptait dans son sein que vingt-trois ecclésiastiques, dont onze évêques.

LIVRE XV

LA CONVENTION ET LA COMMUNE

I.

En vertu des décrets des 10 et 12 août, la Convention devait se réunir le 21 septembre.

La veille, les nouveaux représentants du peuple tinrent une séance préparatoire dans la salle des Cent-Suisses, au palais des Tuileries. Ils s'empressèrent de constituer leur bureau. Un vote presque unanime décerna la présidence à Pétion ; quatre anciens membres de la Législative, Condorcet, Brissot, Vergniaud et Lasource, deux ex-constituants, Rabaut-Saint-Étienne et Camus, furent élus secrétaires. Ils appartenaient tous à l'opinion modérée.

La question de la vérification des pouvoirs aurait pu soulever de grandes et nombreuses difficultés. Les députés présents, qui ne formaient pas même la moitié de la nouvelle Assemblée[1], y coupèrent court en décidant que

1. Le procès-verbal de la séance préparatoire porte que l'appel nominal constata la présence de 371 membres. Nous avons quelques raisons de douter de la véracité du fait constaté officiellement, car

cette vérification ne porterait que sur la formule des procès-verbaux et l'identité des élus.

Quelques voix timides contestèrent, il est vrai, la validité des élections faites par ceux des corps électoraux qui avaient apporté des restrictions à l'admission des électeurs. Mais, sous le prétexte « que le peuple souverain, réuni dans ses assemblées primaires, avait gardé le silence sur les mesures prises par les corps électoraux qui le représentaient, et que par cela même il avait ratifié leur conduite, on passa outre et on légalisa en bloc toutes les illégalités qui s'étaient commises à Paris et dans certains départements. »

Le 21, la Convention se réunit de nouveau aux Tuileries et fit notifier son existence officielle à l'assemblée dont les pouvoirs expiraient. C'était dire aux membres de la dernière législature non réélus à la nouvelle, qu'ils eussent à évacuer la salle du Manége, où devaient siéger à leur tour les nouveaux souverains de la France, jusqu'à ce que l'on eût approprié à leur usage le château des anciens rois [1].

---

les notes laissées par un représentant du Nord, M. Fockedey, que nous avons eu occasion de consulter, font connaître qu'il n'arriva à Paris que le 24 septembre, quatre jours après la séance préparatoire, et que le Comité d'inspection de la salle lui délivra, ce jour-là, une carte qui portait le numéro 304. Il est très-probable que l'on confondit à dessein le nombre des députés dont l'élection était constatée par des procès-verbaux réguliers avec celui des députés présents.

1. Ces travaux d'appropriation des Tuileries, commencés en septembre 1792, ne furent achevés qu'au commencement de mai 1793. Le procès de Louis XVI eut lieu dans la salle du Manége. La Convention ne prit possession de l'antique palais des rois de France que

L'un des anciens présidents de l'Assemblée législative qui, pour des raisons de santé, avait déclaré ne pas vouloir accepter un nouveau mandat, François (de Neufchâteau), occupait le fauteuil et n'attendait que la notification de la Convention pour déclarer à ses collègues que leur mission était terminée. Cette déclaration faite solennellement, les ex-députés sortent avec leur président et se rendent aux Tuileries pour saluer la souveraineté populaire dans la personne de ses nouveaux représentants.

En ce moment la Convention délibérait sur un objet qui concernait justement l'assemblée dont le mandat venait d'expirer. On avait proposé de voter des remercîments à la Législative comme celle-ci en avait voté à la Constituante, lorsqu'elle l'avait remplacée : « En faisant leurs efforts pour assurer le triomphe de la liberté, s'écrie un nouveau député, nos prédécesseurs n'ont fait que remplir leur devoir. » La proposition est écartée par la question préalable.

Ainsi la malheureuse assemblée, qui occupe dans l'histoire une si triste place entre la Constituante et la Convention, après avoir, pendant un an, traîné une existence bien peu digne d'envie, devait mourir sans même emporter dans la tombe le banal hommage d'un regret officiel.

François de Neufchâteau, introduit dans la salle des Cent-Suisses, donne l'accolade fraternelle à Pétion, qui

quelques jours avant d'être décimée en la personne des girondins (31 mai 1793). La demeure royale porta malheur à ceux qui avaient renversé le trône de Louis XVI.

la lui rend ; puis, dans deux discours d'apparat, l'ancien et le nouveau président promettent aux Français, le premier, « que la nouvelle Assemblée va inaugurer le règne des lois, de la liberté et de la paix ; » le second, « que ses collègues et lui sont disposés à fouler aux pieds toutes les petites passions qui dégradent l'homme, toutes les prétentions méprisables de la jalousie et de l'orgueil. » Les deux orateurs, il faut en convenir, n'étaient pas meilleurs prophètes l'un que l'autre.

Cet échange d'embrassades et de harangues officielles étant terminé, les membres de la nouvelle assemblée quittent les Tuileries, leur président en tête, et se dirigent à travers le jardin vers la salle du Manége.

A leur entrée, les tribunes font entendre plusieurs salves d'applaudissements. Mais à l'enthousiasme succède l'étonnement, lorsque les spectateurs habituels s'aperçoivent qu'un changement considérable s'opère dans la prise de possession des siéges placés des deux côtés du fauteuil présidentiel. Les anciens membres de la Législative qui marchent sous la bannière de Brissot, de Vergniaud et autres chefs de la Gironde, se dirigent non plus vers les bancs de la gauche, qu'ils occupaient jadis, mais vers la droite, à la place où siégeaient quelques jours auparavant les derniers défenseurs de la Constitution de 1791, les Jaucourt, les Girardin, les Mathieu Dumas, les Beugnot. Ils veulent marquer par ce changement de place le changement qui va s'opérer dans leur politique. Pour eux, il ne s'agit plus de détruire, il faut édifier ; il ne s'agit plus de pousser les masses en avant, il faut les retenir, il faut, en un mot, opposer à l'anarchie une digue infranchissable, à l'abri de laquelle puisse s'établir une république qui fonde l'ordre sur les principes éternels de la justice et de la liberté. Les révolutionnaires de la veille sauront-ils devenir les conservateurs du lendemain? Les tempêtes qu'ils ont soulevées s'apaiseront-elles à leur voix? Pourront-ils dire au flot populaire qui vient de submerger la royauté : *Tu n'iras pas plus loin ?* C'est ce que les événements nous apprendront bientôt.

II.

A peine l'un des secrétaires a-t-il achevé de lire le procès-verbal des opérations préparatoires qui ont eu lieu la veille et le jour même aux Tuileries, que plusieurs nouveaux députés s'empressent de prendre possession de la tribune et de faire assaut d'éloquence. Manuel, l'ex-procureur-syndic de la Commune de Paris, dans le style ampoulé que nous lui connaissons déjà, compare l'Assemblée conventionnelle à celle que Cinéas trouva en arrivant dans Rome; « pour donner au peuple une juste idée du pouvoir souverain qui réside en elle, » il demande que celui qui a l'honneur de la présider soit logé aux Tuileries, et que, toutes les fois qu'il paraîtra en public, « il marche précédé des attributs de la loi et de la force. »

Cette réminiscence de l'histoire romaine ne flatte que la vanité incommensurable de l'ex-maire de Paris, auquel Manuel, comme d'habitude, venait de servir de compère;

mais elle ne touche guère la Convention, qui paraît très-peu disposée à inaugurer le règne du roi Pétion.

Tallien déclare que l'Assemblée a bien autre chose à faire que de s'occuper d'un vain cérémonial et propose que, sans plus tarder, elle jure de ne pas se séparer avant d'avoir donné au peuple français une Constitution fondée sur les bases de la liberté et de l'égalité.

« Point de serments, s'écrie Merlin (de Thionville); sur-le-champ mettons la main à l'œuvre ! — Je ne crains point, dit Couthon, qu'on ose ici reparler de royauté; elle ne convient qu'aux esclaves... Mais j'ai entendu parler, non sans horreur, de l'établissement d'un triumvirat, d'une dictature... Vouons une exécration égale à la royauté, à la dictature, au triumvirat, à toute espèce de puissance individuelle quelconque qui tendrait à restreindre la souveraineté du peuple. » Des applaudissements retentissent. Bazire les interrompt en répétant : « Point de serments; on les a trop violés depuis quatre ans. »

Danton se lève et déclare qu'il parle comme simple mandataire du peuple, non comme ministre, car il se démet des fonctions qu'il a reçues au *bruit du canon du 10 août*. « On vous a parlé de serments, dit-il, il faut qu'en entrant dans la vaste carrière que vous avez à parcourir le peuple reconnaisse, par une déclaration solennelle, que vous allez vous montrer dignes de lui. Afin de faire disparaître les vains fantômes de dictature, les idées extravagantes d'un triumvirat, toutes les absurdités inventées pour effrayer le peuple, déclarez qu'il n'y aura d'autre pacte constitutionnel que *celui qui aura été ac-*

cepté par le peuple; déclarez aussi qu'il faut que les lois soient aussi terribles contre ceux qui y porteraient atteinte que le peuple l'a été en foudroyant la tyrannie; qu'il faut qu'elles punissent *tous les coupables afin que le peuple n'ait plus rien à désirer;* confondez toutes les idées de désorganisation; déclarez que toutes les propriétés territoriales, individuelles et industrielles seront éternellement maintenues. Souvenez-vous ensuite que nous avons tout à revoir, tout à recréer; que la déclaration des droits elle-même n'est pas sans tache, et doit passer à la révision d'un peuple vraiment libre... Posez ces grandes bases en représentants dignes du peuple, et, après les avoir posées, levez votre séance; vous aurez aujourd'hui assez fait pour le peuple. »

Quoique accueillies avec la plus vive sympathie quant au principe, les propositions de Danton soulèvent une vive discussion quant à la forme. Enfin la Convention nationale proclame successivement « qu'il ne peut y avoir de constitution que celle acceptée par le peuple, que la sûreté des personnes et des propriétés est sous la sauvegarde de la nation; que toutes les lois non abrogées, tous les pouvoirs non révoqués ou suspendus sont conservés; que les contributions actuellement existantes seront perçues comme par le passé. »

Déjà plusieurs orateurs avaient demandé incidemment que l'Assemblée décrétât solennellement l'abolition de la royauté en France. Collot d'Herbois s'écrie que l'Assemblée ne peut, sans être infidèle au vœu de la nation, différer un seul instant la proclamation de ce grand principe. « Ce n'est pas la royauté, ajoute l'évêque constitutionnel de Blois, Grégoire, c'est Louis XVI *qu'il faut punir*. Toutes les dynasties n'ont jamais été que des races dévorantes qui ne vivent que de chair humaine. Les rois sont dans l'ordre moral ce que les monstres sont dans l'ordre physique. L'histoire des rois est le martyrologe des peuples. »

L'Assemblée, convaincue par des raisons aussi péremptoires, décrète, au milieu des plus vifs applaudissements :

La royauté est abolie en France[1].

La Convention avait maintenu provisoirement toutes les autorités alors existantes ; mais, dès le lendemain, elle revient sur cette décision. Des pétitionnaires parlant au nom des sections d'Orléans, dont elles ne représentaient cependant qu'une infime minorité, dénoncent la municipalité de cette ville comme responsable, par son inertie et même par sa connivence, des troubles qui y ont éclaté les 16 et 17 septembre. Danton réclame vivement la parole. La veille, il avait donné des gages au parti modéré en faisant décréter le respect des propriétés ; aujourd'hui, il veut prouver à la Montagne qu'il est toujours digne de rester à la tête du parti jacobin. Il s'élève donc contre les corps administratifs et judiciaires, qui sont, dit-il, gangrenés de royalisme, et il en propose la révocation générale, immédiate ; bien plus, il déclare

---

1. Il est à remarquer que la Convention oublia de décréter formellement l'avénement de la république. Le lendemain seulement, sur la proposition de Billaud-Varennes, elle décida que les actes publics seraient datés de l'an Ier de la république française, et adapta le sceau de l'État au nouveau régime.

qu'afin de consommer la régénération sociale, il faut abolir immédiatement toutes les conditions d'éligibilité pour les fonctions de juges, et reconnaître que tous les citoyens français sont aptes à rendre la justice et à faire l'application des lois civiles et criminelles. « Ceux qui se sont fait un état de juger les hommes, ajoute-t-il, étaient comme les prêtres : les uns et les autres ont éternellement trompé le peuple. En fait, les juges existants ont excité des suspicions légitimes en pétitionnant contre les sociétés populaires, en signant des adresses flagorneuses au pouvoir exécutif. Les preuves de leur incivisme, adressées à Dejoly, ministre de la tyrannie, sont arrivées à son successeur, à moi, le ministre du peuple. »

Cette idée est appuyée par Léonard Bourdon, Billaud-Varennes et Osselin ; elle est énergiquement combattue par deux anciens constituants, Chasset et Lanjuinais, qui avouent n'être pas encore habitués à voir emporter d'assaut des résolutions aussi graves.

« On veut donc tout désorganiser, s'écrie Chasset, on veut donc nous jeter dans l'anarchie? Savez-vous à quelles folies conduirait l'ignorance absolue des citoyens que le suffrage populaire pourrait installer dans les postes les plus élevés ?

« L'Assemblée, ajoute Lanjuinais, veut-elle donc faire des lois à l'heure et à la minute? Il ne suffit pas de détruire : l'essentiel est de créer. »

Mais c'est en vain que des voix isolées se font entendre, la Convention décrète :

« Que tous les corps administratifs, municipaux et judiciaires seront renouvelés, et que les juges pourront être choisis indistinctement parmi tous les citoyens ¹. »

Cette discussion avait démontré la nécessité absolue de faire un règlement pour la tenue des séances. Lanjuinais, en signalant les dangers de la précipitation avec laquelle avait été accueillie la proposition de Danton, avait fait entendre à ses collègues de dures vérités : « Nous périssons avant que de naître, avait-il dit, si nous ne faisons pas un règlement ; prenez-y garde, si vous ne mûrissez pas vos lois, on les méprisera et on vous méprisera vous-mêmes. »

Grâce à l'insistance du député breton, la Convention décréta, dans sa séance du 22 au soir, la création d'une commission chargée d'élaborer un règlement et de proposer la division de l'Assemblée en divers comités ².

III.

Roland avait été élu représentant du peuple par le département de la Somme, et il aurait pu à la rigueur venir, comme Danton, siéger dès la première séance au sein de la Convention nationale. Mais son élection donnait lieu à quelque contestation ³, et, dans l'incerti-

---

1. Grâce à ce décret, les tribunaux civils et criminels furent bientôt peuplés de citoyens ignorant les plus simples procédés de la justice et sachant souvent à peine lire et signer leur nom.
2. On trouvera à la fin de ce volume une note indiquant les principaux articles de ce règlement et les attributions des comités.
3. Le département de la Somme avait droit d'élire treize députés. Le 12 septembre, il avait épuisé ce droit par une série de nominations

tude, il ne savait s'il devait opter pour le mandat populaire ou pour le portefeuille de l'intérieur. Sa femme, naturellement, le pressait fort de conserver le ministère où, restant dans la pénombre, elle pouvait projeter sur lui le reflet de sa grâce et de son esprit, et par un

régulières et avait notifié ses choix au président de l'Assemblée législative par une lettre officielle.

Mais, le 13, on apprit à Abbeville, où siégeait l'assemblée électorale de la Somme, que deux des élus, Carra et Merlin (de Thionville), optaient pour d'autres départements.

Le même jour plusieurs électeurs attaquèrent la validité de l'élection de deux autres députés, Hourrier-Éloi et Dufestel, anciens administrateurs du département, qui avaient signé des protestations contre les journées du 20 juin et du 10 août, et qui avaient, pour ces faits, été déclarés, par un décret de la Législative, inhabiles à remplir aucune fonction publique. Cette dénonciation parut fondée aux électeurs, qui procédèrent tout de suite à la nomination de quatre nouveaux députés. Roland fut élu le quatrième de cette nouvelle série. Son élection était valable si les deux administrateurs étaient exclus, elle avait chance de ne pas l'être s'ils étaient admis. Ceux-ci n'avaient pas passé condamnation sur l'arrêt prononcé contre eux par l'assemblée électorale de la Somme, ils avaient protesté et étaient venus à Paris soutenir leur protestation. Les montagnards, qui avaient résolu de poursuivre à outrance les signataires des protestations anti-civiques, se trouvaient fort embarrassés entre le désir d'exclure les deux administrateurs de la Somme et la volonté bien arrêtée de ne pas laisser Roland venir renforcer les rangs des girondins, leurs ennemis. Leur haine contre le ministre l'emporta bien vite sur toute autre considération, et les deux signataires des pétitions anti-civiques furent admis sans conteste comme députés de la Somme. Mais l'option d'Héraut-Séchelles pour le département de Seine-et-Oise et la démission d'un autre député, nommé Delaunay de Mailly, vinrent de nouveau ouvrir des droits à Roland, et il était si bien décidé à les faire valoir que, le 26 septembre (voir le *Moniteur*, n° 273), il écrivait à la Convention une lettre où il remettait son portefeuille de ministre et

effet d'optique le faire paraître un grand homme à ceux qui le regardaient de loin. Mais de toute manière Roland devait à la nouvelle assemblée un compte rendu de sa gestion, il le lui envoya le 23. Le rapport de l'ex-ministre de Louis XVI débutait ainsi :

« Les Français ont en horreur les crimes des nobles, l'hypocrisie des prêtres et la tyrannie des rois ; des rois ! ils n'en veulent plus. L'énergie de la nation est extrême, mais il faut qu'elle soit bien dirigée. »

Pour la diriger Roland assurait avoir employé les plus grands moyens. Lesquels ? toujours ceux que mettait en usage ce vieillard rogue et morose, habitué aux paperasseries de l'ancien régime et qui croyait avoir rempli tous ses devoirs lorsque, sous l'inspiration de sa femme, il avait libellé une belle pièce d'éloquence et l'avait fait expédier aux directoires des quatre-vingt-trois départements, avec ordre de la transmettre aux autorités inférieures.

Le rapport du ministre contenait quelques allusions très-voilées aux journées de septembre et aux usurpations continuelles de la Commune. Il y était dit,

proposait pour le remplacer « le vénérable Pache. » Mais, trois jours après, Danton ayant insisté pour que la démission de son ancien collègue fût acceptée définitivement, parce que, disait-il, « la nation avait besoin de ministres qui pussent agir sans être conduits par leurs femmes, » Roland, blessé dans son amour-propre, déclara « qu'il restait à son poste de ministre, comme plus périlleux. » François (d'Albert), le premier des suppléants élus après Roland, réclama alors les droits qui lui advenaient par suite de cette détermination et siégea à la place du ministre girondin pendant toute la session conventionnelle.

comme par hasard : « N'est-il pas à craindre que Paris, qui a tout fait pour le bien de l'empire, ne puisse devenir la cause de son malheur? » Et, pour résoudre cette grave question, Roland, à travers mille circonlocutions, émettait une idée qui, depuis quelques jours, était vivement agitée dans les conciliabules secrets de la Gironde : « La Convention nationale, investie de la confiance publique, devrait se prémunir contre certains mouvements en s'entourant d'une force armée imposante, d'une troupe soldée. »

N'était-ce pas rétablir, à l'usage de la Convention, la garde constitutionnelle du roi, que les amis de Roland avaient fait dissoudre quelques jours avant le 20 juin[1]? Les girondins étaient ainsi obligés de recourir aux armes qu'ils avaient brisées entre les mains des feuillants. Cette contradiction manifeste ne pouvait échapper à leurs nouveaux ennemis, qui devaient leur opposer leurs propres paroles et leurs propres actes.

Le ministre ne faisait, du reste, que mettre en avant un projet que ses amis s'étaient réservé de reproduire à la première occasion favorable; sans le développer, il se hâtait d'aborder des questions moins irritantes. Passant en revue toutes les parties de son administration, il déclarait « que les services hospitaliers étaient en souffrance, les routes en mauvais état, l'agriculture, l'industrie, le commerce et les arts dans la pire situation. Le mal, disait-il en terminant, serait irrémédiable si on ne réprimait pas l'anarchie, si on ne rétablissait pas la paix

---

[1]. Voir t. Ier, livre Ier, § Ier.

intérieure, le respect des propriétés, l'obéissance aux lois. »

Le compte rendu de Roland n'était certes pas rassurant. Celui de Cambon, chargé par le comité des finances de vérifier les caisses de la trésorerie, ne l'était pas davantage. Deux milliards sept cent millions d'assignats avaient été créés, et de cette masse immense de valeurs fiduciaires, fabriquées depuis deux ans, il ne restait plus qu'une somme insignifiante, 24 millions environ, et cependant, ajoutait le rapporteur, « les besoins du Trésor sont urgents, les dépenses considérables, les impôts ne rentrent point parce que la plus grande partie de leur produit est employée dans les départements mêmes en achats de grains. »

IV.

L'Assemblée était encore sous l'impression de ces deux rapports, lorsque, le 24 septembre, une lettre de Roland annonce : que la ville de Châlons-sur-Marne, quartier général de l'armée de réserve et rendez-vous des fédérés, vient d'être ensanglantée par de nouveaux meurtres; que le courrier de Strasbourg a été arrêté et fouillé, et que des dépêches importantes ont été retardées de douze heures. La lettre du ministre girondin se terminait ainsi : « Que la Convention nationale prenne des mesures ! »

Aussitôt Kersaint s'élance à la tribune : « Il est temps, dit-il, d'élever des échafauds pour ceux qui commettent des assassinats et pour ceux qui les provoquent, il est temps de venger les droits de l'homme violés par tout ce qui se passe en France; la Convention a juré l'exécution des lois, elle a mis les personnes et les propriétés sous la sauvegarde de la nation... Cependant les désordres, les meurtres se propagent; on agite le peuple, on le pousse à l'anarchie... Sans doute vos cœurs, comme le mien, bondissent d'indignation au récit des scènes d'horreur dont on veut déshonorer le nom français... » Des applaudissements frénétiques éclatent dans la plus grande partie de la salle; l'orateur reprend avec une nouvelle énergie : « Il y a peut-être plus de courage qu'on ne pense à s'élever contre les assassins!... Mais, dussé-je tomber sous leurs coups, je serai digne de la confiance de mes concitoyens. Je demande que séance tenante quatre commissaires soient nommés pour examiner la situation de l'empire, celle de la capitale, et pour vous présenter des mesures contre le brigandage et les assassinats[1]. »

Kersaint venait de dire tout haut ce que le plus grand nombre des conventionnels se répétaient tout bas les uns aux autres, depuis trois jours qu'ils étaient rassemblés.

En entendant le courageux orateur, toute l'Assemblée a compris qu'elle touche à un moment décisif. Allait-elle répudier par une mesure éclatante la responsabilité des actes qui avaient déshonoré les derniers moments de la Législative, ou bien, à son tour, devait-

---

[1]. *Moniteur*, n° 269. — *Journal des Débats* et *Décrets*, p. 66, n° 5.

elle courber la tête sous le joug de ceux qui, depuis le 10 août, régnaient dans Paris, au nom de la commune insurrectionnelle?

Les organisateurs des massacres de septembre et leurs amis de la Montagne sentent qu'ils ne peuvent conjurer l'orage qu'en le bravant avec leur impudence habituelle. C'est Tallien qui leur sert d'organe. « Comment trouver, dit-il, dans le sein de cette assemblée quatre hommes assez exactement instruits de la situation de la France pour proposer des mesures qui puissent concilier l'intérêt public et les droits des citoyens? Les lois existent; c'est aux tribunaux à en faire l'application. Attaqué extérieurement, trahi à l'intérieur, le peuple a droit d'être défiant. Ceux qui ont saisi les correspondances pour découvrir les complots ont fait acte de civisme. » La question préalable! crient quelques montagnards. L'ajournement! demandent d'autres membres de la gauche, un peu moins audacieux.

« Demander l'ajournement, s'écrie Vergniaud, c'est demander l'impunité des assassins! invoquer la question préalable, c'est appeler l'anarchie, c'est proclamer qu'il est permis d'assassiner! Il existe dans la République des hommes qui osent se dire républicains; ils répandent les soupçons, les haines, les vengeances; ils voudraient voir les citoyens français, comme les soldats de Cadmus, s'entr'égorger au lieu de combattre les ennemis de la patrie. La preuve que les lois sont insuffisantes, c'est que chaque jour est souillé par un nouveau crime... »

Les applaudissements redoublent; en vain trois autres amis des dictateurs de l'Hôtel de Ville, Fabre d'Églantine, Sergent, Collot d'Herbois, essayent-ils de détourner les colères de l'Assemblée. Lanjuinais d'un mot leur rappelle leur crime : « Interrogez votre mémoire. Qui de nous ignore que les citoyens de Paris dans la stupeur de l'effroi... » Le terrible Breton va nommer Septembre. La Montagne murmure, et Tallien s'écrie : « Les citoyens de Paris ne sont point dans la stupeur ! » « Je souhaite, reprend Lanjuinais, que le mot ne soit pas plus vrai que je ne le désire; mais, à mon arrivée à Paris, j'ai frémi. »

A ces mots, l'Assemblée se sent aussi frémir dans toutes les fibres de son cœur; un courant électrique semble la parcourir. De toutes parts se font entendre des cris : « Aux voix la motion de Kersaint! » Mais soudain un profond silence s'établit. Buzot vient de paraître à la tribune.

Buzot avait siégé à côté de Pétion et de Robespierre, à l'extrême gauche de l'Assemblée constituante. Depuis un an, retiré dans son pays natal, le département de l'Eure, il y avait accepté une charge de judicature et s'était tenu à l'écart de toutes les intrigues politiques. On est impatient de savoir duquel de ses deux amis, autrefois étroitement unis, aujourd'hui séparés par une haine mortelle, il va suivre la bannière. Le doute ne dure pas longtemps. Aux premières paroles de l'orateur, on comprend que son choix est fait, que la Gironde peut le compter désormais parmi ses membres les plus résolus.

« Étranger aux révolutions de la ville de Paris, dit-il, je suis arrivé ici avec la confiance que j'y conserverai l'indépendance de mon âme. J'ai fait mes preuves. La

République a toujours eu mes sympathies, et, lorsqu'en 1791, on tremblait de prononcer ce mot, j'étais ici à mon poste et je votais pour elle. Mais cette âme républicaine est incapable de fléchir sous les menaces, sous les violences d'hommes dont je ne connais ni le but ni les desseins. Croit-on que nous puissions devenir les esclaves de certains députés de Paris? »

Buzot, non-seulement appuie la proposition de Kersaint, mais il y ajoute la motion qui naissait naturellement de l'idée émise la veille par Roland, celle d'une garde départementale : « Car il faut, s'écrie-t-il, que la Convention soit entourée d'une force tellement imposante, que non-seulement nous n'ayons rien à craindre, mais que nos départements soient bien assurés que nous n'avons rien à craindre. »

Buzot termine son discours en formulant en termes nets et précis les trois propositions qu'il vient de développer :

« Il sera nommé une commission de six membres chargés :

« 1° De rendre compte, autant qu'il sera possible, de l'état actuel de la République et de celui de la ville de Paris;

« 2° De présenter un projet de loi contre les provocateurs au meurtre et à l'assassinat;

« 3° De rendre compte des moyens de donner à la Convention nationale une force publique à sa disposition, prise dans les quatre-vingt-trois départements. »

Personne n'ose répondre à Buzot. Les amis de la commune insurrectionnelle sont réduits au silence. Le projet présenté par l'ex-constituant est adopté à la presque unanimité[1].

V.

Le soir, à la nouvelle de ce qui vient de se passer à l'Assemblée, la plus grande fermentation règne au club des Jacobins. Là aussi, les deux partis sont en présence, car la Société des ex-amis de la Constitution compte encore dans ses rangs un certain nombre de membres qui sont disposés à suivre la fortune de la Gironde. Fabre d'Églantine, tout ému de la défaite que ses amis et lui ont essuyée dans une autre enceinte, fulmine un violent réquisitoire contre Buzot. Pétion veut défendre son ami, mais on refuse de l'écouter; on déclare que la Convention vient de donner le signal de la guerre civile. Et cependant l'on applaudit Barbaroux, lorsqu'il annonce que huit cents de ses compatriotes sont en marche « pour venir en aide à leurs braves frères parisiens et pour assurer le règne de la liberté et de l'égalité. » Le jeune député des Bouches-du-Rhône n'avait pas encore publiquement rompu avec les ultra-révolutionnaires; personne ne suppose que les nouveaux Marseillais pourraient bien ne pas être animés des mêmes sentiments que leurs devanciers, les trop fameux vainqueurs du 10 août[2].

[1]. Le fait est constaté par le *Moniteur* lui-même (séance du 24 septembre).

[2]. *Journal du Club des Jacobins,* n° cccxxi.

La Société se sépare en adjurant tous les députés présents de faire leurs efforts pour obtenir, le lendemain, le rapport du décret jeté comme un défi à la députation parisienne.

Dès l'ouverture de la séance du 25, les Montagnards, fidèles à la promesse qu'ils ont faite à leurs amis du club de la salle Saint-Honoré, demandent que l'on revienne sur la mesure décrétée la veille. C'est le bouillant Merlin (de Thionville) qui commence l'attaque, et qui retourne contre les Girondins les accusations que depuis quatre jours ils avaient jetées à la face de leurs ennemis.

« Le décret que vous a proposé hier Buzot mène directement à l'établissement d'une dictature ou d'un triumvirat. J'ai juré de combattre toute dictature et tout triumvirat. Or Lasource m'a déclaré hier qu'il existait dans le sein de la Convention un parti qui avait de telles aspirations. Qu'il le démasque, et je déclare que je suis prêt à poignarder le premier qui voudrait s'arroger un pareil pouvoir. »

Directement interpellé, Lasource reproche à Merlin d'avoir porté à la tribune les confidences d'une conversation particulière. Néanmoins il accepte le débat. « Hier au soir, raconte-t-il, dans une assemblée publique, j'ai entendu dénoncer les deux tiers de la Convention nationale comme aspirant à écraser les vrais amis du peuple, et à détruire la liberté. Dans le groupe qui m'entourait et dont Merlin faisait partie, on déclamait contre le projet de loi proposé pour la punition des provocateurs au meurtre et à l'assassinat ; j'ai dit et je dis encore que cette loi ne peut effrayer que ceux qui méditent des crimes nouveaux. On s'élevait contre la proposition de confier la Convention nationale à une garde composée de citoyens de tous les départements ; j'ai dit et je dis encore que la Convention ne peut ôter à tous les départements de la République le droit de veiller de concert sur la représentation nationale... Je crains le despotisme de Paris. Je ne veux pas que ceux qui y disposent de l'opinion d'hommes qu'ils égarent, dominent la Convention nationale et la France entière. Je ne veux pas que Paris devienne dans l'empire français ce que fut Rome dans l'empire romain. Il faut que Paris soit réduit à un quatre-vingt-troisième d'influence, comme chacun des autres départements. Jamais je ne consentirai qu'il tyrannise la République, comme le veulent quelques intrigants contre lesquels j'ose m'élever le premier, parce que je ne me tairai jamais devant aucune espèce de tyran ; j'en veux à ces hommes qui, voulant écarter à tout prix de la Convention nationale les membres de l'Assemblée législative dont ils redoutaient la résistance et l'énergie, ont tenté de les faire égorger ; à ces hommes qui, *le jour même où se commettaient les massacres,* ont porté *leur scélérate audace* jusqu'à décerner des mandats d'arrêt contre huit députés à la Législative qui n'avaient cessé de servir la cause de la liberté. »

C'était désigner assez clairement les dictateurs de l'Hôtel de Ville et la députation de Paris en qui ils se personnifiaient. Mais Lasource ne croit pas encore le moment venu de déchirer le voile qu'il a soulevé ; il termine ainsi la véhémente philippique que la brusque interpellation de Merlin vient de lui arracher :

« Je ne désigne personne. Je veux attendre que les hommes que je dénonce m'aient fourni assez de traits de lumière pour les montrer à la France tels qu'ils sont; alors je viendrai à cette tribune, dussé-je en sortant tomber sous leurs coups homicides. »

Mais ces ménagements ne peuvent convenir au bouillant Rebecqui, l'ami de Barbaroux : « Oui, s'écrie-t-il, oui, il y a dans cette assemblée un parti qui aspire à la dictature; c'est le parti Robespierre : voilà l'homme que je vous dénonce. »

Les anciens membres de la Commune, leurs amis et leurs complices, étaient trop directement incriminés pour pouvoir garder le silence; Osselin, Billaud-Varennes, Tallien, Danton, Robespierre demandent en même temps la parole. Les trois premiers n'étaient que des comparses; l'Assemblée les écoute à peine, tant elle a hâte d'entendre les explications des deux coryphées de la députation parisienne.

Danton se sentait sur un mauvais terrain; il commence par un appel à la conciliation, et déclare « qu'il regarde comme un beau jour celui qui amène une explication fraternelle entre tous les membres de l'Assemblée. » Après s'être élevé contre les accusations vagues de dictature et de triumvirat, qui se renouvellent sans que personne ose les formuler d'une manière nette et précise, il essaye adroitement d'écarter la solidarité qu'on prétend établir entre tous les membres de la députation de Paris : « Je ne chercherai pas, dit-il, à justifier chacun de mes collègues; je ne suis responsable pour personne. Je ne vous parlerai donc que de moi. » Et il énumère tous les services que, depuis trois ans, il croit avoir rendus à la liberté.

Puis, imitant l'exemple que lui avaient donné quelques jours auparavant les membres de la commune insurrectionnelle, lorsqu'ils avaient voulu, eux aussi, se décharger de toute la responsabilité des journées de septembre sur celui que Panis avait subrepticement introduit dans le conseil de surveillance, Danton ajoute : « Il existe dans la députation de Paris un homme dont les opinions sont pour le parti républicain ce qu'étaient celles de Royou pour le parti aristocratique : c'est Marat. Eh bien, j'invoque le témoignage du citoyen qui nous préside : qu'il se rappelle et la lettre menaçante que moi, ministre de la justice, j'ai reçue de celui que l'on représente comme écrivant sous ma dictée, et l'altercation que nous eûmes ensemble à la mairie[1]. Du reste, il faut beaucoup pardonner à cet homme ; car son âme est ulcérée par les vexations qu'il a subies, par une vie passée, depuis trois ans, dans les souterrains où il s'était réfugié ; mais, pour quelques individus exagérés, n'accusons pas une députation tout entière. Quant à moi, je n'appartiens pas à Paris ; je suis né dans un département vers lequel je tourne toujours mes regards avec un sentiment de plaisir. Du reste, est-ce que nous appartenons à tel ou tel département ? Nous appartenons à la France entière. »

« Qui vous parle de détruire cette unité ? réplique Buzot ; quelle mesure peut d'ailleurs mieux la consolider

---

[1]. Nous avons raconté avec détail, t. III, p. 358, la scène à laquelle Danton fait allusion.

que celle, adoptée hier en principe par la Convention, de la formation d'une garde composée de citoyens de tous les départements? »

Danton venait de séparer sa cause de celle de ses collègues de la députation de Paris, et de se mettre pour ainsi dire sous l'égide de Pétion. Une position aussi humble ne pouvait convenir à Robespierre. Prenant la parole pour la première fois depuis que, se présentant comme simple pétitionnaire, il avait, dans cette même enceinte, essuyé les dédains de l'Assemblée législative, l'orgueilleux tribun ne devait pas manquer une si belle occasion d'étaler les prétentions naïves de son absorbante personnalité. Pendant une heure entière, il se complaît dans le récit de ses faits et gestes révolutionnaires. Chacune des phrases de sa harangue commence invariablement ainsi : « C'est moi qui ai fait ceci, c'est moi qui ai fait cela. » On lui demande à plusieurs reprises d'abréger son apologie, mais il ne peut s'y résoudre, et la Convention est obligée de subir l'interminable récit des grands actes de civisme par lesquels, à l'entendre, il a si souvent sauvé la patrie, car il plaide, dit-il, non sa propre cause, mais la cause publique, que modestement il identifie avec la sienne.

Mais quand Robespierre s'est enfin décidé à clore son panégyrique, un jeune homme se lève des bancs de la droite, et, au milieu d'un profond silence, dit d'une voix haute et ferme : « Barbaroux de Marseille se présente pour signer la dénonciation qui a été faite contre Robespierre. » Et alors il précise les faits sur lesquels il base cette dénonciation : « Rappelez-vous la conspiration patriotique qui a été tramée pour renverser le trône de Louis XVI *le tyran*. Alors chaque parti voulait s'appuyer sur les valeureux combattants que nous avions amenés des Bouches-du-Rhône. Rebecqui et moi avons été le point de mire de toutes les intrigues et de toutes les séductions; on nous fit venir chez Robespierre. Là on nous dit qu'il fallait se rallier aux citoyens les plus populaires. Panis nous désigna nominativement Robespierre comme l'homme vertueux qui devait être dictateur de la France. Nous lui répondîmes que les Marseillais n'abaisseraient jamais le front ni devant un roi, ni devant un dictateur. Voilà ce que je signerai et ce que je défie Robespierre de démentir. »

Après avoir ainsi démasqué celui qu'il considère comme le principal coupable, le jeune orateur s'attaque à ses complices :

« Je dénonce cette commune désorganisatrice qui envoyait des commissaires dans toutes les parties de la République pour commander aux autres communes; qui délivrait des mandats d'arrêt contre des députés du corps législatif, contre un ministre, homme public dont la personne appartient, non pas à la ville de Paris, mais à la République entière... On ne veut pas de dictature, mais pourquoi alors s'opposer à ce que la Convention décrète que des citoyens de tous les départements se réuniront pour sa sûreté et celle de Paris. Citoyens, ces oppositions seront vaines; les patriotes vous feront un rempart de leurs corps : huit cents Marseillais sont en marche pour venir concourir à la défense de cette ville et à la vôtre. Marseille, qui a constamment prévenu les meilleurs décrets de l'Assemblée nationale, a choisi ces huit cents hommes parmi les citoyens les plus patriotes et les plus indépendants de tout besoin : leurs pères leur ont donné à chacun deux pistolets, un sabre, un fusil et un assignat de 500 livres ; ils sont accompagnés par deux cents hommes de cavalerie armés et équipés à leurs frais. Ils vont arriver. Les Parisiens, nous n'en doutons pas, les recevront avec fraternité. ».

Cette explication de la nouvelle que les Jacobins avaient si bien accueillie la veille, parce qu'ils ne l'avaient pas comprise, excite les murmures de l'extrême gauche ; mais l'Assemblée presque tout entière éclate en applaudissements enthousiastes.

Tout à coup, de la crête de la Montagne part cette exclamation lancée d'une voix stridente : « C'est pour me dénoncer que je demande la parole ! »

A ce cri, les députés se retournent, tous les yeux se dirigent vers l'interrupteur. On voit s'agiter sur son banc un être hideux, de qui ses voisins s'écartent avec une visible répugnance, mais qui semble jouir avec volupté de l'effroi qu'il inspire. Sa tête est couverte d'un mouchoir sordide, ses lèvres livides sont contractées par un affreux sourire, ses yeux jettent des lueurs sinistres, sa face jaunâtre respire l'audace et l'impudence, ses gestes sont convulsifs et saccadés. — « C'est Marat, » s'écrie-t-on. On se le montre du doigt, on contemple avec une sorte de stupeur le monstre que les électeurs de Paris viennent de faire sortir de son antre pour le lancer au milieu de la Convention. Cependant, après le premier moment donné à la surprise, l'Assemblée comprend que ce n'est qu'à force de calme et de dignité qu'elle peut conjurer l'effroyable apparition du spectre de Septembre. Le silence se rétablit, et les accusations les plus précises viennent se formuler contre la Commune de Paris.

« J'atteste, dit Boileau, que l'assemblée électorale de l'Yonne m'ayant délégué pour aller au-devant des commissaires du pouvoir exécutif, — ceux-ci m'ont dit que la Commune de Paris s'était emparée de tous les pouvoirs, qu'elle était décidée à exercer la surveillance la plus active sur tous les actes du conseil exécutif et de l'Assemblée nationale ; qu'elle invitait les autres communes à se défier des administrateurs et des généraux, à se rallier à elle ! »

« Autant de calomnies ! » crie Tallien.

« Je veux, dit Cambon, attester ici devant mes nouveaux collègues ce dont j'ai été témoin comme membre de l'Assemblée législative ; je veux renouveler devant eux une dénonciation qui a été faite à nos prédécesseurs sans qu'ils aient eu le temps d'y faire droit : Je déclare avoir vu afficher dans Paris un imprimé où l'on disait qu'il n'y avait d'autre moyen de salut public que le triumvirat. Cet imprimé était signé *Marat*. »

En entendant de nouveau prononcer son nom, l'*Ami du peuple* bondit et apostrophe l'orateur ; mais Cambon ne s'émeut pas, et, faisant allusion à l'une des scènes les plus douloureuses des journées de septembre, à la démission présentée par Vergniaud au nom de la commission extraordinaire[1], il s'écrie : « Oui, j'ai vu, en des jours de

1. Voir t. III, p. 310.

deuil, j'ai vu des membres du corps législatif, forcés par d'audacieuses dénonciations de venir se démettre ici, à cette tribune, des fonctions qui leur avaient été confiées par l'Assemblée nationale; j'ai vu des municipaux violer des dépôts publics, mettre les scellés sur les caisses appartenant à la nation, s'emparer de tous les effets précieux renfermés dans des édifices nationaux, sans dresser aucun procès-verbal de tous ces enlèvements, et lorsqu'un décret a ordonné que ces effets fussent apportés à la trésorerie nationale, j'ai vu encore ce décret rester sans exécution. J'ai vu la Commune de Paris s'élever au-dessus des lois et refuser d'y obéir. N'existe-t-il pas une loi qui porte que la Commune de Paris sera renouvelée? *Elle ne l'est pas encore!* Les lois ne sont-elles donc pas obligatoires pour cette commune comme pour toutes les communes de la République? — Voilà les faits. Répondez, vous qui niez le projet d'établir à Paris une autorité dictatoriale. »

« A Douai, ajoute Fockedey[1], où je me trouvais comme membre du directoire du département du Nord, les émissaires de la Commune de Paris ont osé tenir les propos les plus incendiaires. Ils ont dit à la société populaire : « Dressez des échafauds, que les remparts
« soient hérissés de potences, et que celui qui ne sera
« pas de notre avis y soit attaché. La Commune de Paris
« s'est emparée de tous les pouvoirs; approuvez toutes
« les mesures qu'elle prendra, et elle sauvera l'empire ! »

« A Meaux, ajoute encore un représentant de Seine-

---

1. Les *Débats* le nomment; le *Moniteur* dit : *un membre*.

et-Marne, deux députés de la municipalité de Paris, décorés de leur écharpe, sont venus dans l'assemblée électorale nous annoncer qu'il n'y avait plus de lois ; que nous étions maîtres de faire ce que nous voulions, que nous étions souverains. Ils ont ensuite prêché le peuple, et le soir même quatorze têtes sont tombées. Ces municipaux, prétendus amis de la liberté, n'étaient que des incendiaires, des voleurs et des assassins [1]. »

Après cette avalanche de faits accablants pour la Commune et ses suppôts, Panis obtient la parole pour répondre à ce qui le concerne personnellement dans l'accusation de Barbaroux. Il oppose à son adversaire une dénégation formelle et lui demande quels sont ses témoins.

« Moi, » réplique Rebecqui.

« Vous êtes son ami, objecte Panis, je vous récuse. » Alors l'ex-administrateur de police commence un long récit tendant à expliquer comme quoi, magistrat chargé de veiller à la sûreté de la capitale et au maintien des lois, il a été la *cheville ouvrière de l'insurrection du 10 août*. « Je n'ai vu, dit-il, Barbaroux que deux fois, et j'atteste que ni l'une ni l'autre je ne lui ai parlé de dic-

---

[1]. Ni les *Débats* ni le *Moniteur* ne nomment le courageux député de Seine-et-Marne qui fit cette dénonciation ; mais il est à croire que ce député était Bailly, ancien oratorien de Juilly. Ce qui permet cette supposition, c'est l'interruption lancée par Marat, au moment où l'orateur racontait le massacre de Meaux, où sept prêtres avaient péri : « *J'invite l'opinant à nommer son état.* » L'*Ami du peuple* voulait évidemment infirmer ce témoignage en l'attribuant à une rancune de caste religieuse. Le *Moniteur*, selon son habitude, ne note pas cette interruption. Nous l'avons retrouvée dans le *Journal des Débats et Décrets*, p. 88, n° 7.

tature. Depuis plusieurs jours, je faisais de vains efforts pour engager les Marseillais à venir prendre possession de la caserne des Cordeliers, section du Théâtre-Français, parce que cette section me paraissait devoir être, dans les moments de danger, le point de ralliement des patriotes. Danton y présidait. J'adjurai Barbaroux de m'aider à décider cette translation ; nous nous réunîmes un certain nombre de bons citoyens pour tramer patriotiquement le siége des Tuileries, et nous sauvâmes la patrie. Je n'ai pas revu depuis le citoyen Barbaroux, et j'atteste que je n'ai proposé ni à lui ni à d'autres la dictature de Robespierre. »

Panis se voyant écouté, grâce à l'intérêt qu'éveillent ses révélations, se déclare prêt à justifier le comité de surveillance des inculpations qui viennent d'être formulées par les précédents orateurs.

« Eh bien ! puisqu'il en est ainsi, s'écrie Brissot, qui se hâte assez maladroitement de se porter partie plaignante dans sa propre cause, pour quel motif avez-vous délivré un mandat d'arrêt contre un député? N'était-ce pas pour l'immoler avec les prisonniers de l'Abbaye? »

Panis ne s'embarrasse pas pour si peu. « On ne se reporte pas assez, reprend-il, aux circonstances terribles où nous nous trouvions. Nous vous avons sauvés, et vous nous abreuvez de calomnies ! Voilà donc le sort de ceux qui se sacrifient au triomphe de la liberté... Qu'on se représente notre situation : nous étions entourés de citoyens irrités des trahisons de la cour, on nous mettait le pistolet sur la gorge; nous nous sommes vus forcés de signer des mandats, moins pour notre propre sûreté que pour celle des personnes qui nous étaient dénoncées. Un grand nombre de bons citoyens viennent nous dire que Brissot va partir pour Londres avec les preuves écrites de ses machinations; je ne croyais pas sans doute à ces inculpations, mais je ne pouvais pas répondre personnellement et sur ma tête qu'elles ne fussent pas vraies; je ne crus pouvoir mieux faire que d'envoyer chez lui *des commissaires pour lui demander fraternellement communication de ses papiers*. Les papiers ont prouvé l'innocence de Brissot, j'en étais convaincu d'avance. »

VI.

Certes l'impudence de Panis avait été grande; un seul homme pouvait la surpasser, un seul homme pouvait augmenter l'invincible dégoût dont l'Assemblée n'avait pu se défendre en entendant l'ancien président du comité de surveillance, l'ancien pourvoyeur de la Force et de l'Abbaye, prétendre que c'était dans l'intérêt de la sûreté personnelle des individus qu'il lançait contre eux des mandats d'amener.

A peine cet audacieux menteur a-t-il quitté la tribune que Marat l'escalade et s'y cramponne. Un cri d'indignation s'élève de toutes parts; la Convention, animée d'un sentiment presque unanime, voudrait écraser sous ses pieds le reptile venimeux qui s'étale devant elle et semble la défier. Mais Lacroix réclame le silence. « Il importe, dit-il, que l'Assemblée ne prononce que lorsqu'elle aura tous les éclaircissements qui lui ont manqué jusqu'ici. » Le tumulte s'apaise ; l'*Ami du peuple* promène ses yeux hagards sur les diverses parties de la salle et commence ainsi :

« J'ai dans cette assemblée un grand nombre d'ennemis personnels... »

« Tous, tous ! » s'écrie l'Assemblée presque tout entière.

« Eh bien ! je les rappelle à la pudeur, continue Marat impassible, car ce ne sont pas de vaines clameurs, des huées, des menaces que l'on doit opposer à un homme qui s'est dévoué pour la patrie. Les accusations à l'aide desquelles on a espéré jeter de la défaveur sur la députation de Paris, je les accepte, mais je les accepte pour moi seul, car Danton, Robespierre et tous les autres ont constamment improuvé l'idée de dictature et de triumvirat.....

« Si quelqu'un est coupable d'avoir jeté dans le public ces idées-là, c'est moi. J'appelle sur ma tête la vengeance de la nation ! Mais avant de faire tomber sur ma tête l'opprobre ou le glaive, daignez m'entendre....

« Lorsque j'ai vu la patrie entraînée au bord de l'abîme, me ferez-vous un crime d'avoir appelé sur la tête des coupables la hache vengeresse du peuple ? *Non, si vous l'osiez, le peuple vous démentirait ; car, obéissant à ma voix, il a senti que le moyen que je lui proposais était le seul pour sauver la patrie, et, devenu dictateur lui-même, il a su se débarrasser des traîtres.* »

A cette apologie éhontée des attentats de septembre répond un long cri de réprobation. Le misérable folliculaire daigne à peine laisser voir qu'il s'en est aperçu :

« J'ai frémi moi-même des mouvements impétueux et désordonnés du peuple lorsque je les ai vus se prolonger ; et, pour que ces mouvements ne fussent pas essentiellement vains, et *qu'il ne se trouvât pas dans la nécessité de les recommencer*, j'ai demandé qu'il nommât un bon citoyen, juste et ferme, connu par son ardent amour de la liberté, pour diriger ses mouvements et les faire servir au salut public.

« Si l'on m'avait cru, si l'on avait créé ce dictateur, auquel, pour l'enchaîner à la patrie, je voulais qu'on mît un boulet aux pieds et pour qui je ne demandais d'autre pouvoir que celui d'abattre des têtes criminelles, on verrait aujourd'hui la justice et la liberté établies dans nos murs. Telles sont mes opinions ; je les ai imprimées, j'y ai mis mon nom, je n'en rougis pas. Si vous n'êtes pas encore à la hauteur de m'entendre, tant pis pour vous. On m'a accusé de vues ambitieuses, mais voyez-moi et jugez-moi. »

A mesure que Marat parlait, l'indignation se changeait en mépris. La péroraison grotesque du sanguinaire bouffon provoque un immense éclat de rire.

L'*Ami du peuple* ne s'en émeut pas ; la tête haute, il traverse la salle et va se rasseoir à son banc en bravant ses collègues du regard et du geste. Mais à l'ignoble *Thersite* succède le prince des orateurs de la Gironde ; Vergniaud paraît à la tribune. Pendant que le président l'invite à attendre que l'agitation se soit un peu calmée, le député de Bordeaux, abîmé dans ses réflexions, semble mesurer avec stupeur toute l'étendue de la honte qui vient d'être infligée à la représentation nationale. Enfin, d'une voix émue et avec un accent plein d'amertume, il débute ainsi :

« S'il est un malheur pour un représentant du peuple, c'est d'être obligé de remplacer à cette tribune un homme chargé de décrets de prise de corps qu'il n'a pas purgés... »

« Je m'en fais gloire ! » hurle Marat.

« Sont-ce les décrets du Châtelet dont on parle ? » demande Chabot.

« Sont-ce ceux dont il a été honoré pour avoir terrassé La Fayette ? » ajoute Tallien.

« ... Un homme, continue Vergniaud, contre lequel il a été lancé un décret d'accusation, et qui ose encore lever sa tête audacieuse au-dessus de la loi ; un homme enfin tout dégoûtant de calomnies, de fiel et de sang. »

Puis, sans entrer dans de plus longs développements, il se prépare à donner lecture d'une pièce qu'il a déjà dénoncée il y a quelques jours à l'Assemblée législative, il déploie un exemplaire de la fameuse circulaire du comité de surveillance[1]. A cette vue, la Montagne réclame l'ordre du jour avec fureur, les tribunes trépignent de colère ; mais la droite et le centre appuient l'orateur du geste et de la voix. « Il faut en finir, s'écrie-t-on ; il est bon de les connaître tous. »

Vergniaud relit cette page sanglante que l'on croirait datée des enfers, puis il rappelle que, le soir même des massacres, Robespierre dénonçait à la Commune le prétendu complot qui devait livrer la France à Brunswick,

---

1. Nous avons donné le texte de cette circulaire, t. III, p. 308.

et dans lequel il impliquait impudemment lui, Vergniaud, et avec lui Ducos, Brissot, Guadet, Condorcet, Lasource, d'autres encore.

A ces mots, Robespierre se lève et s'écrie : « C'est faux ! — J'en ai la preuve, répond un autre membre[1]. »

Vergniaud ajoute : « Comme je parle sans amertume, je me féliciterai d'une dénégation qui me prouvera que Robespierre aussi a pu être calomnié. »

Jean Debry demande que la pièce incriminée soit renvoyée à une commission spéciale, et que, passant à l'ordre du jour sur toutes les dénonciations, l'on s'occupe des principes fondamentaux de la République. Mais Boileau, le même qui déjà, au commencement de la séance, avait raconté les prédications des commissaires de la Commune envoyés dans l'Yonne, vient dénoncer un nouvel écrit de Marat : « Voilà, dit-il, ce que ce léopard écrit avec ses griffes teintes de sang[2] : « Si dans « les huit premières séances de la Convention les bases « de la Constitution ne sont pas posées, n'attendez plus

---

[1]. Le *Moniteur* attribue à Sergent la dénégation lancée à Vergniaud. Le *Journal des Débats et Décrets* la restitue à Robespierre (p. 94) et la fait suivre à l'instant même de la contre-dénégation d'un autre député qui offre d'administrer la preuve de ce qu'avance Vergniaud. M. Louis Blanc, qui ne connait que le *Moniteur* et qui n'a jamais songé à le comparer aux autres journaux de l'époque, commet donc une grave erreur lorsqu'il prétend (t. VII, p. 273) que Vergniaud resta sous le coup de ce démenti. L'accusation lancée le 1er et le 2 septembre par Robespierre contre les chefs de la Gironde n'était-elle pas d'ailleurs de notoriété publique ? n'était-elle pas consignée à sa date sur les registres de la Commune ? (V. t. III, p. 205 et 241.)

[2]. *Journal des Débats et Décrets*, p. 94.

« rien de vos députés ; vous êtes perdus pour jamais...
« O peuple babillard, si tu savais agir ? »

« A l'Abbaye ! à l'Abbaye ! » crie-t-on de toutes parts[1].

« Et moi, ajoute Boileau, je demande que ce monstre soit décrété d'accusation. »

Marat était au pied de la tribune, impassible et souriant ; il semblait prendre en pitié les colères et les agitations que les écrits signés de son nom venaient de soulever. Dès que Boileau a fini de parler, il demande la parole. « Qu'il s'explique à la barre ! » crie-t-on de différents côtés. Sans s'émouvoir, l'*Ami du peuple* prie l'Assemblée de ne pas se livrer à un accès de fureur, mais bien plutôt d'écouter tranquillement le premier numéro d'une nouvelle feuille qu'il vient de fonder sous le nom de *Journal de la République française* : « L'article lu par Boileau, dit-il, date déjà de dix jours ; je l'ai écrit lorsque j'ai vu nommer à la Convention des hommes que j'avais dénoncés comme ennemis publics, lorsque je craignais de voir triompher cette faction de la Gironde qui me poursuit aujourd'hui. Mais la preuve incontestable que je veux marcher avec vous, avec les amis de la patrie, c'est l'article que je vais vous lire. Alors

---

1. Plusieurs historiens, notamment M. Louis Blanc, prétendent que des cris *à la guillotine* se firent entendre à ce moment. Comment une assemblée qui aurait eu quelque souci de sa dignité, aurait-elle pu laisser impunie une pareille manifestation ? Ni le *Moniteur,* ni le *Journal des Débats et Décrets* n'en font mention. On trouve ce fait consigné dans le *Journal de la République,* c'est-à-dire dans le journal de Marat lui-même. Voilà, il faut en convenir, un témoignage bien solide et bien acceptable !

vous jugerez l'homme que l'on accuse devant vous. »

L'Assemblée ordonne que la lecture réclamée par Marat sera faite par un secrétaire. Dans cet article, l'*Ami du peuple* se louait pompeusement de sa propre sagacité, de son patriotisme, de son désintéressement, et déclarait vouloir immoler à l'amour sacré de la patrie ses préventions et ses haines.

La lecture terminée, Marat, qui n'a pas quitté la tribune, reprend la parole avec une nouvelle assurance et déclare qu'il s'honore de tous les décrets de prise de corps lancés contre lui par la Constituante et par la Législative : « Ces décrets, s'écrie-t-il, le peuple les a anéantis en m'appelant parmi vous, car ma cause est la sienne. Si, du reste, mes ennemis vous avaient arraché un nouveau décret d'accusation, j'étais déterminé à me brûler la cervelle au pied de cette tribune. »

Aussitôt, il tire de sa poche un pistolet et se l'applique sur le front; mais, voyant le peu d'effet que produit cette scène digne des tréteaux de la foire, il fait disparaître son arme, se croise fièrement les bras, promène son impudent regard sur les bancs de l'Assemblée et s'écrie : « Eh bien ! je resterai parmi vous pour braver vos fureurs. »

Une violente explosion de murmures répond à cette nouvelle insulte de l'*Ami du peuple*. Couthon demande que l'on cesse de s'occuper des individus et que l'on se mette enfin à travailler aux affaires de la République. De guerre lasse et aucune proposition formelle ne lui étant faite, l'Assemblée passe à l'ordre du jour. Alors, mais alors seulement, Marat se décide à évacuer la tribune; il l'avait souillée, une heure durant, de sa hideuse présence[1].

VII.

La Convention était réunie depuis cinq jours seulement, et déjà s'étaient dessinés les deux partis qui devaient la remplir de leurs querelles. La Gironde avait emporté tous les votes qu'elle avait réclamés; une immense majorité s'était associée à elle lorsque, par la voix de ses plus illustres orateurs, elle avait flétri les massacres de septembre et leurs organisateurs, les usurpations de la Commune et ses commissaires; lorsqu'elle avait proposé des lois nouvelles contre les provocateurs au meurtre et contre les fauteurs d'anarchie. Mais toute assemblée nombreuse veut être conduite, dirigée. Elle ne demande pas mieux que de reconnaître des chefs, à la condition que ces chefs soumettront à ses votes des motions nettes et précises, qu'en lui mon-

---

[1]. Voici les réflexions qu'inspire cette scène au rédacteur des *Révolutions de Paris*, journal qui ne peut être taxé de modérantisme :

« Qui ne hausserait les épaules à la vue de Marat, à la tribune, tirant de sa poche un pistolet, comme autrefois nos capucins, en chaire, tiraient un *petit bon Dieu* de leur manche, et dire en se démenant comme un polichinelle d'Italie :

« Je ne crains rien sous le ciel ! » (Lui, Marat, qui se vante de s'être caché dans un trou de cave pour se soustraire aux poursuites de La Fayette !) « Mais, si un décret est lancé contre moi, je me brûle la « cervelle devant vous. » Puis rengaînant son instrument de mort, qui vraisemblablement ne contenait que de la poudre : « Mais non, « je resterai au milieu de vous pour braver vos fureurs. »

trant un but constant, certain, saisissable, ils lui donneront l'exemple de la discipline. Or, c'est ce que ne sut jamais le parti girondin. Composé d'individualités brillantes, mais, par cela même, jalouses de leur initiative et de leur indépendance, il n'en était que plus exposé aux divisions intérieures. Ses principaux membres avaient en outre ces hésitations, ces incertitudes, cette répugnance pour les moyens extrêmes, enfin toutes ces généreuses faiblesses qui ne permettent pas aux natures d'élite de diriger longtemps un mouvement révolutionnaire. Leurs motions se croisaient, s'entre-choquaient, se contredisaient l'une l'autre. Sans force de cohésion, sans esprit de suite, ces ardents polémistes, ces brillants orateurs avaient tout ce qu'il faut pour vaincre, mais ils ne savaient pas profiter de leur victoire.

Tout autres étaient leurs adversaires. La Montagne, au début de la session conventionnelle, ne comptait peut-être pas cinquante membres qui, suivant l'expression de Collot d'Herbois, adoptassent pour crédo politique le manifeste des septembriseurs; mais tous les adeptes de cette monstrueuse doctrine étaient liés par la plus étroite solidarité, celle du crime. Ils savaient que la ténacité et la violence tiennent lieu du nombre et des talents. Ne se lassant, ne se rebutant jamais, ils revenaient sans cesse à la charge, redemandaient le lendemain le rapport des décrets votés la veille à des majorités considérables. Ils n'avaient qu'un but: perpétuer l'état d'anarchie dans lequel était plongée la France, parce que cette anarchie pouvait seule leur permettre d'assouvir à leur aise leurs vengeances et leur cupidité.

Entre la Montagne et la Gironde se trouvait la masse immense des conventionnels qui étaient arrivés des départements sans parti pris, sans autre dessein nettement formulé que de défendre le territoire contre l'invasion étrangère et la liberté contre l'anarchie. Cette masse ne demandait pas mieux que de suivre les inspirations de ceux que les journaux leur avaient depuis un an appris à considérer comme les plus fermes appuis de la Révolution; elle se défiait de Robespierre et méprisait Marat; Danton lui aurait plu par son énergie, son courage, par ses élans généreux et patriotiques; mais elle voyait sur ses mains la trace du sang de Septembre. Pétion lui avait, de loin, été représenté comme le modèle de la sagesse et de la vertu; mais, en le voyant de près, elle n'avait pas tardé à mesurer à sa juste valeur cet homme si complaisamment surfait. Vergniaud l'aurait subjuguée, entraînée, si elle avait pu compter sur la persistance de ses desseins comme sur l'éloquence de sa parole; si elle n'avait pas vu le brillant orateur, après avoir rempli de sa voix puissante les échos de la salle du Manége, retomber dans ses rêveries et dans sa nonchalance habituelle.

Plusieurs des députés qui, à la Constituante ou à la Législative, s'étaient acquis un certain renom, Lacroix, Barrère, Rewbell, Cambon, bien d'autres encore, flottaient incertains entre les deux partis, ne sachant de quel côté pencher. Nous les avons déjà entendus, nous les entendrons encore proposer ou soutenir des mesures très-peu en harmonie avec les opinions ultra-révolutionnaires qu'ils professèrent plus tard. Leurs sympathies les

portaient vers la Gironde, mais l'absence de direction et
de logique qui se manifestera de plus en plus dans la
conduite de ce parti les en éloignera peu à peu, et les
forcera de se jeter dans les bras de la Montagne.

Si dans les huit premiers jours de la réunion de la
Convention les Girondins, complétement maîtres de la
situation, avaient, avec le concours de leurs amis du
pouvoir exécutif, Servan, Clavière, Roland, proposé une
série de mesures pour abattre le pouvoir de la Commune,
punir les auteurs des massacres de septembre, et rétablir
dans toutes les branches de l'administration publique
l'ordre et la régularité si violemment bouleversés par
les commissaires parisiens; si surtout, après avoir fait
adopter ces mesures, ils en avaient poursuivi la prompte
et énergique exécution, une grande partie des effroyables
calamités dont la France eut si longtemps à gémir
auraient vraisemblablement été conjurées. Le crime
était patent; le sol des prisons était encore imprégné du
sang des victimes, les dilapidations étaient avérées, les
preuves contre les principaux coupables pouvaient être
facilement rassemblées. Il eût fallu envoyer tous ces scélérats à la haute cour d'Orléans, qui probablement
en aurait fait prompte et bonne justice ; mais il eût fallu
vouloir, et vouloir avec logique, avec persévérance. Il
eût fallu que la vigueur de l'exécution répondît à la véhémence des paroles; il eût fallu faire moins de frais
d'éloquence, et ne pas se contenter de ces triomphes de
tribune, qui ne font le plus souvent qu'irriter les ressentiments et éveiller les jalousies.

VIII.

La politique de la Commune, dans la situation que lui avaient faite les premières discussions de la Convention, était toute tracée : céder devant l'orage, louvoyer, gagner du temps, et, s'il le fallait, jeter par-dessus bord ceux de ses membres qui avaient contribué le plus à soulever la tempête. Le soir même du jour où Marat avait joué sa ridicule comédie du pistolet, elle envoie à la barre de la Convention une députation.

« Vous voyez devant vous, dit l'orateur, les délégués du conseil général de la Commune provisoire de Paris. Ils viennent en hommes libres dire la vérité à des hommes libres. Nous avons, il est vrai, envoyé des commissaires dans différentes municipalités de la République française. Mais de quelle mission les avions-nous chargés? C'était de propager cette union fraternelle dont nous avions besoin pour repousser l'ennemi. Voilà les instructions qu'ils étaient chargés de répandre. *S'ils ont dépassé leurs pouvoirs, c'est à vous à les en punir. Nous vous dénonçons nous-mêmes le comité de surveillance de la ville. Le comité a beaucoup agi à l'insu du conseil général en paraissant agir en son nom. Nous avons révoqué une partie des membres, nous vous abandonnons le reste.* »

N'étant plus défendus par la Commune, les membres du comité de surveillance étaient dans la nécessité de se défendre eux-mêmes. C'est au nom du salut public que, le 27, deux des membres de ce comité viennent demander qu'on les maintienne au poste qu'ils ont si étrangement usurpé : « Forts de notre conscience, disent-ils, nous repoussons les calomnies dont nous avons été l'objet. Nous avons cherché à déjouer tous les complots, à dévoiler toutes les trames ; nous en tenons le fil ; nous avons les preuves de la trahison des grands conspirateurs. Dans l'intérêt du peuple, il serait dangereux de remettre à d'autres l'achèvement de notre œuvre. Les membres du comité de surveillance demandent et sont prêts à continuer leurs fonctions sous leur responsabilité. »

Devant une pareille audace, Rewbell s'écrie : « Qu'est-ce que tout cela signifie ? quelles sont ces gens qui viennent nous dire qu'ils ne veulent pas exécuter la loi ? Je demande l'ordre du jour. » Mais la majorité veut faire preuve d'impartialité ; la pétition est renvoyée au comité de sûreté générale, pour en faire rapport sous trois jours[1].

Ainsi toujours atermoyer, lorsque la Commune elle-même ne cherchait qu'à gagner du temps, lorsque rien n'était plus facile que de profiter de la réaction qui se manifestait de toutes parts contre les actes de la Commune et de ses suppôts. Cette réaction se traduisait chaque jour par des adresses fulminantes qu'apportaient à la barre les délégués des sections les moins suspectes de constitutionnalisme ou de modérantisme, comme on disait alors. Écoutons la pétition du faubourg Saint-Antoine :

---

1. *Journal des Débats et Décrets*, n° 9, p. 142.

« Législateurs[1],

« La section des Quinze-Vingts, qui n'a pas craint de poursuivre autrefois le despotisme couronné, vient vous dénoncer aujourd'hui la Commune de Paris. Les décrets de l'Assemblée législative sont sans vigueur ou méprisés; les vôtres même demeurent sans exécution, et cependant le pouvoir exécutif ne poursuit pas devant les tribunaux les magistrats prévaricateurs, qui cherchent à perpétuer le désordre et l'anarchie. Lorsque, deux jours avant votre installation, l'Assemblée législative décréta que, sous trois jours, la municipalité de Paris serait renouvelée en entier; lorsque vous-mêmes, citoyens législateurs, avez ajouté à cette loi quelques articles pour en faire le complément, vous êtes-vous imaginé que la municipalité ne la mettrait pas à exécution, ou que le ministre négligerait les mesures nécessaires pour venger la majesté nationale outragée? Cependant le fait est constant, et nos municipaux provisoires se jouent de vos décrets, comme ils ont fait de ceux de vos prédécesseurs; la loi est méprisée, et votre autorité avilie; nous n'avons plus de procureur de la Commune, plus d'administrateurs de police en état de remplir des fonctions aussi essentielles. Enfin, malgré vous, tout est provisoire à Paris. La tyrannie seule de nos municipaux patrioticides semble s'éterniser.

« N'est-il donc pas temps que l'empire de la loi

---

1. Cette adresse de la section des Quinze-Vingts se trouve au n° 276 du *Moniteur;* mais les expressions en sont généralement atténuées. Nous rétablissons le texte d'après l'original que nous avons retrouvé.

prenne la place de l'anarchie, du despotisme et de la licence? Parlez, législateurs, et bientôt les nouveaux tyrans ne souilleront plus le sol de la liberté ; la section des Quinze-Vingts vous offre à cet effet son courage et ses forces. »

De nombreux applaudissements accueillent la lecture de cette adresse; le girondin Valazé demande qu'un décret contraigne la municipalité de Paris à rendre compte de l'exécution de la loi.

Léonard Bourdon, ex-membre de la commune insurrectionnelle, essaye de défendre ses amis. Il déclare que, si le conseil général n'a pas exécuté la loi qui ordonne son renouvellement immédiat, c'est qu'elle avait auparavant à exécuter une autre loi, celle qui concerne la distribution des cartes civiques. « Il fallait, dit-il, que cette opération, qui a traîné en longueur, fût achevée avant la nomination du nouveau corps municipal. »

— « On veut nous amuser avec des cartes! s'écrie Barbaroux ; il est temps que l'autorité municipale s'abaisse devant l'autorité nationale! » Bazire, ancien membre du comité de surveillance de la Législative, et qui, par sa position spéciale, avait été fort au courant de tout ce qui s'était passé au comité qui portait le même nom à la mairie, Bazire fait observer que la commune de Paris a entre les mains pour plus de douze millions de bijoux, d'objets d'or et d'argent, d'assignats, d'effets de toutes sortes provenant des maisons royales, des saisies opérées chez les suspects. « Il faut, dit-il, que les officiers municipaux soient tenus de rendre leurs comptes avant leur remplacement ; d'ailleurs, il est impossible de ne pas considérer comme solidaires le conseil général de la Commune et son comité de surveillance.

Tallien cherche à soutenir ses anciens collègues, et à expliquer les retards calculés que la Commune apporte à son renouvellement. « L'organisation actuelle est vicieuse, le conseil général se propose de vous demander de la modifier en l'adaptant au régime de la liberté républicaine; il désirerait notamment que les élections se fissent désormais à haute voix[1]; il a néanmoins convoqué les sections pour le 9 du mois prochain. » L'indication de cette date soulevant des murmures, Tallien veut bien reconnaître que le terme est un peu reculé; mais le ministre de l'intérieur, dit-il, peut prendre des mesures pour hâter l'exécution du décret.

— « La Commune se moque des ordres du ministre, » crie-t-on à droite.

Tallien, sans répondre à l'interruption, insiste sur la nécessité où se trouve la Commune, avant de se dissoudre, de faire rendre leurs comptes à chacun de ses membres. « Il faut, dit-il, que la municipalité ait rassemblé tous les comptes particuliers, et qu'elle les ait apurés, pour vous présenter un compte général. Les miens sont apurés depuis trois jours; mais je crois que plusieurs autres membres qui siègent dans cette Assem-

---

1. Dans la séance du 27 septembre, une députation du conseil général de la Commune était venue demander que, par dérogation à la loi de 1790, l'élection du maire se fît non plus au scrutin secret, mais à haute voix. L'Assemblée, sur les observations de Thuriot et de Rewbell, avait passé à l'ordre du jour. (*Journal des Débats et Décrets*, n° 9, p. 137.)

blée n'ont pas encore satisfait à cette formalité. Quant aux dépôts qui lui ont été confiés, je puis assurer qu'elle n'en a point abusé...

— « Et les *prisonniers du 2 septembre ?* » lui crie-t-on.

Tallien feint encore de ne pas entendre. Il avoue que plusieurs anciens officiers municipaux ont désobéi à l'arrêté qui exigeait qu'aucun d'eux ne se retirât sans avoir préalablement rendu ses comptes. Il avoue également que les comptes du comité de surveillance ne sont point apurés. Mais le conseil général rendra les siens. « Ce sera, ajoute-t-il, un nouveau triomphe pour la Commune de Paris et un moyen victorieux de détruire les calomnies dont elle a été l'objet. Son compte sera clair, exact, précis, et répondra parfaitement à ceux qui méconnaissent les services que la Commune de Paris a rendus à la chose publique. On voudrait faire oublier qu'elle a fait la révolution du 10 août... »

— « *Et celle du 2 septembre*[1] *?* » répètent encore plusieurs voix au moment où Tallien descend de la tribune.

Cette date fatale revenait ainsi sans cesse, comme un glas funèbre rappelant le souvenir des victimes, et apprenant aux proscripteurs que l'heure de leur punition pouvait sonner d'un moment à l'autre.

---

[1]. Le *Moniteur,* qui supprime très-volontiers tout ce qui peut être désagréable aux montagnards, ne mentionne pas ces deux interruptions. Le *Journal des Débats et Décrets* nous les a conservées, p. 180 et 185.

IX.

L'Assemblée semble vouloir en finir; elle décrète que dès le lendemain, 1er octobre, le ministre de l'intérieur fera un rapport écrit sur les mesures prises pour l'exécution du décret concernant la municipalité et les comptes qu'elle doit rendre.

Mais le lendemain, nouvel incident, pour l'explication duquel nous sommes obligés de remonter de quelques jours en arrière. Le conseil général de la Commune, comme nous l'avons vu, avait résolu de faire de son ancien comité de surveillance le bouc émissaire de toutes les iniquités commises depuis six semaines. Il avait révoqué de leurs fonctions les membres qui y siégeaient le 2 septembre, il leur avait même interdit de s'immiscer dans aucune fonction municipale sous peine d'être poursuivis, suivant la rigueur de la loi[1]; mais Panis, Sergent et leurs amis n'avaient tenu aucun compte de ces arrêtés; ils étaient restés nantis des objets précieux et des papiers sur lesquels ils avaient mis la main.

Devant cette résistance passive, le conseil avait simulé une très-violente colère; le 29 septembre, au moment où, par l'organe de ses défenseurs officiels et officieux, il s'efforçait de décliner toute solidarité entre lui et l'ancien comité, il avait ordonné :

1° Que les membres de ce comité seraient mandés à

---

[1]. Voir le texte de ces arrêtés, t. III, p. 510.

la barre, et tenus de faire connaître sa véritable composition au 2 septembre, en distinguant, parmi ses membres, ceux qui appartenaient et ceux qui n'appartenaient pas au conseil général de la Commune;

2° Qu'il serait apposé sur les murailles de la capitale une affiche « pour inviter les citoyens qui auraient des réclamations à faire contre le comité, pour raison *d'actes arbitraires exercés depuis le 2 septembre* dernier, à les produire dans le sein de la Commune, afin d'obtenir la justice qui leur était due; »

3° Que deux commissaires nommés par chacune des sections seraient invités à venir à la mairie examiner les comptes du comité de surveillance;

4° Que les scellés seraient mis sur les effets d'or et d'argent et sur les bijoux dont le comité se trouvait dépositaire.

Après avoir joué l'indignation, il fallait jouer le désintéressement. Par un dernier arrêté, le conseil général ordonnait que « tous ses membres, même ceux qui s'étaient retirés, seraient tenus de rendre compte de toutes les gestions dont ils avaient été chargés et de tous les dépôts qui leur étaient passés par les mains. »

La reddition de tous ces comptes particuliers et leur réunion en un résumé général devaient prendre un temps assez long; le conseil général cassé et par la Législative et par la Convention, comptait bien que, durant cette période, il saurait se perpétuer dans un pouvoir auquel il tenait d'autant plus qu'il en avait plus abusé. Il fondait aussi ses espérances dilatoires sur les ambages dont la loi de 1790, encore en vigueur, avait hérissé les élections de la municipalité parisienne[1].

Il fallait, en effet, procéder d'abord à l'élection d'un maire, d'un secrétaire greffier et de ses deux adjoints, d'un procureur syndic et de ses deux substituts. Ces nominations préliminaires terminées, et elles pouvaient les unes et les autres entraîner plusieurs tours de scrutin, on devait alors, mais seulement alors, procéder dans chacune des quarante-huit sections à l'élection de trois membres du conseil général; enfin, l'installation de la nouvelle Commune ne pouvait avoir lieu qu'après que le droit d'ostracisme, établi par la loi de 1790 sur les choix respectifs de chaque section, aurait été exercé par les quarante-sept autres.

Pendant ce temps, ne pourrait-on pas susciter, au sein de la Convention, des querelles sans cesse renaissantes, des incidents inopinés, qui émousseraient bien vite son énergie de fraîche date? Mais s'il était facile au conseil général de la Commune d'attendre tranquillement l'effet de ces machinations souterraines, il n'en était pas de même pour l'ancien comité de surveillance. En vertu des derniers arrêtés du conseil général, les scellés venaient d'être apposés sur les locaux que ce comité occupait à l'hôtel de la mairie; il se trouvait ainsi, par le fait, dépouillé de tous ses moyens d'action. Acculé dans ses derniers retranchements, il lui fallait absolument tenter un nouveau coup d'audace. Panis et ses amis résolurent donc d'intervertir les rôles et de devenir accusateurs, d'accusés qu'ils étaient.

1. Voir l'analyse de la loi des 21 mai-17 juin 1790, spéciale à la Commune de Paris, t. Ier, p. 333.

Le 1er octobre, le jour même où Roland devait faire connaître la manière dont la Commune exécutait les ordres réitérés du pouvoir exécutif et de l'Assemblée nationale, une députation du comité de surveillance demande à être admise à la barre pour un objet qui ne souffre aucun délai. La Convention décrète qu'elle sera entendue sur-le-champ. L'orateur s'exprime ainsi :
« Les membres du comité de surveillance sont venus, il y a cinq jours, contracter vis-à-vis de vous l'engagement de démasquer les traîtres ; ils viennent aujourd'hui le remplir et se présentent devant leurs juges. Comme on pourrait soustraire de nos bureaux les pièces qui attestent les complots des traîtres avec la cour, nous vous apportons quelques pièces prises au hasard dans les cartons. Voici deux lettres : l'une, datée de Hambourg, démontre que la cour faisait des accaparements de sucre et de café ; l'autre, adressée par Laporte à Septeuil, et datée du 3 février 1792, apprend combien les décrets de l'Assemblée nationale coûtaient à la liste civile... »

L'accusation était catégorique. Aussi une vive agitation s'empare-t-elle de la Convention ; on demande qu'à l'instant même l'orateur produise la liste des députés qu'il prétend s'être ainsi vendus :

« Nous ne sommes pas en état de le faire immédiatement, » répondent les délégués du comité maratiste...

— « Il nous faut la liste! » crie-t-on de toutes parts.

— « Mais, continuent les délégués, nous avons pris les précautions nécessaires pour que les prévenus ne puissent échapper à l'empire de la loi. »

— « Ne précipitons rien, dit Kersaint. Lorsqu'une dénonciation qui porte un caractère aussi terrible éclate dans une assemblée, il faut se garder d'une détermination irréfléchie. Je demande que votre comité de sûreté générale vérifie à l'instant même les faits que l'on vient de signaler sans les prouver. »

Un autre député ajoute : « Puisque le comité de surveillance a pris des précautions pour s'assurer de la personne des coupables, il doit savoir leurs noms et être en état de les donner. »

— « Nous ne nous refusons pas, réplique l'orateur du comité, à donner les lumières qu'on nous demande; mais (et c'était là le but des habiles metteurs en scène de toute cette comédie) pour que la liste soit formée, il est indispensable que les scellés qui ont été apposés sur nos papiers soient levés immédiatement. »

— « Comment! s'écrie Rewbell, leurs papiers sont sous les scellés, et ils viennent faire une accusation semblable sans preuves, sans avoir la liste de ceux qu'ils dénoncent. Ils sont bien coupables ceux qui agissent ainsi. »

Tallien, Chabot, Merlin (de Thionville) veulent défendre le comité de surveillance; ils osent prétendre que, par la conduite qu'il vient de tenir, il a bien mérité de la patrie.

Lacroix propose que l'on apporte tous les papiers du comité de surveillance, et que la Convention les examine elle-même.

« Si on nous prend nos papiers, si on les transporte ici, nous n'en répondons plus, objecte Panis.

— « Mais alors, nommez ceux que vous accusez,

s'écrie Vergniaud ; il est affreux de soulever de semblables soupçons, c'est un assassinat moral. »

Enfin, au milieu d'un grand nombre de propositions qui s'entre-croisent, Barbaroux lit un projet de décret qu'il vient d'écrire sur le bureau des secrétaires et qui est aussitôt adopté.

En vertu de ce décret, il devait être formé une commission de vingt-quatre membres, dont ne pourrait faire partie aucun des anciens membres des Assemblée constituante ou législative, ni aucun membre de la députation de Paris. Cette commission devait se transporter sur-le-champ à la mairie, sceller, contre-signer tous les cartons du comité de surveillance et faire l'inventaire de toutes les pièces qu'ils contenaient.

X.

Il était écrit que la Convention ne verrait pas se passer une de ses séances sans qu'elle eût à s'occuper de la Commune et de ses agents. Le 2 octobre, Joseph Delaunay, au nom de la commission extraordinaire et du comité de sûreté générale, présenta un long rapport sur des pétitions signées par un grand nombre de personnes détenues dans les prisons de Paris en vertu de mandats d'arrêt plus ou moins réguliers. Ces infortunés demandaient à être mis en liberté provisoirement, à être soustraits non à la justice, mais *au fer des assassins;* car, ajoutait le rapporteur, *ils tremblent à chaque instant d'éprouver dans les prisons le sort de ceux qu'ils y ont remplacés.*

Jamais encore les événements de septembre n'avaient été condamnés et flétris avec autant d'énergie. « Il est, disait Delaunay, il est de l'intérêt et de la dignité de la Convention nationale de prouver *à la France et à l'Europe que la personne des individus innocents ou coupables jetés dans les prisons de Paris est aussi sacrée que celle des autres citoyens, et qu'étant sous la protection de la loi, les assassiner, c'est assassiner la loi même.* Il faut que nous périssions ici ou que le règne des lois renaisse, que l'anarchie expire et que la hache révolutionnaire ne soit plus dans les mains des scélérats *un instrument de terreur, de crime et de vengeance.* En effet, si le gouvernement ne devait marcher qu'accompagné d'insurrections, *si les scènes d'horreur qui se sont passées sous nos yeux devaient se renouveler, si l'autorité des représentants du peuple pouvait être un jour avilie et méconnue, si la force publique pouvait être égarée ou anéantie, la société serait dissoute, et il ne nous resterait qu'à gémir sur les ruines de la liberté* [1].

Ce rapport, souvent interrompu par des applaudissements, concluait par un décret ainsi conçu :

« Le comité de sûreté générale est autorisé à se faire rendre compte des arrestations relatives à la révolution, qui ont eu lieu dans toute l'étendue de la république depuis le 10 août; à prendre connaissance de

---

[1]. Le discours de Joseph Delaunay se trouve *in extenso* au *Moniteur*, n° 277. Il a été reproduit dans l'*Histoire parlementaire*, t. XIX, p. 204.

leurs motifs; à se faire représenter la correspondance des personnes arrêtées, et généralement toutes les pièces tendant ou à leur justification ou à donner des preuves des délits dont ils sont accusés, pour en faire le rapport à la Convention nationale, et pour être par elle pris telle détermination qu'elle jugera convenable;

« La Convention décrète en outre que le rapport du comité de sûreté générale sera imprimé et envoyé aux quatre-vingt-trois départements. »

Le surlendemain, 4 octobre, Valazé présente, au nom des Vingt-quatre [1], le rapport provisoire sur le travail de dépouillement et d'examen auquel les commissaires se sont livrés, par suite de la remise que le comité de surveillance de la Commune a été obligé de leur faire de tous ses papiers. Il annonce qu'il faudrait des mois entiers pour dresser l'inventaire complet de ces dossiers, « renfermés dans quatre-vingt-quinze cartons, six boîtes, dont une de trente-quatre pieds cubes, vingt portefeuilles, trente-quatre registres, et des pièces innombrables jetées pêle-mêle dans des sacs à blé. »

— « Jusqu'à présent, dit un autre membre de la com-

[1]. La commission, dans laquelle, comme on l'a vu plus haut, ne pouvait siéger aucun représentant ayant appartenu aux deux premières Assemblées ou appartenant à la députation de Paris, fut ainsi composée: Barbaroux, Cavaignac, Lehardy, Biroteau, Bailly, Bernier, Daubermesnil, Delbrel, Laurenceot, Lejeune, Derazey (de l'Indre), Valazé, Delahaye, Vernier, Petitjean, Laurent (du Bas-Rhin), Bailleul, Philippeaux, Lesage, Boutroüe, Pelletier (du Cher), Froger, Drouet, Poulain-Grandpré. (*Journal des Débats et Décrets*, n° XII, p. 207.) Cette commission joua un grand rôle dans le procès de Louis XVI, comme nous le verrons dans le volume suivant.

mission, Lehardy, quoique nous ayons interrogé les accusateurs et que nous les ayons sommés de prouver leurs dires, nous n'avons rien trouvé qui fût relatif à la dénonciation faite d'une manière si vague et si perfide contre les membres des anciennes assemblées. Nous avons en main la preuve de beaucoup de faits à la charge du ci-devant roi et des agents de sa liste civile, mais rien qui puisse incriminer ni des hommes qui, dans l'Assemblée législative, ont employé leurs veilles à déjouer l'aristocratie, ni ce ministre vertueux qui jouit de l'estime de la nation entière[1]. »

Un troisième commissaire, Biroteau, ajoute : « Nous sommes tous convaincus, par l'examen auquel nous nous sommes livrés, que la dénonciation faite à cette barre n'était qu'une calomnie dirigée par les membres du comité de surveillance contre plusieurs de nos collègues qu'ils ne nomment pas, qu'ils sont dans l'impuissance de nommer; mais nous devons dire à la charge de ces mêmes membres du comité, que nous avons trouvé des documents qui prouvent l'innocence de plusieurs personnes massacrées dans les prisons... »

L'orateur est interrompu par un mouvement d'horreur. « Ils ont été sacrifiés, continue-t-il, parce que celui qui expédiait les mandats d'arrêt s'était trompé sur leurs noms. »

---

[1]. L'orateur entendait parler de Roland, que les meneurs de la Commune avaient voulu aussi englober dans leurs accusations, à raison d'une lettre dans laquelle la commission déclara n'avoir vu « que le langage d'un homme probe qui gémit des excès auxquels on entraîne le peuple. »

L'indignation est au comble dans l'Assemblée et même dans les tribunes. Biroteau poursuit :

« Nous avons demandé au comité de surveillance de nous indiquer les pièces à l'appui de sa dénonciation. Il ne nous a remis que des lettres, la plupart insignifiantes. On a trouvé une liste de personnes contre lesquelles des mandats d'amener devaient être lancés. Nous avons fait venir toutes ces personnes, nous les avons interrogées, eh bien ! ces interrogatoires n'ont servi qu'à prouver leur innocence et leur civisme. »

On demande à grands cris la mise en accusation des massacreurs.

« Il faut, s'écrie Kersaint, que l'Europe sache que quelques scélérats ne sont pas la nation, et que ces scélérats vont être punis par elle[1]. »

— « Il est temps que les factieux rentrent dans le néant, reprend Biroteau au milieu d'applaudissements prolongés. Il est temps que le peuple de Paris, peuple bon et juste, mais trop facile à séduire et qui a donné jusqu'ici une confiance aveugle à quelques intrigants, connaisse ses véritables amis... »

— « Oui, oui ! » s'écrie la majorité ; la minorité murmure.

« Vos commissaires ont rougi de servir d'instruments à une faction qui mérite d'être dévoilée, et qui, dans la postérité la plus reculée, sera un objet d'opprobre pour tous les Français. »

---

1. *Journal des Débats et Décrets*, p. 231. Le *Moniteur* dédaigne encore, dans cette occasion, d'indiquer les interruptions qui donnent la véritable physionomie de la séance.

Les montagnards bondissent.

« Je demande que la Convention charge les commissaires qu'elle a nommés de dresser un état raisonné de leurs opérations, non pas seulement en ce qui concerne la dénonciation faite par les membres du comité de surveillance, mais encore pour tout ce qui pourra servir à dévoiler les factions dont je parle. Je demande que dès demain la Convention s'occupe de l'organisation de la force armée des départements qui doit garder Paris. »

Osselin essaye de présenter la défense de ses amis de l'Hôtel de Ville. Il fait observer que les commissaires de la Convention qui crient à la calomnie devraient eux-mêmes n'accuser que pièces en mains. Marat vient au secours d'Osselin et prétend que le comité de surveillance a fourni des pièces authentiques qui prouvent le projet formé par les agents de la cour de corrompre certains membres de la Législative pour rejeter sur la nation des dépenses qui devaient incomber à la liste civile; et l'*Ami du peuple* se met à parler d'un portefeuille qui, dit-il, « contient des pièces très-importantes. »

« Ce portefeuille, répond Barbaroux, renferme des pièces qui prouvent les manœuvres des agents de la liste civile; mais, en même temps, l'examen sommaire des pièces qu'il contient nous a déjà convaincus que les membres du comité de surveillance vous en ont audacieusement imposé, quand ils vous ont affirmé qu'ils possédaient les preuves et la liste d'une distribution d'argent faite pour corrompre des membres de la Législative.

« Les soupçons tombaient principalement sur Ribes.

On a trouvé, en effet, la signature de Ribes dans les papiers de la liste civile, mais non pas celle de Ribes, membre de l'Assemblée législative, mais celle de Ribes, banquier et directeur des monnaies à Perpignan. Il y a plus : c'est que, loin d'avoir reçu 800,000 francs, c'est lui qui les a prêtés. »

— « Toutes ces dénonciations, s'écrie Lacroix, ne sont qu'une tactique pour accabler la commission de fatigues inutiles et l'abreuver de dégoûts. »

— « Il faut que les calomniateurs soient frappés du glaive de la loi, ajoute Lecointe-Puyraveau. Je vous dénonce les misérables qui ne peuvent vivre qu'au milieu des troubles et ne s'abreuvent que de sang. Je vous dénonce un homme qui ne cesse de tapisser les murs de ses productions incendiaires, un homme qui, le soir même de la dénonciation du comité de surveillance, faisait annoncer par ses crieurs à gages qu'un grand complot de la faction brissotine venait d'être découvert. »

Trois fois déjà Marat avait demandé à défendre ses anciens collègues du comité de surveillance, et trois fois la bruyante indignation de la majorité avait étouffé sa voix.

Mais, à cette dernière dénonciation, l'*Ami du peuple* s'élance à la tribune et réclame à grands cris la parole. On veut la lui refuser, il la prend. « J'applaudis au zèle du citoyen courageux qui m'a dénoncé à cette tribune... » Les murmures l'empêchent de continuer. On réclame de toutes parts la clôture de la discussion; cependant Buzot obtient un instant de silence pour faire de sa place une motion d'ordre : « Prenons garde, dit-il, de donner à Marat une importance qu'il ne mérite pas; tant discuter un tel homme, c'est paraître faire attention à lui. Lorsque l'on demande que Marat soit entendu, il me semble entendre les Prussiens le demander eux-mêmes; car laisser parler Marat, le laisser sans cesse attaquer les membres de la Convention, n'est-ce pas avilir la Convention elle-même? N'est-ce pas faire ce que les Prussiens désirent? Les envahisseurs étrangers ne peuvent avoir d'espérance que dans nos divisions intestines. Que fait chaque jour Marat, si ce n'est diriger contre nous les poignards des assassins et allumer la guerre civile? Eh quoi! lorsque nous avons l'ennemi à repousser, lorsque nous avons besoin de l'union la plus intime, lorsque tant et de si importants travaux nous pressent, verra-t-on toujours les représentants d'un grand peuple s'occuper d'un homme de cette espèce? »

A ces mots, l'immense majorité de l'Assemblée éclate en applaudissements. La crête de la Montagne insiste pour que l'on écoute la justification de Marat. Le hideux personnage est toujours à la tribune, l'œil fixe, la tête haute. A chaque apostrophe, il sourit dédaigneusement; à chaque interruption, il déclare qu'il a la parole et qu'il ne la cèdera à personne.

Devant une pareille insistance, quelques députés croient que l'on en finira plus vite en le laissant parler; d'autres ne veulent absolument pas l'entendre. Les Girondins, comme presque toujours, se divisent eux-mêmes sur cette question. Les uns appuient la motion de Buzot pour que la parole soit retirée à Marat par un décret formel de l'Assemblée; les autres consentent à l'écouter, mais ils lui font acheter cher leur dédaigneuse tolérance.

Lasource : « Il faut que la France connaisse cet homme; je demande moi-même qu'il soit entendu. »

Lidon : « Puisque le corps électoral de Paris a prononcé contre nous le supplice d'entendre un Marat, je réclame le silence. »

Cambon : « Comme il est juste d'entendre le crime aussi bien que la vertu lorsqu'ils sont attaqués, je demande que Marat soit entendu. »

L'*Ami du peuple* débute ainsi :

« Je ne m'abaisserai pas à relever les invectives qui viennent de m'être adressées... Le peuple me jugera, il prononcera entre vous et moi... Quant à mes opinions, quant à mes sentiments, quant à ma vie politique, je suis au-dessus de vos décrets... »

— « A l'ordre! à l'ordre! » crie-t-on de toutes parts. Mais la voix de l'orateur domine le tumulte; plus on le hue, plus il s'exalte.

« Non, reprend-il, il ne vous est pas donné d'empêcher l'homme de génie de s'élancer dans l'avenir... Ah! si l'on avait eu, dès le commencement de la révolution, le bon sens de comprendre les avantages de ce que je proposais alors!... J'ai cru apercevoir, dans cette Assemblée, un parti formé contre le comité de surveillance, je l'ai dénoncé. Le but de ce parti était d'enlever au comité les pièces de conviction des trahisons de la cour... »

Les rires et les murmures avaient interrompu à

chaque phrase l'*Ami du peuple*, mais une si scandaleuse diffamation fait éclater une colère générale. On demande de toutes parts que la parole soit retirée à Marat; mais lui, hurlant de toute la force de ses poumons, dénonce nominativement aux vengeances du peuple Brissot, Lasource, Guadet, Vergniaud, « tous ces hommes qui ont intrigué au moment des élections, tous ces hommes qui ont proposé naguère une guerre désastreuse, devenue il est vrai favorable par des événements imprévus, tous ces hommes qui ont demandé la suppression de la Commune de Paris, parce qu'elle a fait la révolution du 10 août... »

— « Et les crimes du 2 septembre, » répètent plusieurs voix.

— « Mes interrupteurs, reprend Marat, ne jettent ici en avant qu'une imputation calomnieuse. C'est le déni de justice du tribunal criminel par l'absolution de Montmorin, qui a produit les événements du 2 septembre. »

Marat quitte enfin la tribune. Guadet s'y élance.

« Citoyens, s'écrie-t-il, au milieu des dénonciations où se vautre un homme dont je me suis bien promis de ne jamais prononcer le nom, je devais m'attendre à être impliqué dans ses calomnies... Il m'a accusé d'avoir intrigué dans mon département; oui, j'ai écrit à Bordeaux pour demander à mes amis de ne pas se souvenir de moi lors des élections conventionnelles, parce que ma santé délabrée me faisait un besoin du repos, mais aussi parce que je redoutais d'être associé dans cette Assemblée à quelques hommes pour qui révolution signifie massacre, liberté signifie licence, pour qui la patrie enfin ne signifie que parti et faction. Malgré mes prières, mon département m'a donné de nouveau sa confiance; mais cette confiance, je ne l'ai pas obtenue sous l'auspice des poignards, je ne la dois pas à la terreur et à l'épouvante dont ici, à Paris, tous les citoyens étaient saisis. Je m'en tiens à ce mot. »

L'Assemblée ratifie par de frénétiques acclamations cette condamnation des élections parisiennes, et adopte la rédaction définitive du décret proposé dans le but d'investir les Vingt-quatre de pouvoirs illimités pour la vérification des pièces que leur a remises le comité de surveillance. Puis, la séance est levée sans que l'on songe à prendre des résolutions plus énergiques et surtout plus efficaces.

XI.

Les injonctions réitérées de la Convention et du ministre de l'intérieur avaient forcé la municipalité parisienne à avancer de quelques jours l'époque primitivement fixée par elle pour le commencement des opérations électorales. Les quarante-huit sections avaient été convoquées pour procéder, le 4 octobre, à l'élection du maire. Aussitôt, la question du mode de votation fut remise sur le tapis au club des Jacobins. Le scrutin secret était le seul mode légal, mais le vote à haute voix avait été audacieusement pratiqué pour l'élection de la députation parisienne, et la Convention avait couvert de sa tolérance cette illégalité flagrante en n'élevant aucune contestation sur la validité des pouvoirs de Robespierre, de Danton et de leurs collègues. Enhardis par ce précédent, les orateurs de la salle Saint-Honoré développent sur tous les tons la théorie inventée récemment par les meneurs de la démagogie : *Le peuple, chaque portion du peuple, et par conséquent chaque section, a le droit d'user de sa part de souveraineté comme bon elle l'entend.*

Cette singulière théorie n'était rien moins que la négation de toutes les lois. Mais les Jacobins n'y regardaient pas de si près. Ils invitèrent donc leurs affidés à soutenir et à faire adopter dans leurs sections respectives le mode de votation publique à haute voix.

La proposition en ayant été faite dans la plupart des sections, un certain nombre d'entre elles envoyèrent des députations à l'Assemblée nationale pour lui demander de rendre d'urgence un décret qui substituât le vote à haute voix au scrutin secret, non-seulement pour l'élection du maire, mais encore pour le renouvellement du conseil général.

Pendant trois jours, ces députations se succèdent à la barre sans obtenir le moindre succès. Enfin, le 7, la section des Gravilliers revient à la charge, et ses délégués lisent une adresse où, tout en protestant de leur respect pour les décisions de la Convention, ils revendiquent à chaque phrase la liberté absolue dont doit jouir le peuple souverain assemblé dans ses comices. Cette adresse se terminait ainsi : « Nous ne souffrirons pas que le despotisme sénatorial remplace le despotisme monarchique;

nous ne souffrirons pas qu'il s'élève de nouveaux tyrans, sous quelque dénomination qu'ils se déguisent et de quelque masque qu'ils se couvrent. »

La lecture d'un si audacieux manifeste avait été interrompue par les murmures de l'Assemblée; le président Lacroix se rend l'organe des sentiments qui animent ses collègues. « Citoyens, dit-il, le droit de pétition est sacré; mais ceux qui se présentent à la barre pour en faire usage ne doivent pas oublier le respect qu'ils doivent aux représentants du peuple français, et non pas seulement du peuple de Paris. La Convention ne connaît qu'un peuple, qu'un souverain, c'est la réunion des citoyens de toute la République. Ce n'est pas par les menaces qu'on intimidera les représentants de la nation; ils ne craignent rien, ils l'ont déclaré solennellement, et ce que vous dites pour les rassurer était parfaitement inutile. La Convention entendra toujours avec plaisir le langage de la liberté; mais elle ne souffrira jamais celui de la licence; elle vous permet d'assister à sa séance au nombre fixé par la loi, vingt! »

L'Assemblée s'associe par des applaudissements presque unanimes à la réponse du président, elle en ordonne l'impression et l'envoi aux départements, puis elle passe à l'ordre du jour sur la pétition des Gravilliers et sur toutes celles du même genre qui lui avaient été précédemment adressées en adoptant le considérant proposé par La Revellière-Lepaux: il n'y a pas lieu de faire une exception à la loi pour la ville de Paris.

Le lendemain 8, la Gironde fait une autre réponse, plus significative encore, aux menaces des sections ultra-révolutionnaires. Buzot, au nom de la commission des six[1], dépose son rapport sur l'organisation de la garde départementale.

« Un nouvel ordre de choses, y disait l'ex-constituant, commence pour la France; nous ne devons plus reconnaître d'autre maître que la loi qui émane de la volonté librement exprimée par les représentants de la république entière.

« A qui appartiennent les représentants? A toute la nation; donc la nation doit être appelée à les honorer de sa vigilance et à les couvrir de son égide... Le principe de l'unité et de l'indivisibilité de la République est

---

1. La création d'une commission de six membres, pour examiner les questions relatives à la garde départementale et à une nouvelle législation contre les provocateurs à l'assassinat, avait été décrétée en principe dans la séance du 24 septembre (voir page 80). Le 27, la Convention procéda à la nomination des députés qui devaient la composer; Buzot, Lesage (d'Eure-et-Loir), Lacroix, Manuel, Thuriot et Mathieu furent élus. Le 6 octobre, J.-B. Louvet profita du renvoi d'un document à la commission pour demander qu'elle fût augmentée de trois nouveaux membres; Buzot appuya cette demande en ces termes : « Nous sommes, dit-il, dans cette commission, trois qui pensons d'une manière et trois qui pensons d'une autre. Il nous est impossible de nous accorder et de faire un rapport. »

Malgré l'opposition de Tallien, la proposition de Louvet fut acceptée. Le président, c'était Lacroix, fut investi par l'Assemblée du droit de choisir les trois nouveaux membres, il proposa Garran-Coulon, Rewbell et Rouyer. Nulle opposition ne fut faite à la désignation présidentielle. Cette adjonction assura aux girondins la majorité dans la commission; ils s'empressèrent de faire nommer pour rapporteur, Buzot, l'auteur même de la proposition que la commission avait à examiner. (Voir le *Journal des Débats,* p. 301, n° 18.)

Le *Moniteur* ne dit pas un mot de cet incident important.

sacré, c'est dans ce principe que Paris puise sa richesse et sa splendeur. Paris doit donc voir avec reconnaissance la proposition qui est faite... Paris a renversé le despotisme, bien servi la liberté, bien mérité de la patrie; mais Paris eût en vain combattu si le peuple des départements n'avait applaudi au renversement du despotisme, juré de soutenir la révolution, multiplié ses sacrifices pour la liberté, envoyé de nombreuses légions, prodigué son or avec son sang pour la défense de la patrie...

« Il y a solidarité entre les départements et Paris; s'ils réunissent leurs efforts pour défendre les intérêts communs, qui peut le redouter, si ce n'est les factieux?... Reconnaître aux départements leur droit à concourir à la garde de ce qui leur appartient, leur en assurer l'exercice, les attacher enfin au centre vers lequel il faut rappeler les forces et les affections de toutes les extrémités, prévenir les défiances et les divisions si faciles à naître et si funestes dans leurs suites, c'est en même temps ôter à la malveillance tout prétexte de saper la Constitution que vous devez établir, c'est vous mettre à même de la méditer avec sagesse et de l'offrir pure et entière au vœu du peuple dans les assemblées primaires. »

Le rapport concluait à ce que chaque département envoyât autant de fois quatre fantassins et deux cavaliers qu'il avait de députés. On devait avoir ainsi un total de quatre mille quatre cent soixante-dix gardes nationaux qui seraient casernés à Paris et recevraient la paye de la gendarmerie. Les hommes destinés à composer cette garde devaient être choisis par les conseils généraux des départements parmi les citoyens auxquels les districts et les communes auraient donné des certificats de civisme. Le choix de leur commandant était réservé à l'Assemblée nationale.

La Convention, après avoir entendu le rapport de Buzot, décide qu'elle fixera ultérieurement le jour où il sera discuté; mais le parti démagogique n'attend pas une heure pour se déchaîner contre le projet girondin. Robespierre commence l'attaque dans une de ses *Lettres à ses commettants*.

« Cette proposition, écrit-il, est aussi bizarre par son objet qu'importante par ses conséquences; c'est une œuvre préparée de longue main par les dénonciations journalières du ministre de l'intérieur et les déclamations de quelques députés contre tout ce qui porte le nom parisien. Elle n'a d'autre but que d'assurer contre Paris le triomphe de la coalition qui domine la Convention. » Ces idées développées, ou plutôt ressassées en d'interminables périodes, Robespierre déclare, au nom de ce qu'il appelle les principes, « que dans tout État constitué, la force publique est une comme la volonté générale qu'elle est destinée à faire respecter; » que « toute force particulière affectée à un homme, à une assemblée, quelque constituée qu'elle soit en puissance, est un monstre dans l'ordre social. » Il pose ce dilemme : « Ou bien les délégués du peuple ont sa confiance, ou ils ne l'ont pas. Au premier cas, ils n'ont pas besoin de force armée; dans le second, ils ne l'appellent que pour opprimer le peuple... »

« Le texte ordinaire des déclamations de tous les ennemis de la liberté, c'est la tyrannie du peuple de Paris, comme si les Français de Paris étaient d'une autre nature que ceux qui habitent les autres contrées de la France!... Paris fut l'écueil du despotisme royal. Il est destiné à être celui de toutes les tyrannies nouvelles. Aussi, tant qu'il y aura en France des ambitieux qui méditeront des projets contraires à la cause publique, ils chercheront à calomnier, à détruire Paris... »

Prudhomme, dans ses *Révolutions*, Marat, dans son *Journal de la République*, font chorus à Robespierre; mais c'est surtout dans la salle Saint-Honoré qu'éclatent les colères montagnardes. Furieux de voir leurs amis en minorité dans le sein de la Convention, et les nouveaux conventionnels se montrer très-peu disposés à se faire inscrire sur la liste de leurs adeptes[1], les jacobins attendaient l'occasion de frapper un grand coup. Le rapport de Buzot la leur fournit. Ils le regardent comme une déclaration de guerre et veulent user de représailles envers la Gironde. Ne pouvant atteindre l'ex-constituant qui avait été jadis l'un des

---

[1]. Au commencement de la session, 113 députés seulement sur 749 étaient membres de la société des Jacobins (*Journal du club des Jacobins*, n° CCLXXVII). Encore la plupart de ces 113 avaient-ils fait partie de l'Assemblée législative, et étaient-ils inscrits de longue date sur les listes de la société. Beaucoup appartenaient au parti de la Gironde. Ceux-ci en furent successivement exclus et remplacés par des députés, flottants et incertains durant les premiers mois, mais qui se rallièrent aux jacobins, dès que ceux-ci devinrent les plus forts.

fondateurs du club, mais qui s'était bien gardé, à son retour à Paris, de se faire réinscrire sur ses registres, ils font tomber leur ressentiment sur le député qui, à tort ou à raison, passe pour le chef du parti. Brissot, par une décision solennelle, est exclu de la société pour avoir osé mal parler de la Commune de Paris. Chabot formule la sentence, et la société la vote par acclamation[1].

XII.

L'excommunication fulminée, aux Jacobins, par le capucin Chabot n'intimida pas Brissot et ses amis. La commission des Vingt-quatre, on se le rappelle, avait été chargée d'examiner toutes les questions qui se rattachaient à la gestion de la municipalité parisienne. Elle se trouvait saisie de l'examen de pétitions signées par des citoyens qui n'avaient pas pu obtenir le récépissé des dépôts d'or et d'argent faits à la Commune. Le 10 octobre, par l'organe de l'un de ses membres, Bailleul, elle annonce qu'à l'occasion de ces pétitions des faits graves lui ont été révélés, mais que les immenses occupations dont elle est surchargée ne lui permettent pas de donner à l'instruction de cette partie des comptes municipaux tout le temps nécessaire; qu'en conséquence il y a

---

[1]. Brissot, à l'occasion de son expulsion de la société des Jacobins, publia une brochure pleine de révélations très-importantes. Elle est intitulée: *J.-P. Brissot, à tous les républicains de France, sur la société des Jacobins de Paris.* Elle a été reproduite *in extenso* dans l'*Histoire parlementaire* de Buchez et Roux, t. XX, p. 123.

lieu d'instituer une commission nouvelle, spécialement chargée de recevoir les déclarations des dépôts faits à la Commune et à la mairie, avec spécification de leur nature et du lieu de leur remise.

Cette proposition fait jeter les hauts cris aux amis de la Commune. Léonard Bourdon et Thuriot réclament un délai, le premier de deux mois, le second de quinze jours, pour la réception des déclarations et la reddition des comptes municipaux. Albitte demande que les comptes de la Commune soient imprimés préalablement à la réception des déclarations. C'eût été ajourner indéfiniment l'ouverture de l'enquête sur la gestion si embrouillée de la Commune. La majorité le comprend ; elle exige que l'on ferme la discussion et que l'on vote immédiatement le décret proposé par les Vingt-quatre.

« Vous voulez donc mettre l'honneur de la Commune de Paris à la discrétion de quelques malveillants ! » s'écrie Legendre.

— « L'honneur de la Commune de Paris, réplique Lanjuinais, consiste à présenter un compte exact et clair. Depuis que la Convention est assemblée, on s'est joué d'elle avec persévérance... »

— « Je n'accuse ni la Commune, ni le comité de surveillance, ajoute Barbaroux, mais il faut connaître les dilapidateurs... De l'aveu même du comité de surveillance, il a disparu, depuis le 10 août, une très-grande quantité d'argenterie et une somme de onze cent mille livres en or. »

— « Le décret, » dit Cambon, toujours attentif à ce qui concerne les finances de l'État, « le décret qui ordonne à tous les dépositaires d'effets d'or et d'argent appartenant à la nation de les faire transporter à l'hôtel des monnaies n'a point été exécuté... Je ne conçois pas comment on peut s'opposer à ce que la lumière soit portée sur toutes les opérations de finances... Il faut que le peuple souverain connaisse l'emploi qu'on a fait de ce qui lui appartient; il faut qu'il connaisse les dilapidations et les dilapidateurs; et puisque les lois sont insuffisantes, puisqu'elles sont impunément éludées, je demande qu'on en appelle au peuple; c'est lui qui jugera toutes les opérations. » Cambon est très-vivement applaudi.

Les affidés de la Commune, désespérant d'empêcher l'adoption du décret, usent alors d'une tactique qui leur a déjà souvent réussi. Ils proposent que les déclarations soient faites à haute voix et qu'on leur donne immédiatement la plus grande publicité possible. C'est Tallien qui, le premier, émet l'idée d'organiser ainsi un vaste système d'intimidation autour de la commission d'enquête, c'est Danton qui l'appuie.

« Vous voulez, dit l'ancien ministre de la justice, porter la lumière sur les opérations de la Commune de Paris? Eh bien! c'est demander une chose qui va droit au but que de vouloir que les déclarations soient publiques... Celui qui n'a pas le courage de signer sa dénonciation et de la soutenir publiquement doit être réputé délateur. »

— « Si vous décrétiez que ces déclarations seraient faites publiquement, réplique Rewbell, les recherches deviendraient inutiles. Celui qui a osé voler ose assassiner pour couvrir son vol. »

Mais Sergent insiste; il voudrait au moins que les déclarations fussent appuyées de pièces justificatives, « car, dit-il, je ne vois dans votre décret que l'inten-
« tion de faire calomnier l'honnête homme par le scélérat
« payé. »

— « Lorsque des délits ont été commis, répond Lanjuinais, aux applaudissements de la majorité, lorsque des fonds ont été dilapidés, les coupables en font-ils dresser des actes notariés ? »

La Convention, sans plus s'arrêter aux objections intéressées des anciens membres de la Commune, de leurs amis ou de leurs complices, vote le décret proposé par les Vingt-quatre[1].

Ce décret témoignait à chaque ligne du peu de confiance que l'Assemblée avait dans les étranges dépositaires de l'Hôtel de Ville. Il ordonnait, en effet, que six commissaires fussent choisis parmi les membres de la Convention, à l'effet de recevoir les déclarations des citoyens qui avaient fait, entre les mains des membres de la Commune de Paris, des dépôts d'argenterie et autres objets. Les commissaires devaient ensuite rapprocher ces déclarations des procès-verbaux, et, après en avoir vérifié l'exactitude, exiger la représentation des objets mentionnés et leur dépôt immédiat à la Monnaie. Dans le cas où les objets déclarés ne seraient pas mentionnés dans les procès-verbaux dressés par la Commune, et où les personnes désignées comme en ayant reçu le dépôt ne les représenteraient pas, les six commissaires étaient

---

[1]. Voir le n° 286 du *Moniteur*.

autorisés à faire comparaître devant eux et contradictoirement les déclarants et les dépositaires; procès-verbal serait dressé de leurs explications respectives, et il en serait référé à la Convention. Enfin, le décret devait être envoyé, lu et affiché dans les quarante-huit sections[1].

XIII.

La proposition des Vingt-quatre était à peine adoptée, que Marat s'élance à la tribune et demande que les dispositions que l'on vient de voter soient étendues à tous les fonctionnaires publics ayant eu entre les mains des effets enlevés aux émigrés ou dans les dépôts nationaux. « A l'agitation qui règne dans cette assemblée, dit-il, on pourrait croire que la vérité n'est pas l'objet de vos recherches... » Comme on l'interrompt, il reprend ironiquement : « J'écarte de moi tout soupçon. La justice est dans vos cœurs. Vous ne croirez pas devoir rendre un décret tombant sur la municipalité de Paris seule... »

---

[1]. Les six commissaires nommés par la Convention elle-même, en exécution de ce décret, furent Cambacérès, Armonville, Foussedoire, Rudel, Bion et Treillhard. L'Assemblée avait voulu donner la preuve de sa complète impartialité en introduisant dans la commission l'ami intime, le séide de Marat, Armonville, dont nous avons déjà parlé au tome III, p. 328. Cinq hommes honorables, et notamment celui qui devait être un jour l'archichancelier de l'Empire, furent condamnés à siéger côte à côte avec le misérable ivrogne que les démagogues de Reims avaient, à la suite des massacres de cette ville, envoyé siéger à la Convention.

— « Oui, oui, crie-t-on de toutes parts, nous sommes justes et impartiaux ! » — « La municipalité parisienne elle-même, continue l'*Ami du peuple,* a été la première à vous demander de faire examiner ses opérations. *Il est incontestable qu'il y a eu des mauvais sujets dans la municipalité et dans le comité de surveillance de la Commune. Ce comité de surveillance du 10 août a lui-même expulsé deux de ses membres dont il suspectait la pureté*[1]. Mais hier on a dit à cette tribune qu'il avait été enlevé du comité de surveillance onze cent mille livres en or. J'ai voulu connaître le fait. Je suis allé moi-même au comité de surveillance, et je me suis assuré que ce n'était encore qu'une présomption. Mais un fait bien certain, c'est que les commissaires des sections qui ont été à la recherche des diamants volés au garde-meuble, ont déposé ceux qu'ils ont retrouvés entre les mains du vertueux Roland, sans en dresser procès-verbal, et tout le monde sait qu'il est très-facile de substituer des diamants de très-peu de valeur à des diamants d'un grand prix. On a déposé aussi entre les mains du ministre Roland l'argenterie enlevée au château de Louvois et une cassette qui contenait plusieurs diamants de la couronne : je demande que votre décret soit étendu au ministre Roland. »

---

1. La phrase en italique ne se trouve pas dans le *Moniteur,* qui écourte singulièrement cette discussion et ne mentionne même pas le discours de Lanjuinais. Toutes les fois qu'il est question de la Commune et de ses comptes, le *Moniteur* a des restrictions singulières, des omissions plus singulières encore ; il faut ici consulter le *Journal des Débats et Décrets,* p. 373, 378, 390 et 393, nos 21 et 22.

L'Assemblée murmure; les tribunes applaudissent.

Lanjuinais déclare être le premier à consentir à ce que le décret devienne applicable à tous les fonctionnaires dépositaires de bijoux; mais il ne saurait s'élever avec trop d'énergie contre la dénonciation nominative pour laquelle la proposition d'extension du décret semble avoir été faite uniquement. « On semble oublier déjà les six jours et demi du mois de septembre, s'écrie-t-il. On paraît oublier la situation de Roland, les devoirs pénibles qu'il avait à remplir, les dangers qu'il a courus pendant ces jours de deuil... On l'accuse d'avoir reçu des effets précieux en dépôt, sans en avoir fait dresser procès-verbal. Il faut d'abord que le fait soit vérifié. »

— « Il faut enfin que les faits s'éclaircissent! ajoute un autre girondin, Lehardy; je demande moi-même que le décret s'applique à Roland et aux faits qu'on lui impute, car Marat, dans sa feuille d'aujourd'hui même, représente le ministre Roland comme payant des assassins et des coupe-jarrets avec les diamants de la couronne. C'est le moyen de ne pas laisser le ministre sous cet odieux et exécrable soupçon. » Goupilleau insiste pour que le décret soit généralisé. « Cela n'est pas nécessaire, fait remarquer Camus. La loi du 28 septembre déclare tous les fonctionnaires publics qui ont reçu des dépôts comptables de ces dépôts mêmes. »

La droite demande la question préalable sur la proposition de Marat; mais un autre montagnard, venant au secours de l'*Ami du peuple*, lance de nouvelles insinuations contre la probité de Roland. C'est Thuriot, qui déclare que, comme l'un des commissaires nommés par l'Assemblée législative pour surveiller la procédure entamée contre les voleurs du garde-meuble, il sait pertinemment que Roland a reçu plusieurs objets provenant de ce vol, mais qu'il ignore si le dépôt en a été constaté suivant les formes prescrites. Il demande que les effets soient transmis au greffe du tribunal criminel, ainsi que les procès-verbaux qui en ont été dressés.

Un ami de Roland, Guadet, fait promptement justice de cette malveillante confidence; il soutient que, si Roland a eu un instant entre les mains une partie des objets volés au garde-meuble, c'est qu'il a pu, par l'intermédiaire d'un joaillier auquel il a avancé quinze mille livres, faire rentrer au Trésor des objets de la plus grande valeur.

L'Assemblée, suffisamment édifiée sur toutes les calomnieuses récriminations des amis de la Commune, adopte enfin la question préalable et se débarrasse ainsi, pour quelques jours au moins, de cette interminable discussion qui, se transformant sans cesse et renaissant d'elle-même, avait absorbé la presque totalité de ses séances.

Le renouvellement des autorités administratives, l'organisation de la garde départementale, la reddition des comptes du comité de surveillance, l'enquête ordonnée pour déterminer l'importance des dépôts faits à la Commune, tout cela aboutissait à une seule et même question : plus heureuse et plus résolue que la Législative à son déclin, la Convention naissante saura-t-elle trancher d'une main hardie les liens dont la Commune l'enveloppe et l'enlace? saura-t-elle faire prévaloir la volonté nationale sur celle des organisateurs des massacres de septembre?

A peine, en effet, depuis l'ouverture de la session, la nouvelle Assemblée avait-elle pu rendre quelques décrets d'intérêt général; tout le temps qu'elle n'avait pas employé à combattre l'insolente tyrannie de la Commune insurrectionnelle, elle l'avait consacré à entendre et les lettres des généraux qui défendaient pied à pied le territoire envahi, et les rapports des commissaires que, dès ses premières séances, elle s'était empressée d'envoyer aux armées. Jetons donc un coup d'œil sur cette seconde moitié des préoccupations conventionnelles. Aussi bien, il est temps, pour nos lecteurs et pour nous, de quitter l'atmosphère pestilentielle des discordes civiles et de respirer plus à l'aise, au milieu des camps où s'étaient alors réfugiés le patriotisme, l'honneur et le courage.

LIVRE XVI

L'INVASION REPOUSSÉE.

I.

L'armée austro-prussienne était entrée dans Longwy le 22 août [1]. Tandis que de forts détachements allaient investir sur la droite et sur la gauche Montmédy et Thionville, le corps principal marcha le 28 sur Longuyon et Étain ; s'étant emparé des deux rives de la Meuse, il occupa, le 30 et le 31 août, les hauteurs qui entourent Verdun.

La place de Verdun était hors d'état d'opposer à l'ennemi une résistance quelque peu prolongée. Dominée de plusieurs côtés, elle ne possédait aucun ouvrage avancé, et ses fortifications avaient été très-mal entretenues [2]. Sa

---

[1]. Voir tome III, page 120.

[2]. Le très-mauvais état des fortifications de Verdun est constaté par toutes les pièces officielles, et notamment par le rapport lu à la Convention, au mois de janvier 1793, par Cavaignac. Pour tous les détails de la défense et de l'occupation de Verdun, nous renvoyons à l'intéressant ouvrage publié en 1849 par M. Paul Merat, sous ce titre : *Verdun en 1792 ;* l'auteur, en général très-exact sur la partie

garnison était composée en majeure partie de fédérés nouvellement arrivés de leurs départements; on y comptait à peine quelques artilleurs capables de bien faire le service des bouches à feu qui garnissaient les remparts.

Dès le 31, le duc de Brunswick expédia sa première sommation. Conformément au fameux manifeste du 25 juillet, le généralissime ennemi rendait tous les habitants de Verdun responsables des malheurs qui pourraient résulter de ses opérations militaires; mais s'ils se hâtaient d'ouvrir leurs portes, il les assurait de « la protection des armées combinées dont le seul but était de réduire la place sous l'obéissance de S. M. Très-Chrétienne le Roi légitime du royaume de France, sans avoir pour elles-mêmes la moindre idée de conquête. » Il leur promettait, en outre, les effets de la générosité toute spéciale des deux frères de Louis XVI, qui l'accompagnaient à la tête d'un corps d'émigrés assez considérable.

La sommation était adressée collectivement au commandant de la place et aux habitants de Verdun. Elle fut apportée, avec les formalités habituelles, par un parlementaire que reçut le Conseil général de la Commune. Après une délibération à laquelle participèrent les chefs de la garnison, on décida que la réponse suivante serait faite à l'aide de camp du duc de Brunswick :

« Le commandant et les troupes de la garnison de

---

militaire pour laquelle il a évidemment consulté les archives du dépôt de la guerre, l'est beaucoup moins pour ce qui regarde les poursuites dirigées contre les individus que l'on accusa plus tard d'avoir livré Verdun. Sur ce point, il a manqué à M. Merat les documents que nous avons eu le bonheur de retrouver.

Verdun ont l'honneur d'observer à M. le duc de Brunswick que la défense de la place leur a été confiée par le roi des Français, de la loyauté duquel il est impossible de douter. En conséquence, ils ne peuvent, sans manquer à la fidélité qu'ils lui doivent ainsi qu'à la nation et à la loi, remettre la place tant qu'il restera des moyens pour la défendre; ils espèrent être assez heureux pour mériter par là l'estime du guerrier illustre qu'ils vont avoir l'honneur de combattre. »

Cette réponse n'impliquait pas, il faut le reconnaître, une bien vive adhésion à la révolution du 10 août, puisque le principal argument opposé à l'injonction du général ennemi n'était basé que sur la fidélité due à Louis XVI. Elle fut signée par Beaurepaire, lieutenant-colonel du 2ᵉ bataillon de Maine-et-Loire, auquel le commandement avait été dévolu, comme au doyen des officiers du même grade enfermés dans Verdun. C'était, du reste, un ancien militaire qui comptait quarante ans de services.

Depuis quinze jours que la place était menacée par la concentration des armées ennemies sur la frontière, le pouvoir exécutif n'avait pas pris la précaution d'y envoyer un officier général avec des troupes de ligne. Cette malheureuse cité semblait sacrifiée d'avance dans l'esprit même de ceux qui étaient le plus au courant du véritable état des choses; ainsi le procureur-syndic de la Commune, Manuel, le jour même où la place était investie par le duc de Brunswick, annonçait officiellement aux Parisiens que Verdun ne pouvait pas tenir deux jours.

Le bombardement commença aussitôt que la réponse

de Beaurepaire eut été reçue au camp ennemi (31 août, à onze heures du soir). Il ne tarda pas à produire de terribles effets. Les quelques pièces de canon qui garnissaient les remparts furent presque toutes démontées, et, comme les affûts de rechange manquaient, il devint impossible de répondre au feu de l'ennemi; plusieurs incendies éclatèrent dans la ville. La garnison était harassée de fatigue, les habitants étaient en proie à une véritable panique. Le 1er septembre, dans l'après-midi, après quinze heures de bombardement, la municipalité se décide à envoyer une députation demander au roi de Prusse de faire la guerre d'une manière moins désastreuse pour les citoyens. Mais cette députation revient avec une nouvelle sommation du duc de Brunswick accordant à la garnison de Verdun de se retirer avec armes et bagages, et en n'abandonnant que l'artillerie et les munitions de guerre; vingt-quatre heures seulement étaient laissées pour l'acceptation de ces conditions; en cas de refus, la ville était menacée d'une destruction totale.

La deuxième sommation du duc de Brunswick se termine ainsi :

« Les commandants et les troupes de la garnison de Verdun, ayant employé le nom de leur roi comme un motif de résistance, sont avertis que, dans un moment où Sa Majesté Très-Chrétienne est évidemment au pouvoir des usurpateurs de la puissance légitime, un pareil motif perd jusqu'à l'apparence de la raison [1]. »

1. Le *Moniteur* (n° 252) donne cette pièce, mais il ne reproduit

Les menaces prussiennes jettent les habitants dans le désespoir; des groupes nombreux se forment sur la place de l'Hôtel de Ville et réclament la reddition immédiate; le conseil général de la Commune supplie le comité défensif d'épargner à Verdun les horreurs d'un assaut. Le comité se rassemble et constate : 1° que la place présente plusieurs ouvertures qui ne peuvent être gardées; 2° que des trente canons qui garnissaient bien imparfaitement les remparts, la plupart sont hors d'état de répondre au feu de l'ennemi; 3° que dès lors la place peut être enlevée au premier assaut; 4° qu'il vaut mieux conserver à la nation une garnison de trois mille cinq cents hommes que de retarder d'un jour ou deux la prise inévitable de Verdun. En conséquence, on se résout à entrer en pourparler avec le roi de Prusse et à lui demander quelque adoucissement aux conditions proposées. Mais, puisque l'on a un délai de vingt-quatre heures, on veut l'épuiser[1].

pas, et pour cause, cette phrase finale qui démontrait que les défenseurs de Verdun avaient invoqué le nom de Louis XVI pour refuser d'obéir aux injonctions de Brunswick.

1. Voici la réponse provisoire qui fut écrite à Brunswick à la réception de la deuxième sommation :

« 1ᵉʳ septembre, à trois heures du soir.

« Le commandant de la place de Verdun aura l'honneur de faire parvenir demain à M. le duc de Brunswick, avant l'expiration des vingt-quatre heures, la réponse définitive aux conditions qui lui sont proposées. Mais il a l'honneur d'observer que deux corps de troupes de la garnison y sont entrés avec chacun deux pièces de canon de campagne faisant partie de leur armement, et qu'ils espèrent qu'on voudra bien les leur accorder comme une des conditions intégrantes de la capitulation proposée. »

Le devoir de Beaurepaire, comme commandant la place de Verdun, était accompli; il estima qu'il lui en restait un autre à remplir et que celui-ci le regardait seul. Il avait écrit à ses amis de Maine-et-Loire qu'il était décidé à ne rendre la place qu'à la mort [1]; il voulut être fidèle à sa promesse. Dans la nuit du 1ᵉʳ au 2 septembre, vers trois heures du matin, Beaurepaire se retira dans la chambre qu'il occupait à l'Hôtel de Ville et se fit sauter la cervelle [2].

Ses soldats accoururent et le trouvèrent baignant dans

---

1. Voir la séance de l'Assemblée législative du 3 septembre au soir, page 1055 du *Moniteur*.

2. Notre récit de la mort du héros de Maine-et-Loire diffère essentiellement, on le voit, de celui que la légende nous a transmis, et où l'on nous montre Beaurepaire se brûlant la cervelle dans la salle du conseil de guerre, au moment où ses collègues lui présentent à signer la capitulation. Il parut utile à ceux qui gouvernaient la France depuis le 10 août de faire croire que Beaurepaire avait blâmé la reddition de Verdun et voulu que son sang, en rejaillissant sur les officiers qui l'entouraient, leur imprimât une honte éternelle. Or, la lettre du 1ᵉʳ septembre au roi de Prusse démontre que Beaurepaire reconnaissait lui-même l'impérieuse nécessité dans laquelle les défenseurs de Verdun se trouvaient de rendre la place. Seulement, après avoir assuré le salut de ses compagnons d'armes, il tint à dégager sa parole, et à montrer aux envahisseurs que tous les Français, quand il le faudrait, sauraient sacrifier leur vie à la patrie, à l'honneur. La version que l'histoire substituera désormais au récit légendaire ne nous paraît diminuer en rien la gloire de Beaurepaire.

Au défaut de cet officier, la capitulation fut signée par de Neyon, colonel en second du 2ᵉ bataillon des volontaires de la Meuse, et auquel échut par droit d'ancienneté le commandement de la place. De Neyon paya plus tard de sa tête la participation passive qu'il avait eue à la capitulation de Verdun en apposant sa signature à côté de celle du général Kalkreuth, chef d'état-major de l'armée austro-prussienne.

son sang, ayant à ses côtés ses pistolets déchargés ; il était revêtu de son habit de garde national, portait la croix de Saint-Louis sur la poitrine et avait encore l'épée au côté.

Le lendemain, la garnison de Verdun sortit de la place, emportant avec elle le cadavre de Beaurepaire ; elle se retira à Sainte-Menehould. où elle rejoignit l'avant-garde de l'armée avec laquelle Dumouriez allait essayer d'arrêter l'ennemi dans les défilés de l'Argonne[1].

II.

Le duc de Brunswick maintint son camp sur les hauteurs où il l'avait placé primitivement, et ne fit entrer dans Verdun que quelques bataillons pour occuper la citadelle. La municipalité fut conservée ainsi que le directoire du district.

La curiosité attira au camp austro-prussien un grand nombre d'habitants appartenant à toutes les opinions ;

---

1. Sainte-Menehould avait déjà, quelques jours auparavant, été le point de ralliement : 1° du général Galbaud, envoyé avec deux bataillons, par Dumouriez, pour secourir Verdun et qui n'avait pu entrer dans la place déjà investie ; 2° des deux bataillons de la garnison de Longwy. Ces quatre bataillons, réunis aux trois mille cinq cents hommes sortis de Verdun avec armes et bagages, furent le noyau de la petite armée qui garda les passages de l'Argonne avant que Dumouriez, encore à Sedan, eût pu s'y porter. Dumouriez dit lui-même que le rassemblement de troupes concentrées à Sainte-Menehould dans les mains de Galbaud fut une des causes du salut de la Champagne et de la France. (*Mémoires de Dumouriez,* livre III, pages 253 et 262.)

mais il n'y eut, comme les défenseurs officieux du régime de la Terreur se sont plu si souvent à le répéter, ni bal donné, ni députation de jeunes filles envoyée, ni harangue prononcée [1]. Le roi de Prusse ne mit pas le pied dans Verdun. Le prince, son fils, y vint quelquefois, mais toujours en simple particulier. Quelques jours plus tard, il est vrai, les deux frères de Louis XVI, le comte de Provence et le comte d'Artois, quittèrent leur quartier général d'Hettange, près de Thionville, se rendirent à Verdun et y séjournèrent pendant quelque temps, mais sans qu'aucune réception officielle leur ait été faite. Leur principal agent, Calonne, les accompagnait. Se tenant sur les derrières de l'armée, il parlait au nom des princes, qui eux-mêmes prétendaient parler au nom de leur frère prisonnier; revêtu des pouvoirs civils les plus étendus, il réorganisait à sa manière le pays occupé par les Austro-Prussiens; il délivrait toute sorte de brevets ou de commissions pour le compte de la royauté légitime.

En sa qualité d'ancien ministre des finances, il n'ignorait pas que l'argent est le nerf de la guerre; aussi ne négligeait-il pas de faire verser entre les mains du

---

[1]. La preuve de ces assertions se trouve dans l'enquête même qui fut faite aussitôt après la reprise de Verdun. Cette enquête ne saurait être taxée de partialité en faveur des habitants qui auraient pactisé avec l'émigration, puisqu'elle fut dirigée par les démagogues les plus fougueux du département de la Meuse. Ce fut pourtant sous cette accusation injuste que sept jeunes filles de Verdun et plusieurs de leurs parentes et amies furent traduites au tribunal révolutionnaire, qui les condamna à mort. Nous consacrons à ce lugubre épisode de l'histoire de la Terreur une note spéciale, que l'on trouvera à la fin de ce volume.

trésorier de l'armée royaliste les sommes trouvées dans les caisses des districts et de rétablir les anciens impôts sur les tarifs d'autrefois; la perception de ces contributions était par lui confiée à des employés de l'administration des finances qui avaient suivi la fortune de l'émigration[1].

De son côté, l'armée envahissante ne se faisait pas faute de lever de larges contributions en bestiaux, fourrages et farines sur les localités qu'elle occupait et même sur les villes environnantes. Pour quittance de ces perceptions en nature, elle délivrait aux municipalités et aux particuliers des bons à payer par les caisses publiques de France, lorsque l'autorité légitime de Louis XVI aurait été rétablie.

Ce fut à l'occasion de ces contributions réclamées aux communes, districts et départements, que le duc de Brunswick requit les chefs de l'administration de la Meuse de se rendre à Verdun. La moitié de ce département était occupée par l'armée ennemie; son chef-lieu, Bar-le-Duc, était une ville ouverte qui ne pouvait songer à résister même à un corps de partisans. Or la réquisition adressée aux autorités départementales était accompagnée d'une menace d'exécution militaire sur la cité tout entière, si les magistrats désignés n'obéissaient pas immédiatement.

A la réception d'une telle missive, les diverses auto-

---

[1]. Voir, à la fin du volume, les pièces que nous avons réunies pour faire connaître autant que possible quelle fut l'attitude prise par les frères du roi et leurs adhérents lors de leur rentrée momentanée sur le territoire français en 1792.

rités de la ville de Bar se réunissent en toute hâte et sont unanimes pour supplier le président du conseil général du département, Ternaux, et le procureur général, Gossin, d'obtempérer à l'ordre brutal du généralissime des armées alliées. Ceux-ci résistent, ils ne veulent pas paraître courir au-devant des envahisseurs de leur pays ; mais leurs collègues leur demandent avec anxiété comment ils pourraient se résoudre à encourir la terrible responsabilité qui pèserait sur eux, si l'ennemi accomplissait sa menace de mettre Bar-le-Duc à feu et à sang. Soit qu'ils refusent, soit qu'ils obéissent, les deux administrateurs sont entre deux périls : Brunswick peut vouloir faire sur eux un exemple destiné à effrayer les magistrats des autres départements qu'il se dispose à envahir ; l'Assemblée nationale peut les frapper des peines terribles qu'elle a édictées contre les autorités de Longwy. Les cris de désespoir que pousse la population, rassemblée sous les fenêtres de l'Hôtel de Ville, triomphent de leurs dernières hésitations ; ils partent pour le quartier général de l'ennemi.

En y arrivant, ils apprennent que le généralissime a compté sur eux pour régulariser par leurs signatures les réquisitions qu'il va lancer sur tout le département ; ils refusent noblement d'apposer leur nom au bas des pièces qu'on leur présente et sont jetés en prison comme otages.

De Bar-le-Duc, Gossin et Ternaux avaient écrit à l'Assemblée nationale pour lui annoncer la résolution qu'ils avaient prise et les raisons qui la leur avaient dictée. La Législative venait de recevoir la nouvelle officielle de la prise de Verdun. Sous le coup de cette nouvelle et sans vouloir entendre la défense des deux magistrats qui, dans leur lettre, se disaient prêts à porter leur tête à l'Assemblée pour gage de leur dévouement à la patrie, elle les déclare traîtres et parjures, les met en accusation, destitue tous les membres de la commune, du district et du département, qui ont pris part à la délibération à laquelle les deux chefs de l'administration de la Meuse ont cru devoir obtempérer, et décrète la peine de mort contre tout fonctionnaire public, civil ou militaire, qui obéirait aux ordres et réquisitions des ennemis de la France et accepterait d'eux une commission de quelque nature que ce fût [1].

L'Assemblée montrait ainsi jusqu'à quel degré d'ardeur elle voulait que la résistance fût poussée; mais ce n'était pas tout que de l'ordonner par décret, il fallait l'organiser matériellement : Dumouriez était chargé de ce soin.

---

[1]. Le décret d'accusation, rendu *ab irato* le 5 septembre 1792 par la Législative contre Gossin et Ternaux, coûta, dix-huit mois plus tard, la vie au premier de ces deux magistrats, et cependant leur démarche avait été dictée par le plus pur patriotisme, ainsi que le reconnut par deux fois la Convention nationale elle-même. — Voir la note spéciale que nous avons consacrée à cette affaire à la fin de ce volume.

Gossin était, avant la Révolution, lieutenant général criminel à Bar et avait été membre de l'Assemblée constituante. Il s'y était fait remarquer par ses connaissances administratives et financières. Il avait été élu procureur général syndic du département de la Meuse à son retour dans ses foyers.

Ternaux était un ancien capitaine du régiment de la Couronne qui, tout jeune encore, avait conquis la croix de Saint-Louis sur le champ de bataille de Fontenoy.

III.

Ce qui distingue le grand homme de guerre, c'est ce coup d'œil rapide qui, sur le champ de bataille, fait reconnaître tout d'abord les mesures décisives à prendre, c'est la faculté de modifier soudainement ses plans d'après l'imprévu des circonstances, c'est la constance inébranlable à persévérer dans la résolution définitivement arrêtée, quelles que soient les clameurs des ignorants, les réclamations des timorés, les calomnies des envieux. Ainsi agit Dumouriez, cet aventurier de génie qui avait deviné l'avenir de Cherbourg, donné la Corse à la France, et allait immortaliser son nom en sauvant la patrie dans les plaines de la Champagne. Il fut admirable d'inspiration, de sang-froid, de ténacité. Il sut braver l'impopularité, résister aux ordres qu'il recevait de Paris et couvrir la capitale en ayant l'air de l'abandonner.

Au moment où il reçut le décret qui l'investissait du commandement de l'armée de Lafayette, Dumouriez hésita un instant sur le parti à prendre. Devait-il de Valenciennes, où il se trouvait en ce moment, se porter résolûment au cœur des provinces belges avec les troupes qu'il avait sous la main, et opérer une vigoureuse diversion, ou bien se rabattre sur les armées combinées qui s'apprêtaient à pénétrer en France?

Depuis deux mois qu'il est au camp de Maulde, il a étudié, caressé, préconisé le premier plan; il connaît mieux son terrain d'opération; il se croit assuré des dispositions secrètes des habitants du Hainaut et du Brabant; il espère que les places de la Lorraine arrêteront quelque temps les armées combinées, qu'il aura le temps d'inspirer à l'Autriche des craintes sérieuses sur la possession des Pays-Bas. Mais tout à coup, dans la nuit du 24 au 25 août, arrive à son quartier général Westermann, l'ami et le confident de Danton, qui, aussitôt après la déchéance de Louis XVI, avait été envoyé comme commissaire du pouvoir exécutif à l'armée de Lafayette. Westermann annonce la reddition de Longwy et la marche des alliés sur Verdun. Dumouriez change aussitôt ses projets, et, après avoir consacré quelques heures à préparer la campagne de Belgique, dont il n'abandonne pas, mais dont il ajourne le projet, il se jette dans une chaise de poste avec Westermann et un seul aide de camp.

Arrivé à Mézières le 28 août au matin, il envoie immédiatement Galbaud au secours de Verdun avec les deux premiers bataillons qu'il a sous la main, lève le camp retranché que l'armée de Lafayette occupait devant Sedan depuis plusieurs mois, fait filer la plus grande partie de ses troupes par Mouzon et Stenay, le long de la rive gauche de la Meuse, et pénètre dans la forêt de l'Argonne, dont il occupe tout de suite les cinq passages.

Installé à Grandpré, dans un camp d'où il peut porter secours à chacun de ses postes avancés, il écrit fièrement au ministre de la guerre cette lettre prophétique : « Les défilés de l'Argonne sont les Thermopyles de la France ; mais je serai plus heureux que Léonidas. »

Sentant que c'est sur ce théâtre que vont se jouer les destinées de la France nouvelle, il se résout à dégarnir la frontière, dont il vient de s'éloigner. Il rappelle à lui Beurnonville avec la plus grande partie des troupes qui occupent les camps de Maulde et de Pont-sur-Sambre. Il envoie courrier sur courrier à la Fère et à Douai pour qu'on lui expédie des munitions de guerre, dont il manque presque complétement. Il fait dire à Kellermann, qui vient de succéder à Luckner dans le commandement de l'armée de la Moselle, d'accourir à marches forcées par Ligny et Bar, et de se joindre à lui.

Il n'a que vingt-trois mille hommes, dont la moitié au moins se compose de nouvelles levées, et il a devant lui une masse compacte de quatre-vingt mille soldats aguerris. Grâce à ses combinaisons, grâce à l'arrivée de Beurnonville et de Kellermann, son armée sera triplée ; mais ces deux généraux ne peuvent être à ses côtés que du 15 au 20 septembre. Durant les trois mortelles semaines qui vont s'écouler d'ici là, comment pourra-t-il tenir en échec les vieilles bandes de l'élève du grand Frédéric ? Heureusement, entre elles et lui s'étend la forêt immense de l'Argonne qui, partant des environs de Sedan, ne finit qu'à quelque distance de Sainte-Menehould, et occupe les crêtes qui séparent la vallée de la Meuse de celle de l'Aisne et de ses affluents. Cet obstacle naturel, Dumouriez va l'utiliser pour arrêter le torrent de l'invasion étrangère.

Brunswick ne saurait songer à marcher de Verdun vers la Marne, en laissant sur son flanc une armée qui manœuvre dans son propre pays et peut, en s'aidant de l'appui momentané des garnisons de Sedan, de Montmédy, d'une part, de Thionville et de Metz, de l'autre, l'inquiéter sur son arrière-garde, lui enlever ses convois et l'isoler de ses magasins. Il lui faut avant tout débusquer son adversaire du camp de Grandpré; mais pour cela il est nécessaire d'enlever de vive force l'un des cinq passages qui traversent la forêt. Dumouriez les fait garder par de forts détachements qui ont reçu ordre de se couvrir en faisant de grands abattis d'arbres, en creusant des fondrières, des tranchées, des puits à travers toutes les routes. En même temps il fait un appel solennel à toute l'énergie des patriotiques populations dont il est entouré :

« Citoyens, s'écrie-t-il dans sa proclamation, l'ennemi fait des progrès sur le territoire des hommes libres. Toutes vos subsistances sont dévorées par les satellites des despotes. Je vous somme, au nom de la patrie et de la liberté, de faire battre vos grains et de les apporter dans mon camp, de faire retirer vos bestiaux et chevaux derrière mon armée. Si les Prussiens et les Autrichiens s'avancent pour traverser les défilés que je garde en force, je ferai sonner le tocsin dans toutes les paroisses... A ce son terrible, que tous ceux d'entre vous qui ont des armes à feu se portent chacun en avant de sa paroisse sur la lisière du bois depuis Chevange jusqu'à Passavant; que les autres, munis de pelles, de pioches et de haches, coupent les bois sur la lisière et en fassent des abattis... Ainsi vous conserverez votre liberté, et vous nous aiderez à triompher de ceux qui voudraient vous la ravir[1]. »

IV.

Le 5 septembre, Brunswick, maître de Verdun, fait franchir la Meuse à son avant-garde. Il dirige sa première attaque sur la position des Islettes, qu'occupe Dillon. Il est repoussé et perd sept jours en tâtonnements infructueux. Mais le 13, par un de ces hasards de guerre qui viennent déjouer les plus habiles combinaisons, le poste de la Croix-aux-Bois se trouve tout à coup dégarni, des bataillons qui devaient en remplacer d'autres n'étant pas arrivés à l'heure prescrite. Le malheur veut que le prince de Ligne dirige en ce moment une attaque sur ce point. Il y trouve naturellement fort peu de résistance, et lance aussitôt ses Autrichiens par la trouée. En vain Dumouriez, dès qu'il a reçu à Grandpré cette fâcheuse nouvelle, a-t-il envoyé, vers le passage menacé, Chazot avec deux brigades et une nombreuse artillerie. Après un combat acharné qui coûte la vie au prince de Ligne, Chazot est contraint d'abandonner la place; ses communications avec le général en chef sont coupées, il est obligé de se retirer sur Vouziers. Dès lors, Dumouriez n'est

---

[1]. Cette proclamation fut lue à l'Assemblée nationale le 12 septembre et couverte des plus vifs applaudissements. — *Journal des Débats et Décrets,* n° 352, pages 225 et 226.

plus en sûreté à Grandpré. Avec les quinze mille hommes qui lui restent, il fait une retraite audacieuse devant l'ennemi, et malgré deux ou trois paniques qui viennent à plusieurs reprises mettre le désordre dans ses troupes, il va planter son camp sur les plateaux situés en avant de Sainte-Menehould.

En poursuivant Dumouriez, les armées combinées s'engageaient de plus en plus dans un pays qui ne leur offrait aucune ressource, et dont les chemins, en mauvais état, rendaient les transports presque impossibles. Les quelques magasins qu'elles avaient étaient à plus de dix et douze lieues derrière elles. On commençait dans l'état-major du duc de Brunswick à s'apercevoir que l'on avait entrepris fort à la légère cette campagne, que les émigrés avaient représentée comme devant être une véritable promenade de Coblentz à Paris. Suivant ces gentilshommes étourdis, on ne devait trouver aucune résistance; les régiments de ligne devaient être désorganisés et sans chefs, les bataillons de volontaires prêts à lâcher pied aux premiers coups de fusil; les populations, ivres de joie et d'enthousiasme, devaient se précipiter à la rencontre de leurs libérateurs, et à chaque étape leur apporter des approvisionnements en abondance.

La réalité était tout autre. On ne trouvait que des villages mornes et souvent abandonnés, des paysans favorisant ou excitant la désertion des soldats prussiens, des magistrats refusant d'apposer leurs signatures aux réquisitions, des troupes solides au feu, rachetant leur inexpérience par une valeur audacieuse. Le corps d'armée laissé devant Thionville éprouvait la plus vigoureuse résistance et avait été fort maltraité par les sorties des assiégés ; les défilés de l'Argonne avaient été défendus huit jours durant avec une admirable énergie, le passage de la Croix-aux-Bois avait pu, il est vrai, être forcé ; mais les efforts faits par Chazot pour le reprendre avaient démontré aux alliés que la *furia francese* n'avait pas péri avec l'ancien régime, et que les soldats des nouvelles levées ne tarderaient pas à se montrer dignes de leurs devanciers.

La misère était à son comble dans les divers corps de l'armée envahissante [1]. Depuis quinze jours la pluie n'avait pas cessé de tomber ; or, dans cette partie des districts de Vouziers et de Sainte-Menehould, que l'on appelle la Champagne pouilleuse, le terrain est formé

---

[1]. Une lettre inachevée que l'on trouva sur le prince de Ligne, tué le 13 septembre à l'affaire de la Croix-aux-Bois et qui fut lue à la Convention, le 27 septembre (*Moniteur*, n° 273), contenait ce qui suit :

« Nous commençons à être assez las de cette guerre où on en est. Les émigrés nous promettent plus de beurre que de pain, mais nous avons à combattre des troupes de ligne dont aucun ne déserte, des troupes nationales qui résistent ; tous les paysans, qui sont armés, ou tirent contre nous ou nous assassinent quand ils trouvent un homme seul ou endormi dans une maison.

« Le temps, depuis que nous sommes en France, est si détestable que tous les jours il pleut à verse et les chemins sont si impraticables que dans ce moment nous ne pouvons retirer nos canons ; de plus, la famine. Nous avons tout le mal imaginable pour que le soldat ait du pain. La viande manque souvent. Bien des officiers sont cinq, six jours, sans trouver à manger chaud. Nos souliers et nos capotes sont pourris, et nos gens commencent à être malades. Les villages sont déserts et ne fournissent ni légumes, ni eau-de-vie, ni farine. Je ne sais comment nous ferons et ce que nous deviendrons. »

d'une glaise épaisse et froide qui englue pour ainsi dire les pieds des fantassins et des chevaux ; les voitures et les canons s'y enfoncent et y versent. Pas d'arbres, pas de pâturages, quelques villages clairsemés sur le flanc d'ondulations crayeuses qui s'étendent à perte de vue : telles sont ces plaines désolées où, quatorze cents ans auparavant, l'armée d'Attila avait été détruite par Aétius. L'armée austro-prussienne allait-elle y éprouver le même sort? Le duc de Brunswick, qui avait vu de près toutes les horreurs et toutes les misères de la guerre de Sept ans, était visiblement troublé, et n'avançait qu'avec d'infinies précautions.

De son côté, Dumouriez avait non-seulement à tenir tête à l'armée austro-prussienne, mais il avait encore à résister aux censures timides de quelques-uns des officiers qui l'entouraient, aux injonctions réitérées qui lui arrivaient du ministère de la guerre. Lors des dernières paniques qui avaient suivi la levée du camp de Grandpré, et que le général en chef avait été obligé de réprimer en se précipitant avec quelques officiers le sabre à la main sur les corps débandés, des fuyards avaient couru à Rheims, à Châlons et même à Paris, annoncer le complet anéantissement de l'armée française. Le pouvoir exécutif avait aussitôt envoyé courrier sur courrier à Dumouriez pour lui prescrire de rétrograder au delà de la Marne et de sauver les débris des troupes placées sous son commandement. Mais le général en chef répliquait imperturbablement : « Je réponds de tout. » Il adressait des messages pressants à Beurnonville et à Kellermann, et, chaque jour, envoyait à la découverte pour savoir si enfin ils arrivaient.

La crainte de rencontrer l'ennemi avant sa jonction avec le principal corps d'armée avait fait appuyer Kellermann trop à gauche; il avait aussi, dans sa correspondance avec Dumouriez, soulevé quelques difficultés hiérarchiques. Le défenseur de l'Argonne aurait pu se plaindre de ces retards et de ces prétentions, mais il comprend que le moment est mal choisi pour se livrer à des récriminations d'ailleurs inutiles et compromettre le salut de la France par une querelle de suprématie. Aussitôt qu'il apprend que Kellermann est à une journée de marche, il lui dépêche son aide de camp de confiance, Philippe Devaux, lui indique le lieu où il doit camper et le supplie en grâce de lui envoyer un détachement, afin que sa propre armée soit bien convaincue de la réalité du secours qui lui arrive de l'Est [1].

Pendant ce temps, la division partie de Valenciennes et de Maubeuge arrivait par la route de Flandre. A la suite de quelques fausses indications, elle avait rétrogradé de Rethel à Châlons; mais sa marche avait été promptement rectifiée, et, le 19 septembre, le jour même où Kellermann s'établissait sur le plateau de Valmy, Beurnonville arrivait au rendez-vous que lui avait donné Dumouriez.

Il était temps : le lendemain 20, à trois heures du matin, l'armée austro-prussienne se disposait à attaquer les hauteurs sur lesquelles était postée l'armée française; cinquante-huit bouches à feu, mises en batterie, de-

---

1. Voir, à la fin de ce volume, les lettres confidentielles que nous avons réunies sur la campagne de 1792.

vaient protéger sa marche. Mais l'artillerie de Kellermann répond vigoureusement au feu de l'ennemi, et pendant douze heures la canonnade ne cesse pas un instant. Vingt mille coups sont tirés de part et d'autre. Plusieurs fois le roi de Prusse insiste pour que les colonnes, formées depuis le matin, soient lancées vers le plateau occupé par Kellermann et enlèvent la position à la baïonnette. Mais la prudence du duc de Brunswick ne cesse de s'y opposer[1]. A six heures du soir, l'armée envahissante est obligée de rentrer dans son camp, découragée et mécontente.

Tel fut le combat de Valmy. La perte des deux côtés n'avait pas été considérable : un millier d'hommes tués ou mis hors de combat; mais l'effet fut immense. L'armée française, composée en partie de nouvelles recrues, s'était admirablement comportée sous le feu de l'ennemi; désormais elle savait ce qu'elle valait. Ce jour-là la France nouvelle s'était affirmée; et l'Europe put comprendre qu'on ne viendrait pas aisément à bout de la Révolution française[2].

---

1. *Mémoires tirés des papiers d'un homme d'État*, t. I, p. 445 et suivantes.

2. Dans l'armée envahissante se trouvaient les deux hommes qui, en Allemagne et en France, allaient donner leur nom au nouveau siècle littéraire, Gœthe et Chateaubriand. L'un et l'autre ont consigné, dans leurs mémoires, les impressions qu'ils conservaient de cette campagne si désastreuse pour l'armée dont ils faisaient partie.

Gœthe, alors âgé de quarante-trois ans, était dans tout l'éclat de sa gloire. Il avait déjà publié *Werther, Goëtz de Berlichingen, le Comte d'Egmont*. Il méditait *Wilhem Meister*, et, depuis quatre ans, il avait arrêté, à Rome, le plan de *Faust*, ce rêve de sa jeunesse qui

V.

Après comme avant la canonnade de Valmy, la route de Châlons et de Paris était ouverte devant les Austro-Prussiens. Le duc de Brunswick n'avait pas voulu s'y engager sans avoir chassé les Français de la position qu'ils occupaient. Sa tentative ayant échoué, devait-il marcher sur Paris ou livrer un second combat? L'un et l'autre de ces partis étaient pleins de périls. Marcher immédiatement sur Paris, c'était courir le risque d'être poursuivi par une armée de soixante mille hommes, enivrés d'enthousiasme par leur premier succès, et de se heurter contre les levées en masse qui s'organisaient

---

allait devenir la grande œuvre de sa vie. Attaché comme secrétaire intime au grand duc de Weimar, il suivit l'état-major général de l'armée austro-prussienne jusqu'à Valmy et durant toute la retraite. Interrogé le soir du 20 septembre sur les résultats de la journée, il prononçait ces paroles prophétiques : « Je pense que sur cette place et à partir de ce jour commence une ère nouvelle pour l'histoire du monde, et nous pourrons dire : *J'étais là !* »

Chateaubriand avait vingt-quatre ans à peine ; il s'ignorait lui-même. Revenu d'Amérique « pour verser son sang au service de son roi, dont il avait appris les malheurs sur les bords de l'Ohio, chez les Siminoles et les Muscoculges, » il n'avait pu, avec son frère aîné, rejoindre l'armée des princes que dans les derniers jours d'août et au moment même où, après avoir pénétré en France, elle se dirigeait sur Thionville. Chateaubriand, perdu dans les rangs d'une compagnie de gentilshommes bretons, fit la campagne avec un mousquet dont le chien ne s'abattait pas, le manuscrit de son *Voyage en Amérique, Atala* et un petit Homère. Dans cette courte expédition, il

dans tous les départements. D'autre part, comment attaquer de nouveau, dans un inexpugnable amphithéâtre, des troupes dont on venait d'apprécier la consistance et dont on se voyait séparé par des étangs, des ruisseaux, des marais?

Connaissant l'avantage de sa position, Dumouriez restait plus sourd que jamais aux injonctions qui lui venaient de Paris. On n'y avait pas apprécié d'abord toute la portée de la journée du 20 septembre; chaque jour, le conseil exécutif, en félicitant le vainqueur, l'exhortait à se contenter du succès qu'il avait obtenu et à venir couvrir les passages de la Marne. Le général français demeura inébranlable, réussit à retenir Kellermann à ses côtés et attendit.

Le duc de Brunswick resta huit jours dans l'immo-

---

courut risque de la vie deux fois au moins. Deux balles ayant frappé son havresac, il fut sauvé par Atala « qui, en fille dévouée, se plaça entre son père et le plomb ennemi. » Quelques jours après, il fut blessé à la cuisse droite par un éclat d'obus pendant qu'il dormait profondément sous les roues d'un affût, dans une batterie où il était de garde.

Atteint de la petite vérole dans la retraite qui suivit la levée du siége de Thionville, licencié avec toute sa compagnie près de Longwy, il se dirige vers Ostende, seul, à pied, appuyé sur une béquille et se traînant à peine. Il tombe presque mourant au milieu de la forêt des Ardennes; il est recueilli dans un des fourgons du prince de Ligne, qui le dépose sur le chemin à l'entrée de Bruxelles. Guéri par miracle, il se rend à Jersey et passe en Angleterre, où l'attendent les poignantes épreuves de la misère et les angoisses secrètes du génie qui se forme. De cette triste campagne il emportait du moins les souvenirs vivants de la vie militaire qu'il devait reproduire avec tant d'éclat au sixième livre des *Martyrs*.

bilité la plus complète, ne sachant quel parti prendre. Le 29 septembre, il se décida à battre en retraite. Sa position n'était plus tenable, ses convois d'approvisionnement, obligés de passer presque tous par les défilés de l'Argonne, trouvaient les routes défoncées et étaient souvent enlevés par les corps de partisans qui battaient la campagne. La mauvaise nourriture, les privations de tout genre, l'inclémence de la saison, avaient engendré la dyssenterie dans l'armée austro-prussienne, et cette terrible maladie commençait à y faire d'effroyables ravages. Les nouvelles de l'Alsace et de la Lorraine étaient désastreuses. Le siége de Thionville n'avançait pas ; Biron venait de lancer son lieutenant Custine sur Worms et sur Spire. La discorde régnait parmi les chefs des armées combinées. Le roi de Prusse faisait entendre des plaintes amères contre le contingent autrichien, qui l'avait fort mal secondé, et contre les émigrés, qui l'avaient trompé. Il avait cru n'avoir affaire qu'à des troupes désorganisées, et il avait vu ses vieilles bandes arrêtées, dès la première affaire, par la solidité inébranlable des soldats de Kellermann et de Dumouriez. On lui avait dit que l'immense majorité de la population n'attendait que sa venue pour se prosterner à ses pieds et reconnaître l'autorité souveraine des frères du roi qu'il traînait à sa suite, et, sauf quelques adhésions isolées, le vide s'était fait autour de lui ; les habitants s'enfuyaient à l'approche de ses troupes, emmenant leurs bestiaux et leurs équipages, quand ils ne se ruaient pas à coups de fourche et de faux sur les soldats isolés et sur les fourrageurs. On avait prétendu que l'armée française n'avait plus à sa tête que des officiers ignorants et grossiers, recrutés dans les boutiques de Paris, et depuis le commencement des hostilités, son état-major avait été en rapport avec des généraux qui avaient repoussé avec noblesse les offres les plus brillantes, montré les sentiments les plus délicats, fait preuve des talents les plus distingués.

Dès le 22, Dumouriez avait eu une conférence avec le colonel Manstein, adjudant général du roi de Prusse. Cette conférence avait eu pour prétexte ostensible le règlement d'un cartel d'échange de prisonniers, mais beaucoup d'autres questions y avaient été traitées. Les jours suivants, d'autres conversations avaient eu lieu entre divers généraux commandant les avant-postes de l'armée prussienne et les généraux Duval, Thouvenot et Desprez de Crassier; Westermann avait même été mêlé aux questions qui s'y étaient débattues. Les négociateurs prussiens n'avaient insisté que sur un seul point : le sort réservé à Louis XVI et à sa famille; mais, tout en étant d'accord avec leurs interlocuteurs pour le déplorer, les généraux français avaient déclaré qu'une telle affaire n'était pas de leur compétence. Jusqu'à quel point ces conférences furent-elles poussées, c'est ce qu'il est impossible de dire; mais il est certain que l'on désira convaincre le roi de Prusse que Louis XVI n'avait à subir au Temple aucun mauvais traitement, et que Manuel, en sa qualité de procureur-syndic de la Commune, fut chargé de réunir tous les arrêtés pris par la Commune à ce sujet, pour les expédier au camp de Dumouriez[1].

---

1. Le *Moniteur*, n° 272, séance du 26 septembre au soir, raconte

Le cartel d'échange avait été signé le 24 ; il ne concernait que les troupes prussiennes, autrichiennes et hessoises, sous les ordres du duc de Brunswick, du général Clairfayt et du prince de Hohenlohe ; dès lors les émigrés n'y étaient pas compris. Dumouriez avait refusé péremptoirement d'admettre ceux-ci au bénéfice du cartel. « Ce sont, s'était-il écrié, des Français armés contre leur patrie, et faisant la guerre en leur propre nom ; les Prussiens n'ont pas à stipuler pour eux. » Manstein n'insista pas et, par une prétérition calculée, le roi de Prusse consentit à abandonner à leur malheureux sort ceux des émigrés qui tomberaient entre les mains des corps de partisans lancés dans toutes les directions, sur les flancs et sur les derrières de l'armée envahissante. Il faut bien le dire, en cette circonstance, la conduite des chefs de l'armée coalisée n'eut rien de chevaleresque ; le roi de Prusse, autorisant son officier de confiance, Manstein, à mettre son nom au bas de ce cartel, semblait se venger lâchement de la déconvenue que les illusions et les bravades des émigrés lui avaient fait subir.

Y eut-il une convention secrète entre Dumouriez et le roi de Prusse? Le général français promit-il deména-

---

en quelques mots l'incident auquel donna lieu cette démarche de Manuel et l'espèce de dénonciation que les délégués de la Commune vinrent apporter à la barre de la Convention contre l'ex-procureur-syndic. Plus tard ce fait fut reproché par Fouquier-Tinville à Manuel devant le tribunal révolutionnaire et devint l'un des chefs de l'accusation qui le fit envoyer à la mort. (Voir le *Bulletin du tribunal révolutionnaire*, n°⁸ 84, 85 et 86.)

ger une retraite facile à l'armée prussienne, tandis qu'il ferait porter tout l'effort de ses troupes sur les émigrés et sur les Autrichiens de Clairfayt? C'est ce qu'ont assuré beaucoup d'historiens, c'est ce qu'il sera toujours difficile d'éclaircir. Il nous semble plus probable que Dumouriez, même après la rupture des pourparlers avec Frédéric Guillaume et ses généraux, n'ait pas voulu risquer dans une bataille rangée le succès de la campagne et qu'il ait préféré des succès partiels, mais sûrs, à des éventualités plus brillantes, mais aussi bien plus périlleuses[1].

Quoi qu'il en soit, au moment même où le duc de Brunswick s'apprêtait à effectuer sa retraite, il eut l'incroyable idée d'envoyer à Dumouriez une proclamation où, persistant dans son trop fameux manifeste, il notifiait au peuple français et à ceux qui *se qualifiaient d'envoyés par la nation, pour assurer ses droits et son bonheur sur des bases plus solides*[2], la résolution que l'empereur et le roi de Prusse avaient prise, et dont ces deux souve-

---

[1]. Nous avons réuni dans une note spéciale, placée à la fin de ce volume, différentes lettres confidentielles qui nous paraissent donner à cette campagne sa véritable physionomie.

[2]. Le duc de Brunswick, par cette expression ironique, entendait parler de la Convention qui venait de se réunir; il employait les termes dont l'Assemblée elle-même s'était servie dans sa proclamation au peuple français.

Cette déclaration du duc de Brunswick, datée du quartier général de Hans en Champagne, le 28 septembre 1792, se trouve *in extenso* dans le numéro du *Moniteur* du 2 octobre, page 1172. Dumouriez en la recevant n'y répondit qu'en la faisant imprimer et distribuer à toute son armée. La Convention en fit justice en l'accueillant par un rire universel.

rains ne se départiraient jamais, « de rendre à Sa Majesté Très-Chrétienne sa liberté, sa sûreté et sa dignité royale, ou de tirer une juste et éclatante vengeance de ceux qui oseraient y attenter plus longtemps. »

De son côté, le pouvoir exécutif, instruit des négociations que, sous divers prétextes, les chefs des armées combinées avaient entamées avec les généraux français, ordonna à Dumouriez de leur faire connaître que la République n'écouterait aucune proposition avant que son territoire ne fût complétement évacué. Cette déclaration mit fin à la suspension des hostilités qui, de fait, avait eu lieu depuis huit jours sur le front des deux armées.

Brunswick commença sa retraite dans la nuit du 30 septembre au 1er octobre. Dès que le camp occupé pendant douze jours par le roi de Prusse fut évacué, Dumouriez y envoya une brigade sous les ordres de Dampierre. Celui-ci le trouva plein de cadavres d'hommes et de chevaux et fut obligé de l'abandonner aussitôt, de peur que ses troupes ne contractassent la maladie à laquelle venaient de succomber tant de soldats ennemis. Dans tous les villages dont les Français reprenaient successivement possession, le même spectacle s'offrait à leurs yeux. A Grand-Pré, où avait été établi le principal hôpital des Prussiens, on constata qu'ils avaient enterré plus de trois mille morts dans les champs environnants. La route parcourue par l'ennemi était jalonnée par des débris de caissons et de chariots. Les Français laissèrent passer sans les inquiéter plusieurs convois de malades, autant par humanité que par crainte de s'infecter eux-mêmes. Mais, si l'on négligeait les malades, on poursuivait vigoureusement les hommes valides. Pendant les huit jours que Brunswick était resté immobile au pied du plateau de Valmy, Dumouriez, prévoyant qu'il ne pourrait faire autrement que de battre en retraite, avait eu la précaution de jeter une bonne partie de sa cavalerie sur les flancs de l'ennemi. Beurnonville et Dillon, lancés à sa poursuite, ne lui laissaient ni trêve ni répit et lui enlevaient chaque jour des centaines de prisonniers et un bon nombre d'équipages. Pendant ce temps, Miaczinski, qui commandait à Sedan, devait inquiéter la marche des Austro-Prussiens au moment où, débouchant des défilés de l'Argonne, ils se dirigeraient vers la Meuse pour la traverser. Enfin, par la route de Rethel à Mezières restée libre, le général Chazot, avec quatre bataillons et deux escadrons, allait renforcer la petite armée de Miaczinski et la mettre à même de tenir la campagne.

Trois commissaires de la Convention, Sillery, Carra et Prieur (de la Marne), étaient arrivés à l'armée de Dumouriez; ils avaient approuvé tout ce qu'il avait fait, et journellement ils écrivaient à la Convention les lettres les plus rassurantes, lui faisaient part et des désastres éprouvés par l'armée en retraite et de l'ardeur des troupes qui la poursuivaient l'épée dans les reins. « Jamais, écrivaient-ils, guerre ne s'est faite avec plus d'activité et de gaieté que celle-ci; nous ne chantons plus *ça ira!* mais *cela va.* »

Le 12 octobre, Dillon occupa les hauteurs voisines de Verdun, et somma le général ennemi d'avoir à se retirer dans la journée, s'il voulait éviter une inutile effusion de sang, ne pas être inquiété dans sa retraite et assurer le transport de ses malades. Quelques heures après, la porte de secours de la citadelle fut livrée aux Français, qui, le lendemain, reprirent pleine et entière possession de la place. Le 18 octobre, Kellerman, ayant forcé les avant-postes ennemis à coups de canon, se trouva en vue de Longwy. Le duc de Brunswick et le général Kalkreuth lui envoyèrent un parlementaire; mais Kellermann, moins accommodant que Dillon, répondit qu'il ne pouvait entrer dans aucune conférence tant que l'armée ennemie serait sur le territoire de la République. Le parlementaire offrit de remettre Longwy le 26; Kellermann exigea cette remise pour le 22. Ce jour-là, à dix heures du matin, l'évacuation de la place s'opéra; à quatre heures de l'après-midi, le drapeau français fut replanté au point extrême de notre frontière de l'est. Le lendemain, Kellermann fit tirer, dans toutes les places de son commandement, trois salves d'artillerie pour annoncer qu'il n'existait plus d'ennemis sur le territoire de la République.

VI.

Dumouriez nourrissait toujours son projet favori : envahir les Pays-Bas autrichiens avant l'hiver. Il n'avait pas un instant à perdre pour exécuter la deuxième partie de son vaste plan. D'ailleurs, Lille était sérieusement menacée; le duc de Saxe-Teschen venait de s'établir, avec vingt-cinq mille hommes, devant ce boulevard de la Flandre française.

Dillon et Kellermann étant chargés de poursuivre

le roi de Prusse, Dumouriez se dirige sur Vouziers avec une partie de son armée. Arrivé dans cette ville, il fait filer ses troupes sur Valenciennes, et écrit au ministre de la guerre pour lui rendre compte des derniers ordres qu'il a donnés, et lui annoncer sa prochaine arrivée à Paris. « Car il ne croit pas, dit-il dans sa lettre, que le devoir d'un général consiste à marcher à la tête ou à la queue de ses colonnes, lorsqu'elles ne sont pas devant l'ennemi; il préfère employer le temps qu'elles mettront à atteindre leur destination, en allant conférer avec le conseil exécutif sur tous les détails qui peuvent faire réussir les opérations militaires qu'il médite. » En même temps il dénonce au ministre un fait très-grave qui s'est passé trois jours auparavant à Rethel, et sur lequel le général Chazot vient de lui adresser un rapport circonstancié.

Déjà les divers généraux sous ses ordres avaient eu plusieurs fois à se plaindre de l'insubordination de quelques-uns des bataillons de volontaires parisiens; des désordres, des rixes violentes, des meurtres même[1] avaient marqué leur passage dans plusieurs villes. Dumouriez, surtout depuis qu'il était victorieux, avait résolu de faire un exemple. Il n'attendait qu'une occasion; elle venait de lui être fournie.

La garde nationale de Rethel, en poussant une reconnaissance vers Vouziers, avait arrêté quatre in-

[1]. Le lieutenant-colonel du 38ᵉ de ligne avait été égorgé à Châlons. Son corps avait été jeté dans un des bras de la Marne, et sa tête dans l'autre. (*Journal des Débats et Décrets*, séance du 22 septembre, n° 2, p. 29.)

dividus, qui s'étaient déclarés déserteurs de l'armée prussienne et avaient demandé à servir sous les drapeaux français; amenés à Rethel le même jour, trois d'entre eux s'étaient engagés dans le 10ᵉ dragons, et le quatrième, qui était chirurgien, s'était mis à la disposition du général Chazot. Celui-ci venait d'arriver dans cette ville avec deux bataillons de volontaires parisiens, le Mauconseil et le Républicain. Le fameux patriote Palloy, qui commandait ce dernier bataillon, entend parler des quatre déserteurs; sous prétexte qu'ils pourraient bien être quatre émigrés, il les fait saisir pendant la nuit par des énergumènes de sa trempe qu'il appelait « ses apôtres, » les accable de mauvais traitements, et leur tient cet infâme propos : « J'ai promis d'envoyer quatre têtes d'émigrés à Paris. J'y enverrai les quatre vôtres cachetées dans des boîtes de plomb avec de l'eau-de-vie. »

Le lendemain matin, dès sept heures, une députation de volontaires parisiens se présente chez le général Chazot, et demande qu'on juge à l'instant même les quatre émigrés que Palloy a découverts. Chazot veut haranguer les émeutiers qui, réunis sous les fenêtres de l'hôtel qu'il occupe, appuient par leurs clameurs la demande de leurs délégués; mais on lui réplique : « Si le général s'oppose à nos désirs, il faut l'expédier lui-même ! » Espérant faire une diversion à l'émeute, Chazot annonce que l'ennemi se montre à deux lieues de Rethel, et ordonne de battre la générale. Mais, au lieu de se rallier sous leurs drapeaux, les amis de Palloy se saisissent des quatre prisonniers et les mettent en pièces sur la place même de l'Hôtel de Ville; puis ils forment un rond autour des cadavres et dansent la carmagnole, en criant : « Voilà comme il faut traiter les aristocrates[1] ! »

A la nouvelle de ce meurtre, Dumouriez expédie au général Beurnonville l'ordre de faire assembler le bataillon de fédérés dit le Républicain hors du village de Launoy dans lequel il est cantonné; de le placer au centre d'un bataillon carré d'infanterie, d'artillerie et de cavalerie; de lui faire enlever ses armes, ses canons, ses habits et ses drapeaux, afin de le contraindre à livrer les coupables. Ceux-ci doivent être dirigés pieds et poings liés sur Paris; le reste du bataillon sera licencié et tenu d'aller se représenter devant sa section. Si la moindre résistance est tentée, le général Beurnonville est autorisé, après avoir renouvelé trois fois l'injonction d'obéir, à user de la force et à n'épargner aucun rebelle. Les ordres du général en chef sont accompagnés de la proclamation suivante, destinée à être lue sur le front du bataillon avant son licenciement :

« Au quartier général de Vouziers, le 8 octobre 1792, l'an Ier de la République[2].

« Hommes criminels, que je ne puis nommer ni ci-

---

1. L'histoire des quatre déserteurs émigrés a eu un tel retentissement par suite des discussions auxquelles, pendant quatre mois, donnèrent lieu, à la Convention et aux Jacobins, les mesures prises par Dumouriez, que nous avons cru devoir consacrer à cet épisode une note spéciale, que l'on trouvera à la fin de ce volume.

2. Cette proclamation n'est pas au *Moniteur*. Elle se retrouve au *Journal des Débats et Décrets,* n° 21, page 384.

toyens ni soldats, la France entière frémit du crime affreux que vous venez de commettre. La vengeance des lois pèse sur vos têtes coupables. Livrez vos armes et soumettez-vous, ou sinon vous serez mis à mort sans miséricorde.

« Le lieutenant général Beurnonville a l'ordre de vous envoyer à Paris, sous l'escorte de cent hommes de la gendarmerie nationale. Là vous serez jugés. S'il se trouve parmi vous quelques hommes qui aient encore des sentiments dignes de la République française, ils nommeront, ils livreront eux-mêmes les cannibales qui ont porté leurs mains sanguinaires sur quatre malheureux déserteurs prussiens, qui ont déshonoré la France, qui ont souillé nos victoires. Mais, dans aucun cas, aucun de vous ne peut avoir l'honneur de servir la patrie. Car ceux d'entre vous qui ne sont pas des scélérats, sont des lâches qui n'ont pas osé s'opposer à un crime. Vos drapeaux seront rendus à vos sections; vos habits et vos armes seront distribués à de vrais soldats.

« Le général en chef,

« DUMOURIEZ. »

Le bataillon Mauconseil, qui était moins compromis, devait rester jusqu'à nouvel ordre en dehors de Mézières, dans un cantonnement très-resserré.

En même temps que Dumouriez transmettait au ministre de la guerre toutes les pièces pouvant servir à éclairer le conseil exécutif sur la déplorable affaire de Rethel, il dénonçait à la Convention la tache que des misérables, déguisés sous le respectable habit de soldatscitoyens, venaient d'imprimer à l'honneur français, et lui demandait de fixer elle-même la punition exemplaire qu'ils méritaient.

La Convention couvrit d'unanimes applaudissements la lettre de Dumouriez. Treilhard appuya vivement sa demande : « A l'égard des scélérats, dit-il, qui ont violé les droits de l'hospitalité en massacrant quatre soldats déserteurs des armées ennemies, le général a fait son devoir..... Il est essentiel que vous prononciez sur le genre de peine à leur appliquer..... Il existe une loi qui prononce la peine de mort contre les criminels qui vous sont dénoncés ; il est temps que le peuple sache que la loi punit également les chefs et les soldats coupables. Je demande que la Convention ordonne que les volontaires de la section Mauconseil et fédérés de la République soient traduits dans la ville qu'elle désignera ; qu'une cour martiale y soit convoquée, et les criminels jugés sans appel. »

Le jour même, Albitte, au nom du comité de la guerre, présentait, et l'Assemblée adoptait, un décret qui approuvait les mesures prises par Dumouriez contre les bataillons de Mauconseil et de la République. Le pouvoir exécutif était chargé de prendre les mesures les plus promptes et les plus sûres pour la punition des coupables.

VII.

Le lendemain de son arrivée à Paris, le 12 octobre, Dumouriez vient offrir ses hommages à la Convention nationale. Admis avec empressement à la barre, il est salué des plus vifs applaudissements et par l'Assemblée et par les tribunes :

« Citoyens législateurs, dit-il, la liberté triomphe partout; guidée par la philosophie, elle parcourra l'univers et s'assoira sur tous les trônes..... Cette guerre-ci sera la dernière; les tyrans et les privilégiés, trompés dans leurs criminels calculs, seront les seules victimes du pouvoir arbitraire contre la raison.

« L'armée dont la confiance de la nation m'avait donné la conduite, a bien mérité de la patrie. Réduite, lorsque je l'ai jointe le 28 août, à dix-sept mille hommes, désorganisée par des traîtres, elle n'a été effrayée ni du nombre, ni de la discipline, ni des menaces, ni de la barbarie, ni des premiers succès de quatre-vingt mille satellites du despotisme. Les défilés de la forêt de l'Argonne ont été les Thermopyles où cette poignée de soldats de la liberté a présenté, pendant quinze jours, à cette formidable armée une résistance imposante. Plus heureux que les Spartiates, nous avons été secourus par deux armées animées du même esprit que nous; nous nous sommes rejoints dans le camp inexpugnable de Sainte-Menehould. L'ennemi au désespoir a voulu tenter une attaque qui ajoute une victoire à la carrière militaire de mon collègue et de mon ami Kellermann... Cette partie de la République présente un sol aride, sans eau et sans bois. Les Allemands s'en souviendront. Leur sang impur fécondera peut-être cette terre ingrate qui en est abreuvée. Nos soldats étaient mal habillés, sans paille pour se coucher, sans couvertures, quelquefois deux jours sans pain... Jamais je ne les ai vus murmurer; les chants et la joie auraient fait prendre ce camp terrible pour un de ces camps de plaisance où le luxe des rois rassemblait autrefois des automates enrégimentés pour l'amusement de leurs maîtresses et de leurs enfants. L'espoir de vaincre soutenait les soldats de la liberté. Leurs fatigues, leurs privations ont été récompensées. L'ennemi a succombé sous la saison, la misère et les maladies. Cette armée formidable fuit, diminuée de moitié. Kellermann la poursuit avec plus de quarante mille hommes, pendant qu'avec un pareil nombre, je marche au secours du département du Nord. »

De peur que certains de ses ennemis ne cherchent à exploiter contre lui, comme naguère on l'avait fait contre Lafayette, son apparition à la barre de l'Assemblée, Dumouriez ajoute : « Je n'ai point abandonné mon armée, elle est en marche sur Valenciennes et ne doit entrer en campagne que du 20 au 25. Je ne suis venu passer quatre jours ici que pour arranger avec le Conseil les détails de cette campagne d'hiver. J'en profite pour vous présenter mes hommages; je ne vous ferai point de nouveaux serments. Je me montrerai digne de commander aux enfants de la liberté, et de soutenir les lois que ce peuple souverain va se faire lui-même par votre organe. »

Le discours de Dumouriez est salué par une triple salve d'applaudissements; avant de quitter la barre, le général et plusieurs des officiers qui l'accompagnent déposent sur le bureau leur décoration militaire[1] ; ce qui leur vaut de nouvelles acclamations, lorsqu'ils traversent la salle pour aller jouir au banc des pétitionnaires des honneurs de la séance auxquels le président vient de les inviter.

Cependant deux officiers sont restés à la barre, pour offrir à la Convention « le premier étendard arraché aux émigrés par les soldats de la liberté. » Le président accepte cet hommage, mais Vergniaud s'écrie :

« Ce signe de rébellion ne doit pas être suspendu aux voûtes de ce monument ; ce signe, autour duquel se sont rangés des brigands sans courage, qui ont voulu déchirer le sein de leur patrie, ne doit point souiller vos regards. Je demande qu'il soit livré, comme les traîtres qui le portent, à l'exécuteur de la haute justice pour être brûlé au lieu ordinaire des exécutions. »

Un décret est rédigé à l'instant même par l'auteur de la proposition et adopté sans discussion aucune[2].

---

[1]. Depuis un mois, un certain nombre d'officiers appartenant à l'Assemblée, ou désirant s'attirer sa bienveillance, étaient venus faire hommage à la nation de leur croix de Saint-Louis. Dumouriez ne fit que se conformer à la mode du moment et ne prit pas l'initiative de cette espèce de dégradation militaire. La belle institution de Louis XIV ne fut régulièrement abolie que quelques jours après. Ce fut Manuel qui en fit la motion et la motiva ainsi :

« La croix de Saint-Louis est une tache sur un habit. Il la faut effacer. La croix de Saint-Louis était la marque dont les rois notaient leurs esclaves. Dans une république toutes ces marques distinctives doivent disparaître. Je demande que tous les officiers qui en sont décorés soient tenus de la remettre sur le bureau de la Convention. » (*Moniteur*, n° 290, séance du 15 octobre 1792.)

[2]. Le décret fut exécuté le 4 novembre, après un jugement rendu

Dumouriez, en sortant de la Convention, alla à l'Opéra assister à une représentation de gala. C'était se montrer fidèle aux traditions de l'ancien régime. Mais, le lendemain 13, il voulut prouver qu'il savait se plier aux mœurs républicaines et rendit visite à l'une des plus importantes sections de Paris, celle des Lombards. Elle avait manifesté plus d'une fois des tendances girondines, et s'était montrée, dans plusieurs occasions, disposée à tenir tête aux montagnards de l'Assemblée et de la Commune. Sachant que, d'un moment à un autre, il pouvait être attaqué par Marat et ses amis, pour l'affaire des deux bataillons, le Mauconseil et le Républicain, l'habile général tenait essentiellement à prendre pied sur le terrain même de ses adversaires et à leur enlever leur plus puissant moyen d'action en opposant les unes aux autres les sections révolutionnaires. Il avait même une paix particulière à faire avec les Lombards, parce qu'il avait dû sévir contre quelques volontaires appartenant au bataillon que cette section avait envoyé aux frontières [1]. Il tenait à séparer la cause de ces volontaires de celle des fédérés qui s'étaient rendus coupables des meurtres de Rethel et qu'il venait de signaler si vigoureusement à la vindicte publique. Montrer de l'indulgence pour les uns afin de pouvoir être plus sévère pour les autres, était un coup

le 2 par le tribunal criminel du département de Paris. (*Moniteur*, n° 310.)

1. Le *Moniteur* du 13 octobre contient sur l'affaire du bataillon des Lombards une longue note évidemment rédigée sous l'inspiration de Dumouriez qui était arrivé l'avant-veille à Paris.

de maître dont l'opportunité n'échappa pas à l'esprit avisé de Dumouriez.

Il parut aux Lombards, accompagné de Santerre qui venait d'être nommé général de brigade à raison de ses glorieux exploits du 10 août [1].

Ces deux généraux si différents d'origine, d'habitudes, de caractère, de talents, étaient aux petits soins l'un vis-à-vis de l'autre. Santerre, désireux de faire rejaillir sur ses épaulettes toutes neuves un rayon de la gloire qui entourait le défenseur de l'Argonne, recherchait toutes les occasions de paraître en public aux côtés de Dumouriez. L'agent de la diplomatie occulte de Louis XV voulait obtenir de l'ex-brasseur du faubourg Saint-Antoine la disposition immédiate du matériel considérable amassé dans le camp sous Paris, matériel qui lui était indispensable pour son entrée en campagne dans les provinces belges [2]. La vanité chez l'un, l'ambition chez l'autre, faisaient tous les frais de cette liaison subite qui étonnait tout le monde.

Dumouriez savait admirablement prendre le ton qui convenait au public devant lequel il parlait. Abandonnant la phraséologie emphatique, dont il avait donné la veille un si brillant échantillon à la Convention, il enleva l'enthousiasme de son auditoire populaire à force de rondeur et de bonhomie.

1. La nomination de Santerre au grade de général de brigade est annoncée dans le *Moniteur* du 23 octobre, n° 297; mais nos recherches au ministère de la guerre nous ont permis de vérifier qu'elle date du 11 octobre.

2. Voir les *Mémoires de Dumouriez*, tome Ier, page 346, édition de 1848.

« Mes amis, mes frères ou mes enfants, car je suis vieux, dit-il, j'ai vu arriver votre bataillon avec plaisir. A son air imposant, à sa bonne tenue, je l'aurais pris pour une vieille troupe réglée. Il s'était glissé parmi ces braves gens quelques mauvais sujets; mais je les ai chassés, ou pour mieux dire, c'est le bataillon lui-même qui les a renvoyés.

« J'ai placé ce bataillon au poste d'honneur parce qu'il en est digne, et j'espère que vos frères d'armes auront l'honneur d'entrer les premiers dans le Brabant. Je les regarde comme mes amis et mes enfants, desquels je suis sûr. »

Une souscription ayant été ouverte en faveur des fédérés des Lombards qui, comme tout le reste de l'armée française, manquaient en ce moment d'habits et de souliers, le général s'inscrivit le premier et déposa sur le bureau une somme de deux cents livres. Enfin, au moment de partir, Dumouriez s'écria : « Mes enfants, permettez que j'embrasse toute l'assemblée dans la personne du président[1]. » Une accolade fraternelle termina dignement cette scène de haute comédie politique.

Enhardi par le brillant succès de son expédition aux Lombards, Dumouriez n'hésita pas à s'aventurer sur un terrain plus dangereux, le club des Jacobins. Il n'y avait pas paru depuis le jour fameux où, entrant pour la première fois au ministère, il était allé, au sortir de l'audience de Louis XVI, se coiffer du bonnet rouge dans la salle Saint-Honoré et faire confirmer la nomination

---

1. *Moniteur*, n° 287.

royale par la toute-puissante société. Les jacobins tenaient à honneur de ne pas paraître s'engouer du héros du jour. Robespierre avait recommandé à ses adeptes de s'abstenir de tout ce qui pourrait avoir l'air de la moindre flatterie [1].

Se voyant reçu avec cordialité mais sans enthousiasme, Dumouriez court vers Robespierre, l'embrasse avec effusion et provoque ainsi d'unanimes applaudissements. Puis, au lieu de demander immédiatement la parole, il va, avec son compagnon Santerre, s'asseoir sur le premier banc qui se trouve libre, et paraît écouter avec la plus vive attention la lecture de la correspondance. Quand, enfin, il est appelé à la tribune, il prend le ton modeste et ne parle de ses succès que pour déclarer qu'il n'a fait qu'acquitter la dette sacrée qu'il devait à la République. « Frères et amis, ajoute-t-il, vous avez commencé une grande époque, vous avez déchiré l'ancienne histoire de France qui n'offrait que le tableau du despotisme. D'ici à la fin du mois, j'espère mener soixante mille hommes attaquer les rois, et sauver les peuples de la tyrannie. Nous ne sommes point fatigués; les jeûnes, la misère, la faim ne nous épouvantent pas. Nous rendrons aux despotes ce qu'ils ont voulu nous donner. »

« Lorsque Lafayette, réplique Danton, qui occupait le fauteuil de la présidence, lorsque cet eunuque de la révolution prit la fuite, vous servîtes déjà bien la République en ne désespérant pas de son salut. Consolez-

---

[1]. Voir l'article que Robespierre consacre à cette réception dans le deuxième numéro des *Lettres à ses commettants*.

vous de n'avoir pas vu le despote de la Prusse amené par vous à Paris... Allez effacer par de nouveaux services ceux que vous venez de rendre à votre pays... Que partout la pique du peuple brise le sceptre des rois, et que les trônes disparaissent devant le bonnet rouge dont cette société vous a honoré [1]. »

A peine le président a-t-il fini de parler, que Collot-d'Herbois s'élance à la tribune et se livre à tout son lyrisme démagogique.

« Dumouriez, s'écrie-t-il en apostrophant le général, tu as fait ton devoir, c'est là ta plus belle récompense. N'est-il pas vrai qu'il est beau de commander une armée républicaine? N'est-ce pas que tu as trouvé une grande différence entre cette armée et celle du despotisme?

« Nous sommes défiants, nous devons l'être. Mais tu ne nous tromperas pas. La France entière t'observe, tu n'as à choisir qu'entre l'immortalité et l'infamie; ce n'est pas un roi qui t'a nommé, Dumouriez, ce sont tes concitoyens. Souviens-toi qu'un général de la République ne doit jamais transiger avec les tyrans. Tu as entendu parler de Thémistocle. Il venait de sauver les Grecs par la bataille de Salamine. Il fut calomnié et obligé de s'expatrier; mais il fut toujours Thémistocle et refusa de porter les armes contre sa patrie. » Après avoir longuement encore parlé de Scipion, d'Antiochus, et fait à Dumouriez un cours d'histoire grecque et romaine, Collot-d'Herbois, au paroxysme de l'inspiration,

---

1. *Journal des Débats et de la Correspondance des Jacobins*, n° 283. Le *Moniteur*, n° 290, reproduit les principaux discours prononcés ce jour-là au club.

s'écrie : « Tu vas à Bruxelles; la liberté y va renaître sous tes auspices. Tu vas rendre les enfants à leurs pères, les épouses à leurs époux. Enfants, citoyens, filles, femmes, tous se presseront autour de toi, tous t'embrasseront comme leur père... De quelle félicité tu vas jouir, Dumouriez!... Ma femme!... elle est de Bruxelles!... elle t'embrassera aussi!... »

Peut-être ne partagera-t-on pas l'avis de Robespierre qui qualifia le lendemain ce discours de sublime[1], mais du moins on reconnaîtra que jamais le sublime ne toucha de plus près au ridicule.

L'assistance, néanmoins, tient son sérieux; bien plus, elle prodigue ses applaudissements à Collot et à son dithyrambe. « L'éloquent discours de Collot-d'Herbois, dit Dumouriez lui-même, restera toujours gravé dans mon âme, il me servira de leçon; mais ce n'est pas pour moi seul, je demande pour la nation entière l'impression de ce discours[2]. » Après quoi, le général sort de la salle, sans qu'aucun membre de la société ait osé lui réclamer la moindre explication sur le traitement réservé aux bataillons que Marat avait pris sous sa protection spéciale.

L'explication, si elle avait été exigée, aurait été de nature à rassurer les montagnards les plus chatouilleux sur l'honneur des volontaires parisiens. Car Dumouriez venait précisément de recevoir une lettre de son lieutenant Beurnonville, qui lui apprenait que les bataillons

---

1. Voir la seconde lettre de Robespierre à ses commettants.
2 *Journal des Débats des Jacobins*, n° 283, dernière page.

avaient livré d'eux-mêmes les individus auxquels pouvaient être imputés tant l'assassinat commis à Rethel que les horreurs exercées à Châlons et à Château-Thierry; qu'il les avait harangués par compagnie, et qu'il était heureux d'avoir pu rendre huit cents citoyens à la République et à l'honneur.

L'affaire de Rethel perdait ainsi sa gravité. Mais Marat, dans sa fiévreuse envie contre toutes les renommées, était résolu à la pousser à bout. Il y voyait une occasion de dépopulariser celui dont le nom était dans toutes les bouches, et il n'était pas homme à se la laisser ravir.

VIII.

L'*Ami du peuple* n'avait pas osé attaquer Dumouriez en face; mais le lendemain, n'ayant plus à craindre son redoutable contradicteur, il se met à déblatérer contre lui dans la salle Saint-Honoré. Il obtient à force d'insistance que la société le déléguera, lui et deux autres députés montagnards, Bentabolle et Maribon-Montaut, pour réclamer du général des explications complètes sur les procédés dont il a usé vis-à-vis des *braves sans-culottes parisiens*.

Aussitôt il entraîne après lui les deux acolytes qu'on lui a donnés, et, résolu à faire un esclandre là où il trouvera Dumouriez, il se met à sa recherche. Le général, avide d'ovations et de plaisirs, était assez difficile à rencontrer. Chaque soir il courait les clubs, les sections, les spectacles et les bals. Les trois députés se rendent d'abord à son hôtel. Ils n'y obtiennent que des indications assez vagues sur le lieu où ils peuvent espérer le joindre. Mais la haine est le plus sûr des instincts. Tout Paris s'entretenait d'une fête splendide qui, ce soir-là, devait être donnée au glorieux défenseur de l'Argonne par la belle Julie Talma et son mari. On y avait invité, pour faire honneur au héros du jour, l'élite de la Gironde, des artistes, des hommes de lettres. Le personnel féminin se composait des actrices les plus en renom. « C'était rue Chantereine qu'un enfant de Thalie fêtait un enfant de Mars[1] ». Marat y court, suivi de ses deux compagnons, et, sans se faire annoncer, pénètre dans le premier salon.

Celui qu'ils rencontrent tout d'abord, c'est Santerre devenu l'inséparable de Dumouriez et qui semblait remplir là le rôle d'introducteur. Marat ne perd pas son temps à reprocher au général-brasseur de compromettre sa personnalité jacobine dans une pareille société; il le prend par le bras, fend la presse et pousse droit à Dumouriez.

Qu'on juge du trouble et de l'émotion de la foule joyeuse et parée qui remplit les salons de Talma, lors-

---

1. Ce sont les expressions mêmes dont Marat se servit dans le récit qu'il fit de toute cette scène aux Jacobins, le 17 octobre (*Journal des Débats du club*, n° 285). L'hôtel occupé alors par Talma était le même qui fut plus tard habité par le général Bonaparte à son retour d'Égypte et d'où il partit avec son état-major pour faire le coup d'État du 18 brumaire. Il y a quelques années que cet hôtel a été démoli.

qu'elle voit apparaître Marat revêtu de sa carmagnole de tous les jours, le front enveloppé d'un vieux madras rouge, crotté jusqu'à l'échine, mais la tête haute, le verbe élevé, criant, gesticulant et demandant le général pour affaire qui ne souffre aucun délai! Les invités s'écartent avec dégoût. Dumouriez se retourne et se trouve face à face avec le hideux trouble-fête. « Général, je viens au nom de la société des amis de l'Égalité et de la Liberté vous demander compte des mesures prises contre deux bataillons de volontaires parisiens. Il n'est pas possible que douze cents hommes se soient livrés à des excès sans motif. Il doit y avoir dans tout ceci un dessous de cartes. On dit que les personnes massacrées étaient des émigrés.

« — Eh bien! monsieur, quand ce seraient des émigrés?

« — Les émigrés sont des rebelles à la patrie, et vos procédés envers les bataillons sont d'une violence impardonnable.

« — Mais, monsieur, qui êtes-vous donc, pour m'interroger ainsi? réplique Dumouriez, qui fait semblant de ne pas reconnaître celui qui l'interpelle.

« — Vous voulez savoir mon nom? Eh bien! je suis Marat.

« — Ah! c'est vous qu'on appelle Marat, répond le général, en le toisant avec mépris. Je n'ai rien à vous dire; adressez-vous au ministre de la guerre, auquel j'ai remis toutes les pièces. »

Dumouriez tourne le dos à l'*Ami du peuple*, et le laisse se débattre au milieu d'officiers qui lui reprochent l'étrangeté de sa démarche, sa tenue cynique, ses diatribes quotidiennes. Marat veut de nouveau élever la voix; mais Talma s'élance sur lui, le saisit par le bras et, d'une voix terrible, lui crie : « De quel droit, citoyen Marat, viens-tu insulter nos femmes et nos sœurs? » Le geste et le coup d'œil du tragédien font reculer l'ambassadeur de la démagogie; jugeant que sa sûreté personnelle pourrait courir quelque risque s'il restait plus longtemps au milieu de ce « ramas de contre-révolutionnaires, » il se hâte de gagner la porte. Ses deux acolytes, pendant toute cette scène, n'avaient pas ouvert la bouche; mais leur contenance embarrassée démontrait suffisamment qu'ils sentaient le ridicule et l'inconvenance de la situation où leur terrible collègue les avait engagés. Aussi le suivent-ils avec empressement dans sa prudente retraite. Le camarade et l'ami du maître de la maison, le joyeux Dugazon, s'empare d'une cassolette de parfums et reconduit les trois jacobins en purifiant l'air, qu'ils ont, prétend-il, vicié de leur souffle empesté. La fête continue; mais elle n'était pas même finie que Paris s'éveillait en entendant les porteurs du journal de Marat crier dans toutes les rues : « *Grande conspiration découverte par l'Ami du peuple! grand rassemblement de girondins et de contre-révolutionnaires chez Talma!* »

Dès neuf heures du matin, à l'ouverture des bureaux de la Convention, Marat court au Comité de surveillance de l'Assemblée, exige la production des pièces envoyées par le ministre de la guerre, passe la journée à recueillir des renseignements, court le soir aux Jacobins, raconte la scène de la nuit précédente, déclare que Dumouriez et Chazot ont commis une série de faux pour convertir en déserteurs prussiens de véritables émissaires des émigrés. Bentabole l'appuie en dénonçant l'article du *Courrier des Départements* où Gorsas avait raconté la déconvenue de Marat et s'était permis d'amuser ses lecteurs aux dépens de l'*Ami du peuple*. Un tumulte effroyable éclate dans le pandémonium de la rue Saint-Honoré; les uns soutiennent Marat et tonnent contre le général qui a osé malmener les délégués de la toute-puissante société; d'autres, plus politiques, trouvent que Marat, cette fois, a lancé ses accusations beaucoup trop à la légère, et insinuent que la prudence conseille de ne pas entrer en lutte ouverte avec un général vainqueur, qui jouit dans son armée et dans le pays d'une immense popularité. Après une discussion des plus vives, le club se sépare sans rien décider[1].

IX.

Marat ne se tient pas pour battu. Le lendemain, 18, dès l'ouverture de la séance de la Convention, il s'installe au pied de la tribune pour l'envahir dès qu'elle sera libre. Mais il est obligé d'attendre que trois ministres, qui ont à entretenir l'Assemblée d'objets de la plus haute importance, aient achevé leurs communications. D'autres affaires réclament en vain d'urgentes

---

1. Séance du 17 octobre. *Journal des Débats de la société des Jacobins,* n° 285.

solutions, Marat prétend qu'il a à révéler un fait de la plus haute gravité :

« Peut-être, dit-il, en ce moment un complot tramé contre moi va recevoir son exécution ! »

La majorité éclate de rire, mais la Montagne soutient Marat de ses vociférations. En vain le président, Lacroix, veut-il faire respecter le règlement.

« Oui ! s'écrie l'*Ami du peuple* malgré les murmures de la plus grande partie de l'Assemblée, oui, des complots sont ourdis ; des ministres astucieux, des généraux perfides, dénaturent les pièces qu'ils nous envoient... Ils en ont imposé à l'Assemblée pour lui arracher un décret sanguinaire...

« —Comment sanguinaire ! Mais c'est le sanguinaire Marat qui parle !... A l'ordre ! à l'ordre ! crie-t-on de toutes parts.

« — Président, réplique l'orateur, je vous demande du silence ; j'ai, comme la clique qui m'interrompt, le droit d'être entendu.

« — Je ne puis que vous donner la parole, répond Lacroix ; il m'est impossible de vous donner le silence. »

Cependant on se tait un moment, et Marat essaye de recommencer son discours :

« L'opinion publique indignée s'élève contre les mesures violentes que vous avez prises contre deux bataillons patriotes..... »

Vives dénégations.

« Faut-il qu'un homme accablé de vos clameurs soit plus jaloux de votre honneur que vous-mêmes ?...

« — Laissez-nous-en le soin ! »

Marat explique pourquoi il a cru devoir faire, la veille et l'avant-veille, « ces fameuses démarches auprès de Dumouriez et du Comité de surveillance. Il a été au Comité militaire, au ministère même pour rechercher la seule pièce de conviction qui existe sur l'affaire de Rethel : le procès-verbal de la municipalité. On ne la lui a pas fournie, donc on l'a soustraite ; sinon, qu'on la produise, et l'on verra que les quatre déserteurs étaient des espions qui venaient sous nos drapeaux, nous trahir et conspirer peut-être avec le général !... »

A cette accusation directe contre le sauveur du pays, de violents murmures éclatent.

Lacroix les réprime en répondant aux interrupteurs :

« Comme Marat s'est servi du mot *peut-être*, il m'est impossible de le rappeler à l'ordre.

« — Je veux parler du général Chazot, dit Marat ; il existe un grand nombre de dénonciations sur les malversations de ce général. »

Puis il continue sa diatribe au milieu du bruit toujours croissant. On réclame de toutes parts l'ordre du jour.

« Je sais, s'écrie l'orateur, que, dans cette assemblée, un grand nombre de membres me voient avec déplaisir...

« — Avec mépris !

« — Avec horreur !

« — Tous, tous ! »

Plusieurs députés le menacent du geste et de la voix ; l'*Ami du peuple* lance cette apostrophe à l'un de ses interrupteurs :

« Je ne sais si Rouyer est un spadassin, mais s'il a espéré me rabaisser à son niveau, qu'il se détrompe; je me dois au salut public, je resterai à mon poste. Ce n'est pas comme homme que je parle, ce n'est pas comme citoyen, c'est comme représentant du peuple. J'ai été menacé par le citoyen Rouyer, mais s'il entreprend contre moi quelques voies de fait, je repousserai ces outrages en homme de cœur. »

Brodant sur ce nouveau thème, Marat se met à énumérer ses mérites civiques, à faire de sa propre personne un éloge éhonté.

« Assez, assez ! crie presque toute l'Assemblée; qu'il parle des généraux, puisqu'il veut les calomnier, mais qu'il cesse de parler de lui ! qu'il n'abuse pas de notre patience... »

Le président rappelle l'orateur à la question. Marat termine enfin son discours en réclamant séance tenante la lecture du procès-verbal de la municipalité de Rethel et de la lettre du général Chazot.

Pendant qu'on va chercher les pièces, Rouyer obtient la parole :

« Les traits lancés contre moi, dit-il, partent de trop bas pour que j'y fasse attention. Quand même il serait vrai que les quatre hommes qu'on a assassinés fussent des émigrés, ce fait justifierait-il le bataillon qui les a immolés ? Les soldats doivent combattre les émigrés, la justice doit faire tomber leurs têtes. »

On lit les pièces officielles, et il en résulte que les quatre prisonniers étaient quatre jeunes Français, déserteurs du régiment des chasseurs impériaux russes, qui venaient se ranger sous les étendards de la République, et qui, de fait, depuis l'avant-veille, avaient contracté un engagement pour rejoindre le 10ᵉ régiment de dragons à Rocroy. La lecture de ces pièces, produites par le rapporteur Lasource, fait une telle impression sur l'Assemblée, que Marat croit devoir lui-même expliquer qu'il n'a jamais été dans son intention de disculper les bataillons d'avoir voulu prévenir l'action de la justice. « Ils ont manqué à la forme, ajoute-t-il, mais vous voyez que vos généraux en avaient imposé lorsqu'ils vous ont représenté les quatre malheureuses victimes de cette affaire comme des déserteurs prussiens. Les lettres particulières arrivées des bataillons prouvent que cette affaire a été l'effet d'une rixe particulière, car les quatre déserteurs ont été tués dans un cabaret où ils avaient été reconnus comme émigrés[1]. Les volontaires voyaient que vos décrets contre les prévenus d'émigration n'étaient pas exécutés; ils se sont fait justice eux-mêmes, voilà tout. Mais était-ce une raison suffisante pour vous faire voter les mesures violentes et atroces que l'on vous a proposées? J'ai rempli mon devoir, je me retire. »

Kersaint déclare qu'il est heureux de pouvoir apprendre à l'Assemblée que les deux bataillons se sont empressés de rentrer eux-mêmes dans le devoir et de

---

[1]. Ici Marat mentait sciemment, car toutes les pièces qu'il avait en main prouvaient que, depuis quatre ou cinq heures, les déserteurs étaient entre les mains de Palloy et de ses apôtres, et qu'à supposer qu'il y avait eu une rixe de cabaret au début de l'affaire, cette rixe avait été apaisée longtemps avant le meurtre.

livrer les coupables à la justice. Aussitôt leurs armes leur ont été rendues, et dans ce moment même ils sont en marche pour l'armée du Nord, brûlant d'effacer dans le sang des ennemis la tache dont un mouvement d'erreur avait couvert leur patriotisme.

Boileau n'ajoute que quelques mots pour préciser la moralité que l'on doit tirer de ce pénible débat et pour flétrir de nouveau celui qui l'a audacieusement soulevé :

« Un agitateur, s'écrie-t-il, dont le nom seul fait frémir d'horreur, vous a dit qu'il ne prétendait pas justifier l'assassinat des quatre déserteurs prussiens. Je vous dirai qu'hier il a voté à la tribune des Jacobins pour qu'on accordât aux auteurs du crime une couronne civique. Citoyens, que ce trait caractéristique nous apprenne à connaître l'homme qui vient sans cesse parler au nom du peuple. Je demande qu'on ne s'occupe plus de lui, et que, lorsqu'il parlera à cette tribune, elle soit à l'instant purifiée. »

L'Assemblée, pleinement édifiée sur la valeur des accusations de Marat, passe à l'ordre du jour. Le lendemain, Dumouriez partait pour Valenciennes, et allait rejoindre le corps d'armée qui avait quitté cette ville un mois auparavant, s'était trouvé au jour dit sur le plateau de Valmy et était revenu à son point de départ pour assister à la seconde partie du programme de son général : l'invasion de la Belgique.

X.

Le mouvement opéré dans les premiers jours de septembre par Beurnonville, sur l'ordre exprès de Dumouriez, avait considérablement affaibli la frontière du nord-ouest. Le duc Albert de Saxe-Teschen, gouverneur des Pays-Bas et beau-frère de Marie-Antoinette, en avait profité pour entrer en France et pour s'emparer de Roubaix, Turcoing, Saint-Amand, Orchies. Le 16 septembre, les Autrichiens étaient sous les murs de Lille.

Les courageux habitants de cette grande cité se préparaient depuis quelques jours à l'attaque dont ils étaient menacés. Ils savaient qu'ils ne pouvaient attendre aucun secours ni de Dumouriez, alors occupé à concentrer toutes les ressources de la France à Valmy, ni du pouvoir exécutif, qui, par l'organe de Roland, leur déclarait ne pouvoir leur accorder les renforts et les munitions que la municipalité et l'autorité militaire, à l'envi l'une de l'autre, réclamaient comme indispensables à la conservation de la principale place forte du nord de la France[1].

La garnison de Lille n'était composée que de quatre mille hommes de troupes et de six mille gardes nationaux; mais parmi ceux-ci elle comptait un certain

---

[1]. Il existe dans les archives de Lille deux dépêches de Roland, qui sont, à notre avis, la condamnation la plus éclatante de cet

nombre de compagnies de canonniers sédentaires, exercés de longue main à la manœuvre de l'artillerie de rempart ; leur organisation datait de plusieurs siècles et attestait la sagesse de la constitution municipale des anciennes cités flamandes.

Ce fut à ces canonniers que Lille dut en grande partie son salut. Ainsi, à quelques jours de distance, sur le plateau de Valmy comme sur les remparts de Lille, armée et garde nationale allaient montrer aux rois coalisés tout

---

homme, l'un des types les plus extraordinaires de la raideur et de l'ineptie. On ne peut concevoir comment un ministre, qui se prétendait ami de la liberté, osa écrire les lettres suivantes à une municipalité honorable qui allait s'immortaliser à jamais par une défense héroïque.

« *Aux officiers municipaux de la ville de Lille.*

« Le 15 septembre 1792, an iv° de la liberté.

« Les gémissements continuels que vous poussez, messieurs, sont fatigants. Le ministre de la guerre m'assure que vous êtes approvisionnés en munitions, en hommes et en vivres, de manière à résister à des forces bien autrement imposantes que celles dont vous êtes menacés. Vous demandez des armées ; mais à quoi serviraient donc des places fortes s'il fallait toujours les défendre par des camps ? Votre place défiait les potentats du Nord, lorsqu'elle n'avait que des satellites du despotisme dans ses murs ; et elle tremblerait aujourd'hui qu'elle est défendue par les soldats de la liberté ! Cessez, messieurs, cessez des plaintes pusillanimes et déshonorantes ; ayez la noble fermeté de vous ensevelir sous les ruines de vos fortifications ; que vos ennemis connaissent ce généreux dévouement, et vous les verrez fuir.

« Ils n'inondent votre territoire, ils ne vous harcèlent que parce qu'ils espèrent trouver des traîtres ou des lâches. Voilà, messieurs, ce que mon âme, opprimée par votre manque de courage, doit vous dire.

« J'ajouterai cependant pour exciter votre confiance que, si des

ce que le génie de la liberté peut enfanter de dévouement et d'héroïsme, et leur apprendre à leurs dépens qu'ils n'auraient pas aussi bon marché qu'ils le croyaient des idées nouvelles.

Albert de Saxe-Teschen avait amené vingt-cinq mille hommes, huit mille chevaux, douze mortiers, cinquante canons. Ce n'était pas assez pour investir entièrement la place, mais c'était plus que suffisant pour lui faire éprouver toutes les horreurs d'un bombardement. En

dangers pressants vous environnaient, on volera de toutes parts pour détruire et combattre vos assaillants.

« *Le ministre de l'intérieur,*
« Roland. »

La municipalité de Lille ayant, dans une lettre digne et noble, repoussé les outrages gratuits de Roland et déclaré qu'à ses yeux la dépêche « dont la lecture avait fait bondir tous les Lillois de rage et d'indignation, » ne pouvait être du ministre, mais bien d'un commis, reçut cette seconde épître à la date du 27 septembre :

« Vous paraissez douter, messieurs, que la lettre que je vous ai écrite le 15 soit mon ouvrage. Cessez d'avoir cette crainte injurieuse à l'attention que j'ai de surveiller tout ce qui porte ma signature. Ma lettre du 15 est le résultat d'une conférence du Conseil exécutif provisoire, où j'avais porté vos plaintes. On y calcula les vivres, forces et munitions que vous aviez; on fut d'accord que la place de Lille, secondée par la garde nationale de la ville, pouvait défier cent mille assiégeants et leur résister pendant plus d'un mois.

« Je n'ai donc pu traiter que de faiblesse et de pusillanimité les plaintes continuelles que vous m'adressez ; et je vous répète que, si l'ennemi venait à s'emparer de votre ville, il n'y aurait que la perfidie et la lâcheté qui pourraient lui en ouvrir les portes. Voilà mon opinion et je ne craindrai pas d'en rendre juge la France entière.

« *Le ministre de l'intérieur,*
« Roland. »

établissant ses batteries de manière à frapper de ses projectiles incendiaires le quartier le plus pauvre, Saint-Sauveur, le général autrichien espérait provoquer un soulèvement de la classe ouvrière et par suite la reddition de Lille.

Le 24 septembre, ses préparatifs étant à peu près achevés, il envoie à la municipalité cette première sommation dans laquelle il tient un langage plein de mansuétude et semble ne vouloir assiéger la cité flamande, que pour resserrer avec ses habitants des relations de bon voisinage :

« Les malheureux événements en France ayant déterminé Sa Majesté l'Empereur et Roi, comme bon voisin de la Flandre française, à venir au secours des bons citoyens de cette province et sauver leur légitime roi et sa famille du malheur qui les accable, nous déclarons, par ceci, que tous ceux qui déposeront leurs armes et se soumettront à la protection que Sa Majesté l'Empereur et Roi leur accorde, seront traités en amis et jouiront de toute la protection de la loi (comme tous les habitants des villes où ils ont pénétré en ont joui); mais ceux qui s'y opposeront seront traités comme rebelles à leur légitime souverain.

« Donné à notre quartier général devant Lille, le 24 septembre 1792. « ALBERT. »

Cette sommation n'ayant produit aucun résultat, le commandant des forces autrichiennes en adressa une seconde, d'un style un peu différent, à la municipalité de Lille.

« Établi devant votre ville avec l'armée de Sa Majesté l'Empereur et Roi, confiée à mes ordres, je viens, en vous sommant de la rendre ainsi que la citadelle, offrir à ses habitants sa puissante protection. Mais si, par une vaine résistance, on méconnaissait les offres que je lui fais, les batteries étant dressées et prêtes à foudroyer la ville, la municipalité sera responsable à ses concitoyens de tous les malheurs qui en seraient la suite nécessaire.

« Fait au camp devant Lille, le 29 septembre 1792.

« ALBERT DE SAXE. »

A cette nouvelle sommation, le corps municipal répliqua par ces simples mots, qui certes ne craignent pas le parallèle avec les plus fières réponses que l'antiquité nous ait léguées :

La municipalité de Lille à Albert de Saxe.

« Nous venons de renouveler notre serment d'être fidèles à la nation, de maintenir la liberté et l'égalité ou de mourir à notre poste; nous ne sommes pas des parjures [1]. »

Une heure après que la détermination des défenseurs de Lille était connue au camp autrichien, une pluie de

---

[1]. Cette réponse était signée, pour le corps municipal, par le maire André, dont le nom doit rester immortel. Ce même André, déjà maire au 20 juin, figurait en tête de la liste des signataires d'une pétition demandant la punition des auteurs de cette journée; c'est peut-être à cette démarche qu'il faut attribuer la mauvaise volonté évidente que Roland montra envers la municipalité de Lille.

feu tombait sur l'héroïque cité. L'artillerie des remparts y répondit bravement, mais ne put naturellement faire taire les mortiers et les canons de gros calibre que le duc de Saxe-Teschen avait mis en batterie; les Autrichiens lancèrent, en l'espace de cent quarante-quatre heures, trente mille boulets rouges et six mille bombes. Ils ne songeaient pas à faire une brèche aux remparts et à préparer un assaut; mais ils voulaient allumer des incendies dans plusieurs parties de la ville. Ils y réussirent; la principale église, Saint-Étienne, et un nombre considérable de maisons, devinrent la proie des flammes.

Les Lillois ne cessèrent pas un instant de répondre au feu terrible de l'ennemi. Les canonniers de la garde nationale étaient à leur poste, comme les pompiers au leur. Deux portes, celles de Béthune et de Dunkerque, n'ayant pu être investies, laissaient les communications libres entre la place assiégée et les environs, facilitaient les approvisionnements. Mais aucun des défenseurs de Lille ne songeait à la quitter. Chaque jour, au contraire, des bataillons de volontaires accouraient du dehors pour partager les dangers de leurs frères du dedans.

A la première nouvelle du bombardement, la Convention avait promis les secours les plus prompts et envoyé pour les organiser, avec des pouvoirs illimités, six de ses membres [1].

Les renforts arrivaient sans cesse et se réunissaient dans un camp que le général Labourdonnaye formait à

---

[1]. Ces commissaires étaient Delmas, Bellegarde, Doulcet de Pontécoulant, D'Aoust, Duquesnoy et Duhem. Les quatre premiers appar-

huit lieues de Lille, sous les murs de la petite ville de
Lens. En même temps, la retraite de l'armée austro-
prussienne, commencée le 1er octobre à cinquante lieues
de là, dans les plaines de la Champagne, allait permettre
à une partie de l'armée du Nord de revenir à son point
de départ.

Albert de Saxe comprit qu'il était opportun et prudent
de renoncer à une entreprise désespérée. De cette expédition et des procédés barbares qu'il avait inutilement
employés pour intimider les Lillois, la honte allait retomber
sur lui, mais la peine devait un jour en être supportée
par la malheureuse Marie-Antoinette, dont la propre sœur
avait été vue, dit-on, parcourant le camp de son mari,
excitant l'ardeur des soldats et mettant elle-même le feu
à l'un des canons qui foudroyaient la ville.

Le bombardement se ralentit le 3 octobre au soir, il
cessa définitivement le 5. Les commissaires de la Convention, qui étaient encore ce jour-là à Béthune, arrivèrent le soir à Lille, juste pour assister à la retraite des
Autrichiens.

Sur leur rapport, la Convention décréta que les habitants de Lille avaient bien mérité de la patrie. Une
somme de deux millions fut accordée à la malheureuse
cité pour l'aider à réparer ses ruines, à secourir ses habitants les plus mal aisés. L'érection d'un monument com-
mémoratif d'une si glorieuse défense fut votée en prin-

---

tenaient ou avaient appartenu à l'armée. Duhem était médecin à Lille.
Duquesnoy appartenait à la députation du Pas-de-Calais. Les lettres
qu'ils écrivirent à la Convention pour lui rendre compte du siége
de Lille se trouvent au *Moniteur*, nos 282 et 283.

cipe [1]. A cette occasion, Gossuin, l'un des députés du Nord, proposa d'autoriser au nom de la République de courir sus à Albert de Saxe-Teschen et de promettre cent mille livres de récompense à qui livrerait sa tête. Cette motion souleva de nombreuses réclamations.

Un député, dont les journaux du temps ne nous donnent malheureusement pas le nom, fit entendre ces nobles paroles :

« Nous sommes républicains, et les républicains ne doivent se distinguer que par des actions généreuses et par des actes de grande vertu. Or, ce que l'on vous propose à l'égard d'Albert de Saxe est contraire à ces vertus républicaines... Je demande la question préalable. »

Mais Jean Debry, qui déjà, à l'Assemblée Législative, un mois auparavant, avait proposé sa fameuse légion des tyrannicides, crut que l'occasion était arrivée de renouveler sa motion; il s'écria : « Je ne conçois pas quel est cet honneur féodal qui consiste à épargner les tyrans qui font la guerre aux peuples... Il faut détruire ces bêtes fauves... J'avais présenté à la Législature un projet contre les tyrans; je suis encore dans le sens de ce projet qui, je crois, est dans les principes de la morale universelle. »

Les conventionnels, imitant l'exemple de leurs prédécesseurs, renvoyèrent la proposition de Gossuin et de

---

1. Le monument qui devait consacrer l'héroïque défense de Lille en 1792 ne fut point érigé par la République, qui se montra oublieuse d'une de ses gloires les plus pures. Le décret de la Convention ne fut exécuté que sous le règne de Louis-Philippe, et une colonne en granit s'élève aujourd'hui sur la place principale de Lille.

Jean Debry à leurs comités, sans vouloir se prononcer en faveur de ces sauvages théories.

XI.

Pendant la courte campagne qui venait de se terminer par l'expulsion des étrangers hors du territoire français, plusieurs officiers supérieurs avaient été l'objet d'attaques très-vives de la part des ultra-révolutionnaires. Une démarche imprudente, un faux mouvement, une position mal expliquée suffisaient à la soupçonneuse société des Jacobins pour formuler contre un chef militaire, quelques services qu'il eût rendus antérieurement, une virulente accusation qui trouvait de l'écho jusque dans le sein de l'Assemblée nationale. Dès les premiers jours de son existence, la Convention n'avait pu résister à la tentation d'appeler à sa barre les généraux, qui en bonne règle ne devaient avoir à répondre de leur conduite qu'au ministre de la guerre, seul intermédiaire possible entre le pouvoir législatif et la force armée.

On avait vu son président interroger pendant deux heures le général Duhoux, accusé d'avoir laissé la ville de Reims dégarnie de troupes. Mais de cet officier assez obscur, et qu'un décret ne tarda pas à renvoyer à ses fonctions, on passa bientôt à des généraux plus en renom, Luckner et Dillon.

Luckner, comme nous l'avons vu, avait été affublé du titre de généralissime lorsqu'on avait voulu lui retirer le commandement de l'armée du Centre; mais il avait été sous-entendu que ce titre masquerait sa disgrâce et qu'il serait relégué à Châlons sur les derrières des armées qui couvraient alors la frontière. Là on lui avait confié la mission, bien peu compatible avec ses habitudes d'ancien chef de partisans, de veiller à la réception, à l'enrôlement et à la première instruction militaire des volontaires nationaux.

L'un des dictateurs de l'Hôtel de Ville, l'un des organisateurs des massacres de septembre, Billaud-Varennes, lui avait été expédié pour surveiller de près sa conduite en qualité de commissaire du pouvoir exécutif. L'émissaire de Danton resta une quinzaine de jours au quartier général de Luckner et en revint avec un acte d'accusation tout dressé contre le vieux maréchal. Ce fut par la lecture de cet acte que cet homme, la plus sombre personnification du despotisme démagogique, prit possession du siége que ses coreligionnaires politiques lui avaient ménagé pendant son absence, et qu'il commença la longue série des dénonciations au moyen desquelles il mit, pour ainsi dire, en coupe réglée les généraux de l'armée française.

Cette première fois, la Convention ne voulut pas écouter le futur inquisiteur du comité de salut public et se rendit à l'observation de Ducos, qui fit remarquer avec raison qu'il était impossible de délibérer des plans de campagne en séance publique. On se borna d'abord à inviter Luckner à venir résider à Paris, afin d'éclairer le pouvoir exécutif de ses avis. Mais, quand le maréchal se fut rendu à cette invitation, on ne le consulta sur rien, on le ballotta de comité en comité et on ajourna de mois en mois le rapport qui devait statuer sur son sort [1].

Quelques jours après, ce fut le tour de Dillon. Ce général, qui commandait l'avant-garde des troupes lancées à la poursuite de l'armée austro-prussienne, avait écrit au landgrave de Hesse, l'un des généraux de cette armée, une lettre assez extraordinaire, par laquelle il l'invitait à reprendre dans les vingt-quatre heures le chemin de son pays, lui promettant, s'il obéissait à cette injonction, de lui laisser le passage libre à travers l'armée française, qui déjà occupait plusieurs points d'où les ennemis pouvaient être sérieusement inquiétés. A la lecture de cette lettre, de violents murmures éclatent au sein de l'Assemblée; Billaud-Varennes demande la mise en accusation de Dillon. « Il faut que le décret soit immédiatement rendu ! s'écrie Couppé; un jour de retard peut mettre en état de trahir cet officier, qui s'est permis de faire ainsi des propositions de paix. » Un autre membre va jusqu'à réclamer l'arrestation des trois commissaires Carra, Sillery et Prieur, qui par leur présence ont en quelque sorte

---

[1]. Ce ne fut que le 8 janvier 1793 que l'Assemblée, après avoir entendu la lecture du rapport fait sur Luckner, rendit un décret ainsi conçu :

« Il est permis au maréchal Luckner de se retirer où bon lui semblera. »

Il était impossible de témoigner d'une manière plus insultante le peu de cas que l'on faisait de ses services. Luckner devait au moins espérer qu'on l'oublierait. Il n'en fut rien, car un an après, son dénonciateur Billaud-Varennes, alors membre du comité de salut public, le fit amener du département de la Meurthe où il s'était retiré, traduire au tribunal révolutionnaire et condamner à mort le 15 nivôse an II.

sanctionné la conduite de Dillon, car ils n'ont pas mis la main sur le traître[1]. »

La Convention cependant ne prend pas ce parti, et demande un rapport au ministre de la guerre; mais le 16 octobre les mêmes débats se renouvellent à l'occasion de la sommation que Dillon avait adressée au général prussien Courbière pour l'évacuation immédiate de Verdun. « Les généraux ne doivent pas diplomatiser, mais combattre, s'écrie Barrère. — Il doit leur être interdit, ajoute Choudieu, d'entamer quelque négociation que ce soit avec les ennemis de la République, tant que ceux-ci occupent une portion du territoire français. »

Deux jours après, Dillon était rappelé.

Avant Luckner et Dillon, et plus qu'eux encore, un autre général avait été en butte aux attaques incessantes des ultra-révolutionnaires; c'était Montesquiou. Depuis plusieurs mois, de son camp de Cessieux près de Grenoble, il préparait en silence l'invasion de la Savoie, tandis que son lieutenant Anselme se disposait à attaquer le comté de Nice. Mais, aussitôt que les armées austro-prussiennes avaient paru sur la frontière de l'est, le conseil exécutif avait cru devoir ajourner la double attaque dirigée contre les possessions piémontaises, et avait enjoint à Montesquiou de diriger vers l'armée de Biron et de Kellermann une partie des troupes qu'il avait rassemblées et formées. Dès lors, le général de l'armée du Midi s'était trouvé trop faible pour accomplir la pro-

---

1. *Moniteur*, n° 286. — *Journal des Débats et Décrets*, n° 22, p. 399.

messe qu'il avait faite aux commissaires de l'Assemblée Législative envoyés près de lui, après le 10 août, d'entrer en Savoie avant le 1er septembre. Cependant, grâce à des efforts extraordinaires, il parvint à ne retarder que de trois semaines l'effet de cette promesse. Le 21, il franchit la frontière sarde; le 23, il occupa Montmeillan sans coup férir, et, le 25, il fit son entrée triomphale à Chambéry.

Mais pendant qu'en quelques jours il conquérait ainsi à la France une province entière, il était dénoncé à la Convention comme un traître et un lâche. L'Assemblée n'avait pas encore deux jours d'existence, et déjà Tallien (23 septembre) demandait que des commissaires fussent envoyés immédiatement au camp de Cessieux pour examiner la conduite de cet ancien membre de l'Assemblée Constituante, suspect à plus d'un titre. « Vous verrez, dit l'ancien secrétaire-greffier de la Commune de Paris, qu'il n'entrera pas en Savoie et désorganisera votre armée ! — Je demande, ajoute Garran, que vous déclariez que Montesquiou a perdu la confiance de la nation. » — « Dès qu'un général est soupçonné, dit Chénier, il doit être destitué. Montesquiou d'ailleurs n'a-t-il pas adhéré à la pétition de Lafayette? » Danton, qui cumulait les fonctions de représentant et celles de ministre de la justice, n'ayant pas encore été remplacé en cette dernière qualité, s'écrie : « Il est bon que la Convention sache que le Conseil exécutif partage son opinion sur Montesquiou ! » Devant ce *tolle général*, la majorité prononce la destitution réclamée.

Le lendemain, 24, arrive la nouvelle de l'entrée de

Montesquiou en Savoie ; le 26, celle de la prise de possession de Montmélian. Aussitôt Lacroix, président du Comité de la guerre, s'élance à la tribune et réclame « la réalisation immédiate d'un grand acte de justice, dit-il : le rapport du décret du 23. » Gensonné, Lanjuinais, Couthon lui-même parlent dans le même sens. Mais Osselin, Charlier et Danton insistent pour le maintien du décret, sauf à ce que l'on en suspende l'exécution jusqu'après le rapport des commissaires Dubois Crancé, Lacombe Saint-Michel et Gasparin, nommés dans une séance précédente pour se rendre à l'armée du Midi. Le 6 octobre, la Convention reçoit une lettre, datée de Chambéry, dans laquelle le général vainqueur, après avoir mis à néant les accusations dont il est l'objet, s'écrie :

« Rien ne peut effacer le décret du 23 septembre ; il faut que le citoyen qui commande une armée française soit non-seulement pur, mais exempt de soupçon. Je ne sollicite qu'une grâce : c'est la permission de rentrer dans mes foyers, d'y jouir de mes droits de citoyen, et d'y prouver par l'obscurité de ma vie que, si jamais j'ai eu quelque ambition, c'était celle de servir ma patrie[1]. »

Le lendemain, 7 octobre, les commissaires de la Convention ayant confirmé la nouvelle de l'évacuation complète de la Savoie par les Piémontais, la démission du général victorieux est refusée et le décret de destitution rapporté.

Le lieutenant de Montesquiou, Anselme, avait eu à

---

[1]. La lettre de Montesquiou, qui, d'un bout à l'autre, exprime les plus nobles sentiments, se trouve au *Moniteur,* n° 284.

vaincre sur le Var les.mêmes obstacles qui avaient empêché son chef d'entrer en Savoie aussitôt qu'il l'aurait voulu. Comme lui, il avait été longtemps arrêté par le nombre tout à fait insuffisant des troupes mises à sa disposition. Les Piémontais, au contraire, étaient parfaitement approvisionnés et comptaient huit mille hommes d'infanterie et dix à douze mille hommes de milices du pays; deux cent quatorze pièces de canon, mortiers et obusiers garnissaient Nice, Montalban, les côtes et la rive gauche du Var. Cependant, le 17 septembre, Anselme reçoit de Montesquiou l'ordre d'attaquer. Il presse les autorités militaires de lui fournir des armes et des munitions, tandis qu'il réclame à la municipalité de Marseille l'envoi immédiat de six mille hommes de gardes nationales et de volontaires. Marseille expédie les six mille hommes, fournit des vaisseaux pour leur transport et un million en numéraire[1]. La mer était libre; les Anglais, quoique très-mal disposés, n'avaient pas encore déclaré la guerre à la France et ne pouvaient nous empêcher de bloquer, même de bombarder Nice.

Le contre-amiral Truguet part de Toulon avec une escadre de neuf vaisseaux, arrive le 28 septembre devant cette ville et s'embosse à demi-portée de canon. Pendant ce temps, Anselme, toujours très-faible en troupes régulières, est obligé de se contenter de faire des démonstrations sur les rives du Var, sans cependant le franchir. Mais le général piémontais Saint-André, à la vue de l'escadre

---

[1]. Par décret du 25 septembre, la Convention récompensa l'empressement patriotique de Marseille, en déclarant que la cité phocéenne avait bien mérité de la patrie. *Moniteur*, n° 271.

française, prend peur; il désespère de pouvoir défendre contre quelques vaisseaux une ville de quarante mille âmes, il croit déjà que les Français l'entourent et vont lui couper la retraite. Il ramène en arrière les détachements qui défendent la ligne du Var, dissout les milices provinciales et abandonne Nice. De nombreux émigrés (cinq mille, dit-on,) étaient depuis longtemps réfugiés dans cette ville. Ils sont obligés de fuir en toute hâte; un grand nombre d'habitants les suivent.

Les quelques magistrats et notables qui restent, voyant les propriétés menacées de pillage par les aventuriers dont toute cité maritime est remplie, députent au général Anselme le secrétaire municipal Ferrandi, pour lui déclarer que Nice se met au pouvoir et sous la protection de la France.

Ce jour-là même, instruit de la panique de l'ennemi, Anselme passait le Var avec trois mille cinq cents hommes, deux cents dragons et quelques pièces de canon. Cependant, craignant un piége, il hésite encore et s'avance avec une extrême prudence. Mais il rencontre à moitié route l'envoyé de Nice accompagné d'une nombreuse députation. De peur de faire connaître aux Piémontais, qui ne sont encore qu'à trois ou quatre lieues en arrière, le peu de forces qu'il amène avec lui, il fait halte à quelque distance de la ville et n'y pénètre qu'à la nuit tombante.

La population l'accueille comme un sauveur. Les Piémontais en se retirant avaient laissé garnison dans deux petites places, Montalban et Villefranche. Cette dernière contenait plus de cent pièces de canon, cinq mille fusils, un million de cartouches, beaucoup d'approvisionnements et d'effets militaires, une frégate et une corvette armées, un arsenal maritime en parfait état. Dès le 29, Montalban capitule et le lendemain, 30, Villefranche suit son exemple.

Un orage affreux ayant fait déborder le Var et rendu la mer impraticable, Anselme se trouve un moment fort embarrassé de sa facile victoire. Séparé du gros de son armée et sans communications avec la flotte, il se voit exposé au retour offensif de l'ennemi. Afin de lui faire croire que rien ne l'arrête dans sa marche en avant, il expédie, le 1er octobre, quelques dragons et chasseurs corses jusqu'aux portes de Saorgio; mais là les Piémontais s'étaient retranchés en forces, couvrant la route de Coni et le Piémont. L'avant-garde française, après avoir essuyé une vive fusillade, est obligée de se rabattre sur Broglio, qu'elle occupe le 3 octobre, et le général Brunet s'établit en observation à Sospetto avec deux mille hommes. On ne pouvait faire plus. Le 12 octobre, Anselme, toutes ses troupes réunies, ne comptait encore que douze mille hommes dans sa petite armée.

Mais laissons Montesquiou et Anselme jouir de leurs faciles triomphes et remontons du midi vers l'est; car, pour faire connaître l'ensemble des affaires militaires au milieu d'octobre 1792, il ne nous reste plus qu'à exposer ce qui se passait en Alsace et sur les bords du Rhin.

XII.

Pendant que Dumouriez et Kellermann accouraient, l'un de Valenciennes, l'autre de Metz, pour arrêter l'invasion prussienne dans les plaines de la Champagne, que l'armée du midi s'ébranlait pour conquérir Nice et la Savoie, Biron, commandant en chef de l'armée du Rhin, avait été condamné à une inaction forcée. Le mouvement de Kellermann avait découvert son flanc gauche et il s'était trouvé réduit à observer les mouvements de l'armée autrichienne. Mais l'incurable jactance des émigrés qui suivaient l'armée ennemie vint bientôt en aide à Biron. Ils persuadèrent aux généraux autrichiens qu'ils n'avaient rien à craindre des rassemblements de volontaires formés sur les bords du Rhin depuis Wissembourg jusqu'à Bâle, et qu'ils pouvaient, sans le moindre danger, diriger la plus grande partie des troupes dont ils disposaient sur Thionville. Le siége de cette petite place traînait en longueur, grâce à la vigoureuse résistance des habitants et du général Wimpfen; grâce aussi, il faut le dire, aux pluies torrentielles qui, pendant le mois de septembre, ne cessèrent de tomber et qui avaient inondé les travaux. L'armée ennemie qui, depuis un mois, se voyait réduite à l'impuissance, demandait aux corps qu'elle avait laissés en réserve dans le Palatinat des renforts en hommes et en munitions.

Le Palatinat se trouva bientôt dégarni. Spire, la première ville que l'on atteint lorsque, franchissant la frontière française, on longe la rive gauche du Rhin, contenait des magasins considérables. La proie était tentante. Custine, qui commandait l'avant-garde de Biron à Wissembourg, lui demande l'autorisation de marcher résolument sur cette ville. Il l'obtient et se met en mesure d'en profiter [1].

Le 30 septembre, les troupes françaises, divisées en trois colonnes, paraissent devant Spire. Le corps allemand qui s'y trouve fait une vaillante résistance en avant de la place et dans les rues de la ville; mais, inférieur en nombre aux troupes de Custine, il est obligé de se retirer avant la fin de la journée. Le 1er octobre au matin, quelques mauvais sujets de l'armée française prétendent que, la ville ayant été prise de vive force, le pillage en est légitime. Ils le commencent en envahissant les maisons des chanoines de la cathédrale. La générale est aussitôt battue; le tumulte s'apaise, mais pour recommencer le lendemain. Un bataillon des grenadiers volontaires se porte aux derniers excès. Custine comprend toute la gravité des désordres qui viennent de signaler notre entrée en Allemagne, il fait saisir, juger et fusiller à l'instant les plus déterminés pillards.

On aurait pu croire qu'une justice aussi expéditive exercée contre des volontaires nationaux serait fort mal vue par les démagogues de Paris et surtout par Marat,

---

1. Nous donnons à la fin de ce volume la convention qui fut signée entre Biron et Custine au moment du départ de ce dernier pour son expédition des bords du Rhin. Il y est dit en termes exprès que cette expédition n'est qu'une course et qu'après s'être porté sur Mayence, Custine devra se rabattre sur Trèves et Thionville.

qui avait déjà attaqué Custine à plusieurs reprises. Il n'en fut rien. Custine se fit pardonner son violent acte de justice et mérita même de devenir l'idole des jacobins en inaugurant le système des contributions extraordinaires à lever sur les pays conquis, et principalement sur le clergé des villes épiscopales. Il exigea, dès le 2 octobre, cinq cent mille livres du clergé et des magistrats de Spire.

Deux jours après, le lieutenant de Biron écrivait au ministre de la guerre ce billet laconique :

« Custine a donné ordre au maréchal de camp Neuwinger d'aller prendre Worms. Neuwinger a rempli sa mission [1]. »

Les autorités étaient venues au-devant des Français et leur avaient présenté les clefs de leur ville. Cela n'empêcha pas le général victorieux de lever sur l'évêque, le chapitre, les abbayes et couvents, une contribution de 1,180,000 fr., et, sur la ville même, une autre de 300,000 fr.

Ces rapides et fructueux succès enivrèrent de joie Paris et la Convention. Le pouvoir exécutif déclara Custine, dont le corps n'avait été d'abord qu'un détachement de l'armée de Biron, complétement indépendant. Avec le brevet de général en chef, il lui expédia l'ordre d'agir sur les derrières de l'armée autrichienne, et de l'obliger à rétrograder. Mais, quand arriva la dépêche ministérielle, Custine était déjà sur la route de Mayence, point de mire

---

[1]. *Moniteur*, n° 239.

de son audacieux élan. Il se hâta de se faire reconnaître général en chef, seulement il se garda bien de rien changer à ses ordres de marche.

Nous ne l'accompagnerons pas en ce moment dans cette pointe aventureuse d'où devait dépendre le destin de la seconde campagne de 1792. Suivra-t-il les bords du Rhin pour se rabattre sur les derrières des armées combinées en leur enlevant successivement leurs magasins et en leur coupant la retraite, pendant que Dumouriez et Kellermann les pousseront devant eux? Ou bien, jaloux d'une gloire sans grands périls et désireux de ramasser d'importantes contributions, ira-t-il se jeter tête baissée au delà du Rhin et pénétrer dans le cœur de l'Allemagne sans avoir la chance de s'y maintenir? Que préférera-t-il faire de sa petite armée, une flèche ou une massue? C'est ce que l'avenir nous apprendra.

XIII.

Le ministère de la guerre venait de changer de titulaire. Servan avait été, le 10 août, en souvenir du premier cabinet girondin, appelé à reprendre son portefeuille; mais il avait annoncé dès le premier jour que sa santé ne lui permettrait pas de supporter longtemps les fatigues incessantes de cette administration qui avait à faire face aux besoins de cinq ou six armées, à l'armement et à l'équipement d'une multitude de volontaires. Aussitôt après Valmy, il renouvela l'offre de sa démission[1]. On était fort embarrassé pour le remplacer. Les généraux capables ne manquaient pas, mais les opinions d'aucun d'eux ne paraissaient assez sûres. Roland proposa Pache, qu'il avait déjà désigné comme son successeur au ministère de l'intérieur, lorsqu'il avait pensé à quitter ses fonctions pour aller prendre possession du siége conventionnel auquel l'avait appelé le département de la Somme. Ce choix fut ratifié par la Convention, le 3 octobre. Huit jours après, Garat, ancien membre de l'Assemblée constituante, fut élu ministre de la justice à la place de Danton, qui avait donné sa démission dès

---

1. Servan ne montra pas à cette occasion un désintéressement très-républicain. Car, le jour même de sa démission et pendant qu'il siégeait encore dans le cabinet, il accepta de la main de ses collègues le grade de général de division. En effet, le 25 septembre, le Conseil exécutif prit la délibération suivante, que nous avons trouvée consignée sur ses registres :

« Le Conseil, considérant que par des efforts excessifs de zèle et de travail, le citoyen Servan a dérangé sa santé et s'est vu forcé d'abandonner les fonctions de ministre de la guerre;

« Considérant que les services qu'il a rendus à la patrie, dans les moments de son plus grand péril, ont déjà reçu la plus honorable des récompenses dans les regrets témoignés par la Convention nationale en apprenant sa retraite, mais que cependant le poste qu'il a occupé dans le Conseil ne doit pas le priver de l'avancement et du grade auquel ses talents et ses services militaires le mettaient dans le cas de parvenir;

« Considérant aussi que, dès le parfait rétablissement de ce citoyen, il pourra rendre encore à la tête des armées les plus importants services;

« Arrête que le citoyen Servan sera promu au grade de *lieutenant-général des armées de la République*, et que le département de la guerre lui en expédiera le brevet aussitôt qu'il sera possible. »

le 21 septembre, mais qui depuis cette époque avait continué de siéger dans le cabinet [1]. Ces choix, qui semblaient ne devoir être que ceux de deux commis aux ordres de la Gironde, eurent une action décisive

---

1. Garat accepta sa nomination par la lettre suivante, que le *Moniteur,* n° 287, ne fait que mentionner et dont nous avons retrouvé le texte même :

« Citoyen Président,

« J'accepte les fonctions de ministre de la justice. Il est un titre au moins que je puis me reconnaître à cette élection ; c'est l'amour que, même dans les temps du despotisme, j'ai toujours porté dans mon cœur à l'espèce de gouvernement qui exige le plus de vertus, à la République ; c'est ce sentiment que, pendant plusieurs années, j'ai professé tous les jours dans les lieux ouverts aux délateurs comme à la jeunesse généreuse que je voyais s'enflammer à mes leçons du désir et de l'espérance d'imiter un jour les Brutus, les Gracques et les Paul Émile.

« Je n'oublierai point que, dans une grande république comme la France, dans un empire de vingt-cinq millions d'hommes tous, parfaitement libres, tous parfaitement égaux, la force de la justice est la seule qui doive être toute-puissante et inexorable, parce qu'elle est la seule qui conserve tous les droits et qui n'en blesse aucun. Exécuteur des saintes lois de la Convention nationale, tant que je serai dans ce poste, s'il devient inévitable que le sang de l'innocent soit versé, je tâcherai du moins que ce sang ne soit que le mien. Mon bonheur sera d'assister de plus près à la nouvelle organisation des tribunaux, à la création de la nouvelle justice que la France et l'Europe attendent de la Convention nationale.

« *Signé* : Dominique-Joseph Garat. »

Cette magnifique profession de foi républicaine n'empêcha pas Garat d'accepter, quelques années plus tard, le titre de comte de l'empire et de devenir sénateur. Ce fut Garat qui eut la triste mission, en sa qualité de ministre de la justice, de venir en personne signifier à Louis XVI la sentence de mort.

sur les événements qui se dérouleront bientôt sous nos yeux et aboutiront à la chute de ce parti. Clavière, Lebrun et Roland, intimement unis, votaient dans le Conseil, agissaient dans leurs ministères sous une seule et même inspiration. Monge, jusqu'alors fort effacé, avait cependant des velléités d'émancipation qui n'avaient pas grande portée tant qu'il était seul. Mais Garat et Pache vinrent apporter dans le cabinet des éléments nouveaux qui devaient le dissoudre dans un temps donné. Ces éléments, c'étaient la faiblesse et la ruse.

La faiblesse y était représentée par Garat, un de ces lettrés sans consistance morale, qui, grâce à une certaine facilité de plume ou de parole, arrivent parfois, aux époques de révolution à jouer momentanément un rôle bien au-dessus de leur importance réelle. Qu'ils soient poëtes, publicistes ou orateurs, peu importe. Ils adorent en vers ou en prose la déesse du jour ; ils se prosternent devant le soleil levant. Ils ne sont jamais embarrassés de trouver dans leur bagage classique de quoi composer un dithyrambe ou une harangue pour célébrer le triomphe du plus fort et la proscription de leurs meilleurs amis. L'encens qu'ils ne peuvent plus offrir aux favoris et aux favorites de la monarchie absolue, ils le brûlent aux pieds de l'idole du peuple-roi, et, du même ton dont ils vantaient naguère les appas de Philis et de Chloris, ils célèbrent les charmes de la guillotine. Dépourvus de toute conviction forte, dociles à tous les entraînements, complaisants pour toutes les puissances qu'ils exaltent tour à tour avec une naïve impudeur, ils sont prêts à couvrir des oripeaux de leur éloquence banale les monstruosités les plus grandes, les crimes les plus exécrables. Tel était, sous beaucoup de rapports le nouveau ministre de la justice.

Pache peut être considéré comme le type de la ruse et de l'hypocrisie. Fils de l'ancien suisse de l'hôtel de Castries, élevé par la charité du maréchal de ce nom, devenu plus tard le précepteur des enfants de ce grand seigneur, il fut admis dans les bureaux de la marine lorsque son protecteur devint ministre. Après la chute du maréchal de Castries, n'espérant plus jouir de la confiance intime de ses successeurs, il se retira en Suisse. Il y vivait depuis quelques années, lorsque la Révolution vint lui ouvrir de nouvelles perspectives. Exact, travailleur, affectant un extérieur modeste et réservé, ayant pris dans les bureaux de l'ancien régime l'habitude de s'effacer devant qui parlait plus haut que lui, il avait été bien reçu partout où il s'était montré. Il connaissait Roland depuis plusieurs années et s'était attaché à sa fortune, lors de son premier ministère. Il était devenu le factotum de sa maison. On l'y traitait comme un homme sans conséquence. Ce rôle de subalterne *indispensable*, auquel on accorde à peine pour son labeur un geste imperceptible de remerciement, qui ne se plaint d'aucune rebuffade, fait bon visage devant le maintien rogue et hautain du maître de la maison, qui endure tous les dédains et tous les déboires avec une patience apparente, mais qui, dès qu'il croit le moment venu de se venger, laisse déborder l'amertume amassée dans son cœur et s'acharne à la perte de celui qu'il encensait tout haut et maudissait tout bas, ce rôle, disons-nous, fut admirablement joué par Pache.

Aussitôt après la révolution du 10 août, Roland lui

confie la conservation du garde-meuble de la couronne, puis le donne à Servan pour l'aider dans les détails de son administration, enfin le présente à ses amis comme un homme qui n'aura d'autre opinion que la sienne, qui sera son *alter ego* dans le conseil, qui n'écrira, ne parlera, n'agira que sous son inspiration. Mais, à peine Pache est-il ministre, qu'il se pose dans le cabinet en antagoniste et en contradicteur habituel de Roland. Il se livre et il livre ses bureaux aux plus fougueux montagnards, il devient entre leurs mains le terrible levier au moyen duquel ils vont briser l'idole des Girondins[1].

1. Voir sur Pache et sur Garat les *Mémoires de Mme Roland*.

LIVRE XVII

LA GIRONDE ET LA MONTAGNE.

I.

Nous avons laissé la Commune de Paris aux prises avec la Gironde sur l'interminable question de ses comptes, toujours promis, jamais rendus, et sur une autre question non moins brûlante, celle de l'organisation d'une garde départementale destinée à protéger la représentation nationale contre les attentats de la démagogie parisienne. Dans le courant du mois d'octobre, le camp sous Paris, le remboursement des bons émis par les caisses patriotiques, enfin les subsistances apportèrent un nouvel aliment aux débats irritants qui avaient signalé les débuts de la Convention. Le feu des passions, l'ardeur des haines n'étaient-ils pas d'ailleurs entretenus par mille faits secondaires qui venaient sans cesse échauffer les esprits et éclairer l'avenir d'une clarté sinistre ? Raconter jour par jour, heure par heure, tous les incidents qui se produisaient au sein de l'Assemblée, de la Commune, dans les quarante-huit sections, dans les clubs et jusque sur la place publique, faire l'historique complet et détaillé de ces semaines d'inquiétude fiévreuse et d'agitation continuelle serait chose impossible; un volume entier n'y suffirait pas. Contentons-nous d'indiquer les faits culminants et de donner ainsi la mesure des obstacles dont était hérissée la route qui s'ouvrait devant les nouveaux souverains de la France.

Dès le lendemain de la révolution du 10 août, la formation d'un camp sous Paris avait été décrétée avec d'autant plus d'enthousiasme que Louis XVI y avait opposé son *veto*. La Législative, en mettant à exécution tous les décrets auxquels la royauté abattue avait cru devoir refuser sa sanction, avait hâte de prouver qu'elle seule désormais était souveraine. C'était Servan qui, deux mois auparavant, avait provoqué la création du camp [1]. Ramené au ministère, grâce au triomphe de ses amis, il n'eut rien de plus pressé que de réaliser le projet dont la présentation à l'Assemblée nationale, sans l'aveu du monarque, avait été l'une des causes principales du renvoi du premier cabinet girondin.

Mais, si la souveraineté était en apparence dans les mains de l'Assemblée, en fait elle résidait à l'hôtel de ville; la Commune insurrectionnelle s'en était emparée et en usait à son gré. Elle exigea qu'on lui abandonnât tout le détail des travaux, de la garde, de la police et de l'approvisionnement du camp. Son immixtion illégale dans une affaire qui devait exclusivement regarder le ministre de la guerre et dont les dépenses devaient

---

[1]. Voir tome Ier, livre II. § 1.

être soldées sur les fonds de l'État, donna naissance à d'incroyables désordres.

La garde du camp devait se composer de deux compagnies fournies à tour de rôle par les quarante-huit sections et relevées tous les quatre jours [1], de gardes nationaux envoyés par les districts voisins de Paris, de six bataillons de fédérés à choisir parmi ceux que les départements dirigeaient vers les frontières du nord et de l'est, enfin de deux divisions de gendarmerie parisienne à pied et à cheval [2].

---

1. En vertu du décret du 19 août 1792, *les sections armées* avaient remplacé les anciens bataillons de la garde nationale. Sous ce nouveau régime, les citoyens de chaque quartier se trouvaient former un corps armé à la disposition du comité de la section. Chaque section armée se subdivisait en autant de compagnies qu'elle comptait de fois 126 citoyens en état de porter les armes.

Il y avait ainsi sur le papier 90,000 gardes nationaux, mais en fait il n'y en avait pas la vingtième partie. Tous les jeunes gens, tous les ouvriers laborieux et honnêtes, avaient quitté Paris pour courir à la frontière; les personnes paisibles s'abstenaient autant que possible de tout service. La nouvelle garde civique se composait presque exclusivement de gens à pique et à bonnet rouge, qui, loin de se préoccuper du maintien de la tranquillité publique, étaient toujours disposés à concourir à tous les désordres. Pendant les journées de septembre, elle était restée immobile. Quelques-uns des assassins avaient même été vus en uniformes de gardes nationaux. Bientôt, pour suppléer à l'absence de toute force publique régulière, il fallut organiser dans chaque section une réserve soldée et composée d'une centaine d'hommes. Ce fut une dépense considérable qui retomba encore à la charge de l'État.

2. Au mois de juillet 1792, s'occupant d'organiser la défense du territoire national et de désorganiser la défense de la royauté, la Législative avait créé un nouveau corps de gendarmerie spéciale pour Paris. En vertu du décret du 16 de ce mois, la gendarmerie parisienne

La Commune obtint que le pouvoir exécutif fût obligé de la consulter, ainsi que les sections, sur le choix du commandant général et des officiers de toutes armes qui devaient servir sous ses ordres. Le Conseil général et ses quarante-huit comités affidés eurent bien vite la haute main sur le personnel du camp, comme ils l'avaient déjà sur le matériel et les travaux. Toutes les fois qu'un officier voulait s'opposer aux malversations, prêcher l'ordre et la discipline, on l'accusait d'aristocratie, on le dénonçait comme suspect d'incivisme; son remplacement ne se faisait pas attendre.

Pendant quelque temps, le camp fut à la mode. On allait en foule à Montmartre, à Saint-Denis, à Nogent-sur-Marne, remuer patriotiquement de la terre et élever des talus. Ce travail se faisait gratis, comme aux beaux temps de la fédération de 1790. Les citoyens et les citoyennes

---

devait être formée « des hommes du 14 juillet qui avaient concouru avec la garde nationale à la conquête de la liberté. » Naturellement elle fut composée d'anciens soldats du régiment des gardes françaises, de gardes des ports et eaux de la ville et d'autres débris de corps spéciaux qui avaient pris part à toutes les émeutes. Au 10 août, les nouveaux gendarmes ne se trouvèrent naturellement pas parmi les défenseurs de la royauté; nous en avons vu un détachement massacrer, sur la place Louis XV, les derniers survivants du régiment des gardes suisses (page 329 du tome II). Quelques officiers fidèles à leur serment étaient restés dans les rangs de la gendarmerie. Mais, dès le lendemain du triomphe de la démagogie, la troupe désordonnée qui portait alors ce nom vint demander à la Législative l'autorisation de se débarrasser de son état-major « composé d'aristocrates » et d'élire elle-même ses officiers. Cette autorisation lui fut accordée et l'on croira facilement que ce ne furent pas les meilleurs sujets que l'élection mit à la tête d'un corps si étrangement épuré.

de chaque section piochaient le terrain qui leur avait été assigné, en chantant des airs patriotiques. Mais lorsque les bataillons fédérés eurent été dirigés sur Châlons, lorsque la population parisienne eut été plongée dans le marasme par les massacres de septembre, il ne se trouva plus personne qui acceptât avec joie les gardes extraordinaires et les corvées. La plupart des sections cessèrent de fournir leurs contingents de travailleurs et de soldats.

Bientôt il ne resta aucune force régulière au camp. Le flot des volontaires, qui, à la voix de la patrie, était sorti des profondeurs du pays et avait débordé sur Paris, s'était vite écoulé vers la frontière. Il n'avait laissé derrière lui que son écume, c'est-à-dire les pseudo-fédérés qui, comme les Marseillais du 10 août, préféraient rester au service de la démagogie plutôt que de rejoindre les vrais soldats de la liberté dans les plaines de la Champagne.

Les travaux menaçaient d'être abandonnés faute de bras s'offrant gratuitement. On admit d'abord, en fait plutôt qu'en droit, que si le nombre des travailleurs volontaires aux jours déterminés pour chacune des sections se trouvait insuffisant, des ouvriers soldés à la journée pourraient être employés à la confection des retranchements. Bientôt l'exception devint la règle, et un décret du 13 septembre, rendu sur l'insistance de la Commune, donna une sanction légale aux pratiques qui s'étaient établies depuis quelques jours[1], grâce à la connivence de certains commissaires municipaux.

1. Il est bon de rapporter ici le texte de ce décret, qui contenait

Armée de ce décret, la Commune, qui avait la complète administration de travaux qu'elle n'était pas appelée à solder, se donna libre carrière. Elle promit quarante-deux sols par jour aux ouvriers qui viendraient s'embrigader, et fit publier cet appel à son de trompe dans les quarante-huit sections. C'était le meilleur moyen d'attirer vers le camp tous les mauvais sujets de Paris et des environs ; ils s'étaient tenus à l'écart tant que les braves gens et les bons ouvriers s'étaient rendus à la butte Montmartre ; ils y affluèrent aussitôt qu'ils furent certains de

un article 3, assez inoffensif au premier abord, mais qui détruisait l'économie du reste de la loi.

« L'Assemblée nationale, considérant qu'il est d'un intérêt frappant de seconder le vœu hautement exprimé par les citoyens de la capitale et par les communes approximantes, de concourir gratuitement à l'accélération des travaux du camp retranché sous Paris, décrète qu'il y a urgence.

« L'Assemblée nationale après avoir décrété l'urgence décrète ce qui suit :

« Art. 1er. Les officiers chargés de la direction des travaux du camp retranché sous Paris désigneront 48 postes et parties de retranchement pour chacune des 48 sections de Paris, et il sera posé sur chacune des 48 parties un fanion qui portera le nom de la section qui devra y travailler.

« Art. ii. Les citoyens de chaque section qui voudront concourir à ces travaux se rendront à leurs sections à l'heure indiquée et seront conduits sur le terrain par un commissaire de la dite section.

« Art. iii. Les citoyens payés pour travailler journellement aux retranchements seront divisés en 48 parties et attachés à chacun des 48 postes désignés aux sections. Ils seront tenus de se rendre à l'heure indiquée pour partir avec les autres citoyens. Les directeurs des travaux pourront cependant former une réserve des personnes payées, pour l'employer où besoin sera. » *Collection des lois*, t. XI, p. 341.

ne plus les y rencontrer. L'écume des bataillons provinciaux, mêlée aux éléments impurs fournis par la capitale, ne tarda pas à fermenter. Le camp inventé par Servan et ses amis devint un foyer permanent de turbulence démagogique; en quelques jours les désordres furent intolérables.

Ce ne fut cependant pas l'administration de la guerre qui, la première, se plaignit; ce furent les honnêtes et laborieux ouvriers du faubourg Saint-Antoine qui crurent remplir un devoir patriotique en envoyant, par deux fois en quelques jours, des délégués dénoncer à la barre de l'Assemblée législative ceux qui vivaient aux dépens de l'État en travaillant aussi peu que possible ou plutôt en ne travaillant pas du tout [1]. Le gardien vigilant du Trésor, Cambon, convertit aussitôt en motion le moyen pratique proposé par les pétitionnaires pour mettre fin à

---

1. Voici le texte même des deux adresses de la section des Quinze-Vingts. Ces adresses si remarquables par l'esprit qui y règne n'ont été, à notre connaissance, citées par aucun des historiens qui nous ont précédé :

« Législateurs, un fait n'a pu échapper à la section des Quinze-Vingts qui toujours veille pour le bien public et ne peut souffrir d'abus.

« Vous avez ordonné un camp sous Paris qui demande les travaux les plus assidus, votre intention n'est donc pas qu'on enrôle des gens pour ne rien faire; néanmoins on en reçoit à tout âge; des filles se présentent même déguisées en hommes. Par ordre de la municipalité, la caisse a battu pour avertir que l'on donnerait 42 sous par jour à tous ceux qui travailleraient.

« Tous ces faits existent avec preuve.

« Un seul moyen de remédier à ces abus et de ne payer que des ouvriers utiles serait de payer à la tâche et non à la journée. Vous

la dilapidation des fonds publics. Il fit décréter que le pouvoir exécutif prendrait toutes les mesures nécessaires afin que les ouvrages des fortifications parisiennes fussent donnés aux journaliers et manouvriers à marché fixe et non à la journée [1].

Dès ses premières séances, la Convention fut, comme la Législative, assaillie de réclamations contre la manière dont le travail était conduit et la discipline obser-

indiquer le mal et le remède nous assure, législateurs, qu'il sera promptement détruit par vos ordres.

« VIOLET, président; RENÉ, secrétaire-greffier. »

« *Extrait du registre des délibérations d'assemblée générale de la section des Quinze-Vingts.*

« L'an 1792 et IV de la liberté, 1er de l'égalité, le 17 septembre, sur l'exposé fait par un membre des abus qui sont commis journellement par les chefs et ouvriers dudit camp ;

« L'Assemblée indignée de voir que la presque totalité des ouvriers qui ont des états et de l'ouvrage quittent leurs maîtres où ils ne gagnent de l'argent qu'en travaillant pour aller gagner 42 sols au dit camp à *presque rien faire,* ce à quoi ils ont été recrutés à son de caisse; tous les travaux étant à la veille de manquer de bras par cette perversité ;

« L'Assemblée a nommé MM. Violet, Guyot, Giffet, Colin, Seigneury et Villard pour porter son vœu à ce sujet à l'Assemblée nationale, qui est: qu'aucun ouvrier ne pourra être admis aux travaux du camp s'il ne prouve qu'il est sans ouvrage et qu'il n'en peut trouver; plus, qu'aucun ouvrier dudit camp ne sera payé qu'au prorata de l'ouvrage qu'il aura fait, soit à la tâche, soit à la toise et non autrement. « VIOLET, président; RENÉ, secrétaire. »

1. Le texte de ce décret (18 septembre) n'est ni au *Moniteur,* ni au *Journal des Débats*. Nous en avons retrouvé la minute signée par Cambon.

vée dans le camp sous Paris[1]. Le 26 septembre, le comité militaire vint, par l'organe de Letourneur, ancien officier du génie, proposer une loi en deux titres et vingt-neuf articles ; c'était un code tout entier[2]. Les précautions minutieuses que prenait le comité militaire pour éviter autant que possible les abus et les désordres font sentir en présence de quelles difficultés se trouvaient placés les directeurs des travaux du camp. Les ouvriers

1. Le 25 septembre, dans la séance du soir, la section des Sans-Culottes qui n'est guère plus suspecte d'aristocratie que celle des Quinze-Vingts, vient déclarer :

« Le service du camp dévore par semaine 260,000. l.

« Il y a là 8,000 hommes qui ne font rien, gardés par 200 hommes qui n'empêchent aucun désordre. »

Le 26 septembre, le procureur général syndic du département de Paris écrit ce qui suit aux administrateurs du district de Saint-Denis :

« Citoyens, le maire de la Chapelle nous avertit que l'on dévaste les *cultures* de sa municipalité, que pour se chauffer au camp on abat les arbres de l'avenue de Saint-Denis. Vous savez ce que votre patriotisme vous inspire, et ce que la loi vous prescrit pour le maintien des propriétés : essayez de remontrer aux citoyens que la société ne peut se maintenir, si la propriété des particuliers, si celles de la république ne sont respectées. Parlez au nom de la patrie, que tous les bons citoyens chérissent, que les méchants n'osent ouvertement méconnaître quand ses droits sont invoqués. Concertez-vous avec les chefs du camp qui peuvent contenir les citoyens s'écartant des règles de la justice, et si ces moyens sont insuffisants, employez, en cas de délits graves et persévérants, la force publique et donnez-nous sur le champ avis des événements. Nous vous seconderons de tout notre pouvoir pour rétablir l'ordre, sans lequel la république ne peut subsister.

Le procureur général syndic, BERTHELOT.

2. Le texte se trouve au *Moniteur*, n° 271.

soldés étaient tenus d'être domiciliés dans l'arrondissement de la section qui les envoyait et d'être inscrits au comité de cette section. On ne pouvait recevoir parmi eux ni les femmes, ni les enfants au-dessous de quinze ans, ni les ouvriers d'arts ou de métiers capables d'être employés à d'autres objets du service public. Le travail à la tâche était la règle. Celui à la journée ne devait avoir lieu que très-exceptionnellement. Tout était déterminé par la loi, jusqu'au prix de chaque nature de déblai, jusqu'à la distance à laquelle devaient s'effectuer les transports de terre, etc. Le prix de la journée alloué précédemment par la Commune était diminué; il était fixé à trente-cinq sols pour les hommes forts et à vingt-cinq sols pour les hommes faibles. Les sections étaient tenues d'indiquer, sur la feuille d'enregistrement, lequel de ces deux prix serait alloué à chaque citoyen à raison de sa force. Enfin, il était formellement interdit à tout cabaretier et vivandier de s'établir au camp sans l'autorisation du général chargé de la défense de Paris.

II.

On conçoit sans peine combien toutes les dispositions de la loi Letourneur, qui semblaient autant d'entraves à l'omnipotence des sections, soulevèrent de mécontentements. Le 2 octobre, une bande de soi-disant travailleurs présentait à la barre une pétition, que les comités de seize sections avaient contresignée, et dans laquelle il était dit :

« Le décret que vous avez rendu ne s'accorde pas avec la véritable égalité, puisqu'il ôte cinq sols sur la journée du fort et quinze sols sur la journée du faible. Le salaire ne doit pas être réglé sur la proportion du plus ou moins de forces de chacun, car tous ont les mêmes besoins. Si la Convention eût consulté sa justice et son humanité, elle aurait dû plutôt augmenter les journées. Dans cette saison pluvieuse, le travail à la tâche est impossible. La disproportion du salaire entre les différents individus de la République, lorsqu'elle est trop grande, conduit à l'ambition, qui bientôt conduit aussi à l'aristocratie que vous abhorrez tous. Plusieurs des députés de l'Assemblée constituante et de l'Assemblée législative ne sont devenus aristocrates que parce que la nation a donné naissance à leur ambition en les payant trop généreusement, c'est-à-dire en leur payant un salaire trop fort. Le salaire de tous les individus au service de la nation devrait être gradué dans une juste proportion. Vous devez faire faire un pas rétrograde à votre décret. Les ouvriers sont presque tous pères de famille; ce sont les soutiens de la nation; car ce sont eux qui se sont levés au 10 août[1]. »

A peine la lecture de cette insolente pétition est-elle terminée, que Kersaint s'élance à la tribune. « La manière dont cette adresse est rédigée, dit-il, n'a point échappé à votre pénétration. Son érudition, quelque soin qu'on ait mis à la cacher sous des phrases triviales, a

---

1. *Journal des Débats et Décrets*, compte rendu de la séance du 2 octobre, n° 13 p. 221. — *Moniteur*, n° 277

trahi ses auteurs. Le piège est trop grossier. Seulement songez à l'arme terrible que les ambitieux peuvent trouver dans une masse d'hommes que leur indigence livre aux suggestions de l'erreur ou de la malveillance. Je demande que vous passiez à l'ordre du jour sur cette pétition et que vous chargiez votre commission des Six de faire une proclamation paternelle pour éclairer le peuple sur les manœuvres par lesquelles on cherche à l'égarer. »

Cette double proposition est décrétée, mais, trois jours après, Letourneur est obligé d'annoncer à la Convention qu'une grande effervescence règne parmi les ouvriers du camp. « La commission militaire, expose-t-il[1], a pris un arrêté pour faire suspendre les travaux pendant deux jours, afin de changer le régime et de toiser l'ouvrage déjà fait. Cet arrêté a eu une espèce d'exécution, mais des malveillants, et surtout des chefs d'ateliers institués par les sections elles-mêmes, ont saisi ce prétexte pour soulever les ouvriers, les ont engagés à continuer comme par le passé, leur ont promis de les payer de même. Les plus animés parmi les malveillants ont formé des rassemblements hostiles, ont déclaré qu'ils extermineraient les premiers qui travailleraient à la tâche, qu'ils étaient les maîtres, que l'argent qu'on leur donnait était l'argent de la nation et leur appartenait; ils menacent de se rassembler au nombre de 15,000 pour exiger le salaire à la journée. »

Les girondins, qui voient cette armée d'oisifs et d'émeu-

---

[1]. Le rapport de Letourneur est au *Moniteur*, n° 281 ; au *Journal des Débats et Décrets,* n° 16, p. 276.

tiers toute prête à seconder les vues ambitieuses de la Commune, s'empressent de démontrer la complète inutilité du camp sous Paris depuis que l'armée austro-prussienne est en pleine retraite. Ils demandent que les ateliers soient dissous, les bataillons qui campent sur le terrain réorganisés et envoyés aux frontières, les ouvriers parisiens et autres rendus à leurs travaux habituels. Lanjuinais, Goupilleau, Camus, Buzot, Cambon, prennent successivement la parole dans ce sens. Tallien reconnaît lui-même que le camp devient de moins en moins nécessaire à la défense de la République. « Mais s'il ne sert pas à cet objet, ajoute-t-il, il servira de camp d'instruction. » La Convention juge que dépenser un million par mois, c'est payer un peu cher l'instruction de volontaires qui aiment mieux rester à Paris que de marcher aux frontières. Sur la proposition de Kersaint, elle renvoie au comité de la guerre, réuni à la commission des Six, l'examen des nouvelles propositions qui viennent de lui être faites.

Pendant ce temps, l'agitation croissait parmi les habitués du camp. Le lundi 8 octobre, au moment de la reprise des travaux, une foule d'hommes apostés envahissent l'atelier dirigé par les commissaires de la section de la Fontaine de Grenelle, et menacent les ouvriers de leur faire un mauvais parti, « parce qu'ils gâtent le métier. » Ces commissaires étaient spécialement désignés à la vengeance des émeutiers, parce que, depuis quinze jours, ils avaient su maintenir l'ordre et la discipline dans la portion des travaux qui leur était confiée. Dès qu'ils paraissent, ils sont environnés, saisis, entraînés. Pour leur sauver la vie, les commandants de la force armée doivent promettre de les conduire immédiatement à l'Hôtel de Ville. Les plus acharnés les y accompagnent, en poussant des cris féroces, depuis Montmartre jusques à la place de Grève[1].

Peu de jours après, les deux comités se décident à faire connaître à la Convention le véritable état des choses. Rouyer vient en leur nom lire un long rapport dans lequel il reprend la question du camp sous Paris dès son origine[2]. Les travaux ont été conduits par un sieur Belair, que la Commune a revêtu du titre de directeur général; cet individu n'en a soumis ni l'ensemble ni les détails au ministre de la guerre, il a reçu sans distinction tous les ouvriers qui se sont présentés; ce n'est qu'à travers des difficultés sans cesse renaissantes que l'on est parvenu à contenir cette multitude. Mais le désordre est arrivé à son comble lorsqu'un autre individu, nommé Williams de Varennes, s'établissant de sa propre autorité inspecteur général des travaux, y a introduit 1,200 ouvriers et a formé une administration nouvelle dans le sein d'une administration déjà si peu réglée. Aussi le camp n'a-t-il pas tardé à

---

1. Le récit de cette émeute se trouve au *Moniteur*, n° 286. Ce journal qui, comme on a pu le remarquer maintes fois, est très-partial en faveur de la Commune et de ses adhérents, déclare que l'émeute du 8 octobre a été suscitée par des individus qui gagnent au camp 20 sols de moins par jour que dans les ateliers de leur profession, où l'ouvrage abonde. Le rédacteur ajoute cette réflexion importante : « Ils ont donc un salaire secret qui les dédommage? »

2. Le rapport de Rouyer se trouve tout entier au *Moniteur,* n° 290.

devenir un foyer d'intrigues et de cabales, le rendez-vous de perfides agitateurs, d'hommes vicieux, endurcis dans le crime, d'ennemis de la patrie semant la méfiance, répandant la calomnie, prêchant la licence, la révolte et la sédition. En vain le corps législatif a-t-il délégué trois de ses membres pour rétablir l'ordre; en vain a-t-il, sur leur rapport, réglé de la manière la plus sage le mode et le salaire du travail. Les désordres ont redoublé d'intensité. Cependant, après une inspection faite par le général Berruyer, chargé de la défense de Paris, on s'est aperçu que la plupart des travaux entamés étaient inutiles, qu'ils avaient occasionné un surcroît de dépense de 220,000 fr., et que, pour mettre Paris à l'abri d'une surprise, il fallait les refaire d'après un plan nouveau, sur une étendue de 16,000 toises. L'exécution de ce plan a été commencée. Mais il s'agissait de liquider le passé. On n'avait pu tenir aucun registre des travailleurs *varennes*. On savait que peu d'entre eux avaient travaillé, on savait aussi que beaucoup, et beaucoup trop, s'étaient rendus sur les travaux. Presque tous étaient inconnus. Lors des payements, il se présentait une foule de demandeurs que l'on ne pouvait admettre ni rejeter en connaissance de cause. « Il a donc fallu, dit Rouyer en terminant cet exposé des faits, il a donc fallu se contenter des certificats délivrés par le citoyen Williams de Varennes, quoiqu'il n'eût tenu aucun registre et qu'il n'eût reçu à cet effet aucune mission. La dépense en pure perte résultant de ce seul chef monte à 250,000 livres; de sorte que sur une dépense totale de 860,000 livres faite à ce jour, 330,000 livres seulement ont été employées d'une manière utile. On évalue à 8,800,000 livres la somme nécessaire pour l'achèvement des travaux [1]. »

Mais le camp doit-il être achevé? Oui, répond le rapporteur, « car, de l'avis de tous les généraux et citoyens expérimentés, il offrira la défense la plus imposante. Oui, car il servira d'école militaire; nos enfants transmettront à nos neveux l'époque de sa formation ; ceux-ci se souviendront avec enthousiasme qu'il fut fait par leurs pères dans les premiers jours de la République. Paris, en conservant les arts et les talents qui en font un séjour agréable, présentera un front guerrier si convenable à la fierté républicaine. »

En conséquence, le comité propose de décréter :

1° Que les travaux du camp seront continués dans toute leur étendue;

2° Que le nombre des ouvriers à y employer ne sera pas fixé, mais que les ouvriers ne pourront y travailler qu'à la tâche;

3° Que ceux, qui ne voudront pas travailler ainsi, ne seront pas payés, étant réputés *travailleurs bénévoles*;

4° Qu'il n'entrera dans le camp qu'un nombre de gardes nationaux parisiens égal au nombre des gardes nationaux des départements;

5° Que la commission nommée par la Convention continuera d'être chargée de la direction des travaux à la place de la Commune et de ses agents.

---

[1]. Le *Moniteur* dit 2,200,000 livres; mais ce chiffre est évidemment une erreur d'impression; le chiffre véritable 8,800,000 livres est donné par le *Journal des Débats et Décrets,* n° 26, p. 478.

L'Assemblée goûte peu le projet des comités, elle persiste à croire à l'inutilité de la dépense et au danger que présente une si grande agglomération d'individus indisciplinés pour le travail, enrégimentés pour le désordre. En vain Letourneur, qui s'était beaucoup mêlé des travaux du camp en sa qualité d'officier du génie, veut-il défendre une œuvre qui est devenue à moitié la sienne à raison du concours qu'il lui a prêté. Il est obligé de reconnaître que l'Assemblée législative, en décrétant la formation du camp retranché sous Paris, avait adopté une mesure dont l'exécution paraissait physiquement impossible à tous les gens de l'art. « Au milieu des circonstances orageuses qui nous environnent, ajoute-t-il, le temps et les moyens manquaient évidemment pour mettre Paris en état de défense contre l'attaque présumée des envahisseurs. Mais ces travaux devaient produire un effet moral bien précieux en rassurant les esprits faibles, en calmant les inquiétudes. Aujourd'hui nos armes sont couronnées des plus heureux succès; gardons-nous de passer d'un extrême à l'autre; il faut tout prévoir, même les disgrâces. Qui peut répondre qu'une coalition formidable des puissances ennemies de notre liberté ne nous exposera pas au printemps prochain à de nouvelles attaques, d'autant plus dangereuses, qu'elles auront été plus longuement méditées? Paris a été et est encore le foyer de la Révolution; il est et sera toujours l'objet de la cupidité et de la vengeance de nos ennemis, tant qu'il restera un tyran en Europe. Attendra-t-on, pour mettre Paris en défense, pour reprendre les travaux que l'on propose de suspendre, que des circonstances difficiles nous mettent dans l'impossibilité de les terminer à temps, au risque de s'exposer encore à des désordres inextricables, lorsque les moyens se trouvent en disproportion avec les besoins de la plus prompte exécution? Il est une considération très-frappante. Le travail à la tâche est un véritable bienfait pour la ville de Paris. L'ordre est rétabli. Tout annonce qu'il ne sera plus troublé. Vous n'aurez plus à craindre ces grands rassemblements d'hommes oisifs qui ne se présentent au travail que pour jouir d'un salaire assuré, mais non mérité. »

A quoi Kersaint réplique : « Et moi je fais la motion de supprimer totalement les travaux du camp sous Paris..... En cas de défaite de nos armées, se retrancher dans Paris serait un projet imprudent, désespéré, désastreux. » Et il cite à l'appui de son opinion l'avis de Dumouriez, l'exemple de l'Amérique insurgée, qui n'a jamais commis la faute de se renfermer dans les murs de ses principales villes. « La France n'est plus dans Paris, s'écrie-t-il... Vos camps sont les quatre-vingt-trois départements. Quoi! Lorsque vous faites frémir l'Europe, vous pourriez encore faire sous Paris un camp retranché? Je demande la question préalable sur le projet de décret. »

Kersaint n'avait pas en vain invoqué le nom de Dumouriez. Ce général était à Paris depuis quelques jours. Il venait de vaincre à Valmy et s'apprêtait à envahir la Belgique. Il désirait très-vivement hériter de tout le matériel entassé dans l'enceinte à peine formée autour de la butte Montmartre, surtout des tentes et des autres effets de campement. Pour arriver à ce résultat qui devait assurer le succès de sa campagne d'hiver, il flattait à tour de rôle montagnards et girondins; il s'était mis au mieux avec Santerre, qui se croyait déjà un général sérieux, parce que le vainqueur de l'Argonne daignait se promener bras dessus bras dessous avec lui et se servait de lui comme d'introducteur dans les clubs, dans les sections et dans les conciliabules de la démagogie. D'un autre côté, il multipliait les notes qu'il remettait sous main aux députés influents du parti de la Gironde, aux commissaires du camp, aux principaux membres du comité de la guerre.

Ces notes secrètes, ces conversations intimes, ces demi-confidences habilement ménagées, avaient porté leur fruit. La question préalable proposée par Kersaint n'est point combattue et le projet du comité est écarté. Trois jours plus tard, Albitte vient proposer au nom du comité militaire lui-même la cessation des travaux du camp.

Après quelques observations de Lanjuinais, d'Osselin et de Lecointe-Puyraveau, la Convention décide que « le licenciement des ateliers aura lieu le samedi suivant, 20 octobre, jour de paye; qu'une gratification de trois journées de travail sera accordée à chaque ouvrier, mais qu'elle ne pourra leur être payée qu'une fois qu'ils seront rentrés dans leurs communes respectives; qu'il y a lieu de passer à l'ordre du jour sur le surplus des réclamations adressées à l'Assemblée au nom des ouvriers du camp. »

Il ne suffisait pas d'avoir voté la dissolution, il fallait la réaliser. Pendant plusieurs jours, on menace la Convention de mutineries et de séditions[1]. Le 23 octobre, on lui annonce que 4,000 ouvriers sont rassemblés sur la place Vendôme et menacent de s'insurger s'ils ne sont pas immédiatement admis à présenter leurs plaintes. Mais on va aux informations et l'on apprend que les 4,000 insurgés se réduisent à 300 individus qui n'ont pu recruter un plus grand nombre d'adhérents et qui ne tardent pas à se disperser d'eux-mêmes. Le dimanche suivant, jour de réception des pétitionnaires, une nouvelle députation se présente à la barre de l'Assemblée : « De l'ouvrage ou du pain, dit son orateur, voilà ce que vous avez promis aux ouvriers du camp sous Paris. Quarante-deux sections ont adhéré à notre pétition; elles attendent la réalisation de votre

---

1. L'Assemblée reçut, les 22 et 23 octobre, les deux lettres suivantes :

« COMITÉ DE POLICE DU CAMP SOUS PARIS.

« Il est midi; il y a près de 3,000 ouvriers qui demandent hautement leur paie et aucun conducteur ne s'est encore présenté pour les satisfaire. Représentants, le comité ne cherchera pas en ce moment la cause de ce retard; mais il peut avoir des effets funestes au repos public et son devoir est de vous le dénoncer. Peut-être cela tient-il à des projets que nous n'osons assurer.

« L. TERRASSON, DESCOMBET. »

« Citoyen président,

« Je vous préviens que les ouvriers du camp sous Paris, réunis en grand nombre, sont à la place Vendôme; ils demandent à être entendus par l'organe de 20 d'entre eux. Il est instant de les admettre si l'on veut éviter une insurrection.

« MERCIER, officier municipal de Paris, président de la commission du camp. »

promesse. » Puis, terminant d'une manière moins menaçante, il s'écrie : « Soyez nos pères; les pères doivent nourrir leurs enfants. »

« Les représentants du peuple, réplique sèchement le président Guadet, sont les pères de vingt-cinq millions de citoyens; c'est entre eux tous que doit être répartie la fortune de la République[1]. »

C'était annoncer assez clairement que la Convention ne voulait pas se charger de nourrir l'armée recrutée par la municipalité parisienne. Celle-ci se le tint pour dit et n'insista plus. Le 2 novembre, afin de hâter le départ des ouvriers non parisiens attachés au camp, la Convention accorda un secours de trois sols par lieue aux ouvriers qui retourneraient dans leurs départements[2]. Elle vota pour cet objet un crédit de 50,000 livres.

Mais la plupart des individus qui avaient été recrutés par la Commune restèrent à Paris, où ils avaient pris leurs habitudes et où ils s'étaient affiliés à toute sorte de conciliabules secrets; ils devinrent l'instrument de toutes les insurrections, la milice permanente du désordre, et formèrent plus tard le noyau de la fameuse armée révolutionnaire.

III.

Le resserrement de la consommation, la raréfaction des capitaux, l'épuisement du crédit, la détresse du

---

1. *Moniteur*, n° 303.
2. *Moniteur*, n° 308.

commerce, telles sont les suites presque inévitables de toute grande perturbation politique ou sociale. Paris, la France entière, étaient depuis quatre ans en pleine crise commerciale, industrielle et financière, sans que les remèdes empiriques employés pour combattre cette crise eussent abouti à autre chose qu'à en augmenter l'intensité. Le numéraire n'avait cessé, depuis 1789, de sortir de France ou de se cacher.

Deux milliards d'assignats avaient été créés pour mobiliser la valeur des immeubles que la nation avait enlevés au clergé en promettant de pourvoir à tous ses besoins. Mais cette masse énorme de papier-monnaie jeté en deux ans dans la circulation avait eu pour conséquence naturelle de faire monter le prix de chaque chose et de faire enfouir les écus, qui ne voulaient pas s'échanger contre ces valeurs de nouvelle création. Les émigrés, au moins les plus prévoyants d'entre eux, avaient emporté une quantité assez considérable d'or et d'argent. Le commerce lui-même avait largement exporté des espèces métalliques, soit afin de se procurer les blés dont plusieurs mauvaises récoltes successives avaient rendu l'acquisition nécessaire, soit afin d'acheter des lettres de change sur l'étranger, placement plus sûr et moins sujet à de brusques variations que les valeurs françaises.

Les premiers assignats avaient été divisés en coupures d'une valeur assez importante. Cela était naturel, puisque, dans l'origine, ils ne devaient servir qu'à payer les propriétés domaniales que l'on se proposait de mettre successivement en vente. Mais, à cause de la rareté du numéraire, on s'était bientôt vu contraint de se servir des assignats comme de monnaie courante. C'est le propre de toute valeur fiduciaire, s'il s'élève quelque doute sur les garanties qu'elle présente, de chercher à se substituer aux espèces métalliques dans tous les payements journaliers; car ceux qui la reçoivent sont fort empressés de la passer aux mains de leurs voisins. La moindre transaction est l'objet d'une discussion entre acheteur et vendeur, entre patron et ouvrier, l'un proposant de se libérer au moyen d'une monnaie que l'autre refuse de recevoir. Au milieu de ces conflits sans cesse renaissants, les affaires se resserrent, le travail s'arrête. La tendance de l'un des deux signes d'échange étant de disparaître et l'autre de se produire, le marché est bien vite envahi par la valeur fiduciaire, lorsqu'elle est nouvelle et ne s'éloigne pas d'une manière trop sensible de son taux d'émission. Mais, pour qu'elle puisse circuler facilement et se plier à tous les besoins des transactions usuelles, il faut qu'elle soit divisée en coupures de l'importance des pièces d'or, d'argent et même de billon, auxquelles elle tend à se substituer.

Les coupures de vingt-cinq francs et au-dessus, adoptées pour les premiers assignats, ne se prêtaient pas à une facile diffusion. Afin de satisfaire aux besoins du commerce de détail, des gens honnêtes, mais peu clairvoyants, avaient inventé un expédient qui, au premier abord, paraissait assez bien conçu.

Dès 1791, il s'établit dans plusieurs grandes villes, surtout à Paris, des *caisses patriotiques*. Ces caisses émettaient des bons au porteur d'une valeur très-minime, puisqu'il y en avait de vingt, de dix, et même de cinq sous. La valeur des bons émis ne devait pas cesser d'être représentée dans la caisse de la société par une valeur égale en assignats, de manière que les bons pussent toujours être remboursés aux porteurs en une monnaie ayant cours légal et garantie par l'État. La nouvelle institution de crédit avait pris naissance au sein de certaines sections parisiennes. Des souscriptions particulières recueillies dans le quartier, sans intérêt de lucre, avaient fourni le capital de ces premières caisses (généralement 40 ou 50 mille livres). Leur administration était gratuite. Leurs opérations étaient conduites avec sagesse et probité par des hommes bienfaisants et entourés de la considération publique.

La réussite toute locale de ces caisses et la confiance accordée aux billets par elles émis n'avaient pas tardé à éveiller l'attention de ces spéculateurs qui savent tourner au profit de leur friponnerie les idées les plus honnêtes. Des individus, qui se proclamaient dans des prospectus magnifiques les bienfaiteurs de la classe ouvrière, ouvrirent bientôt, eux aussi, des caisses dites de *secours* et de *confiance,* dont les opérations devaient être basées, prétendaient-ils, sur le même principe. Ils s'attirèrent par les plus séduisantes promesses la clientèle du petit commerce de Paris, accaparèrent tout le capital dont il pouvait disposer, en échangeant les assignats à coupure embarrassante contre des billets au porteur qu'ils fabriquaient eux-mêmes sans contrôle et sans surveillance, et qui, par leur forme et leur libellé, présentaient une analogie complète avec ceux émis par les caisses des sections. Mais les assignats, qu'ils retiraient ainsi de la circulation, au lieu de rester oisifs entre leurs mains, comme ils l'avaient promis, étaient employés par eux dans les spéculations les plus hasardeuses. Pour faire face au remboursement des billets émis, ils n'avaient dans leurs portefeuilles que des signatures de gens très-peu solvables, dans leurs magasins que des marchandises dont ils exagéraient audacieusement le prix d'achat.

Un pareil état de choses ne pouvait longtemps subsister sans grand péril pour les fortunes privées et pour la tranquillité publique. Au mois de mars 1792, Lafond-Ladebat présenta à l'Assemblée législative un rapport à la suite duquel fut rendue une loi qui mettait toutes les *caisses patriotiques, de confiance et de secours* sous la surveillance et le contrôle immédiat des autorités municipales. Occupé de tout autres soins, le Conseil général de la Commune de Paris n'exerça sur ces caisses qu'une surveillance peu efficace; les émissions de billets de confiance ne cessèrent pas d'être aussi désordonnées que par le passé.

Cependant les discussions qui avaient eu lieu dans le sein de l'Assemblée avaient fort ébranlé le crédit des caisses. Elles ressentirent le contre-coup de la secousse violente qui renversa le trône de Louis XVI et furent frappées de mort par la stagnation complète des affaires, suite naturelle des journées de septembre. La principale de ces banques, dite la *maison de secours*, suspendit ses payements; son gérant, un sieur Guillaume, fut arrêté comme prévenu de malversations graves. Ce fut le signal d'une panique universelle.

Les ouvriers, les petits marchands, et spécialement tous ceux qui faisaient le commerce d'approvisionnement des halles, étaient habitués à opérer toutes leurs transactions avec des billets de confiance. Ils en avaient les mains pleines, parce que de plus habiles et de mieux avisés avaient su s'en débarrasser à temps. Il fallait attendre la liquidation de la maison de secours pour savoir ce que vaudrait le papier émis par elle. Mais les porteurs de ces billets de confiance pouvaient-ils attendre? Ces pauvres revendeurs, ces malheureux artisans étaient dans l'impossibilité d'exercer leur industrie, d'acheter même du pain, puisque la seule monnaie qu'ils possédassent n'avait plus de cours et que tout le monde la refusait. Dans leur embarras, ils s'adressaient à la municipalité, formaient des rassemblements tumultueux au marché des Innocents et sur la place de Grève, déclarant qu'ils sauraient bien obtenir de gré ou de force le remboursement de leurs billets contre des assignats de même valeur. Ils répétaient sur tous les tons qu'ils n'auraient pas accepté les soi-disant billets patriotiques si on ne leur avait pas assuré que l'émission en était faite sous le contrôle légal des magistrats du peuple.

Le conseil général de la Commune crut devoir s'emparer de l'actif et du passif de la maison de secours et opérer elle-même cette liquidation si embarrassée. Pour parer aux premiers besoins, elle fit verser sur les fonds de la ville 400,000 livres dans la caisse de cette banque, puis s'adressa à l'Assemblée législative, qui accorda également une avance de 300,000 livres. Mais tous les billets émis par la caisse venant en même temps à présentation, ces deux sommes furent absorbées en quelques jours. Sur ces entrefaites, la Convention se réunit, et un des premiers objets dont elle eut à s'occuper fut la demande formée par la Commune d'une nouvelle avance pour faciliter la liquidation de la maison de secours. Cette fois le chiffre de la demande montait à deux millions.

A l'annonce de ce chiffre exorbitant, le vigilant gardien du Trésor public, Cambon, éclate de colère. « De millions en millions, dit-il, on ruine la France pour le profit d'une troupe de voleurs qui, avec le moule d'impression signé Guillaume, feront passer toutes les papeteries de la République en billets de confiance. Il est temps que la Commune de Paris soit assimilée à toutes les autres communes de la République; je demande qu'au lieu d'accorder les deux millions, vous réclamiez le compte de l'emploi des trois millions avancés pour différents objets à la ville de Paris, et que l'on vous fournisse l'état de situation de la maison de secours. » Combattue par Osselin, Danton, Tallien, la motion de Cambon est adoptée par l'Assemblée [1].

Mais bientôt la Commune revient à la charge. « On nous réclame à grands cris le remboursement des billets de la caisse de secours, disent ses délégués, nous ne répondons plus de la tranquillité publique si l'on ne nous accorde pas une nouvelle avance. » La Convention presse son comité des finances de déposer le rapport qu'elle lui a ordonné de faire. Le 11 octobre, Cambon expose que le

---

1. 28 septembre, *Journal des Débats et Décrets,* n° 9, p. 152-154.

comité a examiné les comptes de la maison de secours et les a trouvés incomplets, insuffisants, non certifiés. « La municipalité, ajoute-t-il, n'a pas inspecté cette banque ainsi que le voulait la loi, elle n'en a jamais connu la situation vraie; jamais elle n'a pu obtenir le compte de l'actif. Depuis que le gérant Guillaume a été arrêté, la municipalité a pris la gestion de la maison de secours, mais elle n'a pas fait apposer les scellés; elle s'est emparée des caisses sans inventaire. S'il fallait, dit en terminant le rapporteur, rembourser tous les billets de cette maison de banque, la nation perdrait 5 à 6 millions en outre des sommes déjà délivrées. La presque totalité de ces billets a été émise depuis que la loi a défendu les nouvelles émissions. Si la loi est ainsi méprisée et qu'on vienne ensuite nous demander de l'argent pour rembourser des dilapidations, nous n'en finirons pas et nous épuiserons le trésor public[1]. » Adoptant les raisons exposées par Cambon, la Convention passe à l'ordre du jour sur la pétition de la Commune.

Trois jours après, celle-ci ayant risqué une nouvelle démarche, Cambon s'écrie encore : « Si nous continuons les avances, le peuple perdra d'une main ce qu'il aura reçu de l'autre. Paris ne peut exclusivement préoccuper la Convention. Il faut garder de quoi sauver la France. Peut-être Coblentz a-t-il des fabriques de ces billets innombrables dont le remboursement épuiserait à la fin le trésor national? » — Tout ce qu'on peut faire, selon l'intraitable financier,

---

1. *Journal des Débats et Décrets*, n° 22, p. 396-398.

c'est d'accorder à la municipalité la somme nécessaire pour rembourser les billets présentés durant encore un jour ou deux; immédiatement après, on liquidera la maison de secours, on vendra tout ce qu'elle possède. — Camus est du même avis : « Qu'un dernier secours soit accordé et qu'on en finisse une fois pour toutes, car cette affaire devient de plus en plus trouble; les délégués de la Commune, qui sont à la barre, ont refusé d'apporter au comité les comptes de la maison de secours, et l'ex-administrateur Guillaume vient de prendre la fuite avec deux officiers municipaux à la garde desquels il avait été confié! » Très-émue et en même temps très-dégoûtée, la Convention consent cependant à voter « une avance de 30,000 livres, à raison de 5,000 livres par jour, pour être employées au remboursement des billets de la maison de secours et à condition que cette avance sera restituée sur les premiers fonds qui rentreront dans cette caisse. » Elle décrète, en outre, qu'il sera établi sur la ville de Paris une contribution extraordinaire afin de faire face aux pertes que pourra occasionner la liquidation définitive[1].

Les 30,000 livres disparaissent dans le gouffre en quelques instants, et le bureau où s'opère le remboursement des billets de la maison de secours est assailli par une foule d'autant plus furieuse qu'elle a vu quelques heureux, qu'elle prend pour des privilégiés, en sortir avec de bons assignats. Mais comment faire face à ces réclamations, s'il est vrai, comme l'a dit Cambon, que des bil-

---

1. *Journal des Débats et Décrets,* séance du 12 octobre, p. 432.

lets faux ont été et sont encore tous les jours mis en circulation? Le 25 octobre, une députation des commissaires des sections se présente à la barre de l'Assemblée nationale et prononce le chiffre de 6 millions comme celui des avances indispensables à l'apaisement du désespoir populaire. Sur quoi ce chiffre est-il basé? Sur rien; car la Commune oublie toujours de dresser un compte sérieux, de fournir le bilan de la maison de secours.

La colère de tous les financiers de la Convention éclate en même temps[1]. « Il faut, s'écrie Cambon, démêler toutes ces intrigues, arrêter ces dilapidations, déjouer ces manœuvres et punir les coupables! Je suis bien déterminé à périr plutôt que de souffrir que l'on attaque ainsi la fortune publique. — Nous y sommes tous déterminés, répète l'immense majorité des représentants. — Je m'opposerai constamment, continue l'orateur, à ce que vous accordiez à la Commune les sommes qu'elle vous demande. Savons-nous où s'arrêteront ces dépenses ruineuses? Si demain, pour tout délai, les membres de la Commune n'ont pas fourni l'état de situation de la maison de secours et des billets en circulation, je demande qu'ils soient suspendus de leurs fonctions et poursuivis devant les tribunaux! — Il existe une loi contre les rebelles, dit Lidon; qu'elle soit exécutée! Les membres de la Commune, en refusant d'obéir aux différents décrets que vous avez rendus, sont coupables. Leur intention est sans doute d'aller rejoindre

---

1. Séance du 25 octobre. Le compte rendu du *Journal des Débats et Décrets* est beaucoup plus complet que celui du *Moniteur*.

leurs camarades qui sont à Londres (Guillaume et ses gardiens); je demande que vous préveniez leur départ en les décrétant sur-le-champ d'accusation. » Sur la proposition de Defermon et de Gensonné, la Convention décide qu'en exécution des ordres qu'elle a précédemment donnés, « la municipalité de Paris sera tenue de fournir, le lendemain à midi, l'état de situation et les comptes relatifs à l'émission des billets de la caisse de secours, ainsi que l'exposé des mesures qu'elle a dû prendre relativement à la fuite de Guillaume et des deux personnes qui l'ont accompagné. »

IV.

Le 26, au moment où midi sonne, Rouyer se lève et interpelle le comité des finances sur l'exécution du décret voté la veille. Au même instant, les délégués du Conseil général font avertir le président qu'ils sont prêts à paraître. On les introduit immédiatement. Après avoir donné lecture de tous les arrêtés pris à l'Hôtel de Ville relativement à la maison de secours, l'orateur de la Commune annonce que l'officier municipal, Bidermann, est chargé de présenter les comptes réclamés. Chacun attend que des rangs de la députation sorte le financier qui a su enfin porter la lumière dans le chaos de ces comptes. Mais l'attente est vaine, personne ne se présente, et la députation est obligée de convenir que Bidermann n'est pas avec elle. L'Assemblée se croit à bon droit le jouet d'une mystification, elle témoigne son mécontentement par de violents murmures. Danton les domine, criant de toute la force de ses robustes poumons : « On n'interrompt pas même un criminel, et ici on a l'audace... — Danton, je vous rappelle à l'ordre! s'écrie le président, » et il fait signe au délégué du Conseil général qu'il ait à continuer.

Celui-ci reprend son discours en demandant, au nom de la Commune, une nouvelle avance de 2,500,000 livres. Pour faire diversion aux récriminations très-vives que ce chiffre suscite, l'orateur se lance dans d'interminables divagations sur les calomnies dont, prétend-il, les membres de la Commune insurrectionnelle sont abreuvés : « Les ennemis du peuple calomnient, persécutent les hommes du 10 août; ils veulent avilir cette révolution. Ne pouvant attaquer notre civisme, ils nous accusent de dilapidations. Nous sommes victimes en ce moment du peu de surveillance que nos prédécesseurs ont apporté dans l'examen de la gestion du sieur Guillaume. Comparez notre conduite avec celle qu'ont tenue les officiers municipaux du 20 juin. Les uns ont tout fait pour perdre la liberté; nous, ne l'avons-nous pas sauvée? »

Quoi! vous vous prétendez calomniés parce qu'on vous demande des comptes? On vous parle finances, et vous répondez politique! vous accusez d'être les ennemis du peuple ceux qui, au nom de la République entière, veulent savoir où passe l'argent de la France! — Tel est le thème que développent successivement Kersaint et Cambon. — Rouyer fait remarquer que la députation de la Commune ne demande plus aujourd'hui que 2,500,000 livres, tandis qu'elle réclamait la veille

6,000,000. Que signifie ce changement de chiffre? — « La contradiction n'est qu'apparente, répond un membre de la députation. La pétition d'hier ne provenait pas de la Commune, mais des quatre-vingt-seize commissaires des sections; et c'est pourquoi ils vous ont demandé six millions[1] ! » A cette étrange explication, l'Assemblée reste stupéfaite. « Eh bien! continue Rouyer, comprenez-vous maintenant dans quelle anarchie d'administration les citoyens de Paris sont plongés? doit-il y avoir deux corps de représentants de la Commune? le souffrirez-vous?... Les autorités révolutionnaires doivent-elles exister après la Révolution? J'avais pensé que la Révolution était finie le jour que nous avons aboli la royauté. Qu'avons-nous à redouter encore, si ce n'est l'anarchie? Je ne sais si vous êtes libres ici; aucun pouvoir ne vous l'assure. Je demande que le ministre de l'intérieur vous rende compte de l'état de Paris et qu'il vous dénonce les rebelles à la loi; vous saurez bien les faire rentrer dans le silence! » — « Et moi, ajoute Camus, je demande que le directoire du département de Paris soit réintégré dans toutes ses fonctions, et que désormais la Commune ne puisse communiquer directement avec la Convention nationale. »

« Si la Commune a demandé les six millions, dit Tallien, c'était pour venir en aide à toutes les caisses de confiance de la République! » Cette explication était trop tardive, on la considère comme inventée pour le besoin de la cause. Afin de couper court à de nouveaux men-

---

[1]. *Journal des Débats et Décrets,* n° 37, p. 695.

songes, la Convention se hâte de décréter : « La Commune de Paris devra, dans les trois jours, donner l'état de situation de l'actif des maisons de secours de cette ville ; dans le même délai, le ministre de l'intérieur fera rapport à l'Assemblée de l'état où se trouvent, depuis le 10 août dernier, les autorités publiques à Paris, notamment le département, la municipalité et la Commune. Il fera connaître les obstacles que l'exécution des lois éprouve en cette ville et les moyens d'y remédier. »

Loin de clore la discussion, le vote de ce décret semble en augmenter la vivacité. Kersaint dénonce l'existence d'une assemblée de quatre-vingt-seize commissaires de section qui, sans faire partie du Conseil général, s'est emparée du service des subsistances. « Ainsi, dit le courageux girondin, cette partie si délicate de l'administration est livrée à je ne sais qui. »

Les amis des dictateurs de l'Hôtel de Ville nient le fait avec une indicible fureur. En vain le président Guadet les engage-t-il au calme, les menace-t-il d'un rappel à l'ordre ; il lui devient impossible de dominer le tumulte. La droite demande que le président se couvre, que la séance soit levée. Mais Guadet, pour faire preuve d'impartialité et pour ramener le calme en détournant l'orage, accorde la parole à un autre membre de la députation de la Commune, qui l'a réclamée pour rectifier, dit-il, quelques faits. Le nouvel orateur a l'air doucereux et le parler tranquille. Petit et grêle, il n'a rien de l'encolure d'un tribun ; c'est le fameux Hébert, *le père Duchêne* en personne. Le matin, en qualité de substitut du procureur-syndic de la Commune, il prêche à l'Hôtel de Ville les vertus douces et pures, il fait étalage de cette sensibilité fade, mise à la mode par les plagiaires de J.-J. Rousseau. Le soir, simple citoyen, il reprend son ancien métier de folliculaire, écrit ces pages immondes dont l'annonce, hurlée à chaque coin de rue, jette la terreur et le désespoir dans le cœur de tous les honnêtes gens. Son double caractère se reflète dans les quelques paroles qu'il prononce quand, pour la première fois, il paraît à la barre de la Convention. Il entame son discours par des paroles de paix, il le finira par une déclaration de guerre.

« La Commune de Paris, dit-il, ne mérite point le reproche qui lui a été fait d'avoir laissé s'élever d'autres autorités constituées, d'autres commissions que celles autorisées par vos décrets. Ces commissaires qui vous sont dénoncés sont des commissaires nommés tous les matins par les sections de Paris pour la vérification des comptes de leurs collègues; c'est un véritable bureau d'indication et non une autorité constituée. C'est ainsi qu'on dénature les faits, c'est ainsi que l'on agite le peuple, c'est ainsi que l'on cherche à avilir le Conseil général de la Commune aux yeux de ses concitoyens, c'est ainsi que ceux qui veulent que la Convention quitte Paris... »

A ces mots la Gironde se soulève d'indignation; des cris : « A l'ordre! » couvrent la voix de l'orateur. Les membres de la droite quittent leurs bancs et se précipitent au milieu de la salle. Le président cherche en vain à apaiser le tumulte et ne voit d'autre ressource, pour couper court aux nouvelles insolences des commissaires de la Commune, que de lever brusquement la séance[1].

Le surlendemain 28, ce n'est plus une députation du Conseil général ni des quatre-vingt-seize commissaires des sections, c'est une députation du corps municipal qui se présente devant la Convention[2]. Elle fait entendre la contre-partie des allégations produites par Hébert et ses compagnons. Bidermann en est l'orateur. S'il n'avait pas paru l'avant-veille, c'est qu'il n'avait pas voulu servir de complice à la Commune insurrectionnelle pour déguiser à la Convention l'état réel des choses. Aujourd'hui, il vient lui faire connaître la vérité, autant qu'il est permis de la démêler au milieu des réticences, des omissions et des dissimulations calculées dont ne se sont pas fait faute les commissaires qui ont mis la main sur les caisses de la maison de secours sans dresser ni bilan ni inventaire. Bidermann convient avec franchise que cette maison, comme presque toutes les caisses du même genre, présentera une liquidation désastreuse. L'actif, sauf nouveau mécompte,

---

1. *Moniteur*, n° 302, et *Journal des Débats*, n° 37, p. 697.
2. Nous avons exposé, tome Ier, note 3, le mécanisme de l'organisation de la Commune de Paris, divisée en un corps municipal d'administrateurs et en un Conseil général de notables. Nous avons expliqué, tome III, p. 142, comment les administrateurs, formant le corps municipal, étaient restés en fonctions après l'envahissement du Conseil général par les prétendus commissaires des sections, dans la nuit du 9 au 10 août. Ces deux autorités siégeaient toutes deux concurremment à l'Hôtel de Ville; on conçoit sans peine à quels perpétuels conflits d'attributions devait donner lieu leur co-existence, quand on sait combien différente était leur origine, combien étaient hostiles les opinions qu'elles représentaient.

peut être évalué à 1,600,000 livres; et les billets encore en circulation à 3,000,000.

Ceci exposé, l'orateur croit devoir prendre la défense du corps municipal dont il fait partie, et renvoyer à la Commune insurrectionnelle toutes les accusations qu'elle a portées contre les administrateurs qui, depuis 1791, sont à la tête des principaux services de la ville de Paris. « Le corps municipal a été dénoncé par le conseil général comme coupable d'imprévoyance, d'impéritie et même d'incivisme, dit-il. Vous ne confondrez pas les amis de la liberté avec des intrigants qui, depuis que les dangers sont passés, sont venus s'asseoir à côté de nous, pour partager la gloire d'avoir sauvé la patrie et pour y chercher des bénéfices que plusieurs y ont trouvés. Nous avons toujours été avec Pétion; nous méritons d'être comptés parmi les hommes du 10 août, mais nous laissons à ceux qui sont venus depuis, l'honneur de la journée du 2 septembre. Bientôt, à la fin de notre carrière, nous déposerons l'écharpe municipale; si quelques gouttes de sang s'y trouvent, ce ne sera que celui des fonctionnaires qui la portent. »

La Convention avait naturellement écouté Bidermann avec plus de faveur qu'Hébert; elle savait maintenant à quoi s'en tenir sur l'effroyable anarchie qui régnait à l'Hôtel de ville. C'était à elle d'aviser; elle n'avisa pas et se contenta de renvoyer à son comité des finances l'exposé des administrateurs parisiens, comme elle l'avait fait pour l'adresse du conseil général. Ainsi, sans oser se prononcer, elle demandait à ses commissions rapport sur rapport, aux ministres exposé sur exposé; elle fulminait menaces sur menaces, rendait décrets sur décrets, mais elle n'aboutissait à rien et s'épuisait en efforts impuissants.

Il fallait bien cependant en finir avec cette question des billets patriotiques; ils s'étaient répandus dans les départements avoisinant Paris par suite de l'immense commerce d'approvisionnement que ces départements font avec la capitale[1]; il y avait eu aussi des caisses établies dans certaines localités. Le 2 novembre, Cambon fit son rapport sur l'ensemble de l'affaire. Le déficit des différentes caisses de Paris était définitivement évalué à cinq millions, déduction faite de l'actif et des sommes à recouvrer sur les particuliers dont la responsabilité pouvait être engagée. Qui devait payer ce déficit? L'État ou les communes? Le rapport du comité des finances posait en principe que, dans aucun cas, ce déficit ne pouvait former une dette à la charge de la nation, mais qu'il était du devoir de la Convention de prendre des mesures pour que « la portion du peuple la moins fortunée ne fût pas victime de l'insolvabilité ou des manœuvres coupables des personnes qui les avaient émis. » Le soin de pourvoir à la liquidation de chaque caisse devait être laissé à la charge de la Commune sur le territoire de laquelle elle avait été établie. Seulement, pour les caisses de la capitale, Cambon proposait de décider que le département

---

[1]. Voir au *Moniteur,* n° 308, au commencement de la séance du 2 novembre, la réclamation des administrateurs du département de Seine-et-Marne qui viennent se plaindre du discrédit dans lequel sont tombés les billets de confiance.

tout entier, c'est-à-dire non-seulement Paris, mais encore les deux districts de Sceaux et de Saint-Denis, coopérerait au remboursement des billets et que la dépense qui en résulterait serait couverte au moyen d'un véritable impôt progressif. Cambon, dans son rapport, donnait lui-même la théorie de cet impôt en ces termes : « Le citoyen riche doit être taxé infiniment plus que celui qui n'a qu'une fortune médiocre et l'on ne peut faire payer celui qui n'a que le simple nécessaire. Ce principe est d'autant plus vrai dans ses applications au cas particulier dont il s'agit, que l'on ne peut contester que c'est aux gros propriétaires, aux entrepreneurs, aux chefs d'atelier qu'ont été principalement utiles les billets de secours, puisqu'ils les ont dispensés d'acheter du numéraire. »

Théorie et application, tout parut très-contestable à la Convention. Malgré l'urgence qu'il y avait à décider le plus tôt possible une question aussi brûlante, elle ajourna la discussion. Six jours après, elle rendit un décret qui ordonnait en principe la liquidation de toutes les caisses patriotiques instituées à Paris et dans les départements tant par des particuliers que par les municipalités, et qui prescrivait aux directoires de district de procéder sur le champ à la liquidation des caisses municipales ayant émis des billets au porteur. Les directoires devaient vérifier les comptes et convertir en espèces et assignats les valeurs formant l'actif, puis briser les planches, retirer de la circulation et brûler les billets. Les maires et officiers municipaux ayant fait les émissions étaient rendus responsables du déficit et tenus d'y pourvoir. Les municipalités avaient mission d'agir exactement de la même manière à l'égard de toutes les compagnies particulières ayant émis des billets au porteur d'une valeur inférieure à vingt-cinq livres. Les compagnies et les particuliers responsables devaient être contraints de pourvoir au déficit sur leurs biens propres et même par corps. Si le déficit de ces caisses ne pouvait être couvert par les compagnies ou par les particuliers, il devait rester à la charge des municipalités, que la Convention autorisait d'ores et déjà à emprunter à cet effet. A dater du 1er janvier 1793, aucun billet au porteur, de quelque somme que ce fût, ne devait rester en circulation. Défense expresse était faite d'en émettre à partir du jour de la promulgation du décret; les contrevenants devaient être poursuivis et punis comme faux monnayeurs [1].

[1]. Voir au *Moniteur*, n° 308, le rapport de Cambon, et, au n° 331, le décret spécial à Paris, en date du 24 novembre. D'après ce décret on peut évaluer à 5,200,000 livres ce que coûta aux contribuables du département le remboursement de la somme avancée par le trésor public pour l'échange des billets dits de parchemin ou de la maison de secours. Quant au système de répartition qui fut définitivement adopté, il différait de celui proposé par Cambon. Une partie de la somme fut demandée à la contribution foncière au moyen de sous additionnels ajoutés à toutes les cotes et proportionnellement à leur chiffre, une autre partie à la contribution mobilière, suivant une progression qui montait du simple au quintuple, depuis les revenus présumés de 900 livres jusqu'aux revenus les plus élevés; ceux au-dessous de 900 livres en étaient exempts.

V.

La colère des démagogues contre le projet de la garde départementale s'était d'abord exhalée dans les journaux et dans les clubs. Elle revêtit bientôt une forme officielle. Ce fut encore au sein de la Commune que l'initiative de l'attaque fut prise, et ce fut Chaumette, alors vice-président du conseil général, qui se chargea de la formuler. Le 15 octobre, dans une cérémonie solennelle organisée à l'occasion de la remise des nouveaux drapeaux aux sections armées, il s'écriait :

« Tous nos ennemis ne sont pas abattus; si le sceptre est brisé, les poignards de la calomnie ne le sont pas encore. Nous avons à combattre une armée d'intrigants ambitieux, dévorés de la soif de régner, qui veulent donner à la Convention nationale une garde qui bientôt serait la leur propre... Comment ne pas redouter une assemblée souveraine investie d'une armée?... Partout où il faut des armes pour faire exécuter les lois, à coup sûr les lois sont mauvaises... Évoquons les mânes criminels des Sylla, des Lépide, des César, des Antoine, des Cromwell; demandons-leur quel fut le marche pied qui leur servit pour atteindre à la toute-puissance, à la suprématie du crime?... Jetons un coup d'œil sur l'histoire des tyrans et des usurpateurs; frémissons à la seule idée de la force armée entre les mains et à la disposition exclusive du législateur... En vain nous dit-on qu'on ne veut qu'une garde d'honneur. Qu'est-ce donc qu'une garde d'honneur pour une assemblée populaire créée, environnée, défendue par des hommes libres?... Je ne sais si je me trompe, le temps le prouvera ; mais je doute que les partisans de cette garde aient voté de bonne foi pour l'établissement de la République. On a créé les mots : *agitateurs* et *perturbateurs*, et on a peint les citoyens de Paris comme un assemblage confus d'assassins et de furieux. Puis on s'est attaqué au conseil général de la Commune; on y a introduit des gens sur qui, citoyens, nous appelons toute la sévérité de la loi, des gens dont la Commune du 10 août vous fera justice. Mais cette commune elle-même était-elle à l'abri de la méchanceté? On la calomniait; on en arrachait les citoyens les plus zélés et les plus purs, on les chargeait de commissions et on les faisait remplacer par des gens qui sans doute étaient payés pour la déshonorer et faire tomber sur le conseil général les inculpations dont on avait besoin. Ils espéraient sans doute, les traîtres, anéantir la confiance des citoyens de Paris en leurs délégués, afin d'amener de nouveaux troubles et de pouvoir proposer à la Convention nationale de quitter Paris. Voilà où ils en veulent peut-être venir[1]. »

Toutes ces allégations étaient aussi impudentes que

---

[1]. Le *Moniteur*, n° 292, donne le commencement du discours de Chaumette, c'est-à-dire la partie inoffensive qui s'adressait aux commandants des sections armées; il omet à dessein la seconde moitié, la seule importante, la seule où se manifestent les colères qui fermentaient au sein du conseil général. Nous avons copié tous les passages que nous donnons sur le registre même des délibérations du conseil général.

bouffonnes. Comment qualifier le passage dans lequel Chaumette insinuait que les fameux commissaires pris dans le sein du conseil général pour être envoyés dans les départements n'étaient pas partis de leur plein gré, mais avaient été arrachés de leur siége, que leurs remplaçants avaient été payés pour se déshonorer et pour déshonorer le conseil? Les collègues de l'orateur comprirent ou ne comprirent pas la portée des phrases qu'il débitait devant eux, mais, dans tous les cas, ils ne s'en émurent nullement ; preuve certaine que toute cette comédie était concertée entre eux et n'avait d'autre but que de donner le change à la Convention.

La harangue officielle de Chaumette donna le mot d'ordre aux sections qui se hâtèrent d'organiser une de ces manifestations dont elles avaient l'habitude depuis le 20 juin. Ce fut la section des gardes françaises, ci-devant de l'oratoire du Louvre qui cette fois prit l'initiative[1]. A son appel quarante-huit délégués se réunirent pour rédiger une adresse à la Convention contre la nouvelle garde prétorienne. Après avoir employé trois jours à l'élucubration de ce factum, les délégués qui s'étaient fait investir de pouvoirs plus ou moins réguliers, se rendirent en grande pompe au sein du conseil général de la Commune. La pétition préparée est lue, accueillie avec enthousiasme ; le conseil adjoint six de ses membres aux quarante-huit prétendus délégués, et tous se rendent immédiatement à l'Assemblée nationale. Ils y sont reçus avec d'autant plus de facilité qu'ils viennent, suppose-

1. *Journal du Club des Jacobins*, n°s 286 et 287.

t-on, entretenir la Convention de la question des billets patriotiques à l'ordre du jour de la séance. Mais la méprise cesse bientôt quand on entend l'orateur débuter ainsi :

« Citoyens mandataires du Souverain,

« Vous voyez devant vous les députés des sections de Paris ;

« Ils viennent vous faire entendre des vérités éternelles, vous rappeler des principes que la nature et la raison ont gravés dans le cœur de tous les hommes libres ; point de mots, des choses !

« On vous a proposé de vous mettre au niveau des tyrans en vous environnant d'une garde... »

A ces mots la plus vive indignation éclate dans l'Assemblée. Lidon, l'un des plus courageux parmi les girondins, s'avance au milieu de la salle : « Je demande, dit-il, que le décret sur la force publique soit prononcé sur le champ ! » — « Oui ! oui ! lui répondent un très-grand nombre de députés, il faut faire connaître au peuple français que nous sommes libres, et aux agitateurs que nous bravons leurs menaces[1]... Nous saurons, s'il le faut, mourir à notre poste, nos suppléants nous remplaceront[2]. »

L'agitation est à son comble. On demande la levée de la séance et le dépôt sur le bureau de l'adresse des pétitionnaires. — « Non, dit la droite par l'organe de Defermon, il faut que la pétition soit entendue, que la

---

1. *Débats,* n° 30, p. 565.
2. *Moniteur,* n° 295.

députation soit invitée à la séance, que les représentants du peuple ne se séparent qu'après avoir pris un parti. »

— « Il est temps, ajoute Lasource, que la République sache ce que les sections de Paris viennent vous dire à la barre. » — « Qu'ils présentent au moins leurs pouvoirs, s'écrient d'autres membres. »

Les pétitionnaires tirent de leurs poches et agitent en l'air des chiffons de papier. Cette singulière manière de produire des pouvoirs, dont personne naturellement ne peut, dans ce moment de trouble, vérifier le libellé, est vivement applaudie par les tribunes. Le président se croit obligé de rappeler solennellement aux spectateurs que la loi leur interdit toute marque d'approbation et d'improbation ; il menace de faire sortir les perturbateurs qui, méprisant les lois et ses ordres, agitent les tribunes.

Le calme renaît enfin. L'orateur peut reprendre la parole :

« Les sections de Paris, après avoir pesé la valeur des principes sur lesquels repose la souveraineté du peuple, vous déclarent par notre organe qu'elles trouvent le projet d'une garde départementale odieux et dangereux : odieux, parce qu'il n'est point de l'essence d'une constitution populaire et républicaine ; dangereux, parce qu'il ne peut que détruire les bases d'une telle constitution... »

Pendant un quart d'heure, le délégué des sections et de la Commune continue sur ce ton. Sa lecture terminée, il se croise les bras et ajoute : « Les sections attendent votre décision. »

Guadet occupait le fauteuil ; il répond fièrement :

« Citoyens, c'est ici que réside l'exercice de la souveraineté du peuple français; c'est à la Convention nationale que tous les droits de la République sont confiés; elle saura les défendre. Elle recevra toujours avec plaisir les conseils des bons citoyens; mais elle promet que, d'ordres, elle n'en recevra que du peuple français. Elle vous invite à sa séance. »

La Convention applaudit aux paroles de son président et déclare passer à l'ordre du jour sur la pétition. Quelques membres demandent que l'adresse des sections et la réponse de Guadet soient imprimées; mais Gensonné s'écrie : « Donner tant d'importance à une commune, ce serait autoriser toutes les autres à en prendre autant, ce serait *fédéraliser* la France en 44,000 républiques..... Pour empêcher qu'on ne suppose la commune de Paris tout entière coupable de ce qui ne peut être que le crime de quelques individus, je demande que l'on ensevelisse dans l'oubli la pétition qui vous a été présentée et que la Convention maintienne le décret par lequel elle a passé à l'ordre du jour. »

La motion de Gensonné est adoptée, mais personne ne songe à reprendre celle qu'a faite Lidon, quelques instants auparavant, de voter immédiatement la création de la garde départementale. Par une défaillance inexplicable, la Gironde elle-même semblait reculer devant la réalisation d'une mesure qu'elle avait si laborieusement préparée et à l'occasion de laquelle elle n'avait pas craint de soulevertant de colères[1]. Peut-être voulait-elle tenir ce vote

1. Voir au *Moniteur*, n° 294. et au *Journal des Débats et Décrets*, n° 30, page 558, la discussion qui s'élève à ce sujet entre Buzot et

suspendu comme une menace sur la tête de la Commune. Peut-être attendait-elle d'avoir, en fait, rassemblé le noyau de cette garde avant d'en décréter, en droit, la formation.

VI.

La Convention ne tarda pas à s'apercevoir que, si elle avait risqué le coup d'audace que lui avait proposé Lidon, elle aurait trouvé derrière elle, dans Paris même, d'énergiques auxiliaires. Dès le 20, le président de la section de la butte des Moulins écrit à la Convention pour lui déclarer que cette section n'a nullement participé à l'adresse présentée le 19 et qu'elle en désapprouve le style et la forme. Le 21, Popincourt et la Fontaine de Grenelle envoient des délégués faire à la barre de l'Assemblée nationale les mêmes déclarations[1]. Le président Guadet leur répond :

« Citoyens, les agitateurs cherchent à égarer les

Chabot. C'est le montagnard qui demande que l'on fixe un jour pour la discussion définitive du projet de la garde départementale ; c'est e girondin qui répond qu'il y a à l'ordre du jour des questions plus urgentes, qu'il faut avant tout terminer les lois sur les corps administratifs, sur les émigrés et sur les subsistances. Cet incident, curieux à noter, eut lieu dans la séance du 19 octobre, une heure avant que les délégués des quarante-huit sections ne fussent introduits. Probablement les girondins attendaient les Marseillais de Barbaroux qui n'arrivèrent que le 21 octobre (voir plus loin p. 268.)

1. Quelques jours après les sections Mirabeau, des Tuileries, de Molière et Lafontaine, de la Fraternité, du Marais adhérèrent à ces protestations.

citoyens de Paris; votre pétition en est une double preuve. On nous avait présenté une adresse comme le vœu de quarante-huit sections; vous la désavouez. On vous a fait croire que la Convention nationale a l'intention de créer une garde pour elle; on vous avait trompés. C'est pour vous, citoyens, c'est pour la ville de Paris; c'est pour assurer l'unité de la République. Au reste, c'est à vous à éclairer vos concitoyens, à vous qui réunissez au civisme pur les lumières qui captivent la confiance [1]. »

En même temps que certaines sections parisiennes se détachaient résolûment du faisceau que la Commune avait espéré former contre la Gironde, les municipalités de province et les administrations départementales envoyaient des adresses approbatives du décret présenté par Buzot. A ces démonstrations écrites, qui affluaient de tous les points de la France, vint bientôt s'ajouter une autre démonstration plus significative encore. Le dimanche 21 octobre, apparaissent à la barre les délégués du bataillon marseillais, dont Barbaroux a déjà annoncé plusieurs fois l'arrivée à la Convention.

« Nous venions des bords de la Méditerranée, dit Lallemand, leur orateur, offrir notre sang à nos frères de Paris menacés par les soldats des despotes. Mais les jours de péril sont passés, et les seuls ennemis qui nous restent à combattre ici sont les agitateurs avides de tribunat et de dictature. Nous vous offrons nos bras contre eux... Citoyens représentants, vous appartenez

---

[1]. Le *Moniteur* ne donne pas cette réponse du président; elle se trouve dans le *Journal des Débats et Décrets*, p. 592.

aux quatre-vingt-trois départements, vous êtes donc à nous comme aux citoyens de Paris, et le service militaire auprès de vous, auprès des établissements publics, est un droit commun à tous les soldats de la patrie, dont nous vous demandons l'exercice. Nous savons que certains hommes disent aux Parisiens que cette réclamation est une injure, comme s'il était injurieux pour eux de reconnaître que nous sommes leurs frères et que nous avons les mêmes droits. Nous savons encore qu'on leur répète que la Convention nationale veut établir autour d'elle une garde prétorienne. Un mot répond à cette calomnie : *Nous y serons!* Les enfants de Marseille savent obéir comme ils savent se battre; ils haïssent les dictateurs comme les rois, et vous pouvez compter sur eux pour le maintien de vos lois contre les hommes qui n'en voudraient aucune[1]. »

A peine la députation marseillaise a-t-elle quitté la barre qu'une autre députation s'y présente au nom des hommes du 14 juillet et de la section des quinze-vingts. L'orateur n'est autre que Gonchon, le plus célèbre comme le plus verbeux des orateurs populaires. Nous ne le suivrons pas dans la série interminable de ses axiomes politiques, de ses comparaisons ampoulées, de ses phrases sentimentales. Il y avait de tout dans son discours, des appels réitérés à la concorde, des éloges pompeux donnés au peuple de Paris, des malédictions contre

---

[1]. Le discours de l'orateur marseillais est beaucoup moins complet dans le *Moniteur*, n° 296 que dans le *Journal des Débats et Décrets*, n° 32, p. 589.

la loi martiale, des paroles d'amitié adressées aux frères des départements [1].

Au fond, quel était le but de cette harangue dont l'auteur avait des relations secrètes avec Roland et ses amis, et à laquelle le président Guadet fit une réponse aussi sympathique que possible [2]? La Gironde était, à la fin d'octobre, dans le plus fort de sa lutte avec la Montagne, elle avait l'appui évident des départements; elle voulut sans doute, par une habile diversion, apaiser les préoccupations parisiennes et donner un gage de la modération avec laquelle elle userait de la victoire qui semblait ne pouvoir lui échapper.

Ce furent très-probablement les girondins ou au moins quelques membres de ce parti, les intimes de la maison Roland, qui suscitèrent la pétition Gonchon. Les inspirateurs du soi-disant délégué du faubourg Saint-Antoine lui avaient permis de donner libre carrière à son éloquence, pourvu que, dans sa conclusion, il adhérât au principe d'une garde dont les départements fourniraient les principaux éléments; ils l'avaient même autorisé à demander, pour gage d'alliance entre l'Assemblée et les masses populaires, l'abrogation de la loi en

---

[1]. Le discours de Gonchon se trouve *in extenso* au *Moniteur*, n° 299, et au *Journal des Débats et Décrets*, n° 34, page 631.

[2]. Voici le texte même de la réponse de Guadet :

« Estimables et généreux citoyens, vous parlez de la liberté comme vous savez la défendre. Rien n'égale votre amour, si ce n'est l'énergie avec laquelle vous la proclamez, et lorsque je vous parle ainsi, je ne flatte pas, je raconte. Car, si la liberté pouvait se perdre dans la république française, elle se retrouverait au faubourg Saint-Antoine. La Convention nationale vous invite à sa séance. »

vertu de laquelle le champ de Mars avait été ensanglanté le 17 juillet 1791. Cette concession devait compenser, suivant eux, ce que la formation d'une garde départementale pouvait avoir d'agressif vis-à-vis de la population parisienne.

Mais l'espèce de mise en scène dont le premier acte avait été l'apparition des compatriotes de Barbaroux, le second celle de Gonchon et des comparses qu'on lui avait adjoints, n'aboutit à rien par la faute même de ceux qui l'avaient préparée. La Gironde ne fit aucune proposition formelle. La Montagne, plus habile, sut choisir dans le fatras que Gonchon avait apporté à la tribune, la seule idée qui pût convenir à ses desseins : l'abolition immédiate de la loi martiale. Chabot la propose, les girondins ne peuvent la refuser après avoir si bien accueilli l'orateur populaire qui l'avait demandée. Elle est votée à l'instant même à l'unanimité, et la séance est levée au milieu de l'enthousiasme universel. En sortant, chaque parti se félicite de la journée. La Gironde avait fait une énorme dépense de phrases vides et sonores, avait étalé de magnifiques sentiments, entendu et applaudi de superbes harangues, mais elle n'avait rien obtenu. La Montagne avait, en un tour de main, enlevé de l'arsenal des lois une arme qui, dans un moment donné, aurait pu devenir funeste à elle et à ses alliés.

VII.

L'escamotage parlementaire si habilement exécuté par Chabot n'avait pu apaiser le ressentiment des démagogues parisiens. L'Assemblée avait refusé d'accorder l'honneur banal de l'impression à l'insolente pétition que les soi-disant délégués des quarante-huit sections étaient venus lui apporter. Les meneurs de l'Hôtel de ville ne veulent pas que cette pièce d'éloquence soit perdue pour la France; ils font prendre par le conseil général de la Commune un arrêté, en vertu duquel ce document sera imprimé aux frais de la caisse municipale, affiché sur les murs de Paris, expédié aux quatre-vingt-trois départements et aux quarante-quatre mille communes de France.

Ce nouveau défi jeté à la face de la représentation nationale est dénoncé, le 25 octobre, par Barbaroux. Au milieu du violent tumulte soulevé par son jeune ami, Buzot s'écrie : « On dénonçait il y a quelques mois à vos prédécesseurs des actes émanés de directoires de départements qui semblaient vouloir, à l'occasion des événements du 20 juin, former entre eux une coalition; ces actes ont été annulés. Et maintenant voilà un corps municipal qui prend des arrêtés pour envoyer officiellement une pétition à toutes les communes de France! Citoyens, notre gouvernement est un, toutes les parties ont un centre, il est ici. Mais si quelques communes venaient à se coaliser, à s'écarter de ce centre commun, bientôt sur les ruines de la République s'établirait un gouvernement municipal qui ne serait autre chose que la plus monstrueuse des anarchies[1]. »

Charlier, Jean Bon Saint-André, Manuel, Legendre demandent la question préalable sur la dénonciation de Barbaroux, et invoquent le principe de la libre circulation des idées. Mais toutes les fois qu'une proposition nette et précise dans le sens des opinions modérées lui était présentée, l'Assemblée n'hésitait pas à l'adopter ; aussi vote-t-elle sans plus de débat le décret rédigé par le jeune député de Marseille. Ce décret était ainsi conçu :

« La Convention nationale casse et annule l'arrêté
« de la commune de Paris comme contraire aux lois et
« tendant à établir une correspondance officielle des
« municipalités entre elles, à détruire l'unité et l'indivi-
« sibilité de la République ; décrète que les membres
« du conseil général, qui ont pris ledit arrêté, seront per-
« sonnellement responsables des dépenses occasionnées
« par l'impression et l'envoi de cet arrêté aux départe-
« ments et aux municipalités de la République. »

Mais cette décision, bien loin de terminer la querelle, ne fait que l'envenimer. Le 30 octobre, Roland écrit à la Convention, qu'au mépris du décret du 25, la Commune fait expédier par la poste, et sous le contre-seing de Pétion, des paquets qui contiennent la fameuse adresse. Qui est le plus étonné de cette nouvelle ? C'est certainement l'ancien maire. Il est obligé de venir à la tribune avouer qu'il ignore complétement l'abus que

---

1. *Journal des Débats et Décrets,* p. 667. *Moniteur,* n° 295.

l'on a pu faire de son nom. La faveur du contreseing, c'est-à-dire de l'expédition gratuite des lettres et papiers revêtus de son sceau, lui avait été accordée après le 10 août. Depuis six semaines qu'il a donné sa démission de maire de Paris, les électeurs n'ont pu encore réussir à lui trouver un successeur légal. En attendant il reste titulaire du contre-seing, mais les bureaux de la Commune s'en servent à leur guise et sans qu'il puisse donner d'éclaircissement à cet égard. Sur cette singulière révélation, on propose de retirer au maire de Paris, quel qu'il puisse être, la faveur concédée au premier magistrat de la capitale, lorsque tous les pouvoirs étaient, en fait sinon en droit, réunis entre les mains de la Commune. Chabot, fier du succès qu'il a obtenu quelques jours auparavant, veut mettre à profit le nouvel incident pour faire tomber Roland dans un piége. Il demande comment le ministre a pu savoir ce que renfermaient les paquets qu'on a arrêtés à la poste ; ce ne peut être qu'en violant le secret des lettres. L'ex-capucin s'élève avec une violence extrême contre « le rétablissement de l'Inquisition. » L'image pouvait paraître assez étrange dans la bouche de l'orateur ; mais le plus extraordinaire, c'était d'entendre le défenseur de la Commune attaquer le ministre de l'intérieur pour avoir fait, un jour et dans une circonstance donnée, ce que la municipalité parisienne s'était permis pendant des mois entiers, quand, après le 10 août, elle avait montré aussi peu de respect pour la liberté des correspondances que pour la liberté de la presse[1]. La gauche appuie vivement

1. Voir tome III, p. 5.

Chabot et insiste pour que Roland soit immédiatement mandé à la barre; la Gironde veut que la conduite du ministre, bien loin d'être incriminée, reçoive de l'Assemblée une approbation formelle. Quelques députés allant beaucoup plus loin demandent que l'on suspende à l'instant même le conseil général de la Commune. Ces diverses propositions s'entrecroisent et soulèvent un inexprimable tumulte. Cependant il s'apaise un instant lorsque l'on voit Barrère monter à la tribune. La partie flottante de l'Assemblée s'était engouée de cet homme qui devait bientôt mériter un si triste renom par sa lâcheté, ses trahisons et ses rapports à deux tranchants; elle le regardait comme son représentant le plus accrédité, comme son oracle le plus sûr. L'influence, que cet orateur à double face avait déjà acquise, il cherchait à la consolider en affectant de tenir la balance absolument égale entre les girondins et les montagnards.

Barrère commence par tonner contre la Commune pour avoir le droit de conclure contre Roland. « Je demande, dit-il, que le conseil général qui a si souvent donné et qui donne encore en ce moment l'exemple de la violation des lois, soit immédiatement suspendu. Ce corps, né de l'anarchie, doit disparaître avec l'anarchie. Je demande aussi que le ministre de l'intérieur soit sans retard mandé à la barre et interrogé sur la manière dont il a été informé de l'envoi des paquets confiés à la poste. C'est pour l'honneur même du ministre que je fais cette proposition. Quoiqu'il ne soit pas directement accusé, le soupçon a plané sur sa tête. Vous ne pouvez l'y laisser plus longtemps. »

La première proposition n'avait été présentée par Barrère que pour faire plus sûrement accepter la seconde. Il n'insiste pas sur la suspension de la municipalité, mais il fait adopter le décret qui mande Roland à la barre. Celui-ci y obéit sur-le-champ, et vient donner à l'Assemblée les explications qui lui ont été demandées.

« J'ai, dit-il, suspendu l'envoi des paquets parce que je savais qu'ils contenaient des exemplaires d'une adresse soi-disant émanée des quarante-huit sections parisiennes, adresse que la Convention a improuvée, que plusieurs des sections auxquelles on l'attribuait ont rétractée, adresse qui tendait à discréditer les représentants du peuple dans l'esprit de leurs commettants et était de nature à porter le trouble dans les départements. Ces paquets étaient d'ailleurs revêtus du contre-seing d'un homme qui le désavouait.

« — Mais comment, dit le président, qui interrogeait le ministre au nom de l'Assemblée, avez-vous eu connaissance de cet envoi?

« — J'ai reçu un billet d'une personne qui avait coopéré à faire les paquets. Cette personne, je ne dois pas la nommer, parce que je puis bien me compromettre pour le salut public, mais je ne puis compromettre celui qui m'a donné un avis de confiance et par zèle pour la République [1]. »

Merlin (de Thionville) essaie de parler contre Roland, mais il est interrompu par les murmures de l'immense majorité de l'Assemblée. « On veut donc, s'écrie-t-il, tuer

---

[1]. *Journal des Débats et Décrets,* p. 782, n° 42.

la République? Si l'on s'acharne contre la municipalité parisienne, c'est que l'on veut donner à Louis XVI et à l'infâme Marie-Antoinette le doux plaisir de voir égorger ceux qui les ont mis dans la tour du Temple? »

En jetant ainsi dans le débat le nom d'illustres prisonniers, Merlin cherchait à le passionner encore davantage; cela n'était guère nécessaire, car depuis une heure, les colères bouillonnaient au fond des cœurs et éclataient à chaque instant par les plus violentes interruptions. Les amis de la Montagne aussi bien que ceux de la Gironde sentaient que cette querelle, qui avait l'air presque puérile puisqu'elle s'agitait à l'occasion de quelques paquets d'imprimés arrêtés momentanément à la poste, résumait en réalité tous les dissentiments qui creusaient un abîme de plus en plus infranchissable entre les deux partis de la Convention.

En vain Barrère tente-t-il de contenter tout le monde en déclarant qu'à ses yeux « la municipalité et le ministre sont également coupables, le ministre, parce qu'il n'a pas consulté la Convention avant d'opérer la saisie des paquets; la Commune, parce qu'elle a essayé d'expédier des paquets faussement contresignés. » La gauche veut absolument que l'Assemblée déclare que Roland a violé le secret des lettres. La droite s'y oppose avec non moins d'énergie. L'agitation prend un tel caractère de violence que le président se couvre et fait inscrire nominativement au procès-verbal Merlin, le provocateur du scandale. Enfin l'Assemblée, longtemps indécise, semble vouloir prendre un parti décisif. Elle passe à l'ordre du jour sur tout ce qui concerne la conduite du ministre, et accorde la parole à Barbaroux, qui annonce avoir à faire les propositions les plus importantes pour le salut de la République.

« L'anarchie règne autour de nous, dit le fougueux marseillais, et nous n'avons rien fait pour la réprimer. Les provocateurs au meurtre, les administrateurs infidèles, les souleveurs d'une poignée de citoyens égarés sont encore triomphants; n'est-ce donc plus ici la volonté nationale qui commande? Les représentants de vingt-cinq millions d'hommes doivent-ils courber la tête devant trente factieux? Nous n'avons pas assez calculé les conséquences terribles de notre longue patience. Quelle opinion les peuples, chez lesquels nous allons porter la liberté, peuvent-ils se former de notre République, lorsqu'ils voient le crime siéger à côté de la vertu, les dictateurs respirer le même air que les hommes du 14 juillet? »

L'orateur girondin démontre que, si les désordres ne sont pas promptement réprimés, la Convention se déshonorera à la face de l'Europe, et laissera la démagogie parisienne entraîner la France à l'abîme. Discutant les calomnies des désorganisateurs, il prouve qu'il n'y a point de parti qui veuille une république fédérative. Il somme Marat de dénoncer les traîtres qu'il accuse dans son journal de vouloir démembrer la patrie. Il affirme que les citoyens que l'on intitule fédéralistes sont précisément ceux qui, depuis dix ans, combattent ce système de gouvernement. « Le projet d'une garde départementale, ajoute-t-il, a aussi servi de prétexte aux plus absurdes calomnies. Sans doute, Paris ne veut pas opposer sa volonté à la volonté de quatre-vingt-trois départements. Il n'y a plus de capitale dans une république, et tous ces mouvements de quelques sections de Paris, ces arrêtés insolents, ces menaces coupables, dont nous sommes témoins tous les jours, auront moins d'influence sur nous que la paisible pétition du plus petit village. »

Barbaroux est interrompu par les vociférations des tribunes et de la Montagne. Mais plusieurs salves d'applaudissements, partis du centre et du côté droit, lui prouvent qu'il exprime les sentiments de l'immense majorité des représentants du peuple; il continue donc son discours. Selon lui, les dictateurs de l'Hôtel de Ville ne suscitent toute sorte d'embarras et d'agitations, à propos des travaux du camp, des billets de la caisse de secours, comme de la garde départementale, que dans un seul but : celui de se soustraire au châtiment que méritent leurs déprédations. « Ils vous disent qu'il faut attendre la reddition des comptes de la Commune, pour la juger. Futile objection! Sans doute il est des comptes que les corps administratifs ne doivent donner qu'à des époques déterminées et pour la rédaction desquels on conçoit qu'il faut nécessairement du temps. Mais le compte d'un dépôt doit être rendu dès qu'il est demandé. Un retard est un délit que la loi doit punir; la Commune de Paris n'est que dépositaire de l'argenterie, de l'or et des effets enlevés dans les maisons des particuliers émigrés; il faut donc qu'elle s'en déssaisisse à l'instant et que ces objets tombent ou dans la caisse nationale ou sous le balancier de la monnaie.

« La désorganisation s'étend autour de nous. De vingt-cinq sections qui ont rendu compte de l'élection du maire, treize ont violé la loi qui leur commandait de faire cette élection au scrutin secret.... La section du Panthéon français a délibéré de se porter en armes à la barre de la Convention nationale, si son président y était mandé. La section des Piques, que préside Robespierre, a osé improuver le décret par lequel vous avez cassé l'arrêté du conseil général ; bien plus, elle a demandé que cet arrêté, qui ordonne l'envoi à chaque municipalité de la pétition injurieuse des prétendus délégués des quarante-huit sections, fût modifié en ce sens qu'au lieu d'un exemplaire, il en fût adressé vingt-quatre à chacune des 44,000 communes de France, ce qui ferait monter l'impression à plus d'un million d'exemplaires.... Si dans ce moment le tocsin sonnait, quel moyen auriez-vous pour ramener l'ordre ou prévenir les attentats ? Le pouvoir exécutif ? il est sans force et peut-être encore exposé à des mandats d'amener. Le département ? on ne reconnaît plus son autorité. La Commune ? elle est composée en majeure partie d'hommes que vous devez poursuivre. Le commandant général ? on l'accuse d'avoir des liaisons avec les triumvirs. La force publique ? il n'en existe point. Les bons citoyens ? ils n'osent se lever. Les méchants ? Oui, ceux-là vous entourent, et c'est Catilina qui les commande. »

Cela dit, Barbaroux propose quatre projets de décrets :

I

« La Convention déclare qu'elle reste à Paris.

« Lorsque la représentation nationale aura été avilie dans la ville où le corps législatif tient ses séances, cette ville perdra le droit de posséder le corps législatif et les établissements qui en dépendent.

« Le présent décret sera sur-le-champ envoyé à la sanction du peuple.

II

« Les bataillons fédérés, les dragons de la République, les gendarmes nationaux et autres corps de troupes de ligne et de volontaires qui se trouvent soit dans Paris, soit dans le voisinage, feront, concurremment avec la garde nationale de Paris, le service de la Convention et de tous les établissements publics.

III

« La Convention nationale, en vertu des pouvoirs qui lui ont été donnés par le peuple, se constitue en cour de justice pour le jugement des conspirateurs.

IV

« La Convention nationale casse la municipalité et le conseil général de la Commune de Paris, et ordonne que le directoire du département nommera des commissaires parmi les administrateurs pour exercer provisoirement les fonctions municipales.

« Les sections de Paris cesseront dès aujourd'hui d'être permanentes [1]. »

Des mesures aussi capitales n'auraient pas dû être proposées sans la certitude qu'elles seraient soutenues par la Gironde tout entière. Or les plus intimes amis de

---

1. *Moniteur,* n° 305.

Barbaroux n'avaient point été avertis de la levée de boucliers qu'il allait provoquer. Il avait voulu se réserver la gloire d'être l'unique auteur des mesures qui, pensait-il, devaient assurer le salut de l'empire. L'Assemblée n'était nullement préparée à entendre, encore moins à voter de pareilles propositions. Elle est surprise et comme abasourdie. Les timides interrogent les audacieux du regard. Ceux-ci font signe que l'orateur n'a pas daigné les mettre dans la confidence, et qu'ils n'ont pu se concerter pour avoir une opinion raisonnée sur un ensemble de projets combinés dans une seule tête et produits inopinément au milieu d'un débat déjà si irritant. Personne ne se sent d'humeur à soutenir la discussion sur le terrain nouveau où l'a placé Barbaroux. On se remet à délibérer, comme si de rien n'était, sur les détails de la saisie opérée à la poste par les soins du ministre de l'intérieur. Pétion lui-même reconnaît que la quadruple motion du représentant des Bouches-du-Rhône doit être ajournée. Sans même aller aussi loin que Barrère, il propose et il fait adopter un décret ordonnant au conseil général d'envoyer le lendemain dix commissaires à l'Assemblée pour donner des explications sur l'abus qui a été fait du contre-seing du maire de Paris.

Le 31, à l'heure dite, se présente une députation de la Commune, conduite par Anaxagoras Chaumette. Celui-ci va-t-il donner à l'Assemblée nationale une seconde édition du discours qu'il a prononcé le 15 à l'Hôtel de Ville[1], et dans lequel il adressait de loin aux adver-

---

1. Voir page 264.

saires des jacobins et des sections révolutionnaires les injures les plus vives, les comparant à Sylla, César et Cromwell? Nullement. Autant il était audacieux et insolent lorsqu'il se trouvait dans son milieu habituel, en présence d'un auditoire dont il avait toutes les sympathies; autant il est souple et obséquieux lorsqu'il est vis-à-vis de la représentation nationale[1]. L'embarras de l'orateur se traduit par l'incohérence et l'emphase de son discours. « Si la justice et la vérité, dit-il, étaient exclues de la terre, ce serait ici qu'on pourrait les retrouver. Je prie, au nom du salut public, les législateurs de m'entendre jusqu'au bout. Il faut vous rappeler ce qu'est aujourd'hui le conseil général. Au 10 août, il était composé d'hommes vigoureusement patriotes; c'étaient des hommes fermes dans les principes. Peu d'entre eux, il est vrai, étaient capables d'administrer une aussi grande ville. *Quelque temps après, le conseil changea de face : eh bien! la face de ce conseil est encore changée depuis.* Le petit nombre d'hommes qui compose le conseil est bien décidé à faire cesser cette lutte exécrable de *quelques anarchistes.* Les lâches sont toujours cruels; ils ont quitté leur poste. Ceux qui sont restés se sont écriés tous : Périsse le conseil de la Commune plutôt que la tranquillité publique soit troublée, que le salut du peuple soit compromis! »

Chaumette fait à moitié l'aveu des crimes que l'on

1. Voici comment M. Michelet s'exprime sur Chaumette à l'occasion de ce discours (tome IV, p. 479) : « Chaumette vint, à plat ventre, se roula dans la bassesse d'une hypocrite humilité, déclama contre les anarchistes (c'est-à-dire contre lui-même). »

reproche au conseil général; en son nom, il en promet la punition. « Il y a eu des prévaricateurs dans la Commune, s'écrie-t-il, le petit nombre d'hommes purs qui siégent au conseil les mettra sous la hache de la loi!... Nous dénoncerons nous-mêmes ceux d'entre nous qui ont commis des dilapidations, mais vous ne confondrez pas les innocents avec les coupables.... N'altérez pas la confiance des citoyens en nous!... Comment voulez-vous que nous arrêtions les provocateurs au meurtre, que nous empêchions les insurrections d'éclater, que nous démasquions les pervers qui les excitent? » — Arrivant enfin au fait particulier sur lequel il est tenu de s'expliquer, Chaumette n'entre dans aucun détail, mais il désavoue tout ce qui a pu froisser la représentation nationale. « Le conseil général, dès qu'il a eu connaissance du décret qui improuvait l'arrêté municipal du 19, a fait suspendre l'envoi de cette malheureuse pétition qui nous a tant agités. Quant au contre-seing, s'il a été appliqué sur des paquets déjà préparés pour la poste, c'est par suite d'un usage établi depuis longtemps. Cela s'est toujours fait sans que le maire en fût instruit. Si le conseil général a paru donner son assentiment à la pétition contre la garde départementale, c'est qu'il a cru ne devoir pas résister au vœu exprimé par les commissaires de section. Ces commissaires ne représentaient pas tout Paris, mais la majorité des sections parisiennes. »

La Gironde s'estime satisfaite des explications de Chaumette; elle les croit assez humiliantes pour la Commune et se figure que son ennemie sera d'autant plus vaincue et abaissée devant l'opinion publique, que la

Convention se montrera plus dédaigneusement généreuse envers elle. Puisque la pétition n'a pas été envoyée, puisque le conseil général confesse qu'il a eu tort de l'approuver, puisqu'il reconnaît qu'elle n'avait pas l'aveu de toutes les sections, Pétion et Lasource eux-mêmes invitent leurs collègues à décerner les honneurs de la séance aux municipaux repentants et à voter l'ordre du jour.

L'Assemblée ne paraît pas vouloir se montrer aussi indulgente que les chefs de la Gironde. Ce n'est qu'à la suite de deux épreuves douteuses qu'elle accorde en ces termes un bill d'indemnité à la municipalité parisienne :

« La Convention nationale, après avoir entendu la
« lecture de l'arrêté de la Commune du 30 octobre[1],
« passe à l'ordre du jour sur le délit de cette Commune
« compris dans l'envoi à la poste des paquets arrêtés
« hier par ordre du ministre. »

Enfin, pour consacrer religieusement le principe de l'inviolabilité du secret des lettres, l'Assemblée décrète que les paquets arrêtés à la poste seront rendus aux expéditeurs sans avoir été ouverts[2].

---

1. Cet arrêté était ainsi conçu : « Le conseil général, par respect pour la loi, passe à l'ordre du jour et arrête que la loi sera envoyée aux quarante-huit sections. » L'espèce d'amende honorable que s'était imposée la municipalité parisienne était, on le voit, formulée dans des termes d'un sécheresse assez significative.

2. Cet exemple du respect des principes donné par la Convention sera vite oublié par les démagogues parisiens, en faveur desquels ce bill d'indemnité avait été prononcé. Comme ils l'avaient fait au 10 août, ils violeront encore le secret des lettres au 31 mai, lorsqu'ils pourront se venger sans pitié ni merci de l'insultante générosité de la Gironde.

VIII.

La commission des Six, devenue depuis la commission des Neuf, avait été chargée de préparer, en outre du projet de loi sur l'organisation de la garde départementale, un décret contre les provocateurs au meurtre et à l'assassinat[1]. Buzot fut encore choisi par la commission pour lui servir d'organe; il déposa son second rapport le 27 octobre. Il ne s'y dissimulait pas que la loi, proposée par ses collègues et lui, touchait aux immunités de la presse, « que des républicains voulaient voir jouir d'une liberté indéfinie; » mais il se hâtait d'ajouter : « Nous sommes devant une nécessité triste et pressante; nous sortons à peine, ou plutôt nous sommes encore environnés de ces révolutions qui donnent à l'espèce humaine tout son ressort, mais qui développent en même temps toutes les passions dont une société corrompue a nourri toutes les semences. Ainsi, d'une part, l'élévation du caractère, l'énergie des sentiments, l'activité de l'esprit, la grandeur de l'enthousiasme animent et exaltent les natures généreuses, tandis que la basse stupidité, la cruelle envie, l'ambition désordonnée, la défiance sanguinaire, la rage de détruire, la fureur de dominer égarent, d'autre part, ces individus malheureux dont les vices de l'ancien gouvernement avait opéré l'avilissement et préparé les crimes. L'affreuse association de tous les vices et de tous les

---

1. Voir pages 80 et 118 de ce volume.

crimes produit bientôt les effets qu'on doit en attendre. Le peuple, toujours agité, toujours misérable, finit par regretter le repos du despotisme et s'y laisse entraîner par lassitude et par épuisement. Voilà où les Français arriveront infailliblement, si vous ne les arrêtez pas d'une main ferme et hardie sur le bord du précipice, où de perfides flatteurs veulent les précipiter... C'était dans le profond silence de la retraite et du recueillement que les anciens législateurs méditaient le bonheur des hommes. Sera-ce au milieu du frémissement des passions les plus sanguinaires, des torches qu'elles agitent, des poignards qu'elles appellent que nous pouvons poser froidement les bases de la félicité d'une grande nation?... Au sortir des scènes désastreuses de ces derniers temps, sachons imposer à l'agitation, à la malveillance, à la perversité; qu'une loi provisoire, mais nécessaire, austère et sage, réprime les passions cruelles qu'ont enfantées nos discussions politiques. »

Le rapport de Buzot était suivi d'un projet de décret, aux termes duquel toute personne qui, par des placards ou affiches, par des écrits publics ou colportés, par des discours tenus dans des assemblées publiques, aurait provoqué ou conseillé à dessein le meurtre, l'assassinat ou la sédition, devait être puni de douze ans de fers, si le meurtre ou l'assassinat ne s'en était pas suivi, de mort, si le meurtre ou l'assassinat avait été perpétré. Les imprimeurs devaient être punis de quatre années de gêne, et les colporteurs de trois à six mois d'emprisonnement.

Le rapport et le projet de décret sont reçus avec de très-vifs applaudissements. On demande que la discussion soit aussitôt entamée; mais sur l'opposition de plusieurs membres, la Convention décide que le projet présenté par Buzot sera mis à l'ordre du jour du surlendemain [1].

Au même instant Gensonné réclame la parole, et annonce qu'il désire appeler l'attention de l'Assemblée sur une motion urgente, qu'il regarde comme indispensable pour éteindre tout esprit de parti et déjouer toute espèce d'intrigue. « Il faut, s'écrie-t-il, réduire à néant les calomnies de ces hommes qui ne feignent de servir le peuple que pour le tromper, qui ne respirent qu'au milieu des proscriptions et des meurtres ; de ces hommes qui sont déjà aux aguets pour attaquer l'œuvre constitutionnelle que la Convention s'apprête à élever, pour propager le désordre, établir l'anarchie en système, et préparer la division violente de toutes les parties de la République et l'infaillible résurrection du despotisme. Otez à ces hommes un puissant prétexte d'accusation contre vous, en prouvant à tous votre absolu désintéressement. Songez que l'Europe vous regarde. Partout les despotes publient que l'abolition de la royauté en France est l'ouvrage d'une poignée de factieux qui veulent s'en partager les dépouilles. Eh bien! voici votre réponse : Décrétez qu'aucun membre de la Convention nationale ne pourra accepter et remplir une fonction quelconque que six ans après l'établissement de la nouvelle constitution.

« — Oui! oui! » répond l'Assemblée, qui, tout en-

---

[1]. *Journal des Débats et Décrets*, n° 38, page 708, *Moniteur*, n° 302.

tière debout, décrète par acclamation le principe posé par l'orateur girondin[1].

Cependant, à peine le premier moment d'enthousiasme est-il passé, que la réflexion revient à quelques membres. Garran-Coulon fait observer qu'une résolution si précipitamment prise viole la souveraineté du peuple, dont nul n'a le droit de limiter le choix. Barrère rappelle que la Constituante décréta aussi l'inéligibilité de ses membres. « Mais alors, dit-il, les circonstances étaient bien différentes. Nous avions une cour corrompue et corruptrice; nous avions une liste civile immense, nous voulions prévenir la ruine de la patrie. Robespierre fit une motion généreuse. Elle fut adoptée avec enthousiasme; elle devait l'être, il s'agissait de la Liberté; nous sentions bien que c'était restreindre la souveraineté du peuple, que c'était gêner l'exercice de son droit d'élection. Mais aujourd'hui, votre détermination ne doit pas être la même; vous ne pouvez pas exhéréder civilement sept cent quarante-neuf citoyens qui, je l'espère, auront bien mérité de la patrie; jugez du peu de danger de la rééligibilité par l'exemple de l'Assemblée constituante. Sur douze cents hommes passés à travers la filière de l'opinion publique, quatre-vingts à quatre-vingt-dix seulement sont revenus à la Convention nationale.

Billaud-Varennes, Mathieu, Mailhe, insistent pour le maintien du décret et accumulent, pour en démontrer l'opportunité, toute sorte de citations grecques et latines.

---

[1]. *Moniteur*, n° 303; *Journal des Débats et Décrets*, n° 38, page 741.

Désirant concilier les opinions opposées, Camus demande que l'exclusion votée sur la motion de Gensonné ne s'applique qu'aux fonctions salariées. « Je m'oppose à cette distinction, s'écrie Chabot; c'est au pouvoir et non pas au salaire que nous devons renoncer. » Persuadée qu'elle fait un grand acte de civisme, l'Assemblée maintient son vote.

Le lendemain, à l'occasion de la lecture du procès-verbal, Rewbell, qui a été l'un des rares adversaires de la motion Gensonné, veut discuter de nouveau un décret « qui, dit-il, a été enlevé à l'enthousiasme de la vertu. » A ces mots une très-vive agitation se manifeste; on réclame l'ordre du jour avec acharnement. « On veut vous précipiter dans l'abîme! s'écrie l'orateur, c'est un piége tendu à votre désintéressement. » Sa voix se perd dans le tumulte. La parole lui est cependant maintenue, grâce à l'insistance de Lanjuinais et de Ducos, qui rappellent leurs collègues au respect de la liberté des opinions. Le silence rétabli, Rewbell reprend : « Je demande une patrie, je soutiens que la Convention n'avait pas le droit de décréter ce qu'elle a décrété. Quand je suis arrivé ici, j'étais citoyen. Vous avez osé me priver de mon droit... Je ne veux pas d'une république où je ne serais pas citoyen. On a cité Lycurgue : Lycurgue s'est exilé volontairement. Qu'aurait-il dit si on lui avait enlevé le plus beau titre dont il aurait assuré la possession à ses concitoyens? De grands événements se préparent, bien des incidents retarderont vos travaux. On veut vous éliminer parce que vous aimez l'ordre; on veut vous désunir, vous dissoudre même.

Ayez le courage de surmonter une fausse honte en rapportant votre décret, et renvoyez cette motion pour la discuter avec votre Constitution. ».

Jean Debry et Camille Desmoulins répètent de nouveau les lieux communs déjà présentés la veille à l'appui du décret, et l'Assemblée, quoique très-fortement ébranlée, passe à l'ordre du jour pur et simple [1].

Par cet exemple (on en pourrait citer vingt autres) que l'on juge de l'incroyable décousu des discussions conventionnelles. Loin de se discipliner sous des chefs habiles, résolus, persévérants, la majorité, que l'on aurait pu réunir en un faisceau indissoluble, éparpillait ses forces, usait son énergie dans des luttes stériles. La Convention en masse pourra-t-elle du moins échapper à cette inconsistance qui énerve et discrédite les individus et les partis? Non. Chaque jour des motions contradictoires, intempestives, sans application immédiate, étaient lancées au hasard suivant le caprice de l'initiative individuelle. Elles étaient soutenues ou combattues tour à tour par des orateurs siégeant sur les mêmes bancs, professant d'ordinaire les mêmes opinions; les Girondins faisaient souvent assaut de popularité avec les plus violents Montagnards. Nous verrons bientôt l'Assemblée se laisser arracher lambeau par lambeau le manteau de pourpre souveraine dont le suffrage populaire l'avait revêtue; puis, s'asservir lâchement aux volontés tyranniques de quelques décemvirs; enfin, quand elle aura subi toutes les avanies et tous les outrages, quand elle

---

[1]. *Journal des Débats et Décrets,* n° 40; *Moniteur,* n° 304.

aura été violentée, décimée, se réveiller au lendemain du 9 thermidor, se maudissant elle-même. Honteuse de ses faiblesses, de ses hésitations, de ses entraînements, elle prendra, pour ainsi dire, le contre-pied de tous ses premiers votes et reviendra sur ses décisions les plus solennelles.

De ces étranges contradictions, aucune n'est plus frappante que celle qui se produira sur la question soulevée par Gensonné. Jeune, forte, pleine de vie, la Convention décrète que tous ses membres seront pour six ans inéligibles à toutes fonctions publiques. — Vieillie par le combat, usée par la proscription, redoutant les conséquences du dégoût et de l'horreur qu'inspirent les excès commis en son nom, elle ne trouvera d'autre moyen de garantir le maintien de la République et la durée de son œuvre constitutionnelle, qu'en décidant que les deux tiers de ses membres feront nécessairement partie de la législature appelée à lui succéder. Au début de sa carrière, elle avait violé le principe de la souveraineté du peuple en déclarant ses membres inéligibles; à son déclin elle le violera encore en circonscrivant d'une manière tout anormale le cercle dans lequel le choix des électeurs pourra se mouvoir. Est-il un rapprochement qui puisse mieux démontrer le peu de foi que les nations doivent avoir dans ces constitutions immuables qui durent un an, dans ces pompeuses déclarations qui sont oubliées le lendemain du jour où elles ont été prononcées, dans ces protestations de désintéressement si vite démenties par l'avidité et l'ambition de ceux mêmes qui s'en sont servis pour éblouir les masses ignorantes et crédules?

IX.

Pendant que la discussion d'un décret, qui ne devait pas être exécuté, retardait celle de la loi contre les provocateurs au meurtre et à l'assassinat, les plus mauvaises nouvelles arrivaient des départements. La Vendée, déjà fort agitée durant les derniers jours de la Législative, commençait à courir aux armes. Dix mille paysans s'étaient emparés de Châtillon et marchaient sur Bressuire. Ils avaient été, à la vérité, repoussés par la levée en masse des gardes nationaux des Deux-Sèvres; mais ce premier mouvement avorté en annonçait manifestement un beaucoup plus considérable. La captivité de Louis XVI et le massacre des prêtres dans les prisons avaient poussé au paroxysme les passions royalistes et catholiques des populations de l'Ouest.

A Lyon, des émeutiers avaient forcé les portes du magasin qui renfermait la guillotine, et l'avaient établie en permanence sur la place de la Maison Commune. Les prisons, déjà si tristement visitées par le meurtre le 9 septembre, avaient été de nouveau envahies. Sept détenus en avaient été arrachés; deux avaient péri, malgré tous les efforts des officiers municipaux, qui n'avaient pu sauver les cinq autres qu'en risquant leur propre vie.

Le ministre de l'intérieur, dans la lettre par laquelle il avertissait la Convention de ces lamentables événements, réclamait le vote immédiat d'un décret qui ordonnât, conformément à la demande même du conseil général de Lyon, le renouvellement intégral de la municipalité. Vitet, le courageux maire de la seconde ville de France, qui s'était démis de ses fonctions pour venir siéger à la Convention, s'empresse de confirmer ce qu'écrit Roland, et de convertir sa demande en motion. « Le conseil général, dit-il, n'est plus composé que de seize membres au lieu de soixante-trois. La municipalité est sans maire, sans force et sans moyens. Tous les désordres que l'on vient de retracer à vos yeux sont l'ouvrage de commissaires se disant envoyés par la Commune de Paris. Ils ont jeté parmi les Lyonnais les soupçons, les défiances; ils ont prêché le mépris des lois et des autorités constituées. Les agitateurs de Lyon sont en correspondance avec les agitateurs de Paris. L'anarchie est à son comble; les propriétés sont violées, les massacres se renouvellent sans que les assassins soient poursuivis et punis : il est temps que les lois ne soient plus enfreintes, que les autorités constituées soient respectées, que la liberté ne soit plus confondue avec la licence et que le crime soit également puni dans toute la République [1]. » Legendre, l'un des commissaires envoyés le mois précédent avec Vitet et Boissy d'Anglas pour rétablir le calme dans le chef-lieu de Rhône-et-Loire, veut atténuer les allégations de l'ancien maire; il affirme « que lorsqu'il a quitté Lyon, les lois étaient respectées, les citoyens unis et frères. » Mais, sans daigner prendre

---

[1]. Nous avons retrouvé le discours entier de Vitet. Le *Journal des Débats et Décrets,* n° 39, p. 722, en donne un résumé. Le *Moniteur,* n° 304, le mentionne à peine.

en considération ce que vient de dire le boucher parisien, la Convention décrète que la municipalité lyonnaise sera renouvelée sur-le-champ, que trois commissaires pris dans son sein seront de nouveau envoyés pour rétablir l'ordre et faire respecter les lois. Les commissaires élus sont, comme la première fois, Vitet et Boissy d'Anglas. Legendre seul est remplacé par Delacroix (de la Marne). Par cette exclusion, la majorité montrait assez la tendance qu'elle avait à soutenir résolument les opinions et les hommes de la Gironde et à écarter de toute mission importante les Montagnards que, dans son impartialité, elle avait d'abord appelés à y prendre part dans une certaine proportion [1].

A peine cet incident est-il terminé que des délégués des tribunaux criminels siégeant à Paris demandent à être entendus. C'est le célèbre avocat Target, naguère membre de l'Assemblée constituante et maintenant président de l'un des tribunaux parisiens, qui est à la tête de la députation [2].

L'orateur rappelle les principales dispositions de la loi sur l'instruction criminelle, puis il ajoute : « Citoyens, voilà la loi et voici les faits : Les prisons ont été vidées il y a sept semaines par une sanguinaire catastrophe; elles sont déjà remplies. On ne sait par quels motifs tant

---

1. Le rapport des nouveaux commissaires envoyés à Lyon se trouve au *Moniteur*, n° 324; l'approbation des mesures financières qu'ils proposèrent est consignée au n° 330.

2. *Journal des Débats et Décrets,* n° 39, p. 721. Le *Moniteur*, n° 303, consacre quelques lignes seulement à l'annonce de cette députation; mais il n'en nomme pas l'orateur.

de citoyens sont arrêtés ; les écrous ne sont point en règle, et aucune plainte n'a été portée aux tribunaux par les officiers de police. Ainsi la Commune réduit les tribunaux à l'inaction ; de là vient que les citoyens d'une république sont plus opprimés qu'on ne l'est sous le despotisme. Les ambitieux d'un jour, les déprédateurs qui ne peuvent cacher leurs malversations que dans les troubles, saisissent ces prétextes pour faire croire au peuple que la loi est impuissante, pour l'égarer, l'agiter et le porter à des excès. » En conséquence les pétitionnaires demandent qu'il soit nommé dans chaque section deux commissaires-visiteurs des prisons, lesquels prendront connaissance des noms des personnes incarcérées, de l'état des écrous et de la manière dont les prisonniers sont traités. Ils rendront compte à la Convention de toutes les violations de la loi qu'ils auront pu relever.

La pétition de Target est couverte d'applaudissements. Kersaint s'écrie : « Vous voyez qu'on appelle l'ordre et les lois de tous les côtés. Il est temps de punir le crime. Quand on n'a plus de roi, c'est la loi qu'il faut mettre sur le trône. » Hérault-Séchelles annonce que le comité de sûreté générale s'est déjà occupé, depuis le décret du 8 octobre[1], de l'état des prisons de Paris, qu'il s'en occupe avec la plus grande sollicitude et qu'il sera bientôt en mesure de présenter son rapport.

---

1. Le décret du 8 octobre était ainsi conçu :

« La Convention nationale décrète que les citoyens détenus dans les maisons qui ne sont ni prisons, ni maisons d'arrêt, seront transférés dans le délai de quinze jours dans les prisons et maisons d'arrêt établis par la loi ; ledit délai expiré, tout citoyen contre lequel il n'y

Mais si le rapport du comité n'était pas prêt, celui de Roland l'était. La Convention avait ordonné que le ministre de l'intérieur lui rendrait compte de l'état où se trouvaient les autorités publiques à Paris depuis le 10 août, des obstacles que l'exécution des lois éprouvait dans cette ville, et des moyens d'y remédier. Le 29 octobre, Roland vint confirmer officiellement toutes les accusations dirigées depuis un mois contre la Commune : « Enlèvements, sans reçu, d'argenterie et d'objets précieux dans les maisons particulières et les dépôts publics de la capitale et des départements; usurpation de fonctions, confusion de pouvoirs, attentats graves à la propriété et à la sûreté individuelle, refus absolu de fournir aucun compte; désordre et désobéissance, mépris de toute autorité, force publique sans énergie et sans cohésion, annihilée par un mauvais commandant. » Un grand nombre de pièces justificatives accompagnaient le mémoire ministériel; l'une d'elles contenait une dénonciation contre le fameux Fournier l'Américain, qui avait déclaré que d'ici à quinze jours on saurait se défaire de la cabale de Roland, de Brissot, Vergniaud et Lasource; que du reste il n'y avait qu'un homme qui pût sauver la patrie, et que cet homme était Robespierre. Cette dénonciation

aura ni mandat d'arrêt, ni décret d'accusation, sera mis en liberté. — En outre le comité de sûreté générale se divisera à l'effet de faire la visite de toutes les prisons et maisons de Paris où des citoyens sont détenus, il prendra tous moyens nécessaires et fera son rapport sur le nombre des détenus, la cause de leur détention et les actes en vertu desquels ils ont été arrêtés. »

Le comité de sûreté générale ne fit son rapport que le 15 novembre par l'organe de Delaunay (d'Angers).

avait été transmise à Roland par Dubail, vice-président du tribunal du 17 août. Celui-ci, il faut le dire, connaissait mieux que personne tout ce dont Fournier était capable, puisqu'il s'était trouvé face à face avec lui, lorsque ce chef des bandes parisiennes avait enlevé les prisonniers d'Orléans pour les faire égorger à Versailles [1].

Craignant que la faiblesse de son organe ne lui permît pas d'être entendu par tous les membres de l'Assemblée, Roland avait prié Lanjuinais, l'un des secrétaires, de faire la lecture du rapport et de ses annexes [2]. Pendant tout le temps que retentit la voix vibrante du courageux breton, le plus profond silence règne dans la salle du manége. Seulement des mouvements d'étonnement et d'horreur [3] se manifestent à la lecture de certains passages ; tous les regards se tournent vers Robespierre, Marat, Panis et leurs amis, qui restent immobiles sur leur banc. A peine Lanjuinais a-t-il repris sa place au bureau qu'un grand nombre de députés demandent l'impression et l'envoi à tous les départements, à toutes les communes, même à toutes les sociétés populaires, du terrible compte rendu du ministre de l'intérieur.

« Je réclame la parole contre l'impression de ce rapport, » s'écrie Robespierre. — De violents murmures couvrent sa voix. — « Oui, ajoute-t-il, je veux parler

---

1. Voir tome III, pages 375 et suivantes.

2. Le *Journal des Débats et Décrets* le donne dès le 30 octobre, dans son n° 44, où il occupe 8 pages. Le *Moniteur* ne le donne que dans son numéro du 10 novembre.

3. Ce sont les expressions mêmes dont se sert le *Journal des Débats et Décrets,* p. 748.

non-seulement contre l'impression, mais aussi sur le fait personnel, sur l'insinuation dangereuse qui se trouve dans la pièce dont il a été donné lecture à la suite du rapport.

— Je ne puis, dit le président Guadet, laisser parler en ce moment que sur la demande d'impression. — Je n'ai pas besoin de vos officieuses instructions, réplique insolemment Robespierre; je sais sur quoi j'ai la parole.

— A l'ordre, à l'ordre! vocifère la droite. — « Il a déjà l'air d'un dictateur! » s'écrie le girondin Henri Larivière. Le tumulte augmente, la voix tonnante de Danton peut à peine le dominer : « Président, maintenez la parole à l'orateur! je la demande, moi aussi; il faut que tout cela s'éclaircisse! »

Guadet invite de nouveau Robespierre à parler sur l'impression. Celui-ci entame un interminable exorde, sans cesse interrompu par le même cri : *Au fait!* Il veut s'élever contre ce qu'il appelle un système de calomnie dont le but unique est d'opprimer les patriotes[1]. « Non, lui réplique-t-on, il s'agit de démasquer les imposteurs[2]. — Si vous ne parlez pas contre l'impression, répète le président, je vais la mettre aux voix. — Au moins, s'écrie Robespierre, écoutez ce que je vais dire. — Nous ne voulons pas le savoir; aux voix l'impression! » Le président rappelle les interrupteurs à l'ordre, ce qui n'empêche pas l'orateur de se plaindre de la partialité avec laquelle les débats sont dirigés. A cette

---

1. *Journal des Débats et Décrets*, p. 749, n° 41.
2. *Moniteur*, n° 305.

injuste récrimination, de violents murmures s'élèvent. On demande que l'orateur soit réprimandé pour avoir insulté le président. Guadet se contente de répondre : « Robespierre, vous voyez les efforts que je fais pour ramener le silence; je vous pardonne une calomnie de plus. »

Le chef du parti jacobin continue longtemps encore à se plaindre des dénonciations vagues dont il est l'objet, et de la violation des droits du peuple qui l'a envoyé siéger à la Convention. « Quoi, s'écrie-t-il, lorsqu'ici il n'est pas un homme qui osât m'accuser en face en articulant des faits positifs contre moi! Lorsqu'il n'en est pas un qui osât monter à cette tribune et avoir avec moi une discussion calme et sérieuse... — Eh bien! je m'offre contre toi, Robespierre, s'écrie J. B. Louvet en s'élançant au milieu de la salle; oui, c'est moi qui t'accuse. — Et nous aussi, nous t'accusons, » répètent en même temps Rebecqui et Barbaroux, voulant rappeler l'accusation qu'ils avaient déjà lancée, un mois auparavant, contre le chef de la démagogie parisienne [1].

Il se fait dans l'Assemblée un silence effrayant. Robespierre reste muet et immobile. Louvet monte les degrés de la tribune et arrive près de l'orateur. « Continue donc, Robespierre, s'écrie Danton, les bons citoyens sont là qui t'entendent !

— Il faut que Louvet soit entendu tout de suite, propose Tallien, il faut que les rayons de la vérité confondent les calomniateurs !

— Il est nécessaire, dit Robespierre le jeune, accouru

[1]. Voir le récit de la séance du 25 septembre, livre xv, p. 84 et 86.

auprès de son frère, il est nécessaire que l'accusateur soit entendu avant l'accusé. »

Robespierre, surmontant enfin son émotion, essaie de reprendre le fil de son discours, mais sa voix est profondément altérée, ses traits sont contractés, sa figure est pâle et livide.

« Je réclame, dit-il, la liberté de terminer l'exposé de mon opinion. Déjà on a tenté de m'envelopper dans deux accusations. La première était si vague, si peu soutenue, qu'elle semblait avoir été jetée en avant, non pas pour amener des preuves, mais pour laisser dans vos esprits des impressions fâcheuses, car c'est là le grand art de la calomnie. La seconde est celle qui vient de se produire. Veut-on étouffer notre voix? Veut-on sacrifier un patriote? Je demande à être entendu à mon tour, je demande à être écouté avec attention et impartialité.

— C'est juste, répond l'Assemblée entière [1].

— Puisqu'un membre s'est présenté pour m'accuser, je demande qu'il soit entendu; mais je demande que l'Assemblée fixe un jour pour, après l'impression du rapport, discuter les faits présentés par le ministre. »

Lasource déclare que lui aussi a été nommé dans la pièce annexée au rapport de Roland. « Eh bien! dit-il, je m'avoue coupable. Je déclare que si vouloir le respect des lois est une cabale, estimer Roland comme un honnête homme est une cabale... — Nous en sommes tous, » s'écrient un très-grand nombre de représentants.

Le président Guadet fait observer à Lasource qu'il

[1]. *Journal des Débats et Décrets*, p. 751.

n'est pas accusé et que, dès lors, il n'a pas besoin de se défendre. L'impression du rapport de Roland et des pièces qui y sont jointes est adoptée sans conteste, on en demande la discussion à jour fixe. Ce sont les montagnards Albitte et Tallien qui la réclament, c'est Danton qui l'appuie.

« Il est temps, s'écrie l'ex-ministre de la justice, il est temps que nous sachions enfin de qui nous sommes les collègues, il est temps que nos collègues sachent qui nous sommes. On ne peut se le dissimuler, il existe de grands germes de défiance entre ceux qui composent cette assemblée. Eh bien! ces défiances, il faut qu'elles cessent, et, s'il y a des coupables parmi nous, il faut en faire justice. Je déclare à la Convention nationale, je déclare à la République entière que je n'aime pas l'individu Marat [1]. J'ai fait l'expérience de son tempérament; il est non-seulement volcanique et acariâtre, mais insociable. Après un tel aveu, qu'il me soit permis de dire que je suis sans parti et sans faction, que ma pensée m'appartient, que je suis décidé à mourir plutôt que d'être la cause d'un déchirement dans la République. »

Les applaudissements presque unanimes de l'Assemblée répondent à ces nobles paroles. Danton reprend : « Je demande à énoncer ma pensée tout entière sur la situation politique, je comprends que la philanthropie fasse gémir tous les citoyens et le ministre de l'intérieur sur les malheurs de la Révolution; mais ces malheurs

---

[1]. C'était la deuxième fois déjà que Danton reniait Marat. (Voir livre xv, p. 85.)

étaient inséparables de la Révolution, comme l'a très-bien expliqué dans son récent rapport le ministre de la justice, Garat[1]. Sans doute, tout républicain a le droit d'appeler les vengeances de la justice contre ceux qui n'auraient excité des mouvements révolutionnaires que pour assouvir des vengeances particulières, mais il ne faut pas que, par amour passionné de l'ordre et des lois, on aille jusqu'à voir sous la couleur de l'esprit de faction et de grand complot d'État, ce qui n'est peut-

---

[1]. Garat (voir tome III de cet ouvrage, p. 646) avait présenté, le 22 octobre, un rapport dans lequel il posait cette question :

« Les prisonniers mis en liberté dans les journées des 2, 3 et 4 septembre doivent-ils être poursuivis de nouveau pour les délits dont ils étaient accusés, ou bien les craintes auxquelles ils ont été en proie, les horreurs de la mort qu'ils ont éprouvées par la situation où ils se sont trouvés, ont-elles expié suffisamment les crimes dont ils pourraient être coupables? doit-on se borner à prononcer la déportation contre ceux qui sont coupables d'assassinat? »

Un long extrait de ce rapport est donné au *Moniteur*, n° 318. Dans ce document le ministre de la justice avait parlé des événements de septembre d'une manière tout autre que son collègue de l'intérieur en parlait huit jours après. Au milieu de la phraséologie sentimentale dont Garat avait orné son rapport, il y avait des passages qui avaient été fort appréciés par Danton et ses amis, ceux, par exemple, dans lesquels Garat reconnaissait aux habitants de la ville, où siègent les autorités constituées, le droit et le devoir de s'insurger au nom de la nation entière, toutes les fois que, de leur autorité privée, ils jugent la souveraineté nationale en danger. C'était reconnaître à Paris, suivant l'expression même de Garat, la représentation du droit insurrectionnel de la nation. De pareils principes étaient trop conformes aux pratiques, dont avait déjà usé la démagogie parisienne et dont elle comptait bien user encore, pour qu'elle hésitât à couvrir de sa protection spéciale le ministre qui venait de leur donner une consécration si éclatante.

être que la réunion d'intrigues petites et misérables dans leur objet comme dans leurs moyens... Réunissons nos efforts pour faire cesser l'agitation de quelques ressentiments et de quelques préventions personnelles. Ne nous laissons pas effrayer par de vains et chimériques complots dont on serait bien embarrassé d'avoir à prouver l'existence. Pour moi, je n'ai accusé personne et je suis prêt à repousser toutes les accusations; je suis inattaquable. Je demande que la discussion soit fixée à lundi prochain (5 novembre), afin que ceux qui veulent accuser et ceux qui auront à se défendre aient le temps de se préparer au combat auquel on semble nous défier. »

Buzot répond à Danton : « Je pense que l'Assemblée ne doit pas prendre le change sur le véritable état de la question; la Convention nationale ne doit pas être transformée en un club; cette auguste enceinte n'est pas une arène de gladiateurs se battant les uns contre les autres pour des passions privées. Vous devez vous occuper uniquement de ce qui a trait à la Commune de Paris. Le mémoire du ministre contient à cet égard des faits importants. Il faut vérifier les faits; s'ils sont vrais, y appliquer des remèdes; s'ils sont faux, prendre des mesures contre le ministre. Quant à Robespierre, s'il se trouve calomnié, qu'il s'adresse aux tribunaux.

Robespierre. — « En ce cas, que la Convention fasse les frais du procès. »

Le président, avec un sourire ironique. — « Voulez-vous que je mette votre proposition aux voix ? »

Robespierre. — « La Convention a fait les frais de l'impression de l'accusation, elle doit aussi, si elle ne veut pas m'entendre, faire les frais de l'impression de ma défense. »

On rit et l'on murmure. — Le député de Paris s'élance à la tribune; mais le président l'arrête d'un mot. « Robespierre, dit-il, je vous rappelle à l'ordre et à votre place. »

Rebecqui ajoute en le menaçant du geste : « Je demande que cet individu n'exerce pas ici le despotisme de la parole qu'il a su exercer ailleurs. »

Aussitôt que le tumulte suscité par cet incident est quelque peu apaisé, Buzot reprend : « Je veux éloigner de moi cette discussion sur les personnes, déjà trop longue et trop fastidieuse. Mon intention n'est pas de jeter de nouveaux ferments de troubles dans cette assemblée. Vous avez demandé au ministre de l'intérieur un rapport sur l'état actuel de la ville de Paris. Il vous présente les faits, le résultat de ses investigations, les moyens de remédier au mal. On vous demande de discuter le rapport, et pourquoi? Est-ce pour renouveler les divisions et les personnalités? Il s'agit ici des choses et non des hommes. Je vous ai présenté, au nom d'une commission nommée par vous, deux rapports, l'un sur la garde départementale, l'autre sur les provocateurs au meurtre. Je demande que vous vous occupiez le plus tôt possible de ces deux propositions, et surtout de la dernière. Ceux qui trouvent qu'il est bon que l'on puisse assassiner ou provoquer à l'assassinat, tandis qu'il est défendu, par les lois, de menacer même la maison de son voisin, pourront nous faire part de leurs idées. Je tâcherai de leur répondre. Mais à moins que de laisser le champ libre à toutes les passions haineuses, il est impossible d'établir une discussion sur le rapport du ministre en lui-même : il faut le renvoyer à la Commission et le discuter en même temps que le projet de décret auquel il sert de commentaire. »

La Convention prononce la clôture de la discussion et le renvoi du mémoire de Roland à la commission des Neuf. Mais, aussitôt après le vote, Robespierre veut protester contre cette décision qu'il prétend avoir été surprise à l'Assemblée. Sa voix est couverte par les murmures de l'immense majorité des députés. Comme il insiste, Louvet demande à motiver l'accusation qu'il a annoncée une heure auparavant et qu'il est prêt à justifier à l'instant même. En vain la Montagne réclame-t-elle l'ordre du jour. La curiosité l'emporte sur l'impartialité. Louvet a la parole contre Robespierre.

X.

Louvet débute ainsi : « Une grande conspiration a un instant menacé de peser sur la France. Elle n'a que trop longtemps pesé sur la ville de Paris. A votre arrivée, vous avez cru que votre seule présence déjouerait toutes les trames. L'état dans lequel nous sommes depuis que vous êtes ici annonce qu'elles ne furent qu'un instant interrompues, qu'on les suit avec une ardeur nouvelle. Il est temps de savoir si la faction dont on parle est composée de 7 à 8 membres de cette Assemblée ou des 730 autres qui la combattent. Il faut que de cette lutte insolente vous sortiez vainqueurs ou avilis. Il faut que vous rendiez compte à la France des raisons qui vous font conserver dans votre sein cet homme sur lequel l'opinion publique se développe avec horreur, » (et d'un geste dédaigneux, l'orateur désigne Marat) « il faut que par un décret solennel, vous reconnaissiez son innocence ou que vous nous délivriez de sa présence. Il faut que vous preniez des mesures, et contre cette Commune désorganisatrice qui prolonge une autorité usurpée, et contre les agitateurs qui sèment le trouble par leurs écrits et par leurs placards. »

Louvet, après ce rapide exorde, aborde les faits; sa parole, comme une hache fraîchement aiguisée, entre au cœur de l'arbre qu'il s'est promis d'abattre. Pour porter une lumière éclatante sur les desseins des anarchistes, il doit remonter de six mois en arrière et rappeler ce qui se passait alors dans « un lieu célèbre » où se rassemblaient mille à quinze cents des plus ardents patriotes de Paris.

« Ce lieu, dit-il, je vous prie de ne me pas obliger de le nommer.....

— Aux Jacobins! nommez-les, crient un grand nombre de députés.

— Je demande qu'il soit permis à Louvet de toucher le mal et de mettre le doigt dans la blessure, s'écrie Danton.

— Oui, Danton, je vais le toucher, réplique l'orateur, mais ne criez donc pas d'avance.....

« Dans ce lieu, dont je ne parle qu'avec un certain respect, à raison des immenses services que les membres de la société qui s'y rassemblent ont rendu naguère encore à la patrie, il se formait, dès les premiers mois de l'année 1792, un parti faible de moyens et de nombre, mais fort d'audace et d'immoralité, qui mêlait déjà aux inculpations contre la cour les inculpations les plus atroces contre l'excellent côté gauche de la Législative. A la tête de ce groupe était un homme qui semblait vouloir usurper le monopole de la parole, un homme dont quelques parleurs fougueux faisaient constamment le plus fastueux éloge, à moins qu'il ne le fît lui-même; un homme que ses affidés déclaraient le seul homme vertueux, le seul à qui on pût confier le soin de sauver la patrie; un homme qui prodiguait les plus basses flatteries à quelques centaines de citoyens, d'abord qualifiés le peuple de Paris, puis seulement le peuple et enfin le souverain; un homme qui, répétant sans cesse l'éternelle accumulation des mérites, des perfections, des vertus sans nombre dont il se reconnaissait pourvu, ne manquait jamais, après avoir vingt fois attesté la force, la grandeur, la bonté, la souveraineté du peuple, de jurer qu'il était peuple aussi. Ruse grossière au moyen de laquelle, confondant ensemble et l'idole et les adorateurs, on parvient à les rendre solidaires les uns des autres; ruse coupable qui a réussi à tous les usurpateurs, depuis César jusqu'à Cromwell, depuis Sylla jusqu'à Masaniello. »

Après avoir ainsi fait justice de l'idole des jacobins, Louvet dessine à grands traits les adulateurs qui l'entourent et l'encensent, « toujours plus impudents dans leurs calomnieuses persécutions, plus rampants dans leur populacière flagornerie, plus imprudents dans leur ridicule apothéose. » Il énumère toutes les intrigues auxquelles Robespierre a été mêlé avant le 10 août, lui dénie toute espèce de part dans l'insurrection, lui reproche néanmoins d'avoir voulu s'en attribuer l'honneur.

« Deux jours après cette journée glorieuse, ajoute Louvet, je siégeais dans le conseil général provisoire. Un homme entre; il se fait un grand mouvement. J'en crois à peine mes yeux; c'était lui-même, il venait s'asseoir au milieu de nous, je me trompe, il était allé s'asseoir à la place prééminente qu'il s'était lui-même choisie au bureau.

« Depuis longtemps, il n'y avait plus d'égalité pour lui. Quoi! Robespierre, l'orgueilleux Robespierre qui dans des jours de péril avait quitté le poste où la confiance de ses concitoyens l'avait appelé, qui depuis avait vingt fois pris l'engagement solennel de n'accepter aucune fonction publique, qui seulement un soir, devant quinze cents témoins, avait bien voulu s'engager à se faire le conseiller du peuple, pourvu que le peuple en témoignât le vif désir, Robespierre consentait à devenir simple officier municipal! De ce moment, il me fut démontré que le conseil général devait exécuter de grandes choses et que plusieurs de ses membres étaient appelés à de hautes destinées.

« Mais cette révolution du 10 août que Robespierre et ses amis semblaient vouloir confisquer à leur profit, est-ce qu'elle est à eux? Elle est l'œuvre des faubourgs et des fédérés au milieu desquels ils ne se trouvaient pas; elle est l'œuvre de la Législative qu'ils ne cessaient d'attaquer; elle appartient à ces deux cents courageux députés ¹ qui, ici même, au bruit des décharges de l'artillerie, rendirent le décret de suspension contre Louis XVI et plusieurs autres que la commission des Vingt-et-un tenait tout prêts; elle appartient à tous, la révolution du 10 août. Mais celle du 2 septembre, conjurés barbares, elle est à vous, elle n'est qu'à vous. Eux-mêmes s'en glorifient; eux-mêmes, avec un mépris féroce, ne nous désignent que comme les *patriotes* du 10 août, se réservant le titre de patriotes du 2 septembre. Ah! qu'elle reste cette distinction, digne en effet de l'espèce de courage qui leur est propre! Qu'elle reste, et pour notre justification durable et pour leur long opprobre!

« Les prétendus amis du peuple ont voulu rejeter sur le peuple de Paris les horreurs dont la première semaine de septembre fut souillée. Ils lui ont fait le plus mortel outrage, ils l'ont indignement calomnié. Je le connais, le peuple de Paris, car je suis né, j'ai vécu au milieu de lui! Il est brave, mais, comme les braves, il est bon; il est impatient, mais il est généreux. Il ressent vivement une injure, mais après la victoire, il est magnanime. Le peuple sait combattre, mais non assassiner. Il est vrai qu'on le vit tout entier le 10 août devant les Tuileries; il est faux qu'on l'ait vu le 2 septembre devant les prisons. Dans l'intérieur, combien les bourreaux étaient-ils? deux cents, pas deux cents peut-être. Au dehors, combien y avait-il de spectateurs retenus par

1. 200 députés sur 749 dont se composait la Législative. Ce mot de Louvet confirme ce que nous avons dit (tome II, pages 261 et 348), du petit nombre de députés qui siégeaient le 10 août sur les bancs de l'Assemblée et votèrent la déchéance de Louis XVI.

une curiosité véritablement incompréhensible? pas le double. »

Quelques montagnards interrompent. — Louvet s'écrie : « Vous niez? eh bien! interrogez Pétion, c'est lui-même qui m'a attesté le fait. Mais, dit-on, si le peuple n'a pas participé à ces meurtres, pourquoi ne les a-t-il pas empêchés? Pourquoi? Parce que l'autorité du maire de Paris était enchaînée, parce que Roland parlait en vain, parce que le ministre de la justice ne parlait pas, parce que les présidents des quarante-huit sections, tout prêts à réprimer tant d'affreux désordres, attendaient des réquisitions que le commandant général ne fit pas; parce que les officiers municipaux revêtus de leurs écharpes présidaient à ces atroces exécutions. Mais l'Assemblée législative, que ne les a-t-elle empêchées? L'Assemblée législative, représentants du peuple, vous la vengerez. L'impuissance où vos prédécesseurs étaient réduits est, à travers tant de crimes, le plus grand de ceux dont il faut punir les forcenés que je vous dénonce. L'Assemblée législative, elle était journellement méconnue, avilie par un insolent démagogue qui venait à la barre lui imposer des décrets, qui ne retournait au conseil général que pour la dénoncer, qui revenait jusque dans la commission des Vingt-et-un la menacer de faire sonner le tocsin. »

Depuis une heure que Louvet jetait sa parole brûlante du haut de la tribune, l'Assemblée l'écoutait avec une attention pour ainsi dire fébrile, comprimant les murmures, retenant même ses applaudissements, afin de ne rien perdre des paroles de l'orateur et de ne pas détourner le cours de son éloquence torrentielle. Mais, en ce moment, l'indignation tourne à la fureur. Lacroix et Cambon, qui, certes, n'étaient ni l'un ni l'autre Girondins, interrompent l'orateur pour confirmer ses paroles.

Cambon, sentant se réveiller en lui le souvenir de toutes les luttes qu'il a eues à soutenir contre les membres de la Commune, montre le poing aux Marat, aux Sergent, aux Panis, et leur crie d'une voix de stentor : « Misérables, voilà l'arrêt de mort des dictateurs ! »

Lacroix, qui tient à rappeler à ses collègues de la Convention le courage dont il fit preuve à l'époque rappelée par Louvet, prie l'orateur de lui céder un instant la parole. « Je veux, dit-il, préciser les faits qui viennent seulement d'être indiqués. Quelque temps après le 10 août, un soir, pendant ma présidence à l'Assemblée législative, j'avais cédé le fauteuil à Héraut-Sechelles, vice-président; Robespierre, à la tête d'une députation du conseil général de la Commune, vint demander qu'un décret confirmât l'anéantissement déjà opéré de fait du directoire du département. J'eus le courage de combattre cette proposition et l'Assemblée celui de passer à l'ordre du jour. En descendant de la tribune, je me retirai à l'extrémité du côté gauche, et, de la barre où il était, Robespierre me dit que si l'Assemblée ne faisait pas de bonne volonté ce qu'il demandait, on saurait bien le lui faire faire avec le tocsin [1]. »

Robespierre bondit vers la tribune, son frère l'y suit; des cris « à la barre l'accusé ! » se font entendre.

« Je n'ai pas fini, » reprend Lacroix, en clouant d'un

---

1. Nous avons raconté cette scène, t. III, p. 410.

geste Robespierre à sa place. « Cette menace fut répétée par plusieurs membres du conseil général de la Commune et entendue par plusieurs de mes collègues. »

— Oui, nous l'attestons ! s'écrient un certain nombre d'anciens députés.

« Je remontai à la tribune et je dénonçai le fait à l'Assemblée. La Commune de Paris, ajoutai-je, peut nous faire assassiner; mais nous faire manquer à notre devoir? jamais ! Malgré cette menace réitérée du tocsin, l'Assemblée maintint son refus. Robespierre et les autres membres de la députation allèrent nous dénoncer à la Commune, et, deux heures après, plusieurs de mes collègues vinrent m'avertir de ne pas passer par la cour des Feuillants, parce qu'on m'y attendait pour m'égorger. »

Un mouvement général d'horreur se manifeste dans l'Assemblée : Robespierre veut de nouveau s'emparer de la tribune. Le président l'arrête : « Robespierre, la Convention ne vous refusera pas la justice de vous entendre. Lorsque vos accusateurs auront fini de parler, vous répondrez à tous en même temps. »

Louvet reprend donc sa philippique; il reproche à son antagoniste et ce qu'il a fait et ce qui s'est fait autour de lui : la fameuse dénonciation qu'il lança le jour même des massacres contre les députés patriotes auxquels il avait osé reprocher d'être vendus à Brunswick; la fermeture des barrières, la proclamation homicide adressée à toutes les municipalités de France; le vote à haute voix imposé au corps électoral sous la menace des poignards; l'élection de Marat, « ce monstre que la Convention rejettera de son sein, s'il y a quelque justice sur terre. »

Le bouillant orateur développe ensuite, aux applaudissements d'une grande partie de l'Assemblée, une série d'accusations plus virulentes les unes que les autres :

« Oui, Robespierre, je t'accuse d'avoir depuis longtemps calomnié les patriotes les plus purs, d'avoir calomnié ces mêmes hommes avec plus de fureur encore à l'époque des premiers jours de septembre, c'est-à-dire dans un temps où tes calomnies étaient de véritables proscriptions.

« Je t'accuse d'avoir, autant qu'il était en toi, méconnu, persécuté, avili la représentation nationale, et de l'avoir fait méconnaître, persécuter, avilir;

« Je t'accuse de t'être continuellement produit comme un objet d'idolâtrie, d'avoir souffert que devant toi on dît que tu étais le seul homme vertueux de la France, le seul qui pût sauver la patrie, et de l'avoir vingt fois donné à entendre toi-même;

« Je t'accuse d'avoir tyrannisé l'Assemblée électorale de Paris par tous les moyens d'intrigue et d'effroi;

« Je t'accuse d'avoir évidemment marché au suprême pouvoir! »

Faire examiner par le comité de sûreté générale la conduite de Robespierre; voter immédiatement la loi contre les provocateurs au meurtre et à l'assassinat; investir le ministre de l'intérieur du droit de requérir la force publique, à charge d'en instruire sans retard la Convention nationale; soumettre au comité de constitution la question de savoir si, pour le maintien de la liberté publique devant lequel tout intérêt particulier doit disparaître, il ne serait pas nécessaire de porter une loi prononçant, comme en Grèce, le bannissement de tout homme qui aurait fait de son nom un sujet de division entre les citoyens ; telles sont les conclusions de Louvet.

« Mais, dit-il en terminant, il est au milieu de vous un homme dont le nom ne souillera plus ma bouche, que je n'ai pas besoin d'accuser, car il s'est accusé lui-même. Ne vous a-t-il pas dit qu'il fallait faire tomber encore deux cent soixante mille têtes? ne vous a-t-il pas avoué, ce qu'au reste il ne pouvait nier, qu'il avait conseillé la subversion du gouvernement, qu'il avait provoqué l'établissement de la dictature et du triumvirat. Cet homme est encore au milieu de vous; la France s'en indigne et l'Europe s'en étonne. Pour notre gloire, pour le salut de la patrie, ne nous séparons pas sans l'avoir jugé. »

Louvet descend de la tribune au milieu des plus vifs applaudissements [1].

Plusieurs députés demandent que l'on prononce immédiatement sur Marat, et que Robespierre soit mandé le lendemain à la barre pour répondre de sa conduite. Mais Lacroix fait observer que la Convention a renvoyé à l'examen de son comité de sûreté générale plusieurs dénonciations contre Marat, et qu'elle ne peut prononcer sans avoir entendu le rapport que ce comité est chargé de lui faire. Quant à Robespierre, comme il est monté à la tribune, on croit qu'il va répondre tout de suite à son

[1]. Cela est constaté par le *Moniteur* comme par le *Journal des Débats et Décrets*. Dans les comptes rendus qu'ils donnent de la séance du 29 octobre, ces deux journaux diffèrent sur quelques points; nous en avons combiné les éléments pour écrire notre récit.

accusateur, mais il se borne à demander, avant comme après le discours de Louvet, un délai pour examiner les inculpations dirigées contre lui et un jour fixe pour les réfuter. La Convention y consent à l'unanimité.

XI.

Au sortir de la Convention, Robespierre et ses amis se rendirent au club des jacobins. La foule y était énorme, l'agitation extrême : on demandait à grands cris la radiation de Louvet qui venait, disait-on, de se dépouiller lui-même de son titre de jacobin en osant s'attaquer à l'*incorruptible*. Quelques membres moins ardents proposaient de prendre Pétion pour juge entre Robespierre et Louvet, mais le bouillant Merlin (de Thionville) s'écrie : « Quoi ! vous voulez établir un arbitrage entre les principes et l'erreur ? Pétion n'est-il pas faillible ? Pétion ne voit-il pas Roland ? Pétion ne reçoit-il pas Lasource, Vergniaud, Barbaroux et tous les intrigants qui nous poursuivent ? »

« Jamais la liberté ne fut plus en péril, s'écrie Robespierre jeune ; tout le peuple n'est pas pour nous ; il n'y a pour nous que le peuple de Paris ; vous êtes les seuls qui soyez bien éclairés sur les mouvements de la faction... Il faut éclairer les départements, il faut que chaque membre de la société, que chacun des spectateurs des tribunes écrive, dans les provinces, la vérité sur ce qui se passe. »

Legendre, Bentabolle, Fabre d'Églantine font part

à l'assistance des appréhensions qui les agitent; enfin, Maximilien, jusqu'à ce moment silencieux, intervient dans le débat, et, au nom de la patrie, réclame l'ajournement de toute discussion personnelle. Chabot alors invite le club à déférer aux conseils de son oracle et à examiner à loisir ces trois questions : 1° La Convention a-t-elle le droit de lancer des décrets d'accusation? 2° Peut-elle qualifier de crime et punir comme tels les faits arrivés en temps de révolution? 3° Peut-elle, sans le consentement de la nation, rejeter un homme de son sein et altérer ainsi la représentation nationale [1].

Les jacobins, on le voit, étaient fort inquiets. Ce qui redoublait leurs craintes, c'était l'attitude de plus en plus hostile que prenaient, à Paris, contre Robespierre, Marat et leurs partisans, un grand nombre de fédérés accourus à la voix de Barbaroux et de plusieurs autres députés girondins; en province, une grande partie des sociétés affiliées qui semblaient chaque jour prêtes à se détacher du faisceau commun. « Citoyens, s'écriait quelques jours plus tard à la tribune du club, Saint-Just, le jeune séide du prophète Robespierre, je ne sais quel coup se prépare, mais tout remue, tout s'agite dans Paris; Paris regorge de soldats, et c'est au moment où il s'agit de juger le ci-devant roi, où l'on veut perdre Robespierre, qu'on appelle tant d'hommes armés... L'influence des ministres est si grande que, dès qu'ils paraissent dans l'Assemblée, une voix perçante convertit en motion ce qu'ils n'ont pas dit encore... On propose des décrets

---

1. *Journal des débats des Jacobins,* n°⁵ 292 et 293.

d'accusation contre des représentants du peuple. Encore un moment, et l'on proposera de juger le peuple; Barbaroux donnera des conclusions contre le souverain... Quel gouvernement que celui qui plante l'arbre de la liberté sur l'échafaud, et met la faulx de la mort entre les mains de la loi ! »

Cette dernière pensée était assurément belle et profonde. Mais par qui était-elle exprimée avec tant de force et d'apparente conviction? par un des futurs membres du comité du salut public! Les démagogues sont toujours les mêmes. Lorsqu'ils ne se sentent pas les plus forts, lorsqu'ils craignent pour eux les ostracismes, les proscriptions, ils prêchent la conciliation et la clémence. Ils demandent l'abolition de la peine de mort lorsqu'ils ne l'ont pas à leur disposition. Ils se déclarent prêts à se dévouer pour le salut de tous, mais ils comptent bien qu'on ne les prendra pas au mot. Ainsi, à la suite de Saint-Just, nous voyons Robespierre jeune chercher à attendrir les habitués du club Saint-Honoré sur le sort qu'il prétend être réservé à son frère; nous l'entendons s'écrier : « Laissez sacrifier Maximilien, la perte d'un homme n'entraînera pas la perte de la liberté[1]. »

La presse jacobine était, comme le club, très-peu rassurée sur les conséquences de la dénonciation de Louvet. Les *Révolutions de Paris* se montrent furieuses contre les Buzot, les Barbaroux. les Kersaint qui, disent-elles, « retardent le jugement de Louis XVI, la Constitution et l'organisation de l'instruction publique. » Elles

---

1. *Journal des débats des Jacobins*, n° 295.

reprochent à Robespierre d'avoir demandé huit jours pour répondre, et à Danton de n'avoir ouvert la bouche que « pour désavouer lâchement son agent subalterne, Marat [1]. »

La population de Paris était elle-même très-divisée ; on entendait à chaque instant retentir des cris de mort, ici contre Louvet, là contre Marat.

Le jardin du Palais-Royal, les Tuileries, étaient tous les soirs remplis de rassemblements tumultueux. C'est au milieu de cette agitation (30 octobre) que s'ouvre la discussion du projet présenté par Buzot, au nom de la commission des Neuf, contre les provocateurs au meurtre et à l'assassinat. Elle s'entame par deux discours, l'un de Bailleul (de la Seine-Inférieure), qui trouve le projet trop indulgent, l'autre de Lepelletier Saint-Fargeau, qui demande que l'on n'apporte aucune restriction à la liberté de la presse. L'ex-constituant rappelle la discussion qui a eu lieu deux ans auparavant sur le même sujet dans le sein de la première Assemblée nationale. Ce souvenir agit puissamment sur tous les assistants. L'Assemblée républicaine déploiera-t-elle contre la presse des sévérités devant lesquelles ont reculé jadis les constitutionnels. Danton décide la question en s'écriant de sa voix de stentor : « La liberté de la presse ou la mort ! » On réclame de tous côtés l'ajournement du projet; personne, pas même le rapporteur ne s'y oppose, et la commission des Neuf, dont la création avait été pour la Gironde, un mois auparavant, un triomphe éclatant, voit

---

1. *Révolutions de Paris,* n° 173, du 27 octobre au 4 novembre.

ainsi la deuxième partie de son œuvre subir un échec pareil à celui qui avait frappé la première. Un élan d'indignation avait fait instituer cette commission ; un sentiment d'invincible découragement fit abandonner les projets qu'elle avait préparés, aussi bien ceux destinés à punir les provocateurs au meurtre que ceux destinés à former la garde départementale.

Par ces revirements soudains, l'Assemblée croyait peut-être apaiser les ressentiments et inaugurer le règne de la conciliation. Elle ne faisait qu'enhardir les démagogues et leur apprendre une fois de plus, qu'en osant tout, ils pourraient tout obtenir de ses irrésolutions, ou du moins tout arracher à sa faiblesse.

XII.

Au moment même où la Convention se refusait à sévir contre les provocateurs au meurtre, celui qui eût été le premier frappé par la loi proposée, abuse, suivant son habitude, et de la liberté de la tribune et de la liberté de la presse.

Dans son *Journal de la République,* Marat dénonce chaque jour « la clique hypocrite et barbare de la Gironde et des Bouches-du-Rhône, le pédant Buzot, le formaliste Lacroix, l'irascible Guadet, le perfide Brissot, le trouble Gensonné, le tartufe Roland, le frère Coupechoux Gorsas et Michel Morin Barbaroux. » A la tribune, il accuse Roland de renouveler les lettres de cachet de l'ancien régime, et, comme on lui reproche d'avoir dit qu'il fallait, pour avoir la tranquillité, faire tomber deux cent soixante-dix mille têtes, il réplique impudemment : « Eh bien, oui ! c'est mon opinion. »

En entendant une pareille profession de foi, l'Assemblée tout entière se soulève d'horreur. Mais Marat ne fait pas attention à ces manifestations, auxquelles il est habitué. « Oui, je le répète, s'écrie-t-il, tant que la République ne sera pas débarrassée de ses oppresseurs, tant que vous ne les aurez pas envoyés tous à l'échafaud, vous ne serez pas tranquilles. Telle est la confession de mon cœur. Et maintenant, lancez, si vous le voulez, un décret contre moi ! »

Barbaroux l'accuse d'avoir cherché à embaucher les fédérés arrivés récemment de Marseille et de les avoir excités à se mutiner contre leurs chefs. Marat tourne la chose en plaisanterie et déclare qu'il est absurde de convertir en démarches d'État des honnêtetés patriotiques. « Ce n'est pas un crime, dit-il, d'offrir à déjeuner à de braves sans-culottes. »

L'Assemblée, qui ne peut prendre longtemps au sérieux le Triboulet de la démagogie, se met à rire et renvoie au comité de sûreté générale les nouvelles accusations portées contre l'*ami du peuple*. Mais le comité était divisé d'opinion ; la majorité y était vacillante et incertaine. Toutes les pièces incriminant Marat et ses acolytes s'accumulaient dans ses cartons, et l'on remettait toujours au lendemain la rédaction d'un rapport.

Depuis que les fédérés marseillais avaient repoussé les avances de Marat, la Commune s'inquiétait de leur présence à Paris. Craignant qu'ils ne deviennent le noyau de l'armée de l'ordre, elle adresse ses doléances au ministre de la guerre[1]. Pache lui répond « qu'il n'a appelé aucune force à Paris et qu'il ne connaît point de cause qui en rende le séjour nécessaire dans la capitale; » il promet de donner promptement aux fédérés l'ordre de rejoindre les armées. Sa lettre est aussitôt imprimée, affichée; invitation est faite aux sections de faire le recensement des volontaires des départements qui se trouvent dans leurs circonscriptions, de prendre des renseignements *sur les motifs de leur arrivée,* sur leurs moyens d'existence, et enfin d'envoyer des délégués à l'Hôtel de ville pour collationner les procès-verbaux et présenter au pouvoir exécutif l'état des citoyens dont il peut disposer[2]. Une fois rassemblés, les commissaires des sections s'empressent, suivant leur habitude, de rédiger une adresse, que leurs délégués apportent à la Convention le 4 novembre.

C'était un dimanche, jour consacré aux pétitionnaires. Les délégués des sections se trouvent devancés par ceux des fédérés eux-mêmes; ceux-ci venaient se plaindre des insultes et des menaces qu'à leur arrivée ils avaient eues à subir, « non de leurs frères de Paris, mais des agitateurs. On dit, s'écrie leur orateur, que nous voulons emmener la Convention hors de Paris; ce sont bien plutôt nos accusateurs qui veulent expulser l'Assemblée nationale, renouveler les scènes du 2 sep-

---

[1]. Voir dans le *Moniteur*, nos 303, 307, 308, les démarches de la Commune auprès du département de Paris et du ministère de la guerre.
[2]. *Moniteur*, no 309.

tembre, piller le trésor, nager dans le sang de tous leurs ennemis, de tous les bons citoyens... Si l'insurrection qu'ils rêvent éclate, malheur à eux! Nous sommes ici, nous éclairerons, nous calmerons le peuple; ni les protestations de patriotisme de ces agitateurs, ni la fuite, ni les souterrains, ne pourront les dérober à la vengeance des lois [1]... »

Les acclamations de l'immense majorité de l'Assemblée accompagnent les pétitionnaires jusqu'après leur sortie. Elles retentissent encore lorsque les délégués des sections présentent leur pétition, qui est naturellement la contre-partie de celle que l'on vient d'entendre.

« Le camp n'existe plus, expose le nouvel orateur; la capitale n'a plus besoin, pour se défendre, ni de fortifications ni d'armée. Cependant, et quoiqu'il soit de principe constitutionnel que les troupes ne peuvent s'approcher à vingt mille toises du lieu où siége l'Assemblée, des corps armés ne cessent d'arriver de tous côtés. Serait-ce pour étouffer la voix, pour enchaîner la volonté du peuple?... Rappelez-vous que nous avons tous juré de maintenir l'inviolabilité des personnes et des propriétés; le peuple de Paris n'a jamais violé ses serments... Quel est le motif de ces rassemblements de troupes? les représentants du peuple français ne sont-ils pas assez défendus par le patriotisme et par les vertus du peuple de Paris? Préféreriez-vous des baïonnettes à l'amour et à la confiance du peuple? Auriez-vous les

---

[1]. Voir le *Journal des Débats et Décrets*, n° 47, p. 52. *Moniteur*, n° 310.

terreurs des despotes, vous qui les avez fait trembler, vous qui n'avez mérité notre confiance que par votre courage à les combattre? Ah! soyez toujours forts de votre conscience, et vous ne craindrez pas la voix du peuple; nous nous sommes dépouillés de nos armes pour les donner aux volontaires qui marchaient à la défense des frontières. Nous sommes sans armes et environnés de soldats armés. Nous vous le disons avec franchise : le temps presse, l'orage s'annonce dans le lointain, votre devoir est de le prévenir; vous le remplirez, vous ordonnerez au plus tôt au conseil exécutif de faire marcher contre l'ennemi les généreux défenseurs de la patrie... C'est le vœu de tout le peuple de Paris. »

Ces audacieuses paroles font naître dans le sein de l'Assemblée des sentiments divers. La Gironde réclame l'ordre du jour; la Montagne, le renvoi de la pétition au ministre de la guerre, pour faire donner aux fédérés un ordre de départ.

« Citoyens, » s'écrie un courageux député de la droite, Rouyer, en s'adressant aux délégués des sections qui étaient restés à la barre, « vous voulez de la franchise, je vais en user avec vous; vous voulez la vérité, je vais vous la dire : Parisiens, qu'avez-vous fait, que faites-vous pour réprimer les agitateurs, pour empêcher qu'au milieu de vous des hommes audacieusement criminels provoquent chaque jour au meurtre et à la violation des lois?... Tant que les commissaires des sections parleront au nom du souverain, lorsqu'ils n'en forment qu'une très-petite portion; tant que vous-mêmes, citoyens de Paris, vous n'obéirez pas aux décrets portés par les représentants de toute la République, nous ne vous regarderons pas comme dignes de la liberté que vous avez conquise. A peine des fédérés sont-ils arrivés ici qu'on lance contre eux des soupçons injustes et offensants : je suis certain qu'il n'est pas un député qui ne réponde des volontaires de son département. Pour moi je déclare que plusieurs de ces fédérés sont de ma ville, et j'en réponds sur ma tête. Ils sont nos frères ; ils ne combattront jamais que pour la liberté et pour faire rentrer dans la poussière des reptiles insolents. »

A Rouyer succède Barrère, c'est-à-dire à la franchise, la duplicité.

« Depuis plusieurs jours, dit l'ex-constituant, nous nous livrons à des débats qui ne tournent point au profit de la chose publique, il nous semble que nous n'osons pas aborder la vérité, et cependant nous sommes à la veille d'un jour où l'on doit s'occuper non pas de l'intérêt de la République, mais de l'intérêt de quelques particuliers, de quelques dictateurs qui n'auront pas même l'honneur de voir leurs noms inscrits dans les mémoires historiques de la Révolution française. D'un côté ce sont les fédérés qui demandent la tête de Marat, de l'autre ce sont des agitateurs qui préparent des mouvements pour demain. Les uns et les autres sont à mes yeux des hommes qui ne méritent les regards de la loi que pour en être frappés. »

Cet exorde avait conquis à Barrère la sympathie des centres, il se croit dès lors assez fort pour porter le coup de grâce au projet de la Gironde.

« Toutes ces agitations, continue-t-il, semblent naître

du projet qui vous a été présenté relativement à la création d'une force armée. J'ai cru et je crois encore que, s'il y a une mesure insuffisante et ridicule, c'est celle de cette garde d'honneur; car quel autre nom peut-on donner à la garde départementale que l'on vous a proposée? Que pourrait une force de quatre mille hommes contre une population telle que celle de Paris? Pourrait-elle empêcher une émeute dirigée contre vous? Notre garde d'honneur doit être l'opinion publique. C'est la seule qui nous convienne, c'est la seule sur laquelle nous puissions compter. »

Ayant ainsi frappé à droite, Barrère devait, pour conserver son renom d'impartialité, frapper aussi à gauche. Il n'y manque pas

« Il est un monstre qu'il faut enfin attaquer, qu'il faut abattre; c'est le monstre de l'anarchie, dont la tête s'élève du sein de la Commune de Paris et dont les bras s'étendent sur toute la cité. Les sections se sont-elles soumises à la loi sur le scrutin? Non. Elles ont oublié que le scrutin fermé était la sauvegarde de la liberté des opinions. Le scrutin fermé est celui qui convient au citoyen, parce qu'en exprimant son vœu, il doit être indépendant et libre comme s'il écrivait dans son cabinet. Le vote à haute voix ne peut convenir qu'aux mandataires du peuple, parce que leurs opinions doivent être publiques et toutes leurs opérations connues. Les sections de Paris, dans les élections auxquelles elles procèdent, donnent chaque jour l'exemple de la violation de ces principes. Il faut que vous fassiez cesser cette anarchie, il faut que le conseil général de la Commune vous fasse connaître les prévaricateurs qu'il a promis de vous dénoncer et qu'il ne vous dénonce pas. »

Comme conséquence des vues exposées dans son discours, Barrère propose de faire imprimer et expédier aux départements les deux adresses contradictoires qui viennent d'être lues à la barre, l'une par les fédérés, l'autre par les commissaires des sections ; de demander compte au ministre de la guerre des mesures qu'il a dû prendre relativement à la force armée de Paris et au casernement des fédérés ; d'obliger la Commune à répondre si, comme elle l'a promis, elle a dénoncé aux autorités constituées les agitateurs et les prévaricateurs qu'elle a trouvés dans son sein ; enfin, de charger le comité de sûreté générale de faire un rapport sur l'état de Paris et de sa force publique, ainsi que sur les moyens d'y maintenir l'ordre.

Merlin (de Thionville), Legendre, Osselin présentent des motions supplémentaires, mais elles sont écartées, et l'Assemblée convertit purement et simplement en décret les propositions de Barrère.

XIII.

Le lundi, 5 novembre, avait été le jour fixé pour entendre la réponse de Robespierre à Louvet. La séance est ouverte comme d'ordinaire entre neuf et dix heures du matin, au milieu d'un concours considérable de députés et de spectateurs. Les tribunes sont pleines, les escaliers sont encombrés de curieux, tous les alentours de la salle du Manége sont occupés par une foule énorme dont les mouvements tumultueux manifestent l'anxieuse curiosité. Le fauteuil de la présidence, depuis le 2 novembre, n'est plus occupé par Guadet, dont la quinzaine est expirée, mais par un homme d'opinions mixtes et indécises, Hérault-Séchelles. En l'appelant au fauteuil, la Convention a évidemment tenu à faire preuve d'impartialité.

Cependant plusieurs heures se passent en discussions d'un assez médiocre intérêt. Vers midi, l'Assemblée commence à s'impatienter de ne pas voir Robespierre. A une heure, Louvet s'écrie : « Je demande que Robespierre monte là[1] ! » et du doigt il désigne la tribune.

« A la tribune, Robespierre ! » répète-t-on de toutes parts.

Le héros des jacobins paraît enfin. Son entrée est saluée par les tribunes d'une triple salve d'applaudissements. Le président réprime ces manifestations et donne la parole au député de Paris. Celui-ci, dès l'abord, dédaigne de paraître en accusé et se pose en triomphateur.

« Tout mandataire du peuple, dit-il, se doit à l'intérêt public; je répondrai donc au monstrueux assemblage de calomnies que depuis plusieurs années peut-être on élève si laborieusement contre moi. De quoi suis-je accusé? d'avoir aspiré à la dictature, au triumvirat, au pouvoir suprême? Mais où étaient mes trésors, mes armées, les grandes places dont j'étais pourvu? Tous les pouvoirs étaient entre les mains de mes adversaires... Mes rela-

---

1. *Journal des Débats et Décrets*, n° 47, p. 63.

tions avec Marat n'ont jamais existé; je n'ai eu avec lui qu'une seule conversation, et il a déclaré dans sa feuille qu'il avait pu se convaincre que je n'avais ni les vues ni l'audace d'un homme d'État. »

L'orateur reprend un à un tous les griefs énoncés par « monsieur Louvet » : ainsi affecte-t-il de désigner son accusateur, lui donnant un vernis d'aristocratie qui ne peut manquer de le rendre suspect aux vrais sans-culottes.

A l'assemblée électorale, il n'a pas désigné plus particulièrement Marat que tous les écrivains courageux qui avaient combattu ou souffert pour la cause de la Révolution. Le despotisme d'opinion qu'on lui reproche d'avoir exercé aux Jacobins n'était que l'empire des principes. Depuis le renversement du trône il a paru à peine six fois au club. Il n'a été nommé au conseil général de la Commune que le 10 août dans la journée; s'il n'a pas partagé les périls de ses collègues nommés dès le 9 au soir, il ne demande pas à partager leur gloire, il veut seulement les défendre lorsqu'on les incrimine injustement.

On parle sans cesse d'intrigants dans le sein de la Commune; quel corps fut absolument exempt de ce fléau? — On dénonce éternellement quelques actes répréhensibles; il ignore les faits; il ne les nie ni ne les croit. Quant à lui-même, il n'a été chargé d'aucune espèce de commission, ne s'est mêlé d'aucune opération particulière, n'a jamais un instant présidé le conseil, ni eu la moindre relation avec le comité de surveillance « tant calomnié. »

« On reproche à la Commune des arrestations arbitraires. — Est-ce donc le code à la main qu'il faut apprécier les précautions qu'exige le salut public dans les temps de crise, amenés par l'impuissance même des lois ? Que ne nous reprochez-vous d'avoir brisé les plumes mercenaires dont l'emploi était de blasphémer contre la liberté ? Que n'instituez-vous des commissaires pour recueillir les plaintes des écrivains aristocrates et royalistes ? Que ne nous reprochez-vous d'avoir désarmé les citoyens suspects, d'avoir écarté des assemblées où nous délibérions sur le salut public les ennemis de la Révolution[1] ? Que ne faites-vous à la fois le procès et au corps électoral et aux sections de Paris, et aux assemblées primaires des cantons et à tous ceux qui nous imitaient ?... Toutes ces choses étaient illégales, aussi illégales que la Révolution, que la chute du trône et de la Bastille elle-même... Citoyens, vouliez-vous une révolution sans révolution ?... Qui peut marquer, après coup, le point précis où devaient se briser les flots de l'insurrection populaire ?... Les Français amis de la liberté, réunis à Paris, au mois d'août dernier, ont agi à ce titre au nom de tous les départements, il faut les approuver ou les désavouer tout à fait. Leur faire un crime de quelques désordres apparents ou réels inséparables d'une grande commotion, ce serait les punir d'avoir sauvé l'État... Nous, nous n'avons point failli, j'en jure par le trône

---

1. Ici Robespierre, comme on le voit, préconise et s'approprie les odieuses et violentes pratiques que la démagogie employa après le 10 août, et que nous avons racontées et flétries, tome III, pages 2 et suivantes.

renversé et par la République qui s'élève sur ses ruines ! »

Arrivant aux massacres de septembre, Robespierre répète le récit qui traîne depuis six semaines dans toutes les feuilles démagogiques. Il les attribue à un mouvement irréfléchi du peuple parisien tout entier. « Que pouvaient faire les magistrats contre la volonté d'un peuple indigné de la trop longue impunité dont avaient joui ses ennemis? Ils ne pouvaient que l'engager à suivre des formes nécessaires, dont le but était de ne pas confondre avec les coupables qu'il voulait punir les citoyens détenus pour des causes étrangères à la conspiration du 10 août. Ces formes ont été suivies. Des officiers municipaux ont rempli l'office de juges ; c'était là le seul service que les circonstances leur permettaient de rendre à l'humanité, et c'est pour ce service qu'on vous les a représentés comme des brigands et des monstres sanguinaires[1] ! »

L'orateur n'a pas de peine à prouver que ses adversaires n'ont pas tenu tout d'abord sur les journées de septembre le langage qu'ils tiennent aujourd'hui, et que, par leurs lâches apologies de la justice du peuple, ils se sont rendus solidaires des crimes qu'ils reprochent à la Commune. « Roland lui-même n'a-t-il pas reconnu l'esprit de prudence et de générosité du peuple? Monsieur Louvet lui-même ne commençait-il pas une de ses affiches

---

1. Ici encore Robespierre confirme lui-même, et de la façon la plus explicite et la plus approbative, le fait que des officiers municipaux assistaient, comme juges et revêtus de leurs écharpes, aux effroyables exécutions de la Force et des autres prisons.

de la *Sentinelle* par ces mots : *Honneur au conseil général de la Commune! Il a fait sonner le tocsin, il a sauvé la patrie!* » Robespierre est moins bien inspiré lorsqu'il s'attendrit sur le sort « d'un innocent, le seul, assure-t-on, qui ait péri ce jour-là. »

Certes, deux mois après que l'effroyable statistique des massacres avait été dressée par les bourreaux eux-mêmes, quand à Bicêtre seulement quarante-trois enfants âgés de moins de dix-sept ans avaient été immolés [1], il fallait une horrible impudence au défenseur officieux du comité de surveillance pour prétendre qu'une seule méprise avait eu lieu, qu'un seul innocent avait succombé.

Continuant à déguiser la crudité de ses sentiments haineux sous cette sensiblerie de commande si fort à la mode à cette époque, Robespierre s'écrie : « Réservez vos larmes pour cent mille patriotes immolés par la tyrannie, pour les fils des citoyens massacrés au berceau et dans les bras de leurs mères; consolez-vous en assurant le bonheur de votre pays et en préparant celui du monde. La sensibilité qui gémit presque exclusivement pour les ennemis de la liberté, m'est suspecte; cessez d'agiter sous nos yeux la robe sanglante du tyran, ou je croirai que vous voulez remettre Rome dans les fers. En lisant ces tableaux pathétiques du désastre des Lamballe, des Mont-

---

1. Voir tome III, pages 295 et 547. Les états du comité de surveillance sont datés du 10 septembre, et les listes particulières pour chaque prison sont datées du mois d'octobre. Robespierre, le 5 novembre, avait donc eu temps de se renseigner parfaitement sur le nombre, l'âge et les antécédents des victimes, puisqu'un intervalle de deux mois séparait les boucheries de septembre de son panégyrique.

morin, dés Lessart, n'avez-vous pas cru entendre le manifeste de Brunswick ou de Condé? »

Robespierre nie tout; il nie le propos tenu à Lacroix et les menaces de tocsin; il nie et les insolentes pétitions qu'il était venu, au nom de la Commune, apporter à la barre de la Législative, et ses dénonciations dirigées contre les chefs de la Gironde. Il termine son discours par cette adroite péroraison :

« Vous tentez depuis longtemps d'arracher à la Convention nationale une loi contre les provocateurs au meurtre. Qu'elle soit portée! elle vous devra frapper vous-mêmes les premiers! N'avez-vous pas dit calomnieusement, ridiculement, que j'aspirais à la tyrannie? N'avez-vous pas juré par Brutus d'assassiner le tyran? Vous voilà donc convaincus par votre propre aveu d'avoir provoqué tous les citoyens à m'assassiner...

« Indépendamment du décret sur la force armée que vous cherchez à extorquer par tant de moyens, indépendamment de cette loi tyrannique contre la liberté individuelle et contre celle de la presse que vous déguisez sous les spécieux prétextes de la provocation au meurtre, vous demandez sous le nom d'ostracisme une loi de proscription contre les citoyens qui vous déplaisent... Ainsi vous avez pensé que, pour faire de la Convention nationale l'instrument de vos coupables desseins, il suffirait de prononcer devant elle un roman bien astucieux et de lui proposer de décréter sans désemparer la perte de sa liberté et son propre déshonneur. Que me reste-t-il à dire contre des accusateurs qui s'accusent eux-mêmes?

« Ensevelissons, s'il est possible, ces misérables

machinations dans un éternel oubli... Pour moi, je ne prendrai aucunes conclusions qui me soient personnelles... Je renonce à la juste vengeance que j'aurais le droit de poursuivre contre mes calomniateurs. Je n'en demande point d'autre que le retour de la paix et le triomphe de la liberté. Citoyens, parcourez d'un pas ferme et rapide votre glorieuse carrière, et puissé-je, aux dépens de ma vie et de ma réputation même, concourir avec vous à la gloire et au bonheur de notre commune patrie [1]. »

Robespierre avait été fréquemment interrompu par les applaudissements des tribunes et de la Montagne; au moment où il regagne son banc, ces témoignages d'approbation redoublent. Louvet s'avance pour lui répondre, les séides des tribunes le menacent du geste et de la voix, l'extrême gauche demande que l'on fasse immédiatement justice de toutes ces attaques dirigées contre son héros. La clôture de la discussion est vivement réclamée par une partie de l'Assemblée; d'autre part, on en demande la continuation. Le président annonce qu'un grand nombre d'orateurs se sont fait inscrire : notamment, pour l'ordre du jour, Saint-Just, Jean Bon Saint-André, Garnier (de Saintes); contre, Louvet, Chénier, Biroteau, Buzot, Barbaroux; sur, Barrère, Bailleul, Pétion.

Louvet et Barbaroux sont déjà tous deux à la tri-

---

[1]. Le discours de Robespierre se trouve *in extenso* dans le *Moniteur* du 6 novembre, n° 354 ; dans le *Journal des Débats et Décrets*, n° 48.

bune et réclament avec insistance leur tour de parole. On demande à grands cris l'ordre du jour.

Hérault-Séchelles consulte l'Assemblée au milieu du bruit et déclare que l'ordre du jour est adopté; mais on proteste contre ce vote enlevé par surprise au milieu du tumulte; la discussion continue comme si l'Assemblée n'avait rendu aucune décision. Louvet réclame la parole contre le président; un décret formel la lui refuse. Barbaroux descend alors à la barre et déclare qu'il veut signer sa dénonciation contre Robespierre non plus comme député, mais comme simple citoyen. Plusieurs députés de la Montagne demandent qu'on prononce la censure contre le jeune Marseillais qui, disent-ils, avilit le caractère de représentant du peuple.

Barrère, qu'enorgueillit son succès de la veille, s'aperçoit que le centre n'est pas moins fatigué de la turbulence de Louvet et de Barbaroux que de l'outrecuidance de Robespierre; il profite de cette disposition des esprits pour continuer son rôle de modérateur indispensable entre les partis extrêmes. « Je m'oppose, dit-il, à ce que notre collègue soit entendu à la barre. Cette attitude est celle d'un accusé, et Barbaroux ne l'est pas. Il ne peut être pétitionnaire, car un représentant du peuple juge les pétitions et ne les fait pas. S'il est accusateur, il a les tribunaux ouverts... Mais que signifient aux yeux d'un législateur politique toutes ces accusations de dictature, d'ambition du pouvoir suprême, et ces ridicules projets de triumvirat? Citoyens, ne donnez pas de l'importance à des hommes que l'opinion générale saura mieux que nous remettre à leur place. Ne faisons pas des piédestaux à des pygmées... Des hommes d'un jour, de petits entrepreneurs de révolution, des politiques qui n'entreront jamais dans le domaine de l'histoire, ne sont pas faits pour occuper le temps précieux que vous devez aux grands travaux dont le peuple vous a chargés. Terminons enfin ces duels politiques, ces combats singuliers de la vanité et de la haine; détruisons ces ferments de discorde qu'une adroite politique a lancés au milieu de nous; n'offrons plus à l'Europe attentive le triste spectacle des passions misérables qui dominent les hommes et qui doivent être étrangères à des législateurs... Je vous rappelle aux grands intérêts de la patrie, et je propose que la Convention motive ainsi son décret :

« La Convention nationale, considérant qu'elle ne doit
« s'inquiéter que des intérêts de la République, passe à
« l'ordre du jour. »

— « Je ne veux pas de votre ordre du jour, s'écrie Robespierre, si vous y mettez un préambule qui est injurieux. »

Pendant longtemps encore l'Assemblée est agitée de mouvements tumultueux. On demande que Barbaroux soit tenu de quitter la barre où il est resté. Lanjuinais essaye de soutenir son jeune ami, mais les cris de la Montagne lui coupent la parole à cinq ou six reprises différentes. Quelques députés réclament le vote par appel nominal. La gauche s'y oppose.

La Gironde hésite à continuer la lutte; elle reconnaît que, dans l'état des esprits, elle ne pourra obtenir de l'Assemblée ni un décret d'accusation contre Robespierre ni même un ordre du jour motivé. L'ordre du jour pur et simple laissera, pense-t-elle, les choses dans un état vague et indéterminé qui doit, suivant ses calculs, humilier son ennemi et lui faire perdre toute influence morale. Elle se rallie donc à cette proposition, que Lasource et Lacroix renouvellent, que l'Assemblée adopte en confirmant ainsi le vote rendu une demi-heure auparavant. Louvet, qui ne veut pas que les effets de sa philippique soient complétement mis à néant, demande que la Convention ordonne au moins à ses comités de législation et de surveillance de faire promptement leur rapport sur Marat; mais cette motion se perd au milieu du bruit, et le président Héraut-Séchelles, qui veut couper court à tout nouveau débat, se hâte de déclarer la séance levée.

Un bill définitif d'indemnité venait, en réalité, d'être accordé à Robespierre, à Marat, à tous leurs complices de la députation de Paris et de la Commune insurrectionnelle. Quelques illusions que pût se faire un instant la Gironde sur la portée du vote auquel elle avait elle-même accédé, il fut considéré, et il devait l'être, par l'opinion publique, comme une victoire pour le parti montagnard.

Les Girondins ne pouvaient imputer qu'à eux-mêmes leur défaite; ils ne pouvaient l'attribuer qu'à la manière malhabile dont ils avaient engagé le combat et soutenu la lutte. Les impatients du parti, les confidents les plus intimes du cénacle Roland, Barbaroux, Louvet, Buzot, avaient attaqué sans s'informer d'avance s'ils seraient appuyés par le gros du parti. Les sages et les prudents, Vergniaud, Brissot, Gensonné, étaient restés sous leur tente, gourmandant peut-être tout bas l'ardeur de ces jeunes téméraires qui s'étaient lancés dans l'arène sans avoir pris le mot d'ordre, sans même s'être concertés entre eux. Ces véritables chefs de la Gironde n'avaient pas voulu se laisser entraîner à combattre sur un terrain qu'ils n'avaient pas eux-mêmes choisi. Ils n'avaient pas daigné porter secours à leurs amis, après la levée de boucliers que ceux-ci s'étaient permis de faire sans leur assentiment préalable. Aussi Robespierre avait-il vaincu avant même que de paraître à la tribune. Il avait vaincu, non par la justice de sa cause, mais grâce aux hésitations de ses adversaires. Se croyant en mesure d'écraser, quand ils le voudraient résolument, celui qu'ils regardaient presque comme un rival indigne de leur colère, ils laissèrent grandir dans l'ombre sa puissance occulte; ce fut une faute grave. L'heure passée ne revient plus; l'occasion négligée ne se retrouve pas; Vergniaud et ses amis ne l'apprendront que trop tôt à leurs dépens.

LIVRE XVIII

LES SUBSISTANCES.

I.

Le 5 novembre au soir, Robespierre se rend aux Jacobins, comme il s'y était rendu le 29 octobre, après la fameuse séance où il avait subi le réquisitoire de Louvet. Son entrée est saluée par d'immenses acclamations. La société décide avec enthousiasme que la défense de son héros sera imprimée à ses frais et répandue par ses soins, « afin de prouver qu'en s'attachant à Robespierre, elle n'a fait que rendre hommage à la vertu incorruptible et à la sincérité des principes républicains. »

L'ivresse du triomphe monte bientôt à la tête des coryphées du club; ils se laissent aller aux aveux les plus compromettants.

Garnier (de Saintes) proclame les jacobins de Paris « l'objet de la vénération universelle, » et le club Saint-Honoré, « le temple de la Liberté. » Merlin (de Thionville) tonne contre « le vertueux, l'éternellement vertueux Roland. » Bentabolle fait le procès à la Convention pour n'avoir pas mis assez de bonne grâce dans le vote de l'ordre du jour; « elle a marchandé, dit-il, avec la justice et le bon droit. »

Manuel ne pouvait se consoler de n'avoir pu faire entendre à la Convention le discours qu'il avait composé pour la circonstance. Il veut, au moins, en faire part à ses confrères en démagogie et demande la permission de le leur lire. On lui accorde la parole. Il débute par un magnifique éloge de Robespierre, « sorti vierge de la Constituante. » Cet exorde est naturellement très-applaudi; mais des murmures commencent à se faire entendre dès que l'orateur entame l'éloge de Pétion, lorsqu'il se permet d'accoler le nom du héros de la veille à celui du héros du jour et de les appeler les *gémeaux de la liberté*; ils redoublent lorsque l'ex-procureur syndic de la Commune qualifie les journées de septembre de *moments de désolation* et proclame cette maxime : « Quand on souffre des assassins, on est bien près d'être leur complice. »

Composé pour un autre auditoire, le discours de Manuel ne se trouvait plus au diapason de l'assemblée. L'orateur eût été peut-être écouté avec indulgence le matin dans la salle du manége; il est hué le soir dans la salle Saint-Honoré. Il ne peut achever la lecture de sa harangue et se voit obligé de quitter la tribune. Collot-d'Herbois s'y élance. « Il est nécessaire, dit-il, de ne pas laisser sans réponse les grandes erreurs qui viennent d'être proférées... Il ne faut pas se dissimuler que la terrible affaire du 2 septembre est le grand article du *Credo* de notre liberté... Sans cette journée, la Révolution ne se serait jamais accomplie. Manuel y a coopéré;

qu'il ne vienne donc pas déguiser son opinion... Qu'il donne à l'humanité les regrets qu'elle exige, mais qu'il donne à un grand succès toute l'estime que ce grand succès mérite et qu'il dise que, sans le 2 septembre, il n'y aurait pas de liberté, il n'y aurait pas de Convention nationale. »

La sortie de Collot est accueillie par de vives acclamations. En ce moment, le bouillant Merlin aperçoit au fond de la salle le cauteleux Barrère ; il le somme de s'expliquer sur le langage tenu par lui quelques heures auparavant à la Convention. L'interpellation eût été embarrassante pour un autre, mais le caméléon politique savait diaprer sa parole de toutes les couleurs de l'arc-en-ciel révolutionnaire ; passer du bleu d'azur au rouge le plus foncé n'était qu'un jeu pour lui. Si l'Assemblée avait voulu, dit-il, écouter jusqu'au bout le discours qu'il avait préparé, il aurait exprimé sur le 2 septembre à peu près la même opinion que Collot-d'Herbois. Il aurait seulement « mis des cyprès dans les couronnes, » il se serait écrié comme il s'écrie devant ses frères et amis : « Cette journée, dont il ne faudrait plus parler si on ne veut pas faire le procès à la Révolution, présente aux yeux de l'homme vulgaire un crime, car il y a eu violation des lois ; mais, aux yeux de l'homme d'État, elle présente deux grands effets : 1° de faire disparaître ces conspirateurs que le glaive de la loi ne pouvait pas atteindre ; 2° d'anéantir tous les projets désastreux enfantés par l'hydre du feuillantisme, du royalisme et de l'aristocratie, qui levait sa tête hideuse derrière les remparts de Verdun et de Longwy... »

Fabre d'Églantine va plus loin encore; il reproche à Robespierre de s'être laissé prendre au piége que lui avait tendu Louvet, et d'avoir essayé de distinguer le 2 septembre du 10 août... « Il faut le déclarer hautement, répète-t-il avec insistance, ce sont les mêmes hommes qui ont pris les Tuileries, qui ont enfoncé les prisons de l'Abbaye, celles d'Orléans et celles de Versailles[1]. »

Ainsi, dans le délire de leur joie, les Jacobins déclaraient que le triomphe de Robespierre était la glorification des journées de septembre. Ils étaient dans le vrai, et c'était à la Convention à s'imputer de n'avoir pas compris les conséquences que l'on tirerait de son vote.

Pétion avait évité de se présenter au club le 5 novembre, mais, pas plus que Manuel, il n'était homme à perdre une harangue. Ne trouvant plus comme autrefois le procureur syndic de la Commune disposé à lui donner la réplique sur le ton d'enthousiasme exclusif auquel il s'était si facilement habitué, il résolut de faire lui-même son propre panégyrique et de se décerner les couronnes civiques que personne n'était plus tenté de lui offrir. Il publia en brochure et fit réimprimer au *Moniteur*

[1]. Le *Moniteur* n'avait jamais jusque-là rendu compte de ce qui se passait au club des jacobins. Il n'avait fait d'exception à ce mutisme calculé que pour dire quelques mots de l'ovation qu'y avait reçue le général Dumouriez trois semaines auparavant. Mais le triomphe des montagnards étant désormais assuré à ses yeux, il passe dans leur camp avec armes et bagages et reproduit presque textuellement, pour la séance du 5 novembre, le *Journal des débats de la Société*, nos 296 et 297. Plus tard, le rédacteur en chef du *Moniteur*, Grandville, se vanta à Robespierre de la révoltante partialité qu'il montra dans cette circonstance. (Voir sa lettre, tome Ier, p. vii.)

le discours qu'il n'avait pas pu prononcer à la Convention. Dans ce morceau d'éloquence pédagogique, il traitait comme un véritable écolier celui que les électeurs lui avaient préféré pour le mettre à la tête de la députation parisienne, celui qu'un ami maladroit avait proposé de placer à côté de lui sur le même piédestal. Il amnistiait Robespierre du fait d'avoir aspiré à la dictature, mais il lui reprochait d'être trop ombrageux, trop bilieux, trop atrabilaire, trop amoureux des faveurs du peuple [1]. Pétion accompagna la publication de son discours d'une *Lettre aux jacobins,* dans laquelle il se proclamait purement et simplement le sauveur de leur société, le sauveur de Paris, le sauveur de Robespierre lui-même.

On s'amusa fort [2] de ce factum dans lequel l'ex-maire de Paris donnait d'autant plus facilement prise sur lui qu'il s'y montrait aussi avide de popularité, aussi personnel que celui qu'il admonestait. Aux Jacobins, on ne se contenta pas de rire de ce prétendu sauveur de tout et de tous; on le prit au sérieux, on s'indigna de le voir s'attribuer l'honneur d'avoir fait à lui seul la Révolution du 10 août [3]. Pétion se crut alors obligé de revenir sur l'énumération de ses mérites; il fit paraître un très-long *Compte rendu* à ses concitoyens, où il racontait tout ce qu'il avait fait durant son administration municipale, et se ménageait d'autant moins les éloges que, contre son habitude, il parlait à la troisième personne.

1. *Moniteur,* n° 315.
2. Voir le n° 175, p. 351 et 353 des *Révolutions de Paris.*
3. Voir le discours prononcé par Chabot, le 7 novembre, aux Jacobins, *Journal des débats de la société,* n° 297.

Les journaux se mêlèrent naturellement à la discussion. Ainsi qu'on peut le remarquer à toutes les phases de la Révolution, ce sont les entreprises avortées qui donnent lieu à la polémique la plus intéressante et la plus instructive. Lorsque le choc des partis amène une défaite et une victoire définitives, comme au 10 août, au 31 mai, au 9 thermidor, le vainqueur empêche le vaincu d'élever la voix, le garrotte et l'envoie à l'échafaud. Le silence se fait aussitôt sur sa tombe. Mais lorsque l'événement n'aboutit en apparence qu'à une trêve, les journaux se constituent juges du camp; les révélations se produisent à l'envi, et plus tard, de tous ces documents réunis et contrôlés l'un par l'autre, se dégagent aux yeux du lecteur attentif les causes véritables des événements.

Les feuilles girondines, le *Patriote français,* la *Chronique,* le *Courrier des départements,* s'étudient à enlever toute importance à l'ordre du jour voté par la Convention. « La défense de Robespierre, dit le premier de ces journaux[1], a été fastidieuse et insignifiante; le tribun a prouvé qu'il n'était pas de taille à usurper le pouvoir suprême. » La *Chronique* déclare que « Robespierre n'est qu'un prêtre et ne sera jamais que cela. Il se fait suivre par les femmes et écouter des pauvres d'esprit. Les robespierristes sont des cagots en patriotisme[2]. »

---

1. *Patriote français,* n° M.CCXXXIV.
2. Cet article de la *Chronique* est reproduit dans le *Patriote,* n° M.CXCII, avec des commentaires. La même idée se retrouve dans le *Courrier des Départements,* nos VIII et XII et, en général, dans tous les journaux des Girondins qui, comme Brissot, Condorcet, Gorsas, étaient

Parmi les journaux jacobins, les *Révolutions de Paris* se félicitent modérément du triomphe de Robespierre, « l'homme des grands principes, mais qui s'y tient avec trop de roideur. » Marat, caché dans sa cave, car il craint toujours que la Convention se montre plus facile à entraîner contre lui que contre son grave collègue, Marat, dans son *Journal de la République*[1], insulte avec une ignoble grossièreté ceux qui l'ont dénoncé du haut de la tribune.

Camille Desmoulins, dans ses *Révolutions de France et de Brabant*[2], se livre avec une intarissable verve à la critique du succès de son ami Robespierre « qui a trop vaincu; » des attaques et des défenses « *ni pour ni contre, mais sur* » du solennel Pétion; du galimatias double de Barère, « en train de former le parti des flegmatiques. » — « Le pape Jean-Pierre Marat » lui-même n'échappe pas aux traits de Camille et se voit mis en parallèle avec « l'ancien patriarche Jean-Pierre Brissot. »

Robespierre, dans ses *Lettres à ses commettants*[3], répond à ses adversaires par de grandes phrases boursouflées et remplies de fiel; malgré les sarcasmes que son ancien condisciple Desmoulins sème autour de son char

---

voltairiens. Robespierre et ses adhérents étaient au contraire disciples très-fervents de J.-J. Rousseau.

1. n° XL, XLII, XLIV, XLV.

2. Camille Desmoulins venait de faire reparaître ce journal en collaboration avec Merlin (de Thionville). Voir surtout les n°ˢ X et XII.

3. Voir le n° 6 des *Lettres de Robespierre à ses commettants*.

de triomphe afin de lui rappeler qu'il est homme, il monte au Capitole pour rendre grâce aux dieux.

Par les attaques imprudentes des enfants perdus de la Gironde, la personnalité de Robespierre grandit démesurément dans Paris. L'ombre qu'elle projette couvre Marat, Panis et les autres septembriseurs. Dans les départements, au contraire, le parti de la Gironde semble se fortifier, non-seulement par l'adhésion des autorités constituées, mais encore par celle des sociétés populaires les plus importantes. Les jacobins de Marseille, Bordeaux, Saint-Étienne, Agen, Bayonne, Montauban, Riom, Châlons, le Mans, Nantes, Lorient, Lisieux, Perpignan, Angers, rompent avec le club de Paris ou menacent de rompre si Marat et Robespierre n'en sont pas expulsés[1]. Mais à quoi pouvaient aboutir ces imprécations lancées contre les divinités qui continuaient d'être adorées dans le temple de la rue Saint-Honoré? Les partisans de Robespierre et de Marat possédaient le nom, le local, les archives, les traditions de la société; ils expulsaient chaque jour de leurs rangs ceux qui ne donnaient pas une adhésion assez explicite au fameux *Credo* de Collot-d'Herbois. Leurs adversaires pouvaient-ils élever autel contre autel et ouvrir un club rival où des principes plus modérés auraient été professés? Cette tentative avait fort mal réussi aux Feuillants. Eût-elle mieux réussi aux Girondins? Cela est fort douteux; car le propre de toute société soi-disant populaire est de marcher d'emportement en emportement, d'exagération en exagération;

---

1. *Histoire parlementaire*, tome XX, p. 441.

elle ne peut surpasser ses adversaires que par une farouche émulation de violences, jusqu'à ce qu'elle succombe sous le poids de l'animadversion générale.

II.

Les démagogues avaient levé le masque. Ils voulurent continuer au sein même de la Convention la campagne dont ils avaient donné le signal aux Jacobins. On doit se souvenir que, le 4 novembre, après le premier discours à double entente de Barrère, il avait été décrété que le comité de sûreté générale ferait un rapport sur l'état de Paris et sur les moyens d'y maintenir l'ordre [1]. La Montagne n'était pas en majorité dans le comité, mais elle y était représentée par quelques membres actifs et audacieux, notamment par Bazire, qui n'avait pas cessé d'en faire partie depuis la Législative et qui y jouissait naturellement d'une certaine influence à raison des traditions qu'il possédait, des habitudes d'ordre et de travail méthodique qu'il avait acquises lorsqu'il était employé aux archives des États de Bourgogne.

Bazire avait en secret élaboré un travail fort étendu sur les journées de septembre racontées au point de vue montagnard. Le 4 novembre au soir, il en fit lecture au club des jacobins. Le lendemain, un décret solennel ayant amnistié Robespierre et implicitement ses amis de la

---

1. Voir livre XVII, p. 327.

Commune, Bazire jugea que le moment était favorable pour présenter son travail à la Convention elle-même, comme le résultat des investigations du comité de sûreté générale. On avertit secrètement, le 6 au matin, les commissaires montagnards de se rendre de bonne heure dans le bureau; mais on néglige à dessein de convoquer les autres. Bazire arrive et tire de sa poche la pièce dont il avait offert la primeur aux frères et amis de la rue Saint-Honoré et à laquelle il a eu soin d'adapter quelques phrases qui peuvent faire croire qu'elle vient d'être rédigée pour la circonstance; il la soumet à l'approbation des membres affidés, et, un quart d'heure après, se présente audacieusement à la tribune nationale comme l'organe du comité de sûreté générale [1].

---

1. Nous croyons qu'aucun historien de la Révolution n'a fait remarquer les circonstances tout à fait exceptionnelles dans lesquelles se produisit le rapport lu par Bazire, le 6 novembre, à la Convention et dont plusieurs écrivains, notamment M. Louis Blanc, se sont largement servis pour déguiser le véritable caractère des journées de septembre. Le n° 295 du *Journal des débats et de la correspondance de la Société des Jacobins* donne le discours que Bazire prononça dans la Société, le 4 au soir; il commence ainsi : « Le comité de surveillance a été chargé de faire un rapport sur la situation de Paris; je m'en suis occupé; je vais donner à la Société lecture de mon travail. »

Ce discours était donc bien l'œuvre individuelle de Bazire. Les dates le prouvent d'une manière irréfragable. Le 4 novembre, à 6 heures du soir, la Convention décrète qu'il lui sera fait un rapport sur l'état de Paris. Comment ce rapport aurait-il pu être rédigé et approuvé par le comité de surveillance, le même jour à 9 heures du soir? C'était simplement impossible. Il y a quelques variantes entre le travail lu le 4 novembre aux Jacobins, et inséré dans le *Journal de*

Le travail de Bazire était en contradiction manifeste avec tous les rapports qui avaient été faits précédemment sur l'état de Paris par le même comité. On y parlait des injustes préventions suggérées contre la capitale aux départements; on y flétrissait le système de diffamation organisé par les calomniateurs du peuple, auteur du 10 août. Enfin on y donnait une explication apologétique des massacres de septembre considérés, nous nous servons des propres expressions du rapporteur, comme la *queue de tous les plans de la cour*. Bazire y poussait, en effet, l'impudence jusqu'à prétendre que c'étaient « les royalistes échappés aux visites domiciliaires et incapables de quitter Paris à cause de la fermeture des barrières qui, sous le masque du patriotisme, avaient fomenté tous les germes de troubles et, dans l'espoir du pillage, suscité des désordres affreux. »

Quels faits le soi-disant rapporteur citait-il à l'appui de son dire? — « Au moment où l'on apprend que l'on se porte aux prisons, quelques domestiques d'une

---

la Société lequel parut le 6 au matin, et le rapport lu à la Convention dans la séance du 6 et qui se trouve au *Moniteur*, n° 343, et dans le *Journal des Débats et Décrets*, n° 48. Le fond est le même, des passages tout entiers sont identiques. Bien plus, dans la pièce donnée par le *Moniteur*, on trouve la preuve évidente qu'elle avait été écrite pour être présentée sous la forme d'une opinion individuelle. Bazire s'y sert à plusieurs reprises des locutions suivantes : « *Je suis certain, je ne crains pas d'affirmer.* » Le prétendu organe du comité de surveillance n'avait pas eu le temps de revoir à fond son travail et d'effacer ces mots, qui ne trahissent que trop bien de quelle manière subreptice ce tissu d'absurdités et de mensonges était devenu un document officiel.

femme de la cour, madame de Lamballe[1], prennent le costume de ceux que l'on désigne sous le nom de *sans-culottes;* ils s'arment de piques et de tranchants, se rendent au lieu de l'attroupement, égorgent de leurs mains plusieurs prisonniers avec des démonstrations exagérées d'une fureur et d'une atrocité qui n'ont point d'exemple dans la nature, afin d'acquérir un grand crédit dans cette foule homicide et d'en profiter pour sauver la vie à leur maîtresse. Tant de crimes se trouvent cependant commis en pure perte. Leur projet échoue; il se fait, dans les lieux où on était parvenu à cacher cette malheureuse femme, une incursion subite, inattendue, de meurtriers inconnus : elle tombe entre des mains cruelles et périt d'une manière que ma plume se refuse à décrire. Je suis certain que les amis et les domestiques de plusieurs autres détenus ont également fait jouer les ressorts d'une politique plus ou moins dangereuse qui rompaient toutes les mesures des hommes de bien, et qu'ainsi les aristocrates, frappés d'aveuglement en ce désordre extrême, se détruisaient réciproquement au milieu des misérables forcenés que leurs criminels projets avaient attirés à Paris. C'est ici le lieu d'observer que le massacre des prisonniers d'Orléans fut fait en grande partie par des hommes attachés au service de la reine, que l'on a reconnus à la tête de l'attroupement de Versailles. Cela donne à tout homme judicieux le secret

---

[1]. Le nom de Mme de Lamballe se trouve dans le discours de Bazire lu le 4 aux Jacobins; il ne se trouve ni dans le compte rendu du *Moniteur*, ni dans celui du *Journal des Débats et Décrets.*

de brigandages et d'événements malheureux faussement imputés aux Parisiens, qui les supportaient avec courage et qui sont enfin parvenus à y mettre un terme. — La France entière, ajoutait Bazire, doit applaudir au zèle toujours soutenu des Parisiens, vertueux défenseurs de la liberté, au lieu de les considérer comme responsables de ces désordres artificiels, dont on les accuse. Du reste, aujourd'hui, les Parisiens sont tranquilles et s'exercent à la patience... Tout nous promet des jours calmes et sereins. Que la Convention fasse connaître à la France entière la juste confiance qu'elle a dans le peuple de Paris; c'est là tout le secret de la tranquillité publique. »

En écoutant les élucubrations montagnardes qui lui étaient présentées au nom du comité de sûreté générale, en entendant lire les conclusions du rapporteur, absolument contraires à toutes celles que le comité lui avait présentées précédemment, la Convention reste muette de stupéfaction. Les applaudissements des tribunes la réveillent de sa torpeur. Aux cris de l'extrême gauche demandant que le rapport de Bazire soit imprimé et envoyé aux départements, la droite et le centre répondent par de violents murmures. L'un des membres du comité, Couppé (des Côtes-du-Nord), exprime la plus vive indignation de ce que le prétendu rapport n'ait point été communiqué et discuté dans une séance régulière. Si, ajoutent d'autres députés, c'est l'opinion de la majorité du comité qui vient d'être exprimée, il faut qu'on le renouvelle immédiatement.

Jean Bon Saint-André commence un long discours à l'appui du rapport de Bazire; il débite une série de lieux

communs sur l'honneur de la Convention, sur la gloire
de la République, sur la bonté du peuple, sa loyauté, son
respect de la loi et de la représentation nationale. Mais
bientôt, se laissant emporter par sa fougue méridionale,
il se livre aux plus acrimonieuses récriminations contre
ceux mêmes auxquels il prêche la concorde et l'union patriotique. — « Quel spectacle avez-vous donné jusqu'ici
à vos commettants, s'écrie-t-il? Voilà six semaines que
cette Convention est assemblée; qu'elle s'interroge; qu'a-
t-elle fait pour le salut public? » — « A l'ordre! à l'ordre! » interrompt la droite; les tribunes furieuses se
déchaînent contre les interrupteurs; le président Hérault-
Séchelles est obligé de rappeler les citoyens au respect
qu'ils doivent à la représentation nationale. « On affecte,
dit Saint-André, achevant le développement de son opinion, on affecte de nous parler sans cesse de périls ima-
ginaires, on nous demande des lois de rigueur, des gardes
de sûreté. Un représentant du peuple ne doit connaître
d'autre danger que celui de ne pas faire son devoir. Le
rapport de Bazire dissipera les erreurs répandues dans les
départements sur l'esprit du peuple de Paris. Il détruira
les germes de trouble, d'inquiétude, que la proposition
d'une garde départementale a jetés dans tout le pays. »

« Je veux aussi, moi, réplique Buzot, voir renaître
en nous la confiance et la paix; mais je n'ai jamais pu
croire qu'entre les vertus et le vice il puisse y avoir un
accord; qu'entre les hommes du 10 août et les assassins
du 2 septembre, il puisse y avoir amitié. » A ces mots,
plusieurs montagnards se lèvent et s'écrient : « Nous re-
gardez-vous donc comme des hommes du 2 septembre? »

Buzot dédaigne de leur répondre et réclame toute l'énergie du président pour lui maintenir la parole. « Ce n'est point, répond-il, sur une aire mobile et imprégnée de sang que l'on peut fonder la République. Oui, je partage l'avis de Jean Bon Saint-André; le législateur doit être inaccessible à toute crainte. Quant à moi, j'ai fait mes preuves; je n'apporte pas à la tribune quelques misérables intérêts personnels; je ne me suis pas plus enrichi par les massacres de septembre que par l'argent de la liste civile. » — Les murmures de la Montagne redoublent, mais Buzot n'y répond qu'en attaquant ses adversaires par l'endroit le plus sensible :

« Le préopinant vous a dit qu'il fallait à jamais éloigner les dénonciations de cette enceinte; c'est donc pour les porter aux Jacobins, où l'accusé ne peut point paraître!... Dans tout État républicain, c'est un des droits les plus précieux de l'homme libre que de pouvoir dénoncer l'homme coupable... Dans les révolutions, les hommes et les choses se confondent... Il est impossible de dénoncer les intrigues sans dénoncer les intrigants. Il faut que des hommes courageux s'élèvent en dénonciateurs à cette tribune contre les factieux qui voudraient souiller encore notre révolution. Quel étrange rapport que celui qui vient de nous être lu! Pas un fait; rien que des phrases artistement arrangées les unes après les autres. Je m'oppose à l'impression de ce qu'on appelle un rapport du comité de surveillance. Cette impression ne servirait qu'à proclamer un mensonge, car il n'est pas vrai que la tranquillité règne ici. Si la majorité des Parisiens désire qu'elle renaisse, qu'ils se rallient à la seule représentation nationale, que la Convention s'environne de la force qui convient à une assemblée délibérante... »

A ces mots, l'orateur est de nouveau vivement interrompu par les montagnards : « Dites, s'écrient-ils, la force de l'opinion et non celle des baïonnettes! »

« De la force qui convient à une grande Assemblée, reprend Buzot, de cette force qui s'appuie sur l'opinion, lorsque cette opinion peut être consultée avec sagesse et maturité, lorsque la cité est paisible et rassurée. Eh bien! que chacun consulte sa conscience, qu'il consulte ses souvenirs d'hier, ses souvenirs d'avant-hier, et qu'il me dise si Paris est bien tranquille, s'il répond de sa tranquillité future! »

Lasource, qui succède à Buzot, qualifie avec plus d'énergie encore le travail de Bazire. « Ce rapport, dit-il, est un tissu de mensonges et de contradictions ; il calomnie la majorité de la Convention et le peuple de Paris. On nous y représente comme voulant dénigrer les Parisiens dans l'esprit des départements, parce que nous ne cessons de nous élever contre les massacres du 2 septembre. Nous avons constamment soutenu, et moi tout le premier, que ces massacres n'étaient point l'ouvrage du peuple de Paris, mais celui de quelques scélérats soudoyés. Le rapporteur lui-même a été forcé d'en convenir. Les calomniateurs de Paris ne sont point ceux qui réprouvent les attentats dont il n'est point coupable, mais bien ceux qui veulent lui attribuer des horreurs qu'il n'a pas commises. » Puis, se tournant vers la Montagne qui ne cesse de murmurer, il s'écrie : « Oui, c'est vous, vous seuls qui dénigrez Paris en vous obstinant à confondre la révolution qu'il a faite avec les crimes que quelques scélérats ont commis dans ses murs. Je veux défendre Paris ; ceux qui s'en disent les amis ne cherchent qu'à le perdre ! Il est des hommes qui veulent exciter de nouveaux troubles, enfanter de nouveaux excès, fatiguer le peuple pour qu'il se jette dans leurs bras. Il est des hommes qui veulent persuader à la ville de Paris qu'elle doit avoir une influence prépondérante sur les autres départements, qui veulent l'élever au-dessus des autres sections de la république et lui faire exercer sur tout le reste de la France une espèce de magistrature et de despotisme. J'avertis Paris que c'est un piége qu'on lui tend, que les autres départements ne permettront jamais la violation de l'égalité de droit entre les sections de l'empire ; je l'avertis que, s'il suit les conseils de ses perfides flagorneurs, s'il ose faire un pas vers la domination, il ne fera qu'exciter l'indignation de la République, soulever les départements et courir à sa perte. Vous flattez Paris ; je l'éclaire. Je suis républicain et vous ne l'êtes pas. Je ne m'abaisse pas plus devant une section du peuple que devant la cour d'un roi. Je ne courbe pas mon front en vil courtisan devant la fraction du souverain qui m'entoure ; mon souverain, c'est la nation tout entière ! Le rapport de Bazire n'est qu'une apologie d'attentats que Paris désavoue. Il ne peut qu'égarer l'opinion, loin de l'éclairer. »

Les murmures de l'extrême gauche couvrent un instant la voix de l'orateur. Lasource reprend : « J'avertis mes interrupteurs que je ne cesserai d'éclairer le peuple, qu'ils trompent pour l'asservir. Ils ne parviendront à régner qu'après avoir étouffé ma voix et teint de mon sang le sceptre dont ils veulent opprimer la nation. Je demande l'ordre du jour sur l'impression du rapport. »

Plusieurs députés jacobins demandent à répondre aux deux orateurs de la Gironde, mais l'Assemblée ferme la discussion, refuse au rapport de Bazire les honneurs de l'impression et frappe ainsi d'un blâme implicite l'œuvre faussement attribuée au comité de sûreté générale. L'extrême gauche réclame contre cette décision ; elle voudrait que la question fût posée de nouveau par l'appel nominal. Mais Pétion, qui a remplacé Hérault-Séchelles au fauteuil, lève la séance, et les amis de Bazire sont obligés d'attendre une autre occasion pour prendre leur revanche et enlever subrepticement un décret à la Convention comme ils avaient surpris un rapport à l'un de ses comités.

III.

La nouvelle tentative des montagnards porta sur la manière dont devait être entendu et exécuté un autre article du décret que Barrère avait fait voter, le 4, article qui ordonnait au ministre de la guerre de rendre compte des mesures qu'il avait prises pour le casernement des fédérés.

Les nouveaux volontaires affluaient dans Paris, surtout depuis que la Convention avait ordonné l'impression et l'envoi aux quatre-vingt-trois départements de la pétition des Marseillais. Les jacobins des départements signalaient aux frères et amis de la rue Saint-Honoré le départ ou le passage de ces fédérés, qui paraissaient animés d'un tout autre esprit que ceux qui étaient venus à Paris faire la révolution du 10 août [1].

Les jacobins sentaient qu'il fallait se hâter d'empêcher à tout prix la concentration de ces volontaires que la Gironde destinait à former le noyau de la garde départementale, dont elle avait bien consenti à ajourner, mais non pas à abandonner le projet. Pendant qu'ils faisaient demander par la Commune l'envoi immédiat aux frontières des volontaires arrivés depuis peu, ils mettaient le plus grand soin à surexciter l'inquiétude parmi la population parisienne. Quelques voitures d'armes ayant été saisies rue de Charenton, on répandit le bruit que quarante mille hommes menaçaient le faubourg Saint-Antoine et, pour donner quelque créance à cette rumeur, Santerre se hâta de faire doubler les postes [2].

« Les anciens fédérés venaient pour détruire la tyrannie, disait-on au club Saint-Honoré,... on appelle les nouveaux pour détruire la liberté... il faut les faire par-

---

[1]. Voir, dans le *Journal des débats des Jacobins,* n° 255, la lettre des jacobins d'Auxerre qui écrivent à leurs frères et amis, qu'il passe journellement dans cette ville un grand nombre de gardes nationales, qui disent aller à Paris pour contenir le parti de Marat et de Robespierre. — Voir, dans le n° 175 des *Révolutions de Paris,* la lettre du club national de Bordeaux qui dénonce les enrôlements publiquement faits dans cette ville pour fournir une garde destinée à être dirigée sur Paris lorsqu'il en sera besoin.

[2]. *Moniteur,* n°s 310, 311, 312 et 313 ; ce dernier n° contient la note suivante :

« On répand qu'il y a dans Paris et aux environs 40,000 hommes armés ; en voici l'état au vrai. » Suit l'état, qui indique un effectif de 15,495 hommes.

tir tous[1]. » Le Conseil général écrivait lettres sur lettres à Pache pour lui témoigner ses inquiétudes et le presser de faire partir ces fédérés suspects de modérantisme. La question ne pouvait manquer d'être bientôt portée de nouveau devant la Convention. Au commencement de la séance du 8 novembre, un montagnard assez obscur, Thureau, interrompt l'ordre du jour pour faire une proposition importante : « De nombreux bataillons affluent à Paris, dit-il, leur nombre s'accroît tous les jours, tandis qu'ils devraient aller aux frontières; on ne sait d'où ils viennent ni pourquoi... » L'orateur ne peut continuer, il est rappelé au règlement qui interdit l'admission de toute motion d'ordre, passé midi[2]. L'Assemblée était manifestement hostile au renvoi des fédérés, car quelques instants auparavant, elle avait applaudi avec une vivacité très-caractéristique une adresse où des habitants de Lisieux dénonçaient « les scélérats qui voulaient imprimer le sceau de la proscription sur la tête des Buzot, des Guadet, des Vergniaud et des plus ardents défenseurs des droits du peuple, » et déclaraient qu'ils étaient « prêts à accourir auprès de la Convention nationale, si elle était menacée par les agitateurs. » Elle reçoit fort mal le ministre de la guerre, lorsqu'à la fin de la même séance, il vient lui annoncer qu'il a expédié des ordres pour l'envoi aux frontières des fédérés en garnison à Paris, mais que le général Berruyer, commandant militaire de la capitale, a refusé

---

[1]. Voir les discours de Monestier et de Billaud-Varennes, *Journal des débats des Jacobins,* n° 295.

[2]. Voir *Moniteur,* n° 346.

de les faire exécuter s'ils n'étaient ratifiés par l'Assemblée [1].

L'examen de tout ce qui concernait le casernement des fédérés avait été naturellement renvoyé au comité militaire. Il s'agissait d'obtenir de ce comité un rapport qui motivât leur départ si ardemment désiré par la Commune. On employa les mêmes moyens qui avaient réussi dans le sein du comité de sûreté générale, pour assurer la nomination de Bazire comme rapporteur; seulement l'échec que celui-ci avait subi devant la Convention, engagea les meneurs de la démagogie à prendre mieux cette fois leurs précautions. Le choix du rapporteur avait pu leur nuire dans leur première campagne, parce que Bazire était trop connu comme fougueux montagnard pour n'être pas tant soit peu suspect à la majorité. Cette fois ils mettent en avant un membre moins compromis et généralement écouté à raison de sa spécialité, Letourneur (de la Manche). On saisit pour délibérer un moment où le comité est peu nombreux; peut-être, pour plus de sûreté, tous les membres n'ont-ils pas été convoqués [2]. On représente à Letourneur que les armées du

1. *Journal des Débats et Décrets*, n° 50, p. 118 et 124.
2. Si on veut se faire une idée des moyens que les meneurs jacobins employaient pour se faire, dans un comité, une majorité de rencontre destinée à enlever telle ou telle affaire, il faut lire la très-curieuse discussion qui eut lieu le 7 décembre, à l'occasion d'une dénonciation faite par Chabot contre les manœuvres qu'il attribuait à Roland et à sa femme, et dont un sieur Viard, misérable intrigant sans consistance, aurait été l'agent en Angleterre. (*Moniteur,* n° 345.) On ne peut s'imaginer les mensonges, les supercheries, les réticences que Chabot, Tallien, Ruamps accumulèrent en une heure, avant d'avouer

Rhin ont le plus grand besoin de renforts ; on lui persuade aisément que la meilleure manière de leur en fournir, c'est de faire partir les volontaires casernés à Paris. Letourneur, en sa qualité d'officier du génie, ne voit que la question militaire et s'inquiète fort peu de la question intérieure. Il accepte un décret tout rédigé, qu'il va porter à la tribune en l'accompagnant d'un rapport de quelques lignes : « Vous nous avez renvoyé, y était-il dit, plusieurs dépêches très-importantes des généraux Custine et Biron... Ils ont besoin de renforts.... Puisqu'il existe à Paris des gardes nationales dont on ignore la destination, il convient, pour ne pas laisser leur zèle inactif, de les faire partir pour les frontières... Ces braves ne balanceront pas entre les délices de Capoue et la gloire qui les attend. D'ailleurs, la solde de ces volontaires, à Paris, est une charge d'autant plus onéreuse à la République, que le service qu'ils y font est à peu près nul... » En conséquence, le rapporteur propose un décret en trois articles dont le premier met les gardes nationaux destinés à servir dans les camps de Paris et de Soissons à la disposition du ministre de la guerre, pour être employés dans les armées en présence de l'ennemi. Le second ordonne que, dans un délai de quinze jours, les gardes nationaux et fédérés des départements, casernés à Paris et aux alentours, mais non encore enrégimentés, seront organisés en batail-

---

qu'ils avaient convoqué seulement la moitié des membres du comité de sûreté générale, pour combiner plus commodément les machinations qu'ils complotaient contre le ministre girondin.

lons. Aux termes du dernier article, ceux d'entre ces gardes nationaux ou fédérés qui se refuseraient à cette nouvelle organisation seraient privés de solde et cesseraient d'être casernés dans la capitale [1].

Les girondins n'avaient pas été prévenus de la présentation du rapport. Mais à peine Letourneur en a-t-il fini la lecture, que Buzot s'écrie : « Je ne sais par quelle étrange fatalité une question mise à l'ordre du jour depuis deux mois serait emportée par un décret de circonstance, qui mérite au moins discussion. On veut ainsi vous arracher subrepticement la décision d'une question délicate, dans le moment même où l'on affecte de vous dire qu'il est dangereux de la résoudre. Les fédérés vous ont présenté une pétition qui a été renvoyée à l'examen d'un comité [2]. On a trouvé plus commode d'y répondre

---

[1]. *Moniteur*, n° 317. *Journal des Débats et Décrets*, n° 52.

[2]. Par une singulière complication qui montre combien il y avait peu de suite et de méthode dans les mesures que les girondins, maîtres alors de la situation, faisaient adopter à la majorité, la pétition des fédérés, qui était l'arme de guerre dont Buzot et ses amis avaient voulu se servir pour reprendre en temps et lieu la question de la garde départementale, avait été renvoyée non au comité de la guerre, mais au comité de l'instruction publique. Comment ce comité, en apparence si étranger à une pareille question, avait-il pu en être saisi ? C'est que, dans cette adresse, les pétitionnaires avaient proposé une fédération de *tous* les citoyens-soldats actuellement à Paris avec la garde nationale de cette ville dont ils demandaient à partager les travaux. Or, une fédération était une fête, et les fêtes étaient de la compétence du comité d'instruction publique. Voilà par quelle série de raisonnements cette pétition si importante s'était fourvoyée dans ce comité, qui naturellement ne s'était pas pressé de faire un rapport et s'était laissé devancer par le comité de la guerre auquel la lettre du ministre avait été renvoyée.

par un décret qui n'est que la reproduction de la lettre du ministre de la guerre et la traduction de la pétition des prétendus commissaires des sections parisiennes. Le décret proposé par le comité de la guerre fait deux catégories parmi les fédérés qui se trouvent à Paris. Il a raison. Il y a des bataillons armés qui étaient destinés aux camps de Paris, de Meaux et de Soissons; ceux-là ont été formés pour marcher aux frontières, ils sont, en vertu des lois antérieures, à la disposition du ministre. Mais il est d'autres fédérés qui ont quitté leurs foyers pour se porter exclusivement à la défense de Paris. Je vous cite les volontaires de l'Eure qui sont venus à la voix des commissaires envoyés par la Législative, nos collègues Albitte et Lecointre. On leur a dit, lorsqu'ils partaient, qu'il ne s'agissait que d'un coup de main pour sauver Paris, que c'était l'affaire de six semaines. C'est dans cette persuasion que ces volontaires ont quitté momentanément leurs femmes, leurs enfants, leurs travaux; vous ne pouvez les forcer de marcher inopinément aux frontières. Ce que je dis des fédérés de l'Eure, je le dis aussi des fédérés de Marseille; ni les uns ni les autres ne se sont engagés, ils doivent être dans Paris aussi libres que les autres citoyens, on ne peut les contraindre à partir. Au lieu d'adopter ce décret perfide et mensonger, osez leur dire franchement : Nous vous renvoyons parce que les sections de Paris ne veulent pas de vous! En recourant à un pareil subterfuge, le ministre de la guerre commet une lâcheté. Est-ce au moment où vous allez juger Louis XVI, que vous devez affaiblir la force armée qui se trouve dans Paris? Vous parlez toujours du peuple;

mais de quel peuple parlez-vous donc? Est-ce d'une section de la République à laquelle vous donnez complaisamment le titre de souverain? Je l'ignore, mais il est un peuple répandu sur toute la surface de la France; voilà mon peuple à moi, voilà mon souverain, je n'en reconnaîtrai jamais d'autre, je ne veux obéir qu'à celui-là. Écartons ce décret qui est une injure pour des hommes qui sont venus de deux cents lieues vous environner de leur confiance et de leurs bras, et abordons franchement la question depuis trop longtemps ajournée, celle de la force départementale. »

Le discours de Buzot avait été souvent interrompu par les murmures de la Montagne et les applaudissements de la majorité; son éloquente péroraison fait éclater un vif enthousiasme dans la plus grande partie de l'Assemblée.

IV.

Lacroix disputait à Barrère l'honneur de diriger dans leur vote la masse des conventionnels timides ; il pratiquait en grand ce jeu de bascule qui abat et brise promptement toutes les convictions sincères et donne, pour un temps, la prépondérance aux esprits cauteleux et aux intrigants habiles. Il demande la parole en sa qualité de président du comité militaire, et cette fois il se tourne contre les girondins avec lesquels il avait marché dans plusieurs circonstances récentes ; il raconte les faits de la manière la plus ingénue en apparence. « Le ministre de la guerre est venu nous trouver; il nous a fait part de la nécessité d'envoyer douze à quinze mille hommes à l'armée de Custine pour l'empêcher d'être coupée. Nous ne voulions pas vous faire cette déclaration publiquement; mais, puisque l'on nous accuse d'avoir cédé aux demandes des sections, il faut bien que nous la fassions. Pour parer aux dangers que court Custine, il nous a paru que le moyen le plus prompt et le plus sûr, c'était de former en bataillons les volontaires venus à Paris et de les lui envoyer; ceux qui n'accepteront pas seront libres de se retirer dans leurs foyers, mais dès lors, ils cesseront d'être soldés. Voilà les motifs du projet de décret. »

La question ainsi posée, la situation prise par les Girondins était assez difficile à défendre; par le fait, on les constituait les défenseurs de volontaires qui avaient l'air de se soucier fort peu de marcher à l'ennemi et qui préféraient *les délices de Capoue* à la gloire d'affranchir les Belges et les Allemands.

Barbaroux demande à répondre à Lacroix. L'habileté, ou plutôt la perfidie avec laquelle la proposition du comité militaire a été introduite, le sentiment du danger que courent l'honneur de ses amis et le sien propre, redouble, s'il est possible, sa colère et son ardeur.

« S'il est, s'écrie-t-il, une intrigue abominable, c'est celle dont on a rendu dupe le comité et dont on veut vous rendre dupes. On a circonvenu le ministre de la guerre, on lui a fait écrire une lettre adulatrice aux sections de Paris. Dans cette lettre, il promet le départ des bataillons. Pour tenir sa parole, il écrit à la Convention, il se présente au comité militaire, il vient vous dire que Custine est sur le point d'être coupé. Supposition maladroite! prétexte qui ne trompera personne! Où donc est l'armée de Kellermann, où donc est l'armée de Biron? Comment veut-on nous faire croire que vos 15,000 hommes arriveraient assez tôt à Mayence? Mais, d'autre part, il faut examiner la situation de Paris. Vous avez entendu il y a quatre jours l'incroyable rapport du comité de sûreté générale et vous avez passé à l'ordre du jour parce qu'il n'exposait pas la situation véritable de cette ville. Les lois y sont-elles exécutées? Le trésor national y est-il en sûreté? La vie des meilleurs citoyens y est-elle assurée? Le ministre de la guerre y répond-il de la tranquillité publique? Quant au ministre de l'intérieur, il vous a déclaré qu'il n'en répondait pas. Pour éviter tous ces dangers, je ne vois d'autre moyen que de retenir à Paris les véritables républicains qui sont venus défendre la liberté; ils partageront les fatigues des citoyens de Paris, ils se protégeront fraternellement; ils consolideront l'union et la fraternité de tous les Français. Ouvrons la discussion sur la garde départementale; traitons-la de bonne foi, cette question, et je prouverai que l'intérêt de Paris y est attaché tout entier. Nous voulons l'unité de la République. Le meilleur moyen de l'assurer est l'organisation de cette force armée. »

Cambon remplace Barbaroux à la tribune. Dans son discours, souvent applaudi par la Gironde, plus souvent encore interrompu par les murmures de la Montagne, il dépeint l'effroyable anarchie dont la capitale a été le théâtre depuis le 10 août jusqu'à la réunion de la Convention. « Dites jusqu'à présent, crient plusieurs députés. »

Il rappelle en combien d'occasions les agitateurs ont cherché à avilir la représentation nationale, comment ils ont provoqué au massacre des patriotes les plus purs de l'Assemblée en les faisant passer pour des complices de Brunswick. « Alors, s'écrie-t-il, il n'y avait point à Paris de force publique. Voudrait-on recommencer ces tristes journées? Voudrait-on les inaugurer par le renvoi des fédérés? Quoi! on leur dirait : partez, ou nous ne vous payerons plus; vous êtes des départements, vous n'êtes pas de Paris; vous n'êtes rien pour nous. Partez! Dira-t-on encore : ce sont les députés des départements méridionaux qui parlent ainsi; ils veulent le gouvernement fédératif. Je répondrai : Si les départements méridionaux voulaient le gouvernement fédératif, nous ne serions pas ici; nous leurs députés. Ils l'auraient, s'ils le voulaient; mais ils ne le veulent pas. Ils nous ont dit unanimement :
« Allez à la Convention signer le pacte social; allez
« vous engager pour nous et nos enfants; établissez la
« liberté, l'égalité et faites cesser l'anarchie. Nous vou-
« lons rester unis à nos frères, nous voulons le bien
« commun; nous voulons l'ordre et le règne des lois;
« allez signer ces obligations mutuelles. » Voilà les sentiments de nos frères du Midi; et l'on veut repousser des citoyens qui viennent avec de telles intentions[1]! »

1. Cette partie du discours de Cambon est évidemment une réponse à l'un des passages du factum de Bazire lu, le 4, aux Jacobins et qui avait été supprimé dans l'édition revue et corrigée que le

Garnier (de Saintes) défend le projet du comité :
« Custine est en danger, il faut le secourir. Paris peut-il fournir ce renfort? Où le prendre, si ce n'est dans un endroit où des troupes sont en grand nombre et tout habillées, équipées et prêtes à partir? Quelle est cette futile distinction que l'on veut établir entre les fédérés et les volontaires nationaux? Est-ce que les fédérés ne sont pas des volontaires nationaux? Est-ce qu'ils ne sont pas tous soldats de la République? Paris, dit-on, a besoin de forces. Paris, sans doute, a été dans l'anarchie; mais est-ce que l'anarchie n'est pas la conséquence inévitable des révolutions? Aujourd'hui Paris est tranquille et la garde nationale de cette ville suffit à sa garde et à celle de la Convention. »

Barrère avait été vivement froissé d'entendre son rival

soi-disant rapporteur avait donnée le 6 à la Convention. Voici ce passage :

« Les intrigants voient que la révolution s'est faite à Paris, qu'elle est principalement l'ouvrage de leurs adversaires; ils ont besoin de terrasser des hommes connus, ils ont à se venger de Paris qui a su les apprécier, ils veulent s'éloigner pour affermir leur domination et réaliser leurs idées de fortune. Ainsi, cette révolution est devenue une mine féconde de calomnies contre les hommes de génie qui en ont tracé le plan et contre le peuple qui a eu l'énergie de l'opérer..... Nos perfides tacticiens, très-exercés au grand art de mener des assemblées nombreuses, excitent, intéressent les amours-propres et font éclore la discussion à leur gré. Les questions se succèdent avec une rapidité telle qu'on n'a pas le temps de les considérer; ce qui aggrave encore le malheur de notre situation politique, c'est que plusieurs députés méridionaux, dont le vœu pour le gouvernement fédératif est mal déguisé, appuient le système de diffamation contre Paris pour inspirer de se séparer de cette grande commune. »

en influence, Lacroix, parler en faveur du départ des fédérés. Naturellement il ne peut adopter le thème développé par le président du comité de la guerre; d'ailleurs, tenant à se faire pardonner par la Gironde sa récente sortie contre la garde départementale, il change le terrain de la discussion; il dirige ses attaques contre la Commune, c'est-à-dire contre le quartier général même où se forgent les pétitions demandant le départ des nouveaux fédérés. Comme les timides qui se décident à sonner la charge et à donner le signal du combat, comme les poltrons révoltés, suivant une expression vulgaire mais caractéristique, il va plus loin qu'aucun de ceux dont il se fait pour un jour l'allié; il porte des coups plus violents que ne l'ont jamais fait les Girondins; il se livre, vis-à-vis de la puissance qui trône à l'Hôtel de ville, à des révélations plus irritantes que toutes celles qui ont jamais pu être lancées contre elle.

En commençant, il déclare qu'il ne veut caresser ni irriter aucune passion, mais rétablir les faits et en tirer les conséquences. « Dimanche dernier, après la lecture de la pétition des fédérés, il a été ordonné au comité de sûreté générale de faire un rapport sur la situation de Paris et sur les moyens d'y garantir le respect des lois. Au lieu de ce rapport, le comité vous en a fait un sur les événements du 2 septembre qu'on ne lui demandait pas. Voici maintenant le comité militaire qui vous présente un rapport et un projet de décret qui ne lui avait pas été réclamé. On veut nous alarmer pour obtenir le départ de toutes les troupes qui se trouvent à Paris et on néglige de mettre en mouvement toutes celles qui sont disponibles dans les départements environnant la capitale. Il y en a notoirement à Soissons, Meaux, Crépy, Villers-Cotterets, la Fère, Noyon, Fontainebleau, Versailles, qui n'attendent que le signal du départ. Voilà des faits; j'en tire la conséquence qu'il n'y a pas un besoin si urgent de tirer de Paris les volontaires qui y sont, et qu'au moins on nous doit laisser le temps d'examiner la question avec la sagesse et la maturité qu'exige son importance. Un autre côté de la question, c'est la situation de la capitale. Ne sommes-nous pas dans des circonstances extraordinaires? Le royalisme relève la tête, une foule d'aristocrates, de prêtres réfractaires, d'émigrés rentrés affluent dans Paris. Sait-on de quels éléments est composé le conseil général de la Commune? Il faut bien que je revienne sur ce sujet, car c'est là la pierre d'achoppement. Oui, si la Convention nationale, immédiatement après avoir aboli la royauté, avait chassé ce conseil général, elle aurait bien mérité de la patrie. Né au bruit du canon et au son du tocsin, ce conseil aurait dû disparaître aussitôt que la révolution a été faite. Au contraire, on a montré de la faiblesse, on a eu des ménagements pour lui et bientôt on l'a vu chercher à avilir la représentation nationale! On l'a vu braver audacieusement les ordres de l'Assemblée. Il ne faut pas que les mêmes intrigants puissent tenter de nouveau de réaliser un système de terreur qui leur a valu un premier succès. Il ne faut pas qu'ils puissent avoir l'espérance de l'entreprendre une seconde fois. Cela posé, est-il bon qu'il y ait une force publique imposante à Paris? Oui, sans aucun doute. Faites-vous donc rendre compte de l'état de Paris. Toutes les autres questions ne peuvent être discutées, décidées, que lorsque vous serez complétement éclairés sur ce point. Le projet de votre comité militaire est prématuré, le projet de la force départementale l'est également. Si cependant il fallait immédiatement délibérer sur la question qui vous est soumise dans ce moment, je dirais que vous pouvez faire partir les bataillons organisés, mais non pas les volontaires fédérés qui sont venus pour rester à Paris. De quel droit voudriez-vous forcer ces citoyens à s'organiser en bataillons et à marcher aux frontières, quand leurs départements ont déjà fourni leur contingent? La Convention peut adopter le premier article, mais elle doit ajourner le reste jusqu'à ce qu'elle ait discuté le projet de décret sur la force armée départementale. »

Le discours de Barrère soulève cette fois les colères montagnardes. L'extrême gauche demande si Barbaroux ou tout autre député a le droit de faire venir à Paris une force armée avant que la Convention en ait ordonné la formation. Jean Bon Saint-André, Legendre, Bourbotte, réclament avec insistance l'adoption immédiate du décret tout entier.

Pétion veut prêcher la concorde et la liberté des opinions. Il invite lui-même ses collègues à ensevelir dans l'oubli les souvenirs de septembre, mais il est à peine écouté. C'est au prix des plus grands efforts que le président peut obtenir un instant de silence pour mettre aux voix l'article premier du décret. Comme Rouyer le propose, il est écarté par un ordre du jour motivé sur ce qu'il existe un décret qui met à la réquisition du ministre de la guerre tous les bataillons de volontaires nationaux. Puis, malgré les cris de fureur poussés par la Montagne, la question préalable est adoptée sur tous les autres articles.

Quelques jours après, le 16 novembre, la Convention confirme cette décision par une autre plus formelle encore. Apprenant que le général Berruyer, général commandant la division de Paris, a envoyé des ordres de départ à des volontaires du Lot, elle décrète[1] : « Que tous « les volontaires venus au secours de Paris, resteront « provisoirement dans l'état où ils sont. »

Les Girondins conservaient encore la majorité. Ils venaient de mettre à néant le rapport de Bazire, d'écarter par la question préalable la proposition dont Letourneur avait consenti à être le complaisant organe; que firent-ils pour mettre à profit cette double victoire? Rien, absolument rien.

V.

L'anarchie n'était pas la seule ennemie que la Convention eût à combattre à l'intérieur, il lui fallait encore lutter avec la faim : la récolte de 1792 n'avait pas été mauvaise, mais la peur du pillage, le peu de sûreté des routes, les visites domiciliaires avaient fait cacher les blés. Dès le commencement de septembre, la libre circulation des céréales fut l'occasion de troubles dans plusieurs localités de l'Est, surtout dans celles où devaient nécessairement s'approvisionner les armées qui défen-

1. *Journal des Débats et Décrets*, p. 262.

daient pied à pied le territoire. La nécessité d'assurer les subsistances militaires avait fait prendre au conseil exécutif des mesures extraordinaires qui, continuées au-delà de l'époque où elles étaient indispensables, avaient jeté une grande perturbation dans les ventes et les achats de grains.

Les ministres et l'immense majorité des représentants du peuple étaient très-favorables à l'entière liberté du commerce. Ils y voyaient avec raison le seul remède au renchérissement des blés. Malgré les préjugés de la multitude, ils maintinrent leur opinion avec beaucoup de fermeté.

Cependant les émeutes qui avaient éclaté dans le commencement de l'automne se multipliaient de plus en plus. Le 30 octobre, Fabre (de l'Hérault), au nom des comités d'agriculture et de commerce, avertit la Convention que la circulation des blés éprouve les plus grandes entraves dans les départements de Seine-et-Oise, de l'Aisne et de la Somme ; aux termes du rapport, ces troubles ont été provoqués par les excitations des trop fameux commissaires du pouvoir exécutif. Fabre annonce également que les deux comités, au nom desquels il parle préparent un projet de loi destiné, s'il est possible, « à concilier les intérêts de l'agriculteur avec ceux du consommateur, à surveiller le commerce sans le gêner, à entretenir une abondance constante dans une vaste république et à la faire circuler dans les parties les plus stériles [1]. »

---

[1]. Voir au *Moniteur*, n° 306, le rapport de Fabre.

L'Assemblée, en attendant qu'on lui apporte cette pierre philosophale, s'empresse d'envoyer des commissaires dans les départements où des agitations populaires lui ont été signalées. Déjà, comme nous l'avons vu[1], elle avait expédié à Lyon trois de ses membres, qui s'épuisaient en efforts impuissants pour apaiser les souffrances de 30,000 ouvriers sans ouvrage. A la séance du 3 novembre, des députés extraordinaires de cette ville se présentent, demandant des secours afin de prévenir de nouveaux malheurs. Au même instant, Fabre annonce le dépôt du rapport promis par les comités de l'agriculture et du commerce. La lecture immédiate en est réclamée. Après avoir décrit la situation de la France au point de vue des subsistances, situation anormale et pleine de périls, le rapporteur conclut en ces termes : « La propriété est sans doute un droit sacré, mais la société peut en régler l'exercice... Chaque citoyen doit à l'intérêt général un léger sacrifice de sa propriété pour jouir tranquillement du reste. La tranquillité de la République dépend de l'abondance ou de la disette des subsistances... La liberté particulière doit céder à l'intérêt général : il faut donc que, dans un moment de disette, celui qui a du blé à vendre et qui refuserait de le vendre puisse y être obligé ; il faut qu'on puisse le requérir d'approvisionner les marchés dégarnis. La liberté complète de la circulation est un besoin dans une grande république; sans la circulation, l'unité et l'indivisibilité ne seraient qu'une chimère, puisqu'un peuple de frères refuserait à ceux

---

1. Voir livre XVII, p. 293-295.

qui font partie de la même famille un excédant qui périrait dans ses mains. »

Chabot profite de la circonstance pour attaquer très-vivement l'administration du ministre de l'intérieur et pour insinuer que, à l'exemple de ses prédécesseurs de l'ancienne monarchie, il pourrait bien opérer pour son compte et à son profit la hausse factice du prix du blé. Cambon, en quelques mots, prouve que ce ne sont pas les achats faits par le ministre à l'extérieur, mais bien ceux que certaines municipalités ont opérés autour d'elles avec l'argent fourni par le gouvernement, qui ont amené un renchérissement considérable dans les prix. Il propose que, en outre des 27 millions déjà accordés pour le même objet par l'Assemblée constituante et l'Assemblée législative, on mette 12 nouveaux millions à la disposition du ministre, mais que celui-ci soit tenu de les employer en achats de grains à l'étranger, afin que le soulagement d'une partie de la population ne tourne pas au détriment du reste, par suite de la hausse que produiraient naturellement les achats administratifs effectués sur les marchés de l'intérieur.

A la demande de Cambon et de plusieurs autres députés, la discussion du projet de loi présenté par Fabre est ajournée ; elle n'est reprise que le 16 novembre. Ce jour-là, le rapporteur fait une seconde lecture du travail qu'il avait présenté au nom des comités et y ajoute un projet de loi en vingt articles[1]. Deux députés assez obscurs, Ferrand (de l'Ain) et Beffroy (de l'Aisne) dé-

1. Voir le *Moniteur*, n° 309.

veloppent successivement les principes les plus opposés; le premier se prononce pour la liberté illimitée du commerce des grains; le deuxième pour la taxation et l'immixtion incessante de l'État dans les transactions particulières. Ferrand veut que la peine de mort soit portée contre tout individu qui serait convaincu d'avoir, par ses instigations ou autrement, cherché à détruire l'exercice de la liberté du commerce des grains; que les corps administratifs, municipaux, juges de paix, chefs de la force armée, ainsi que les communes sur le territoire desquelles des délits auraient été commis pour entraver le commerce, soient déclarés responsables de toutes les pertes et de tous les dommages éprouvés par le défaut de réquisition et de secours[1]. Il propose d'ordonner aux départements, districts et communes qui auraient fait des achats de grains, de ne les vendre aux marchés publics ou dans les magasins qu'en concurrence avec le commerce; d'instituer des primes d'encouragement pour les négociants qui se voueraient à l'approvisionnement du pays, et pour l'agriculteur qui améliorerait la production.

Beffroy, qui prétend être un homme pratique, parce qu'il a abandonné l'état militaire pour se faire agriculteur, attribue la disette à la liberté du commerce des

---

1. La proposition de Ferrand pour déclarer les communes responsables des délits qui se commettraient à main armée sur leur territoire, n'était que le développement du principe posé par l'Assemblée constituante dans les lois des 23 février, 2 juin et 6 octobre 1790, et par l'Assemblée législative dans la loi des 27 juillet et 3 août 1792. C'est en vertu de ce même principe que fut plus tard formulée la fameuse loi du 10 vendémiaire an IV.

grains établie par la Constituante. Il déclare qu'il s'agit non de faire entendre au peuple de belles paroles, mais de lui donner du pain. Il tonne contre les accapareurs et propose, pour rendre les accaparements désormais impossibles, de défendre, par une loi, la réunion de plusieurs corps de ferme en une seule exploitation, et d'obliger les cultivateurs à conserver chaque année, d'octobre en octobre, une portion de leur récolte, que la loi déterminerait, et dont la valeur leur serait payée, de trois en trois mois, au prix établi pour chaque saison. Enfin, il déclare que le gouvernement ne parviendra pas « à maintenir un juste équilibre entre la consommation et les besoins, tant que la denrée de première nécessité sera considérée comme commerçable dans sa totalité et que le commerce s'en fera d'une manière privilégiée, clandestine ou frauduleuse. »

Boyer-Fonfrède, que ses habitudes commerciales mettent à même d'avoir des données un peu moins erronées sur tout ce qui touche à la circulation des blés, n'a pas de peine à réfuter les absurdités débitées avec tant de candeur par le représentant de l'Aisne. Il invoque l'exemple de l'Angleterre, où le gouvernement ne fait jamais par lui-même aucun achat, « parce qu'il a senti depuis longtemps que les grains ne pourraient être distribués par ses agents avec cette justesse, ce niveau que la libre circulation établit entre les besoins et les secours, et où il se borne, dans les moments de disette, à favoriser par une prime l'importation des céréales étrangères. » Il propose d'employer le même moyen ; mais l'Assemblée ne se trouve pas encore suffisamment édifiée : elle ordonne l'impression de tous les discours et renvoie la discussion à un plus ample informé[1].

Chaque jour les opinions les plus contradictoires se produisent à la tribune ou à la barre de l'Assemblée et viennent augmenter la perplexité des députés et du public. Le 19, Roland, « se dépouillant un moment de son titre de ministre pour parler en simple citoyen, » adresse au président de la Convention un plaidoyer contre le projet des comités de l'agriculture et du commerce, et en faveur de la liberté la plus entière de la circulation des denrées[2]. Presque au même instant, une députation des électeurs du département de Seine-et-Oise présente un mémoire dont les conclusions sont diamétralement contraires. Amplifiant les idées exprimées trois jours auparavant par Beffroy, on y pose les bases du système du maximum qui devait ruiner et affamer la France pendant près de deux années de désastreuse mémoire. On y demande que le même cultivateur ne puisse pas exploiter plus d'un certain nombre d'arpents; que le même commerçant ne puisse employer qu'un nombre déterminé de portefaix; que les municipalités forcent les propriétaires à apporter chaque semaine au marché une certaine quantité de grain proportionnée à la récolte et qui sera taxée par la municipalité de son domicile; enfin, que des formalités minutieuses soient établies pour le transport des subsistances de département à département. La Convention vote sans discussion l'impression de la lettre de Roland;

---

[1]. *Moniteur*, n°s 322 et 323. *Journal des Débats et Décrets*, n° 58.

[2]. La lettre de Roland est au *Moniteur*, n° 325.

mais une très-vive opposition s'élève lorsque l'on demande d'accorder le même honneur à la pétition des électeurs de Seine-et-Oise. Defermont et d'autres girondins déclarent qu'il y a le plus grand danger à propager des idées « qui conduiraient bientôt au code de la famine. » La Convention se range de cet avis, et cette fois encore fait justice d'un système qu'elle adoptera en grande partie plus tard et qui inaugurera le règne définitif de la Terreur, dont il aura été tout à la fois et la cause et l'effet.

VI.

Pendant que la Convention délibérait sans rien décider, des désordres graves éclataient dans plusieurs départements voisins de la capitale. Le 26 novembre, une députation des autorités de Loir-et-Cher et d'Eure-et-Loir vient annoncer à la Convention que des rassemblements formidables se sont formés dans la forêt de Montmirail, sur les confins du département de la Sarthe; que, dans leur course torrentielle, ils inondent les villages, les villes mêmes, renversant les résistances partielles, envahissant les marchés, taxant arbitrairement les blés.

L'émotion produite par ces nouvelles est immense. Chasles la porte à son comble en accusant les partisans de l'ancien régime d'être les promoteurs de l'insurrection. « Les fermiers en relation avec les ci-devant nobles et les ci-devant prêtres, dit-il, ne battent leurs grains qu'à la dernière extrémité ; ces agitations marquent le dernier effort des ennemis de la République. » D'autres députés répondent à Chasles que les troubles sont bien plutôt dus aux excitations des commissaires envoyés par la Commune de Paris ; Barrère, toujours prêt à formuler en articles de loi ce que veut la majorité, demande que le pouvoir exécutif soit tenu de rappeler sur-le-champ tous les commissaires envoyés dans les départements et que la Convention délègue neuf de ses membres pour aller dans le Loir-et-Cher, la Sarthe et l'Eure-et-Loir, rétablir la libre circulation des grains et faire connaître les causes et les auteurs des troubles qui ont eu lieu dans ces départements.

La majorité voudrait voter immédiatement les propositions de Barrère. La Montagne s'y oppose en réclamant la question préalable. « Je ne suis pas étonné, s'écrie le girondin Lidon, qu'on veuille étouffer cette discussion ; mais moi qui arrive de mission, je puis vous attester que le trouble est en partie dû aux commissaires du pouvoir exécutif et de la Commune de Paris. J'ai en main les preuves écrites de toutes les malversations exercées par ces commissaires. Ils ont conseillé à des administrateurs de s'emparer du domaine national pour leur usage ; à des officiers municipaux, de prendre sur la caisse publique les sommes dont ils pourraient avoir besoin pour l'acquit de leurs dettes. Un d'eux, Momoro, a fait une proclamation dont le but était évidemment la loi agraire.

— Aux voix ! aux voix ! le rappel des commissaires !

— Je crois, dit Sergent, à la possibilité des faits qui vous sont dénoncés ; je les crois même vrais. Mais, en donnant des ordres aux ministres, vous les déchargez de la responsabilité qui pèse sur eux. »

La première partie de la proposition de Barrère est adoptée. On demande par amendement que la Commune de Paris soit tenue de rendre compte de la conduite de ses commissaires dans les départements.

« Il y a des commissaires qui ont sauvé la patrie, s'écrie Prieur (de la Marne).

— Tant mieux ! lui répond-on ; on leur rendra justice.

— Ils ont égaré l'opinion publique, ils ont prêché le meurtre, s'écrie-t-on à droite. »

La Montagne réclame avec énergie l'ordre du jour sur l'amendement. Après deux épreuves douteuses qui amènent une longue agitation, l'amendement est repoussé et le décret proposé par Barrère adopté purement et simplement[1].

Le lendemain, le ministre de l'intérieur confirmait les nouvelles alarmantes que la Convention avait déjà reçues d'Orléans, de Blois, de Chartres, de Saint-Calais et de la Ferté-Bernard. « Par suite de l'agitation qui règne dans une grande partie de la France, personne, ajoutait-il, n'ose plus se livrer au commerce ou au transport des grains, de peur de passer pour accapareur. Il n'y a de remède à un pareil état de choses que de déclarer que tous ceux qui porteront la moindre atteinte à la liberté du commerce et de la circulation, seront réputés perturbateurs du repos public et poursuivis comme tels, sous peine, pour les municipalités, de répondre des suites de leur négligence. »

1. *Journal des Débats et Décrets*, p. 413, n° 68.

On le voit, dans sa lettre ministérielle ainsi que dans sa pétition civique, Roland concluait exactement comme Ferrand et demandait que le projet présenté par ce représentant fût converti en loi. Il profitait de l'occasion pour se plaindre très-vivement de la gestion du conseil général de la Commune en matière de subsistances. « Ce conseil, écrivait-il, fait vendre des farines à un prix bien inférieur au prix d'achat ; par faiblesse et par amour de la popularité, il perd chaque jour 12,000 livres. Tous les approvisionnements des environs se font en ce moment dans la capitale, d'où l'on retire sans cesse des grains au lieu d'en apporter. Il est question, au sein du conseil général, de fixer le prix des bois à brûler ; l'annonce seule de cette fixation porte déjà l'effroi dans ce genre de commerce et fait disparaître les approvisionnements. Toutes ces opérations sont mauvaises, parce qu'elles flattent pour tromper, parce que, sous l'apparence d'un bien passager, elles préparent des maux affreux. Les fermiers, les laboureurs n'osent plus paraître sur les marchés, mettre en route ou en vente un sac de blé. Au sein de l'abondance, nous sommes prêts à périr de misère. Voilà les fruits de l'inquiétude, de l'agitation, des éternelles déclamations avec lesquelles on soulève les esprits, on répand la menace et l'effroi. Les fripons s'agitent, les sots s'épouvantent. Je suis assailli de plaintes, de reproches, d'arrêtés de la Commune, qui d'ailleurs ne répond jamais aux lettres officielles que je lui adresse, aux questions que je lui fais. Les sections reçoivent son impulsion, en propagent les effets. S'il n'est pas mis un terme à cette agitation des sections, à cette permanence qui n'est plus que celle des troubles et de la désorganisation; si cette Commune, foyer de toutes les intrigues, continue de subsister, Paris et la Convention elle-même sont perdus! »

L'intrépide Lanjuinais convertit en motion les dernières considérations émises dans la lettre de Roland et demande : « 1° que la Commune de Paris soit tenue de faire cesser la perte de 12,000 livres qu'elle fait sur les farines par elle revendues, cette perte devant en définitive être supportée ou par les consommateurs ou par le trésor de la République; 2° que l'on supprime la permanence des sections; 3° qu'il soit immédiatement procédé au renouvellement du comité de sûreté générale, dont les divisions intérieures peuvent devenir funestes à la tranquillité publique. » Mais la Convention ne se sent pas le courage de suivre les conseils du député d'Ille-et-Vilaine; elle se contente de renvoyer toutes les questions soulevées par le ministre de l'intérieur à ses comités d'agriculture et de sûreté générale [1].

VII.

La discussion sur la liberté du commerce des grains, si souvent interrompue, si souvent reprise, était toujours à l'ordre du jour. Le 29 novembre, une députation composée de commissaires des sections de Paris et de mem-

---

1. Voir le compte rendu de cette séance du 28 novembre, au *Moniteur* et au *Journal des Débats et Décrets*.

bres du conseil de la Commune demande la permission de paraître à la barre. « C'est, suivant la lettre adressée au président, pour un objet de la plus haute gravité, puisqu'il s'agit des subsistances. » Rewbell consent à ce qu'on fasse lire par un des secrétaires de l'Assemblée cette pétition; car elle peut servir de préliminaire à la discussion qui va s'ouvrir sur les mesures proposées par le ministre de l'intérieur, mais il s'oppose à ce que la députation soit admise. « Il est dangereux, ajoute-t-il, de donner en pareille matière à une commune une espèce d'initiative, et il est bien extraordinaire qu'il ne puisse être rien discuté dans le sein de la Convention sans subir telle ou telle influence. Écoutons donc cette pétition qui cadre si bien avec l'insurrection de Blois[1]! »

Les amis de la Commune ne croient pas devoir relever l'allusion pourtant si transparente de Rewbell, mais ils insistent afin que la députation tout entière soit introduite et que son orateur donne lui-même lecture de la pièce dont il est porteur. Leur double demande est accordée.

« Représentants du peuple, dit le délégué du conseil général, la partie la plus nombreuse du peuple, celle qui a fait la Révolution, qui la maintiendra, qui sait aimer la liberté, qui mérite toute la sollicitude des législateurs, est livrée aux plus grandes inquiétudes, à la plus cruelle misère. Une coalition des riches capitalistes veut s'emparer de toutes les ressources territoriales et industrielles; non contente d'entretenir la cherté des subsistances, elle

---

1. *Moniteur*, n° 325.

les dénature, en travaillant et en empoisonnant les boissons. Une nouvelle aristocratie veut s'élever sur les débris de l'ancienne par le fatal ascendant des richesses.... L'accaparement des subsistances était un des moyens contre-révolutionnaires du ci-devant roi. Louis le traître était aussi Louis l'accapareur; des maisons de commerce, des caisses soi-disant patriotiques, des maisons de secours étaient d'intelligence avec le tyran pour opprimer le peuple, pour l'affamer et le reconduire au despotisme par la disette. La Révolution est faite, il n'en faut plus. L'Assemblée constituante décréta la suppression des entrées. Le peuple allait être soulagé; mais elle décréta la liberté du commerce, et son bienfait devint nul. Le système d'une liberté indéfinie est une calamité publique pour les objets de première nécessité. Au nom du salut public, législateurs, vengez la cause de l'humanité, faites des lois sévères contre les accapareurs et rendez aux autorités constituées le droit de taxer les denrées de première nécessité. »

Grégoire, qui préside, répond par des phrases banales à cette pétition qui légalise d'avance, pour ainsi dire, tous les mouvements populaires dont le prétexte est la taxation des grains et dont le résultat doit être le resserrement du commerce et la désertion des marchés. Puis, la Convention entame sérieusement la discussion sur les subsistances. Ce jour-là, elle entend quatre orateurs : Fayau (de la Vendée), Lequinio, Valazé, Saint-Just. Contrairement aux habitudes de l'Assemblée, ils sont tous écoutés avec la plus grande attention et peuvent développer leur thèse sans être interrompus par les clameurs de leurs adversaires.

Fayau est opposé à la liberté du commerce des grains. La proclamer, ce serait, selon lui, donner carte blanche aux accapareurs. Il ressasse tous les lieux communs que l'ignorance jacobine débite tous les jours dans les clubs et dans les sections. Il tonne contre les marchands de blé, il regarde comme sublime le projet d'établissement de greniers publics. « Les hommes créés par le peuple pour défendre ses droits, dit-il, doivent l'être particulièrement pour pourvoir à ses besoins ; ce ne sont donc pas les négociants en grains, mais les administrateurs, les législateurs qui doivent être les pourvoyeurs des Français. » En conséquence il demande : « que chaque cultivateur soit tenu de déclarer sur l'honneur la quantité de grains dont il est propriétaire; qu'un recensement de tous les blés existant en France soit opéré par les soins des municipalités, districts et départements; que les autorités soient chargées d'acheter les grains qui, après enquête, seront reconnus nécessaires pour les besoins de leur circonscription, qu'aucun citoyen ne puisse acheter au delà de sa consommation et de celle de sa famille. »

C'était le maximum de 1793 proposé dès 1792. C'était la théorie de l'État substitué à tout et à tous, utopie que le comité de salut public devait, à l'aide de la plus effroyable terreur, essayer d'établir en France, et dont l'expérience devait en quelques mois coûter tant de larmes et tant de sang à notre malheureuse patrie.

Lequinio, quoique assez rapproché de la Montagne par ses tendances politiques, fait preuve de courage et de bon sens en déclarant que la disette, qui désole plusieurs points de la France, est due en très-grande partie aux déclamations auxquelles on se livre contre les prétendus accapareurs, les fermiers et les marchands. « La récolte de cette année a été généralement bonne, dit-il, nous y touchons encore; quand elle serait insuffisante pour les besoins de l'année entière, il est évident que nous sommes en ce moment dans une abondance réelle. La disette n'est occasionnée que par le défaut de circulation. Pourquoi les blés ne circulent-ils pas? C'est que le commerce est paralysé par les menaces de mort qu'on fait entendre contre ceux qui s'y livrent. Tant que le commerce ne sera pas actif, le peuple sera dans la misère; et il ne peut être actif qu'à la condition d'être protégé, honoré. Les ambitieux, les ignorants et les perfides auront beau crier; je le dis hautement, dût cette vérité paraître un paradoxe à beaucoup de gens, je regarde un homme qui se livre au commerce des blés comme *un des bienfaiteurs de la patrie.* C'est en vain que le cultivateur parviendrait à faire prospérer ses récoltes, si l'excédant de ses besoins ne pouvait être transporté dans les villes qui n'en produisent pas et dans les pays qui en manquent. Or, comment ce transport pourra-t-il avoir lieu tant que le public lui-même aura la maladresse de l'empêcher en entravant, en proscrivant le commerce? Sous le règne du despotisme, le blé a été souvent plus cher qu'aujourd'hui; la même disette n'existait pas, parce que le blé, quoique cher, circulait, parce que la libre circulation était maintenue par la force, parce que l'alarme publique n'était pas excitée partout comme elle l'est aujourd'hui. »

Valazé parle à peu près dans le même sens, mais on

voit cependant percer chez lui le désir de mêler sans cesse l'autorité publique à toutes ces questions et de lui attribuer le soin et par conséquent la responsabilité de l'approvisionnement de toutes les contrées où la disette peut se faire sentir.

Le discours de Saint-Just est de beaucoup le plus important; le jeune orateur, s'élevant au-dessus de la question du moment, développe tout le système économique qu'il voudrait voir adopter dans la république idéale qu'il rêve, système qui est en contradiction formelle avec celui qu'il appliquera plus tard au sein du comité de salut public. Devenu membre influent du gouvernement, nous le verrons répudier les maximes qu'il préconisait au début de sa carrière. Contradiction assez remarquable dans celui qu'on nous représente toujours comme aussi inflexible dans ses principes qu'inébranlable dans ses convictions.

Ce discours a, du reste, été beaucoup trop vanté. On y trouve à profusion ce fatras pédantesque qui est le caractère distinctif de l'éloquence du jeune enthousiaste. Il s'en dégage tantôt des pensées qui visent à la profondeur comme celles-ci : « Un peuple qui n'est pas heureux, n'a pas de patrie... Si nous ne prévenons la ruine totale de nos finances, notre liberté aura passé comme un orage, et son triomphe comme un coup de tonnerre; » tantôt des doctrines surannées sur l'impôt foncier versé en nature dans les greniers publics; tantôt enfin des aveux dont il est

1. Le discours de saint Just se trouve *in extenso* au *Moniteur*, n° 336, et dans l'*Histoire parlementaire*, tome XX.

bon de garder mémoire : « Il y a dans Paris un vautour secret. Que font maintenant tant d'hommes qui vivaient des habitudes du riche? La misère a fait la Révolution, la misère peut la détruire. Il s'agit de savoir si une multitude qui vivait il y a peu de temps des superfluités du luxe, des vices d'une autre classe, peut vivre de la simple corrélation de ses besoins particuliers... Ce qu'il y a d'étonnant dans notre révolution, c'est qu'on a fait une république avec des vices. Consolidez-la sur des vertus. »

Saint-Just déclare en terminant que le principal, le seul moyen de rétablir la confiance, c'est de diminuer la masse du papier-monnaie en circulation et d'éviter d'en émettre d'autre. Enfin, revenant au thème favori des jacobins, au *delenda Carthago* de la Montagne, il s'écrie : « Citoyens, j'ose le dire, tous les abus vivront tant que le roi vivra ! » Fascinée par le ton dogmatique de l'orateur, la Convention couvre d'applaudissements son discours et en décrète à l'unanimité l'impression et l'envoi aux départements [1].

---

[1]. Quelques jours après, la discussion des subsistances fut reprise ; ce fut à cette occasion que Robespierre prononça le discours fameux où l'on trouve en germe les doctrines socialistes modernes. On y reconnaît à chaque ligne l'utopiste, le rêveur, l'homme qui ne s'enquiert ni des temps, ni des lieux, ni des mœurs, pas plus des nécessités de la pratique que des impossibilités matérielles. « Dans tout pays, où la nature fournit avec prodigalité aux besoins des hommes, y disait-il, la disette ne peut être imputée qu'aux vices de l'administration ou des lois elles-mêmes. . . Il est impossible de considérer les denrées les plus nécessaires à la vie comme une marchandise ordinaire ; . . . Le premier des droits est celui de vivre ; la première loi sociale est donc celle qui garantit à tous les membres de la société les moyens d'exister. Tout ce qui est nécessaire pour conserver la sub-

La discussion sur les subsistances allait continuer les jours suivants, lorsque de déplorables nouvelles transmises d'Eure-et-Loir viennent réveiller au sein de l'Assemblée les passions un instant assoupies.

VIII.

Arrivés à Chartres le 28 novembre, les commissaires nommés par la Convention pour apaiser les troubles d'Eure-et-Loir, Lecointe-Puyraveau, Maure et Biroteau, apprennent qu'un rassemblement considérable de paysans armés s'est formé à Courville et se dispose à prendre la route de Paris. Ils y courent sans escorte, espérant que leur éloquence suffira pour rappeler les égarés à la raison. Ils se trouvent en présence de six mille hommes armés de fusils, de piques, de croissants, de fourches, de faux, assemblés sur le champ de la fédé-

---

sistance des hommes est une propriété commune à la société entière. Il n'y a que l'excédant qui soit une propriété individuelle et qui soit abandonné à l'industrie des commerçants. »

Bien loin de chercher à éclairer les masses populaires, Robespierre s'appropriait tous leurs préjugés et professait cette incroyable théorie que, fussent-ils fondés ou non, le législateur devait aveuglement y obéir. « Les alarmes des citoyens, s'écriait-il, doivent être respectées ; les mesures même qu'on propose ne fussent-elles pas aussi nécessaires que nous le pensons, il suffit qu'ils le désirent, il suffit qu'elles prouvent à leurs yeux votre attachement à leurs intérêts pour vous déterminer à les adopter. »

Le discours de Robespierre fut prononcé le 2 décembre 1792 et remplit plusieurs colonnes du n° 339 du *Moniteur*.

ration. Leurs premières paroles sont écoutées avec assez de calme, mais bientôt on crie de toutes parts : « Ce sont des charlatans, des endormeurs, des aristocrates, il faut les pendre! »

Biroteau et Maure sont entraînés d'un côté, Lecointe-Puyraveau de l'autre. En vain agitent-ils leurs écharpes, en vain invoquent-ils le respect dû à leur caractère sacré de représentants du peuple. Ils sont frappés, leurs vêtements déchirés; on les conduit de force sur la place de la halle, on les hisse sur des sacs de blé entassés et on leur enjoint de taxer les grains sous peine de mort. Ils s'y refusent, les hurlements redoublent; les armes qui les menacent se rapprochent de leurs poitrines, ils sentent qu'ils vont périr s'ils ne cèdent; ils signent tous les papiers qu'on leur présente.

Délivrés, grâce à cette capitulation de conscience, les malheureux députés accourent à Paris, et, dès l'ouverture de la séance du 30, montent l'un après l'autre à la tribune de la Convention pour raconter les mauvais traitements dont ils ont été les victimes. Stupéfaite du peu d'énergie qu'ils ont montré et se rappelant le courage héroïque que le maire d'Étampes, Simonneau, avait déployé quelques mois auparavant dans des circonstances semblables, l'Assemblée entière murmure. Mais sa colère prend un autre cours lorsque les commissaires lui déclarent que, suivant eux, « ces agitations qui, en apparence, ont pour but l'établissement de lois agraires, la fixation du prix des blés, la réduction du prix des baux, sont, au fond, excitées par le fanatisme religieux. — « Voici, disent-ils, les propos que nous avons entendus :

« Nous irons mettre à la raison la chambre de Paris, « (c'est ainsi qu'ils nommaient la Convention), nous « voulons nos prêtres et nos églises. » Des curés étaient au milieu de l'attroupement ; on faisait de fréquentes et vives allusions à la motion présentée récemment par Cambon pour abolir le salaire du clergé. Si la seule nouvelle de ce projet cause tant d'effervescence, jugez des troubles qu'occasionnerait un pareil décret s'il était rendu. »

Dès qu'on soulevait la question religieuse, les partis se confondaient ; à droite comme à gauche, il se trouvait des députés prêts à attribuer tous les maux de la France aux agitations suscitées par le clergé insermenté et même assermenté. Pétion déplore l'égarement de ses concitoyens, il fait, suivant son habitude, un appel à la sensibilité de l'Assemblée, mais réserve toutes ses sévérités « pour le fanatisme qui rallume ses torches. » Danton se plaint de ce que, par perfidie et par ignorance, l'on ait commenté d'une manière si étrange la proposition de Cambon ; le fougueux démocrate prêche la tolérance et tonne contre ceux « qui, trop imbus des doctrines de la philosophie moderne, seraient capables de bouleverser la France pour en obtenir l'application immédiate. » Il partage leurs opinions, mais il ne saurait approuver leur impatience. « Le peuple, dit-il, et surtout le peuple des campagnes n'est pas mûr pour cette application. Je ne connais d'autre Dieu que celui de l'univers, d'autre culte que celui de la justice et de la liberté ; mais l'homme maltraité par la fortune cherche des jouissances éventuelles ; quand il voit l'homme riche se livrer à tous ses goûts, caresser tous ses désirs, tandis que ses besoins à lui sont restreints au plus strict nécessaire, alors il croit, et cette certitude est consolante pour lui, il croit que, dans l'autre monde, ses jouissances à lui se multiplieront en proportion de ses privations dans celui-ci. Laissez-lui cette erreur... Attendez que vous ayez des officiers de morale qui puissent faire passer dans son âme, neuve encore, le sentiment de son erreur. Jusque-là il serait barbare, ce serait un crime de lèse-nation, de vouloir ôter au peuple ses idées, ses chimères !... L'homme des champs respecte l'homme consolateur auquel sa jeunesse, son adolescence, sa vieillesse, ont dû quelques instants de bonheur. Le malheureux a l'âme tendre et s'attache plus particulièrement à tout ce qui porte un caractère majestueux. Laissez-lui son erreur, mais éclairez-le ; que le peuple ne craigne pas de perdre ce qui seul l'attache à la terre quand il n'y tient pas par la fortune. Il serait utile que la Convention fît une adresse pour persuader au peuple qu'elle ne veut rien détruire, mais tout perfectionner ; que si elle poursuit le fanatisme, c'est parce qu'elle veut la liberté des opinions religieuses. Il serait utile aussi que la Convention accélérât le jugement du roi, car il faut enlever toute espérance aux royalistes comme aux fanatiques. »

Il faut, disent plusieurs députés, envoyer de nouveaux commissaires au devant des rassemblements ; mais Robespierre s'y oppose, parce qu'il lui paraît inutile de « compromettre des membres de la Convention dans les mouvements effervescents d'un peuple égaré. » Il est, selon lui, des mesures plus générales et plus efficaces à prendre. Il ne suffit pas que l'Assemblée venge d'une manière qui l'honore la majesté nationale avilie dans la personne de ses commissaires, il faut en même temps qu'elle prouve qu'elle est guidée par l'amour de la liberté et du peuple lui-même, il faut qu'elle confonde tous les partisans du royalisme et de l'aristocratie.

« Je demande, s'écrie-t-il, que demain le tyran des Français, le chef de tous les conspirateurs, soit condamné à la peine de ses forfaits; qu'après-demain, en conciliant les droits de la propriété avec la vie des hommes, vous prononciez sur les subsistances. Alors tous les ennemis de la liberté tomberont à vos pieds, et vous aurez ramené au sein de cette Assemblé l'impartialité et la concorde[1]. »

La Montagne applaudit Robespierre; elle applaudit également Lacroix lorsqu'il propose que le ministre de la guerre soit chargé sous sa responsabilité de diriger sur Chartres des forces suffisantes pour imposer aux séditieux.

Certains jacobins n'étaient probablement si grands partisans d'une expédition militaire contre les rassemblements que parce qu'ils y voyaient une occasion de se débarrasser des fédérés, que, quelques jours auparavant, la Convention, par un décret formel, avait ordonné de conserver à Paris[2].

Les girondins devinent la secrète pensée de leurs

---

[1]. *Journal des Débats et Décrets*, p. 491, n° 72. *Moniteur*, n° 337.

[2]. Voir plus haut, page 371.

adversaires. Aussi Lauze Duperret, le compatriote et l'ami de Barbaroux, demande-t-il que l'on retienne dans la capitale les troupes nécessaires pour garantir la Convention contre les provocateurs qui l'environnent et appellent tous les jours l'insurrection contre elle. « On n'exécute, dit-il, dans le département d'Eure-et-Loir, que les principes qu'on prêche à Paris. »

Duperret est interrompu à chaque phrase par les clameurs de la gauche et les applaudissements de la droite. L'agitation est à son comble; Barrère, qui préside, parvient à mettre aux voix la proposition de Lacroix; elle est adoptée, mais la discussion n'en continue pas moins. Buzot demande que la Convention prenne des mesures générales afin de couper court aux séditions qui se propagent; il faut, suivant lui, que le conseil exécutif soit tenu de déclarer sur-le-champ s'il répond de la tranquillité publique ou s'il a besoin que la Convention lui fournisse les moyens de la maintenir.

La Montagne, qui voit revenir l'éternelle question de la garde départementale, empêche l'orateur de continuer. « Puisque la tribune n'est pas libre, s'écrie Buzot, je me retire. » Marat s'élance pour le remplacer. Son apparition est accueillie par des cris : A bas! à bas! partis des rangs de la droite.

« Tant que vous aurez de pareils hommes parmi vous, dit Kersaint, ne soyez pas étonnés que le peuple vous manque de respect! » — « Président, retirez la parole à Marat! » s'écrient une foule de députés. Barrère est obligé d'obéir aux injonctions qui lui sont faites. Il ordonne à *l'ami du peuple* d'évacuer la tribune et prie

Buzot d'achever le développement de son opinion.

L'orateur girondin reprend la parole, aux applaudissements de la majorité de l'Assemblée, et, revenant sur la question des subsistances, il s'élève contre ce propos inconsidéré, tenu à une précédente séance par Fayau, qui avait prétendu que les représentants devaient être les pourvoyeurs du peuple, qu'ils devaient *briser les portes* pour lui fournir des subsistances. « Comment, s'écrie-t-il, le peuple ne serait-il pas égaré par de faux principes, lorsqu'ils sont énoncés dans cette assemblée même? De ces excitations, plutôt que du roi et de son jugement, proviennent les troubles. La vraie, la seule cause des séditions qui dévastent la République, c'est l'anarchie entretenue par les faux amis du peuple; cette anarchie dévorera la République, si la Convention n'y sait pas mettre un terme par des lois respectées et sévèrement exécutées [1]. »

Dès que Buzot est descendu de la tribune, Marat prétend user de son droit de parler à son tour.

« On nous répète sans cesse, s'écrie-t-il au milieu des plus violents murmures, que les autorités constituées ne sont pas respectées. Le respect se mérite, mais il ne se commande pas!... » — La droite bondit. — « Ce n'est pas en présentant des canons et des baïonnettes à des malheureux qui demandent du pain, que vous inspirerez la confiance et ferez renaître le calme. Ce moyen est celui des tyrans... » — L'immense majorité

---

[1]. Toute cette partie de la séance du 30 novembre est omise au *Moniteur*. Nous suivons le compte rendu du *Journal des Débats et Décrets*, n° 73, page 404 et suivantes.

de l'Assemblée proteste, Marat continue sur le même ton : « Le sang a coulé dans le Loiret. Pourquoi? parce qu'on a confié la disposition de la force publique aux accapareurs eux-mêmes...

— Que Marat prouve ses assertions!

— Marat a-t-il jamais rien prouvé? La calomnie est son élément! »

— Sans doute, reprend l'orateur sans daigner répondre aux interrupteurs, il faut déployer toute la sévérité de la loi contre les agitateurs... »

L'Assemblée, très-étonnée de cette concession de *l'ami du peuple*, applaudit tout entière.

« ... Mais je demande que la force armée, lorsque vous serez obligés de l'employer, soit mise sous la conduite d'un chef dont le patriotisme vous soit connu...

— De Marat? crie-t-on ironiquement.

— Vous voulez que je vous indique qui? D'un homme comme Santerre, que personne ne peut recuser.

— Je fais observer, dit un membre, que Marat a dénoncé Santerre comme un traître. »

Le girondin Ducos, fidèle aux habitudes d'indiscipline de son parti, s'élève à son tour contre les mesures rigoureuses préconisées par Buzot et blâmées par Marat. Il demande que le comité d'agriculture soit chargé de présenter le lendemain à l'Assemblée une instruction claire et précise sur les subsistances. « Elle vaudra mieux que les baïonnettes et fera plus d'effet[1]. »

---

1. Marat se souvint du secours inattendu que Ducos lui avait prêté dans cette circonstance et lui témoigna sa reconnaissance en faisant effacer son nom de la liste de proscription dressée sous sa dictée,

Les murmures et les applaudissements s'entre-croisent. Legendre s'écrie : « Comment voulez-vous rétablir l'ordre dans la République, si vous n'avez pas la sagesse de le faire ici? » Lacroix appelle la sévérité de la Convention contre les trois commissaires qui ont préféré la vie au strict accomplissement de leur devoir. « On leur présentait la hache, dit Manuel, la hache ou la plume : ils devaient prendre la hache et se couper la main! »

Biroteau, l'un des commissaires inculpés, réclame vivement la parole. « Est-ce pour se défendre? crie-t-on de différents côtés. — Non, dit Bazire, c'est pour appeler eux-mêmes, sur leurs têtes, toute la sévérité de l'Assemblée. » Mais la majorité déclare la discussion close et adopte les trois décrets suivants qui lui ont été proposés dans le cours de la discussion.

I.

« La Convention nationale charge spécialement le
« pouvoir exécutif de prendre toutes les mesures néces-
« saires pour faire arrêter et punir les chefs d'attroupe-
« ments indiqués par le rapport des commissaires de la
« Convention et de rendre compte sous huitaine de l'exé-
« cution du présent décret.

II.

« La Convention nationale, sur le compte qui lui a
« été rendu par ses trois commissaires envoyés dans le
« département d'Eure-et-Loir, improuve la conduite de

le 2 juin 1793; cela n'empêcha pas Ducos de périr, quelques mois après, sur l'échafaud révolutionnaire avec ses amis et collègues de la Gironde.

« ces commissaires, qui ont eu la faiblesse de souscrire,
« plutôt que de mourir, l'acte qui leur a été présenté,
« portant taxe des grains, denrées et autres objets ; dé-
« clare cet acte nul et de nul effet.

III.

« La Convention nationale décrète qu'il sera fait une
« adresse à tous les citoyens de la République, pour leur
« faire sentir la nécessité et les avantages de la libre cir-
« culation des subsistances, et que, dans ladite adresse, il
« sera expliqué que la CONVENTION N'A JAMAIS EU L'INTEN-
« TION DE LES PRIVER DES MINISTRES DU CULTE QUE LA
« CONSTITUTION CIVILE DU CLERGÉ LEUR A DONNÉS. »

IX.

Les dernières lignes du troisième décret étaient une réponse à une question très-vivement débattue depuis quinze jours aux Jacobins, dans la presse et dans l'Assemblée : celle du salaire des prêtres. Cambon l'avait soulevée, le 16 novembre, en proposant, au nom du comité des finances, qu'on laissât à chaque secte religieuse le soin de payer les ministres de son culte, et que, supprimant une recette d'une quotité à peu près correspondante à la dépense dont le budget de l'État aurait ainsi été dégrevé, on abolît l'impôt mobilier et celui des patentes. Nous venons de voir combien la seule nouvelle de la présentation du projet de Cambon avait produit d'agitation dans le sein des populations rurales du pays chartrain, du Maine et du Perche. On se demandait déjà si la Convention allait manquer à l'engagement solennel, qu'avait pris la Constituante, de pourvoir à tous les frais du culte en échange des biens qui s'étaient accumulés depuis quatorze siècles entre les mains du clergé français, et qu'elle avait déclaré être à la disposition de la nation.

Chose remarquable! La proposition du comité des finances souleva, à Paris et même aux Jacobins, une très-vive opposition. Les montagnards les plus fougueux la jugeaient « cruelle, injuste, impolitique. »

Dans la presse ultra-révolutionnaire, l'abolition du salaire des prêtres ne rencontra qu'un seul défenseur, Prudhomme[1]; encore le journaliste présente-t-il ses arguments avec une étonnante modération. Il considère le serment civique, la constitution civile du clergé comme des fautes violant les principes de l'égalité religieuse et de la liberté de conscience. Si le projet de Cambon était adopté, « cette liberté, cette égalité seraient rétablies, écrit-il, personne ne serait plus imposé pour des opinions qu'il ne partage pas; le culte lui-même, étant dégagé de tout serment et de toute obligation politiques, y gagnerait d'être ramené à la simplicité du christianisme primitif. »

Robespierre, dans sa huitième *Lettre à ses commettants*, est d'un avis tout opposé; « métaphysique à part, » il condamne l'opération proposée « parce qu'elle est mauvaise en révolution, dangereuse en politique, pas

---

1. *Révolutions de Paris*, n° 175.

même bonne en finances. » Son très-long article mérite une attention toute particulière, il indique très-nettement les tendances religieuses des disciples de Rousseau, et d'avance explique la lutte à mort qui doit éclater plus tard entre les déistes, fondateurs du culte de l'Être suprême, et les athées, inventeurs du culte de la déesse Raison.

Robespierre s'incline « devant celui qui créa tous les hommes pour l'égalité et le bonheur, celui qui protége les opprimés et extermine les tyrans. » Il n'aime pas plus qu'un autre le pouvoir des prêtres, mais il estime « que la raison seule peut rompre cette chaîne attachée aux esprits. Le législateur peut aider la raison; mais il ne doit pas la devancer trop vite. Si vous bornez vos regards à l'horizon qui vous environne, peut-être croirez-vous pouvoir tout faire; mais si vous embrassez la nation tout entière, si vous pénétrez surtout sous le toit du laboureur ou de l'artisan, vous reconnaîtrez sans doute qu'il est des bornes à votre puissance morale.

« Sous le rapport des préjugés religieux, notre situation me paraît très-heureuse et l'opinion publique très-avancée. L'empire de la superstition est presque détruit. Déjà, c'est moins le prêtre qui est un objet de vénération, que l'idée de la religion et l'objet même du culte... Il ne reste plus guère dans l'esprit que ces dogmes imposants qui prêtent un appui aux idées morales et la doctrine sublime et touchante de la vertu et de l'égalité que le Fils de Marie enseigna jadis à ses concitoyens. Mais, en attendant que l'évangile de la raison et de la liberté soit devenu l'évangile du monde, le peuple lie au moins en partie le système de ses idées morales au culte qu'il a professé jusqu'ici. *Attaquer directement le culte, c'est attenter à la moralité du peuple.* Jusqu'à ce que les bases sacrées de cette moralité aient pu être remplacées par les lois, par les mœurs et par les lumières publiques, consolez-vous en songeant que ce que la superstition avait de plus dangereux a disparu; que la religion, dont les ministres sont stipendiés encore par la patrie, nous présente au moins une morale analogue à nos principes politiques. Si la déclaration des droits de l'humanité était déchirée par la tyrannie, nous la retrouverions encore dans ce code religieux que le despotisme sacerdotal présentait à notre adoration. Et s'il faut qu'aux frais de la société entière les citoyens se rassemblent encore dans des temples communs devant *l'imposante idée d'un Être suprême,* là du moins le riche et le pauvre, le puissant et le faible, sont réellement égaux et confondus devant elle. »

Nullement philosophique, le projet du comité des finances lui paraît être, de plus, impolitique. « Au moment le plus difficile de la crise révolutionnaire, quand la République est proclamée plutôt qu'établie, est-ce bien le moment de mettre de nouvelles armes entre les mains de la malveillance et du fanatisme? Il ne s'agit pas, prétendent les auteurs et approbateurs de la motion Cambon, d'abolir le culte, mais de ne plus le payer. Ne plus payer le culte ou le laisser périr, c'est à peu près la même chose... Le principe que les ministres ne doivent être payés que par ceux qui veulent les employer, ne peut s'appliquer exactement qu'à une société où la majorité des citoyens ne le regarde pas comme une institution utile. Mais, en France, rien ne serait plus dangereux que ce sophisme; car, cessant d'être les prêtres du public, les prêtres des particuliers auraient une bien plus forte, une bien plus intime action sur les fidèles. Mille associations religieuses naîtraient, à l'ombre desquelles les partisans du royalisme se réuniraient sous l'étendard du culte dont ils feraient les frais. A la vue des prêtres dépouillés et réduits à l'indigence, le fanatisme se réveillerait; chaque village serait le théâtre de discordes entre ceux qui voudraient se passer de culte et ceux qui ne le pourraient pas. Financièrement, le projet est détestable; tout le poids du culte retomberait sur le peuple, qui est le plus attaché à la religion, parce que la morale du Fils de Marie prononce des anathèmes contre la tyrannie et l'impitoyable opulence. Ce serait, du reste, un manquement à la foi publique engagée par la Constituante. »

Le mot final de l'article de Robespierre est celui-ci :
« *Nulle puissance n'a le droit de supprimer le culte établi jusqu'à ce que le peuple en soit lui-même détrompé.* »

X.

Le décret du 30 novembre fit tomber cette polémique religieuse; mais elle se ranima bientôt sous une autre forme : celle du mariage des prêtres. Des exemples de ces étranges unions s'étaient produits même avant la chute de la monarchie. Quelques-uns des ecclésiastiques qui les avaient contractées, avaient abandonné leurs fonctions; quelques autres avaient cumulé les agréments du mariage et les avantages pécuniaires du sacerdoce ; mais la question n'avait pas été soulevée officiellement.

Cependant il arrivait parfois que les populations étaient médiocrement flattées de voir leur nouveau pasteur se marier. Dans plusieurs localités, des troubles éclatèrent. La Convention crut devoir y couper court en décrétant, le 17 novembre, que « tout prêtre qui se
« marierait et qui serait inquiété à ce sujet par les habi-
« tants de la commune de sa résidence, pourrait se re-
« tirer dans tel lieu qu'il jugerait convenable, et que son
« traitement lui serait payé aux frais de la commune qui
« l'aurait persécuté. »

Quelques évêques constitutionnels déploraient euxmêmes ces scandales et auraient voulu y mettre un terme. L'évêque de Versailles ayant refusé l'institution canonique à un vicaire qui venait d'être élu curé et en même temps avait pris femme, le fait est aussitôt dénoncé à la Convention; celle-ci passe à l'ordre du jour, mais reconnaît au vicaire le droit de poursuivre l'évêque devant les tribunaux pour que justice lui soit rendue. En même temps le prélat est sommé par les jacobins de Versailles de comparaître à la barre de leur club. Devant cette double menace, l'autorité ecclésiastique cède et le vicaire est institué [1].

A chaque séance, la Convention recevait des lettres dans lesquelles des prêtres assermentés lui faisaient part

---

1. Voir le n° 180 des *Révolutions de Paris*.

de leur mariage [1]. Les jours consacrés à la réception des pétitionnaires, elle avait la visite des plus audacieux d'entre ces apostats qui venaient lui présenter leurs nouvelles épouses. L'ex-procureur syndic de la Commune de Paris, Manuel, s'était constitué leur introducteur.

[1]. Nous ne mentionnerons particulièrement qu'une seule de ces lettres. Le 25 novembre, Joseph Lebon, ci-devant curé de Neuville-a-Liberté et alors maire d'Arras, annonçait qu'il venait d'épouser sa cousine et envoyait le discours qu'il avait adressé à cette occasion aux officiers municipaux de Saint-Pol:

« Magistrats du peuple, je viens donner un exemple attendu depuis longtemps par le nombre infiniment petit de prêtres vertueux qui ont consenti autrefois à se confondre parmi les charlatans, pour éclairer et affranchir l'humanité; je viens terrasser le préjugé féroce qui condamnait une classe d'hommes à vivre dans le crime, et ne leur laissait que le choix des forfaits. Puisse ma démarche solennelle leur ôter toute excuse! Puissent-ils se déterminer enfin à respecter à la fois la nature et la société: la nature, en suivant les lois de son auteur, en n'étouffant pas dans leur germe des êtres qu'il appelle à la lumière; la société, en ne se servant plus de leur ministère pour abuser de la femme et de la fille d'autrui. »

C'est ce jour-là que, pour la première fois, le nom de Lebon fut prononcé au sein de la Convention. Il n'en faisait pas encore partie. Il n'y entra qu'en juillet 1793 en qualité de premier suppléant de la députation du Pas-de-Calais, par suite de la démission d'un député fort obscur, nommé Magniez. Mais il répara bientôt le temps perdu et se signala par d'effroyables forfaits, dont naguère un amour filial mal conseillé a cherché vainement à atténuer la gravité. Une publication récente, intitulée: *Histoire de Joseph Lebon et des tribunaux révolutionnaires d'Arras et de Cambrai*, a fait justice de cet essai de réhabilitation qui avait révolté les consciences honnêtes. Elle est due à la plume habile d'un jeune avocat d'Arras, M. Paris, qui vient de donner une monographie très-intéressante des jugements prononcés par le tribunal extraordinaire institué par Joseph Lebon dans les départements du Nord et du Pas-de-Calais.

Ce fut lui qui, dès le début de la campagne en faveur des unions de cette espèce, avait dit : « Quand un prêtre se marie, il avance les mœurs publiques; il donne une preuve éclatante de civisme[1]. » Ce fut lui encore dont la voix se fit entendre pour célébrer le mariage de Thomas Lindet, le premier évêque constitutionnel qui donna ce scandale[2]. Dans la séance du 24 novembre, il demanda que l'Assemblée, « dont le devoir était de former l'esprit public, voulût bien accorder une mention honorable à ce trait de civisme; » mais Prieur (de la Marne) fit voter l'ordre du jour sur cette proposition, parce qu'on ne devait pas de reconnaissance à qui ne « faisait que son devoir de citoyen »[3].

Ainsi s'accomplissaient les sinistres prédictions de ceux qui avaient entrevu les déplorables conséquences des changements apportés dans l'organisation de l'Église de France par les témérités de notre première Assemblée nationale. Les quelques prêtres qui de bonne foi avaient coopéré à la constitution civile, rougissaient de leur œuvre, et s'apercevaient, mais trop tard, que, loin de travailler au rétablissement des mœurs dans le clergé, ils avaient donné carrière au dévergondage le plus éhonté. La plupart des prêtres-jureurs avaient commencé par la

---

1. *Moniteur*, n° 304.

2. Thomas Lindet avait fait partie de l'Assemblée constituante; il y était entré curé de Bernay, il en était sorti évêque d'Évreux.

3. Voir le *Moniteur*, n° 330. Le même journal, n° 332, annonce que le mariage de Thomas Lindet a été consacré, suivant le rite catholique, par un vicaire de la paroisse Sainte-Marguerite, « déjà lui-même père de famille. » Ce vicaire était le fameux Claude Bernard, dont nous avons esquissé la biographie t. Ier, p. 43 de l'Introduction.

faiblesse, ils devaient finir par l'infamie. C'est qu'ils voyaient arriver à grands pas pour eux-mêmes l'heure de la persécution, dont, à leur instigation, avaient été frappés les ecclésiastiques insermentés. Ils croyaient ne pouvoir s'en préserver qu'en cherchant un refuge dans des affiliations avec les sociétés jacobines, dans des abjurations honteuses, dans des mariages sacriléges.

Pendant ce temps, les mesures les plus acerbes étaient prises, conformément aux décrets de la Législative, contre les membres de l'ancien clergé. Ceux qui avaient échappé aux massacres de Paris, de Reims, de Meaux, de Lyon, et qui ne s'étaient pas expatriés, étaient entassés dans les prisons ou envoyés sur des pontons dans les différents ports de mer[1].

Enfin les sectateurs des doctrines matérialistes préparaient les esprits à accepter leurs funestes principes; en attendant, ils présidaient à la violation des sépultures, sous prétexte de s'emparer du plomb des cercueils pour le service des armées, jetaient au vent les

---

[1]. Parmi les innombrables documents que nous pourrions publier pour donner une idée de la fureur sauvage qui animait les ultra-révolutionnaires contre les prêtres insermentés, nous choisissons le suivant à raison de l'étrangeté de la proposition et de l'espèce de notoriété attachée au nom du signataire. C'est une lettre adressée au président de l'Assemblée.

« Monsieur le président,

« On est fort embarrassé, à ce qu'il me semble, de décider sur les prêtres réfractaires, dont la conscience et la théologie ridicules occasionnent tant de troubles et de massacres dans l'empire et dans les lieux mêmes où ces lions, revêtus de la peau de mouton, brigandent l'argent, le vin et les femmes des esprits faibles, dont ils captent la

cendres des morts, dépouillaient au profit de la République, prétendaient-ils, mais bien souvent au leur, les églises des richesses que la piété des fidèles y avait accumulées depuis quatorze siècles, enveloppaient dans une même haine et les prêtres qui avaient prêté le serment constitutionnel et ceux qui l'avaient refusé, annonçaient hautement que le règne de *ces charlatans de toute catégorie* était fini, que celui de la *raison* allait commencer; et, pour fêter dignement le retour des Français du xviiie siècle aux idées païennes, ils préconisaient en style bucolique le culte de la nature et la morale du plaisir.

Comment pourrions-nous mieux couronner le récit

confiance et la protection. Voici ce que je propose à leur égard : nous avons chez les deys d'Alger et de Tunis nombre d'esclaves chrétiens, la plupart bons marins, bons militaires et surtout bons français, qui seraient extasiés d'apprendre, à leur retour dans leur patrie, les merveilles qui s'y sont opérées.

« Offrons donc à nos voisins, les deys d'Alger et de Tunis, de faire un échange de trois pour un, c'est-à-dire de trois prêtres réfractaires pour un bon patriote. S'ils perdent au marché en raison de la mauvaise marchandise que nous déporterons chez eux, combien ne gagnerons-nous pas en raison du civisme dont nos frères esclaves devenus libres seront animés?

« J'ai l'honneur d'être, etc.

« Curtius, capitaine du bataillon de Nazareth. »

Le signataire de cette lettre était le célèbre Curtius, qui, quelques années avant la Révolution, avait fait courir tout Paris à son exhibition de figures de cire. Il aspirait à mériter une gloire immortelle par cette proposition d'échange et de rachat, étrange parodie de la généreuse mission que s'étaient donnée les pères de la Merci.

Autrefois c'était avec l'or de la chrétienté, maintenant c'était avec des victimes humaines, que des philanthropes d'une nouvelle espèce prétendaient racheter les captifs des forbans de la Méditerranée.

de ces bacchanales, qu'en remettant en lumière le discours prononcé par le fameux Chaumette, au moment où, en sa qualité de président de la Commune, il faisait connaître à de jeunes époux les bienfaits de la nouvelle législation sur le divorce?

« Le mariage n'est plus un joug ni une chaîne; il n'est plus que ce qu'il doit être, l'accomplissement des grands desseins de la nature, l'acquit d'une dette agréable que tout citoyen doit à la patrie. Le divorce est le dieu tutélaire de l'hymen; il lui était réservé de remplacer, par des charmes inconnus jusqu'alors, la fatigue et le dégoût inséparables d'un lien indissoluble. La facilité de la rupture rassure les âmes timides. Libres de se séparer, les époux n'en sont que plus unis[1]. »

---

1. *Moniteur*, n° 297.

FIN DU TOME QUATRIÈME.

NOTES

ÉCLAIRCISSEMENTS

ET

PIÈCES INÉDITES

I

LES JOURNAUX

APRÈS LES JOURNÉES DE SEPTEMBRE.

(Voir page 6.)

Notre récit des journées de septembre et de leurs suites immédiates serait incomplet si nous négligions de jeter un coup d'œil sur l'attitude des journalistes parisiens à ce moment décisif. Tous les vrais amis de la liberté de la presse seraient profondément découragés, s'ils pouvaient penser un instant qu'elle doit être réputée solidaire de la lâcheté et de l'impudence dont firent preuve les gazettes de cette époque. L'ignoble, l'absurde, l'horrible s'y rencontrent à chaque ligne, et dans le concours qui s'établit entre tous les vils flagorneurs de la populace on ne sait auquel donner la palme de l'infamie [1]. C'est à qui débitera les fables les plus grossières, excitera les plus ignobles

---

1. M. Michelet a flétri aussi énergiquement que nous la lâcheté des journalistes de cette époque :

« L'effrayante stupeur qui régna le 2 septembre est visible dans les journaux qui furent rédigés dans la journée et parurent le lendemain, le surlendemain et les jours suivants : c'est là qu'il faut étudier ce phénomène physiologique, affreux, humiliant, *la peur*. Ces journalistes plus tard sont morts héroïquement; pas un n'a montré de faiblesse. Eh bien ! faut-il l'avouer ? effet vraiment étonnant de cette fantasmagorie nocturne, de ce rêve épouvantable, de ce ruisseau de sang qu'on se représentait coulant à la lueur des torches de l'Abbaye..., le 3, ils furent comme glacés; ils n'osèrent pas même se taire; ils bégayèrent dans leurs journaux, équivoquèrent, louèrent presque la *terrible justice du peuple*. » (*Histoire de la Révolution*, t. IV, p. 173.)

instincts, déversera les plus incroyables calomnies sur les victimes immolées par les bourreaux de la Force, des Carmes ou de l'Abbaye. Entre les assassins, qui eux, peut-être, ne se rendaient pas compte de ce qu'ils faisaient, et leurs détestables apologistes, on se prend à préférer les bourreaux aux insulteurs de cadavres.

Il y a, en effet, quelque chose de plus odieux que le crime, c'est l'apologie du crime. Il y a quelqu'un qui mérite autant de haine et plus de mépris que Tibère, c'est son panégyriste. Aussitôt qu'un crime heureux a été accompli, il se trouve toujours à point nommé des gens qui se chargent de prouver que le crime était nécessaire, que tous les torts étaient du côté des victimes, et que les conspirateurs étaient ceux qui ont succombé sous les coups de la conspiration triomphante. La tactique commune à ces adorateurs de la force brutale, à ces adulateurs du fait accompli, tactique toujours employée aux heures les plus tristes de notre histoire et qui toujours obtient un succès complet, il faut bien le dire, auprès des masses ignorantes ou aveuglées, c'est de promettre la prochaine révélation de certaines circonstances, la production de certaines pièces qui doivent prouver la culpabilité manifeste de ceux dont les vainqueurs viennent d'étouffer la voix et de proscrire la vie. Quand tout est consommé, quand la violence a fait taire toutes les résistances, terrifié toutes les âmes, qu'elle est devenue souveraine maîtresse de l'honneur, de la liberté, de l'existence de chaque citoyen, qui oserait réclamer des écrivains qu'elle a pris à ses gages la preuve de ce qu'ils avaient si bruyamment annoncé? Mais l'histoire est là! Elle arrive à son heure et frappe d'un stigmate éternel les proscripteurs, leurs sicaires et les misérables sycophantes qui ont prostitué leur plume jusqu'à exalter l'équité des uns et la mansuétude des autres.

Faisons donc justice des journalistes de 1792. Pour cela nous n'aurons qu'à étaler devant les yeux de nos lecteurs les tristes rapsodies dans lesquelles, sous des phrases sonores, sous des comparaisons boursouflées, sous des citations classiques, si fort à la mode dans ce temps-là, ils cherchaient à déguiser la pauvreté de l'argumentation et l'absence complète de toute preuve.

Le numéro ix du *Bulletin du tribunal criminel* contient cet article :

« *Aperçu des jugements populaires exercés sur les prisonniers.*

« Le retard occasionné dans nos numéros nous engage à prévenir nos abonnés qu'il est la suite nécessaire d'un événement *imprévu*, et que le bien de la chose publique a *malheureusement rendu indispensable.*

« Depuis un grand nombre de siècles on avait vu les plus criminels affronter impunément le glaive de la loi et s'y soustraire. Dans ce sens, Anacharsis avait comparé les lois aux toiles d'araignée, qui ne sont funestes qu'aux petits insectes volatiles, mais qu'une grosse mouche, qu'un frelon déchire impunément. L'aimable Pétrone a dit depuis : *Quid faciunt leges ubi regnat aurum? L'or de la liste civile corrompt tout et arrête l'exécution des lois.* Le commentateur de Philostrate a dit aussi avec vérité que la sagesse et l'administration ordinaire de la justice se trouvent garrottées par l'appât et par la conviction du gain.

« Les tribunaux modernes paraissent agir dans un tout autre esprit ; mais, arrêtés par le code criminel, dont la douceur des peines semblait ne pas devoir inspirer aux mauvais sujets une horreur ou une crainte suffisante pour le crime, ils ne pouvaient agir contre les lois décrétées, qu'ils se faisaient avec raison un devoir de suivre, à qui le peuple doit obéir provisoirement pour son bonheur jusqu'à ce qu'elles soient réformées, car l'anarchie, le mépris des lois sont le plus grand des malheurs. »

Après cette étrange tirade, on trouve les noms des vingt premières victimes immolées à la Conciergerie, sans détails. Le rédacteur annonce *la suite au prochain numéro;* mais au numéro suivant, pas la moindre allusion aux massacres [1].

---

1. Le *Bulletin du tribunal criminel du 17 août*, était rédigé par Clément, qui fonda plus tard le *Bulletin du tribunal révolutionnaire*. Dans l'une et l'autre de ces publications il déversa l'injure et le mensonge sur les victimes de Dumas comme sur celles de Maillard.

Le *Courrier des Départements* a moins de pudeur que le *Bulletin du tribunal criminel.* Il fait peu de phrases; mais, en revanche, il entre dans de minutieux détails, tous plus étranges les uns que les autres:

« Hier, sur les quatre heures, on remarque au palais des hommes suspects; des signes qu'ils se donnent entre eux éveillent les inquiétudes. Le patriotisme vigilant ne tarde pas à se convaincre de leurs perfides intentions; dénoncés, d'abord on les surveille, on les fouille; on trouve sur eux les preuves matérielles de leur délit, ou plutôt d'une conjuration manifeste. Qui sont ces scélérats? Un ancien officier de gendarmerie chassé de son corps, des prêtres réfractaires, un évêque. On les conduit au comité; mais le peuple, furieux, qui sait que le crime et les vengeances l'environnent et que les prisons sont pleines de *conjurés, en fait une justice terrible, mais nécessaire, mais nécessitée.* »

Dans tout cela pas un mot, pas un seul mot de vrai. Ce point de départ de l'assassinat des prisonniers est d'invention pure [1].

La semaine suivante, le *Courrier,* loin de rétablir les faits, confirme, aggrave les calomnies dont il s'est rendu coupable à l'égard des malheureux qui viennent d'être mis à mort:

« La générale battue, le tocsin sonné de toutes parts, avaient produit un mouvement d'autant plus exalté qu'on avait la conviction *que les Autrichiens avaient combiné un plan de terreur pour Paris.* On avait en outre *des preuves d'une conjuration nouvelle dans le détail de laquelle il nous est impossible d'entrer aujourd'hui...* »

Ce détail, le *Courrier* n'y entra jamais! Il se contenta de faire allusion aux bruits répandus, mais non prouvés par le comité de surveillance, relativement à la sortie simultanée de « scélérats depuis trois ans entassés dans les prisons, » à leur entente avec l'étranger et les *honnêtes* gens de la capitale. Quant à la fameuse conspiration, il en trouve l'aveu dans les insultes proférées par le charretier Julien, guillotiné,

---

1. *Courrier des départements*, 2ᵉ Législature, t. II, septembre nº 3, p. 41. L'article est intitulé *Thermomètre de Paris.*

comme nous l'avons vu[1], sans avoir rien dit sur le complot imaginaire dont on le prétendait le révélateur.

« La connaissance de ce nouvel attentat, reprend le *Courrier des Départements*, a produit le plus terrible mouvement dont les fastes de l'histoire puissent fournir l'exemple, et, pendant que plus de cent mille citoyens volaient aux armes pour se porter aux frontières, *cent mille autres, ou plutôt tout Paris, se sont rendus aux prisons*, encombrées de brigands, avec l'intention de tout sacrifier *à la sûreté publique;* mais *un sentiment de justice a bientôt mis des bornes à ce premier élan;* un jury se forme, on se fait apporter les registres et les écrous, on interroge les prisonniers; tous les innocents, tous les malheureux arrêtés pour dettes, toutes les victimes d'un moment d'erreur ou d'imprudence sont portés chez eux en triomphe, et *le crime seul expire.* La Force, la Conciergerie, le Châtelet, Bicêtre, enfin toutes les demeures du crime *n'ont plus que les murs;* tous les conspirateurs, tous les scélérats ont vécu, tous les innocents sont sauvés...[2] »

L'article se termine par l'éloge du peuple, qui a respecté le ruban tricolore mis à l'entrée de la tour du Temple, et qui a « senti, dans sa vengeance terrible, que le jugement de l'otage national, du grand criminel (Louis XVI) appartenait aux quatre-vingt-trois départements et à la Convention nationale. »

Plus tard, après les massacres de Versailles, la même feuille[3] exprime le regret que les prisonniers d'Orléans « n'aient pas plutôt péri sur l'échafaud. » Mais, tenant à bien marquer qu'il est loin de se désoler de leur mort, il s'écrie : « N'est-il pas cruel, pour les hommes qui sacrifient leur vie pour la cause de la liberté, que ceux qui ont commis ou veulent commettre des attentats contre cette liberté *respirent pour de nouveaux attentats?* Telle est la raison déterminante qui a provoqué la mort des prisonniers d'Orléans, du nombre desquels on avait distrait ceux qu'on pouvait présumer innocents. Si ces hommes eussent réussi, si le despotisme eût

---

1. T. III, p. 200.
2. *Courrier des départements*, article intitulé *Aperçu des événements des 2 et 3 septembre.* 2ᵉ Législature, t. II, septembre, n° 4.
3. *Ibid.*, n° 12.

été vainqueur, Louis XVI, comme le sanguinaire Louis XI, n'eût-il pas entassé ses victimes sur des chars funèbres sur lesquels on aurait lu : « *Laissez passer la justice du roi!* »

Laissez passer la justice du peuple! Tel était l'avis de Gorsas, car c'était lui qui était le propriétaire et le rédacteur ordinaire du *Courrier des Départements*. Treize mois après les événements de septembre, Gorsas, accusé et convaincu de *modérantisme*, sera mis hors la loi comme traître à la patrie, condamné à mort sur la simple constatation de son identité, et au *nom du peuple* envoyé à l'échafaud. Les feuilles de Billaud-Varennes, de Collot-d'Herbois et de Robespierre lui feront une oraison funèbre à peu près semblable à celle dont nous venons de le voir se rendre coupable envers les prisonniers massacrés.

Le récit du citoyen Prudhomme est non moins faux, non moins ignoble que celui de Gorsas. Il est de plus accompagné d'une affreuse gravure destinée à faciliter pour le lecteur l'intelligence des faits. Le récit se trouve tout entier dans le numéro des *Révolutions de Paris* du 8 septembre. Il commence, tant il est évident qu'un même mot d'ordre dut être envoyé à chacune des feuilles parisiennes, il commence également par l'exposé de la fameuse conjuration des prisons. Pour Prudhomme, mieux encore que pour Gorsas, il est prouvé que, vers le milieu de la nuit du 2 au 3 septembre, à un signal convenu, les portes de tous les lieux de détention devaient s'ouvrir à la fois ; que les détenus, armés en sortant, devaient être rejoints par *tous les prêtres chargés d'or,* par tous les aristocrates cachés depuis les visites domiciliaires ; qu'ils devaient s'emparer des postes principaux, des canons, faire main basse sur les sentinelles, les patrouilles, enfin égorger les patriotes, et introduire dans Paris l'ennemi, qui était alors à soixante lieues de la capitale!

Pour unique preuve de cette conspiration, Prudhomme annonce que sur les prêtres massacrés on a trouvé : 1° des scapulaires représentant des cœurs percés de flèches avec ces mots :

COEURS SACRÉS

PROTÉGEZ-NOUS!

et une formule de prière adressée à la sainte Vierge pour le roi. Cette prière est insérée tout au long dans les *Révolutions*, et l'on peut voir qu'elle n'a pas le moindre rapport avec les événements soit du 10 août, soit du 2 septembre. Armé d'une telle preuve, le journaliste déclare hautement que le peuple avait raison de se dire, le 2 septembre à deux heures, quand tonna le canon d'alarme : « *Avant d'aller aux ennemis du dehors, déjouons le complot terrible des scélérats qui, ce soir peut-être, incendieront Paris après l'avoir mis au pillage.* »

La cause des massacres étant ainsi établie, le narrateur s'extasie « sur la justice du peuple, » sur l'équité des sans-culottes qui se sont institués juges dans les greffes des prisons. Son admiration est telle qu'il se laisse emporter jusqu'à dire : « Le peuple est humain, mais il n'a point de faiblesse; partout où il sent le crime, *il se jette dessus, sans égard pour l'âge, le sexe, la condition du coupable.* »

Ainsi, c'est le journal démagogique alors le plus en vogue qui représente le peuple de Paris comme une bête féroce se ruant sur sa proie. Le misérable folliculaire que Prudhomme avait alors à sa solde, car il était lui-même incapable de rédiger son journal, était, on le voit, aussi maladroit qu'impudent.

Revenant à la thèse favorite des organisateurs des massacres, il s'écrie : « Juges! tout le sang versé du 2 au 3 septembre doit retomber sur vous. Ce sont vos criminelles lenteurs qui portèrent le peuple à des extrémités dont vous seuls devez être responsables. Le peuple, impatient, vous arrache des mains le glaive de la justice, trop longtemps oisif, et remplit vos fonctions... *Discite justitiam moniti et non temnere plebem.* »

Après cette citation latine, dont les lettrés du ruisseau aimaient à éblouir la populace ignorante, le rédacteur des *Révolutions de Paris* se délecte à traîner dans la boue les victimes les plus illustres. Il insulte lâchement jusqu'aux femmes! Mme de Tourzel a été épargnée parce qu'il a été reconnu qu'elle était enceinte; il en est presque à regretter qu'elle n'ait pas néanmoins été mise à mort! Il n'hésite même pas à donner son approbation « aux indignités » (nous citons textuellement) « dont Mme de Lamballe a été punie. »

Du reste, pensait-il alors (car plus tard Prudhomme pensa autrement), tout était permis contre les aristocrates : « Oui, s'écrie-t-il, le peuple n'avait que trop de motifs de se livrer à cette fureur. » Et, à l'appui de son opinion, il cite deux faits, deux mensonges qui sont absurdes autant qu'odieux. « Le bulletin de la guerre a appris au peuple que les houlans coupent les oreilles à chaque officier municipal qu'ils peuvent attraper et les lui clouent impitoyablement sur le sommet de la tête. » « Dans plusieurs hôtels de Paris, ceux des aristocrates qui n'ont pas pu s'échapper depuis l'affaire du 10, tuent leur temps auprès d'une petite guillotine en acajou qu'on apporte sur la table au dessert; on y fait passer successivement plusieurs poupées dont la tête, faite à la ressemblance de nos meilleurs magistrats, en tombant laisse sortir du corps, qui est un flacon, une liqueur rouge comme du sang. Tous les assistants, les femmes surtout, se hâtent de tremper leurs mouchoirs dans ce sang, qui se trouve être une eau ambrée très-agréable... [1] »

Devant ces monstruosités on s'arrête muet d'étonnement; on ne sait qu'admirer le plus de la fertilité d'invention dont le gazetier fait preuve, ou de l'incroyable audace avec laquelle il jette en pâture à ses lecteurs de pareilles absurdités.

L'apologiste des égorgements raconte, en parlant de Bicêtre, que les exécuteurs « de ce grand acte de justice épargnèrent les citoyens que la misère avaient relégués là, » mais que tout le reste « tomba sous les coups de sabre, de pique, de massue

---

1. Les innombrables visites domiciliaires opérées par les soins de la Commune, pendant deux années entières, n'ont pu faire découvrir une seule de ces guillotines dont Prudhomme donne une description aussi intéressante que détaillée. S'il en avait jamais existé, on en eût certainement découvert au moins une, et la trouvaille n'eût pas manqué d'être annoncée par tous les organes de la publicité démagogique, et d'être exposée publiquement pour l'édification des Parisiens.

Les *Révolutions de Paris* sont citées en mainte occasion avec éloge par plusieurs de nos adversaires; comment un écrivain qui se respecte peut-il aller puiser ses renseignements dans cet immonde réceptacle de mensonge et d'infamie?

Prudhomme se chargea de se réfuter lui-même; comme beaucoup de ses pareils, il changea de langage à mesure que tournait la roue de la fortune. Après avoir été, dans ses feuilles de 1793, le promoteur ardent des idées démagogiques, l'adulateur forcené de toutes les folies et de toutes les fureurs du peuple-hercule nettoyant les écuries du roi Augias. » Plus loin il se plaint de ce que « la tête de Mme de Lamballe n'ait pas été portée jusque sous les fenêtres de l'ogre et de sa famille. Cet avertissement salutaire eût peut-être produit d'heureux effets. » Enfin, faisant allusion au Temple, il termine son œuvre infâme par cette suprême infamie : « Il reste encore une prison à vider ; le peuple fut tenté un moment de couronner ses expéditions par celle-ci ; sous le règne de l'égalité, le crime doit-il rester impuni parce qu'il a porté une couronne? Mais le peuple s'en est référé à la Convention. »

Le *Moniteur* n'était pas encore ce qu'il est devenu depuis le commencement du siècle, le journal officiel. Mais entre les mains des puissants, toujours mutilé et toujours falsifié entre les grandes crises, il méritait déjà le nom que M. Michelet lui donne, « le premier des menteurs[1]. » Il ne parle ni le 3, ni le 4, ni le 5. Le 6 seulement, il donne des massacres la version mensongère que les meneurs du Comité de surveillance et de la Commune avaient intérêt à faire accepter :

« Quelque déconcertés que dussent être les conjurés depuis la journée du 10 août et depuis la découverte précieuse des preuves du plus horrible complot contre la liberté publique, ils n'avaient pas pour cela abandonné tout espoir de succès. Des projets absolument isolés leur avaient paru sans doute trop insensés ; mais, en les calculant avec l'approche de l'armée

qu'enfanta le règne de la Terreur, il fit faire, au moment de la réaction, par d'autres scribes, — peut-être par les mêmes, — le procès à ce régime qu'il avait préparé, soutenu, préconisé : il publia l'*Histoire générale et impartiale des erreurs, des fautes et des crimes commis pendant la révolution*.

On ne sait qu'assez vaguement quels étaient les folliculaires employés par Prudhomme, car cet entrepreneur de calomnie était très-jaloux de conserver son nom seul en tête de *son journal*. Depuis la mort de Loustalot, arrivée en 1790, il paraît que les principaux écrivains à sa solde furent, pendant la période révolutionnaire, Fabre d'Églantine et Chaumette qui périrent sur l'échafaud, Santonax qui fut commissaire de la Convention aux Iles-sous-le-Vent et fut en grande partie cause du désastre de nos colonies, et enfin Sylvain Maréchal qui fit de nombreuses publications contre les rois, les papes et tout ce qu'il était alors de mode de traîner dans la boue.

1. *Histoire de la Révolution*, t. IV, p. 127.

ennemie, avec le système de terreur dont on l'a fait précéder, et surtout avec l'intention de faire évader ceux des leurs qu'une surveillance active avait mis hors d'état de nuire, ils entrevoyaient encore quelque possibilité de réussir et préparaient une tentative.

« On avait eu connaissance, par des indices particuliers, des aveux publics, des dénonciations signées, que pendant la nuit les prisons seraient ouvertes, pour faire évader les conspirateurs ; que les autres détenus, dont le nombre était considérable et auxquels on devait donner des armes autant qu'il serait possible, se répandraient dans la ville, forceraient les corps de garde, désarmeraient les citoyens, et, réunis à quelques autres brigands, s'introduiraient dans les maisons pour piller et incendier.

« Le dimanche 2, tandis que les citoyens, électrisés par les proclamations de la Commune provisoire, se rassemblaient dans leurs sections pour s'enrôler et pour y délibérer sur les dangers de la patrie, seize particuliers, armés de pistolets et de poignards, avaient été arrêtés (l'archevêque d'Arles et le vicaire de Saint-Féréol de Marseille étaient du nombre); on les conduisit de la cour du palais au comité des Quatre-Nations ; ils firent résistance et l'un d'eux tira un coup de pistolet qui blessa mortellement un citoyen ; alors ils furent victimes de leur propre fureur.

« Les bruits de l'évasion projetée des prisonniers inspirent plus de craintes ; elles s'accroissent par des indices plus certains et prennent une telle consistance que plusieurs sections arrêtent d'envoyer autour des prisons de nombreuses patrouilles pour les surveiller. Mais l'indignation du peuple était à son comble, et il formait déjà la résolution la plus hardie et la plus terrible. « Eh bien ! qu'ils meurent tous ! s'écrie un citoyen
« qui venait de s'enrôler. Le danger de la patrie nous appelle,
« partons ; mais, en quittant nos familles, n'emportons pas la
« crainte que nos concitoyens, qui se privent pour nous de leurs
« armes, ne puissent défendre nos femmes et nos enfants
« contre de nouveaux complots : que les scélérats meurent
« tous ! »

« Cette résolution subite se propage avec une activité incroyable. Le peuple se porte de toutes parts aux prisons. La municipalité fait de vains efforts pour l'arrêter. Tout ce qui lui est possible, c'est de prendre des mesures de prudence pour que, du moins, l'innocent ne soit pas confondu avec le coupable.

« Un grand nombre de prisonniers réclamés par des citoyens ont été rendus; et si la justice du peuple a été terrible, il est constant qu'il faisait éclater la plus grande joie quand il n'avait point à punir. L'innocent était délivré, porté en triomphe au milieu des cris de *Vive la nation!* On conduisait auprès d'un criminel expirant ceux qui n'étaient que légèrement coupables, et le spectacle de terreur dont ils étaient témoins précédait le moment de leur délivrance. »

Cette apologie de la justice du peuple, ces explications dont tous les détails sont autant de mensonges grossiers, cette histoire de l'archevêque d'Arles, qui était aux Carmes depuis plusieurs jours et qui ne pouvait être, par conséquent, au Comité des Quatre-Nations, ce coup de pistolet qui n'a jamais été tiré, ce citoyen blessé mortellement qui n'a jamais existé, ces louanges données à la mansuétude des assassins; tout cela rend l'article du *Moniteur* cent fois plus odieux encore que ceux des *Révolutions* et du *Courrier*. Dans ce dernier, le mensonge se trahit de lui-même par le dévergondage du style et des idées. Dans le *Moniteur,* il se dissimule sous une forme grave, qui laisse assez voir qu'il fut profondément médité avant d'être publié.

Le *Thermomètre du jour,* rédigé par le girondin Dulaure, s'exprime ainsi :

« *4 septembre 1792.* La proclamation du danger de la patrie a produit dans la capitale ce mélange d'actions sublimes et de scènes douloureuses, dont chaque révolution nous a présenté le spectacle. Nous avons annoncé comment, au bruit de la générale, les citoyens se sont précipités dans les sections, les plus faibles pour céder leurs armes, les plus forts pour s'en revêtir ou s'enrôler. Dans le même temps, le peuple exerçait une justice terrible sur les criminels de lèse-nation et sur cette foule de brigands dont l'entassement dans les prisons a déjà failli plusieurs fois opérer la ruine de la capitale. Au reste, c'est encore l'audace fanatique des dix-huit embaucheurs dont nous avons raconté hier l'impudence et le supplice, qui a entraîné un massacre général. On a trouvé dans leurs poches pour 216,000 fr. d'assignats et des billets de ralliement : aussitôt la prison a été forcée et tous les hommes prévenus de conspiration qu'elle renfermait ont été égorgés. L'abbé Sicard n'a dû son salut qu'à l'humanité d'un citoyen, qui l'a fait connaître pour l'instituteur des Sourds-et-Muets. A ce nom, on s'est empressé de lui donner des gardes, pour le garantir de toute méprise. On s'est transporté ensuite au Châtelet et à la Conciergerie ; mais, pour ne pas confondre les criminels avec les prisonniers renfermés pour de légers délits, des commissaires ont été chargés de vérifier les causes de détention sur les registres d'écrou et d'interroger chaque prisonnier. Le résultat de cette espèce de procédure a été l'élargissement de tous les détenus pour dettes, mois de nourrice, querelles particulières ; et le massacre de tous les assassins, voleurs, escrocs, filous et coupables de lèse-nation. La même conduite a été tenue à la Force : Mmes Lamballe et Tourzel ont été immolées ; les prêtres réfractaires, détenus aux Carmes, à Saint-Firmin, ont subi le même sort. Enfin, on s'est transporté à Bicêtre où l'on a dû faire le même triage et les mêmes exécutions. On assure que les prisonniers ont fait résistance et qu'un combat s'est engagé entre eux et le peuple. En un mot, depuis dimanche à trois heures après midi jusqu'à la fin du lundi, le massacre de toutes les prisons n'a pas discontinué. Nous n'osons exprimer le nombre des tués de peur d'exagérer, mais ce nombre est grand.

« Le peuple ne se porte point à de tels actes de vengeance sans de pressants motifs ; voici celui qui l'a guidé dans cette occasion. Depuis peu de jours les aristocrates osaient se remontrer et menaçaient d'un grand changement dans l'état de choses. Le peuple paraissait avant-hier généralement convaincu qu'il existait un complot tendant à ouvrir les prisons au moment où Paris aurait envoyé l'élite de ses défenseurs loin de ses murs, et tendant à livrer la ville au pillage et les patriotes au fer des brigands. Il faut ajouter à ces causes le mécontentement, qui augmentait tous les jours, sur la lenteur des tribunaux, l'impulsion donnée par l'audace et le massacre des dix-huit embaucheurs conduits du camp de Soissons, et excitée par les bruits qui s'étaient répandus sur les sentiments contre-révolutionnaires que manifestaient les prisonniers de la Force, et enfin le souvenir des tentatives faites par l'aristocratie pour ouvrir ces repaires dans tous les moments de la révolution, et notamment le 20 juin 1792.

« Les amis de l'humanité pleurent sur de tels fléaux. Mais qui faut-il en accuser encore une fois, si ce n'est une cour scélérate qui n'a laissé subsister dans le cœur de tous les citoyens que de l'indignation, que le sentiment de ses perfidies? »

Sans condamner ouvertement l'attentat dont les prisons sont le théâtre, au moment où paraît son numéro du 3 septembre, le *Patriote français*, journal de Brissot et de Girey-Dupré, est cependant le seul qui ne parle qu'avec réserve des terribles événements :

« *2 septembre 1792*. La municipalité de Paris, pénétrée des dangers de la patrie, et croyant devoir faire un grand effort pour électriser les esprits, a arrêté dans sa séance de ce matin, de faire sonner le tocsin, de rassembler le peuple au Champ-de-Mars, de former une armée de soixante mille hommes prête à aller à Châlons ou à tel autre endroit. L'intention de ce projet était bien louable, quoique l'événement ait prouvé qu'on eût dû y mettre plus de mesure. Des groupes considérables se sont formés ; des hommes y ont répandu le bruit qu'en partant pour aller battre les ennemis extérieurs, il fallait se délivrer des ennemis de l'intérieur ; ils ont dit qu'il fallait tomber sur les prisons, et principalement sur l'Abbaye qui enfermait les conspirateurs. Cette idée s'est répandue, et à peine le tocsin a-t-il sonné qu'un certain nombre d'hommes s'est porté vers l'Abbaye et vers les Carmes, où étaient renfermés les prêtres réfractaires. Là ont été égorgées une foule de victimes. Nous ne pouvons entrer dans les détails ; il faut les donner exacts et jusqu'à présent les versions sont différentes. Ce qui paraît certain, c'est que beaucoup de sang a coulé. Au milieu de ce massacre, une belle action a frappé, celle qui a sauvé la vie à l'abbé Sicard, l'instituteur des Sourds-et-Muets. L'Assemblée nationale avait envoyé douze commissaires pour arrêter cette effusion de sang; ils n'ont pu réussir. M. Montmorin a été tué entre les jambes de l'un d'eux. »

Le 4, le *Patriote* rappelle purement et simplement les faits contenus dans le rapport lu par quatre commissaires de la Commune à l'Assemblée législative durant la nuit précédente; il n'y ajoute qu'une phrase : « *Quelles réflexions pourraient en dire plus que les faits !* »

Le *Courrier de l'Égalité*[1] est plus explicite. Sans approuver les massacres, il les justifie à titre de représailles de ce qu'auraient pu faire les royalistes s'ils avaient été vainqueurs. « Ces nouvelles sont affligeantes, mais ce n'est point la sensibilité qui guide nos infâmes ennemis, c'est la rage de l'orgueil. On ne peut faire une révolution menacée, comme la nôtre l'est, sans être obligé d'étouffer en quelque sorte les sentiments de la pitié. Nos ennemis seraient bien plus barbares s'ils régnaient sur nous, etc. »

Quelques autres feuilles, les *Annales patriotiques*, la *Chronique de Paris*, mentionnent à peine les massacres dans quelques phrases d'une glaciale indifférence.

Le thème que les journaux du jour et du lendemain n'avaient fait qu'indiquer fut adopté et développé, pendant toute la Terreur et longtemps encore après, par tous les coryphées du parti démagogique, puis par les écrivains politiques qui, comme eux, professent hautement la fameuse doctrine : *Salus populi, suprema lex esto !* et, comme eux encore, la traduisent ainsi : « La raison d'État dispense de l'observation de toutes les lois divines et humaines. »

C'est cette doctrine de la raison d'État, si commode pour amnistier les plus grands crimes, qui a faussé le jugement d'un grand nombre de contemporains; c'est elle qui inspirait à l'empereur Napoléon, sur son rocher de Sainte-Hélène, cette étrange appréciation que l'on retrouve dans le *Mémorial de Sainte-Hélène* :

---

1. Numéro du 4 septembre, p. 135 de la collection. Il était rédigé par Lemaire, le rival d'Hébert, l'auteur des *Lettres b.... patriotiques du père Duchêne*.

« Après dîner quelqu'un ayant mentionné la date du jour (3 septembre 1816), l'Empereur a dit à ce sujet des paroles bien remarquables. En voici quelques-unes :

« C'est l'anniversaire d'exécutions bien épouvantables, bien hideuses, une réaction en petit de la Saint-Barthélemy, une tache pour nous, moindre sans doute parce qu'elle a fait moins de victimes et qu'elle n'a pas porté la sanction du gouvernement, qui essaya même de punir le crime. Il a été commis par la Commune de Paris, puissance spontanée, rivale de la Législative, supérieure même.

« Au surplus, disait l'Empereur, ce fut bien plutôt l'acte du fanatisme que celui de la pure scélératesse. On a vu les massacreurs de septembre massacrer un des leurs pour avoir volé durant les exécutions.

« Ce terrible événement, continuait l'Empereur, était dans la force des choses et dans l'esprit des hommes. Point de bouleversement politique sans fureur populaire, point de danger pour le peuple déchaîné sans désordre et sans victimes. Les Prussiens entraient; avant de courir à eux, on a voulu faire main basse sur tous leurs auxiliaires dans Paris : peut-être cet événement influa-t-il dans le temps sur le salut de la France. Qui doute que, dans les derniers temps, lorsque les étrangers approchaient, si on eût renouvelé de telles horreurs sur leurs amis, ils eussent jamais dominé la France? Mais nous ne le pouvions, nous étions devenus légitimes, la durée de l'autorité, nos victoires, nos traités, le rétablissement de nos mœurs avaient fait de nous un gouvernement régulier; nous ne pouvions nous charger des mêmes fureurs ni du même odieux que la multitude; pour moi je ne pouvais ni ne voulais être un roi de la *jacquerie?* »

A supposer que Las Cases ait été le fidèle interprète de la pensée et de la parole de l'Empereur, il nous sera permis de ne point accepter le jugement napoléonien. Ce jugement se ressent trop des impressions que le jeune officier d'artillerie reçut en 1793 de son intimité avec certains montagnards et qu'il a consignées dans la fameuse brochure du souper de Beaucaire. En 1814 et 1815, l'idée de recourir au moyen dont il était loin de faire un crime à ses anciens patrons lui traversa peut-être l'esprit. Heureusement pour sa gloire, il ne s'y arrêta pas.

Consolons-nous en citant les paroles d'illustres écrivains qui ont toutes nos sympathies parce qu'ils ont toujours été les amis de la liberté :

« On a prétendu que la terreur qu'on éprouvait à Paris et dans toute la France avait décidé les Français à se réfugier dans les camps. Singulier moyen que la peur pour recruter une armée! Une telle supposition est une offense faite à la nation. C'est malgré le crime et non par son affreux secours, que les Français ont repoussé les étrangers qui voulaient leur imposer la loi. » (Mme de Staël, *Considérations sur la Révolution*, 3e partie, ch. x.)

« Il s'est formé une petite secte de théoristes de terreur qui n'a d'autre but que la justification des excès révolutionnaires ; espèces d'architectes en ossements et en têtes de morts comme ceux qu'on trouve à Rome dans les catacombes. Tantôt les égorgements sont des conceptions pleines de génie, tantôt des drames terribles dont la grandeur couvre l'ignominie... C'est une étrange méprise que de glorifier les attentats pour faire aimer la Révolution. Ce ne sont point les énormités révolutionnaires qui ont produit la liberté. Ce temps d'anarchie n'a enfanté que le despotisme militaire. Ce despotisme durerait encore si celui qui avait rendu la gloire sa complice avait su mettre quelque modération dans les jouissances de la victoire. Le régime constitutionnel est sorti des entrailles de l'année 1789. Nous sommes revenus après de longs égarements au point de départ; mais combien de voyageurs sont restés sur la route. » (Châteaubriand, *Études historiques*, 1er vol., p. 77.)

« On a dit que Danton sauva la patrie et la Révolution par les meurtres de septembre et que nos victoires sont leur excuse; un peuple qu'on aurait besoin d'enivrer de sang pour le pousser à défendre sa patrie serait un peuple de scélérats et non de héros. L'héroïsme est le contraire de l'assassinat. Quant à la Révolution, son prestige était dans sa justice et dans sa moralité, ce massacre allait la souiller aux yeux de l'Europe. L'Europe pousserait, il est vrai, un cri d'horreur, mais l'horreur n'est pas du respect. On ne sert pas les causes que l'on déshonore. » (M. de Lamartine, *Histoire des Girondins,* t. III, fin du livre XXIV.)

Donnons enfin notre assentiment entier au jugement que M. Michelet porte sur les journées de septembre. Nous avons eu le regret de combattre quelquefois les appréciations de cet illustre historien, mais nous sommes heureux de le compter pour auxiliaire lorsqu'en refutant les écrivains qui ont prétendu que les exécrables journées avaient préparé le triomphe de nos armées et doublé la valeur de nos soldats, il leur jette à la face ces admirables paroles : « Non, il n'est pas vrai que le crime soit un cordial puissant pour faire un héros d'un lâche. Le meurtre une fois commis, l'assassin s'inspire à lui-même le dégoût qu'on a pour un cadavre. » (*Histoire de la Révolution,* t. IV, p. 198.)

II

LES COMMISSAIRES

DU POUVOIR EXÉCUTIF ET DE LA COMMUNE.

(Voir page 10.)

Les commissaires envoyés de Paris dans les départements, à la fin d'août et au commencement de septembre 1792, se divisent en trois catégories, qu'il importe de ne pas confondre : ceux de l'Assemblée nationale, ceux du pouvoir exécutif et ceux de la Commune de Paris.

Le 26 et le 28 août, l'Assemblée législative décréta :

1° Que trente mille hommes seraient levés, armés et équipés dans le département de Paris et les départements voisins;

2° Que les commissaires précédemment envoyés par elle aux armées, aussitôt après le 10 août, cesseraient immédiatement leurs fonctions, afin que la marche du pouvoir exécutif ne pût être entravée par les pouvoirs illimités dont ils étaient revêtus;

3° Que de nouveaux commissaires pris dans le sein de l'Assemblée, au nombre de douze, seraient nommés pour diriger les commissaires du pouvoir exécutif, chargés de presser la levée extraordinaire des trente mille hommes.

Dès le 29 août, les douze commissaires de l'Assemblée et les commissaires du pouvoir exécutif, au nombre de trente, se réunirent avec les ministres pour concerter la conduite des opérations qui leur étaient confiées [1].

---

1. *Moniteur*, n°ˢ 242, 243.
Toutes ces décisions furent prises par l'Assemblée d'accord avec les

Les douze commissaires de la Législative étaient :

Merlin, Legendre et Jean Debry, envoyés dans la Somme, l'Oise et l'Aisne [1] ;

Albitte et Lecointre, dans l'Eure, la Seine-Inférieure, le Calvados, Eure-et-Loir et Seine-et-Oise [2] ;

Gossuin, Duhem et Sallengros, à l'armée du Nord et dans les départements environnants [3] ;

Broussonet, Crublier d'Obterre, Beaupuy, à l'armée de Luckner, et dans les provinces de l'Est ;

Richard, dans Indre-et-Loire ;

Malgré toutes nos recherches nous n'avons pu établir la liste complète des trente commissaires du pouvoir exécutif ; nous avons seulement constaté que parmi eux se trouvaient :

Fréron, envoyé à Metz et dans les autres places fortes de la Moselle.

Momoro, dans le Calvados et dans l'Eure ;

Mallet et Dubois, dans la Loire-Inférieure ;

Bonnemant, dans Rhône et Loire [4] ;

---

ministres ; nous trouvons à la date des 28 et 29 août, sur le registre des délibérations du pouvoir exécutif, les mentions suivantes :

« *28 août.* — Le conseil arrête que les ministres se transporteront à l'instant à l'Assemblée nationale,

« Pour lui représenter l'inconvénient qui résulte des pouvoirs donnés par elle à ses commissaires et dont l'exercice peut entraver les opérations du pouvoir exécutif.

« Et pour lui donner connaissance de la mesure prise pour l'envoi de commissaires dans les départements, en la priant de seconder cette utile mission en nommant quelques membres pris dans son sein pour diriger les commissaires du pouvoir exécutif.

« *Du 29 août 1792.* — Les commissaires de l'Assemblée nationale nommés pour aller, en conformité du décret, concourir avec les commissaires choisis par le pouvoir exécutif à la réquisition extraordinaire d'hommes dans les seize départements qui environnent la capitale, sont venus pour concerter avec le conseil leur marche et leurs différentes opérations.

« Les commissions des trente commissaires du pouvoir exécutif nommés pour la même mission ont été signées par le conseil. »

1. *Moniteur,* p. 1102.
2. *Moniteur,* p. 1079.
3. *Moniteur,* p. 1108.
4. Bonnemant est le commissaire dont nous avons parlé tome III, p. 338 et 347, à l'occasion des massacres de Couche et de Lyon.

Parrain et Corchant, dans la Seine-Inférieure et dans l'Oise[1];

Clémence, dans les départements de l'Est[2];

Morin, dont nous n'avons pu retrouver l'itinéraire;

Chauderlos de Laclos, à l'armée de Luckner;

Hion, Brochet et Gonord, à Châlons-sur-Marne et dans les départements environnants.

Les commissaires de la Commune de Paris furent nommés le 3 septembre, au moment même des massacres, en vertu d'une délibération ainsi conçue :

« Le conseil général, voulant inviter les citoyens de tous les départements de l'empire à se réunir à leurs frères d'armes, qui sont disposés à mourir plutôt que de se laisser replonger dans l'esclavage,

« A arrêté que vingt-quatre commissaires seraient pris dans son sein pour engager les citoyens des départements à se réunir à l'armée parisienne, et à employer tous les moyens qui sont en leur pouvoir, pour repousser l'ennemi; en conséquence, nomme les citoyens dont les noms suivent. . . . . pour remplir la mission qui leur est déférée, et prie tous ses concitoyens des villes et des campagnes de leur porter secours à toute réquisition, et tout ce qui sera en leur pouvoir pour les aider dans leur mission. »

Ce fut le fameux Hébert et deux autres de ses collègues moins connus, Darnaudry et Jolly, qui furent chargés de dresser la liste de ces vingt-quatre apôtres des doctrines maratistes. On pouvait s'en rapporter à eux. Le conseil éxécutif provisoire, que Danton dominait par la terreur dans les jours néfastes de septembre, se hâta de régulariser les pouvoirs de ces commissaires par un arrêté que nous avons trouvé sur le registre de ses délibérations et qui est ainsi conçu :

« CONSEIL EXÉCUTIF PROVISOIRE.

« Le conseil exécutif, voulant obvier à l'inconvénient résul-

---

1. Parrain et Corchant sont les deux commissaires qui arrêtèrent à Forges le duc de la Rochefoucauld. Voir tome III, p. 349.

2. Voir au *Moniteur*, sa lettre datée de Metz, 6 septembre.

tant de ce que les volontaires affluent dans la ville de Châlons sans être munis d'armes et de subsistances, en sorte que le département a été forcé d'en renvoyer une grande partie dans leurs foyers, arrête que *vingt-quatre commissaires, membres de la Commune de Paris* seront envoyés dans les quatre-vingt-trois départements pour aller exciter de nouveau le zèle des citoyens et diriger le mouvement qui les porte vers la défense des frontières et de la capitale, et que ces commissaires se concerteront dans leur route avec ceux déjà envoyés dans seize départements environnant la capitale, et les préviendront de la nécessité de veiller à ce que les volontaires partant pour se rendre à Châlons soient tous armés, équipés, pourvus de munitions et suivis de chariots de subsistances pour autant de temps qu'il se pourra.

« Clavière, Servan, Danton, Monge, Lebrun. »

Nous avons pu retrouver les noms et la destination de ces vingt-quatre commissares. C'étaient :

Huguenin et Michaut, pour les départements du Sud-Est;

Soulès et Darnaudry, pour les départements du Sud-Ouest;

Martin et Daujon, pour l'Yonne, la Haute-Marne et la Haute-Saône

Crosne et Laborie, pour l'armée du Rhin;

Gobeau et Cellier, pour la Normandie;

Xavier Audouin et Loiseau Grandmaison, pour les Deux-Sèvres et la Vendée;

Harou Romain et Sigaut, pour la Meurthe;

Chartrey et Michel, pour Saône-et-Loire, Rhône-et-Loire et l'Ain;

Legray et Janson, pour la Somme, le Pas-de-Calais et le Nord;

Félix et Bodson, pour Eure-et-Loir, la Sarthe, Ile-et-Vilaine.

Pâris fut adjoint à Fréron, pour la Moselle;

Dufour à Momoro, pour le Calvados;

Franchet à un sieur Morin, pour une destination dont nous n'avons pu retrouver la trace;

Enfin, Billaud-Varennes fut envoyé au camp de Châlons.

De toutes ces missions, la plus importante était celle qui

fut confiée à ce dernier [1]. Aussi reçut-il des pouvoirs spéciaux extraordinaires et du conseil général de la Commune et du pouvoir exécutif.

En voici la teneur :

« 4 septembre 1792.

« Le conseil exécutif arrête : que M. Billaud-Varennes, l'un des membres de la municipalité provisoire, sera envoyé en qualité de commissaire du pouvoir exécutif à Châlons, à l'effet d'y annoncer l'arrivée des soldats citoyens de la capitale, d'observer les dispositions faites pour l'établissement de l'armée qui doit s'y assembler sous les ordres du maréchal Luckner, d'alimenter le civisme et l'amour de la liberté qui conduit les troupes à la défense de la liberté et de l'égalité, de correspondre avec le conseil exécutif, et de l'informer régulièrement de tous les résultats de ses observations, et généralement d'y employer son zèle et ses talents à tous les objets d'utilité publique. »

« 5 septembre au matin.

« Le conseil général, conformément à son arrêté qui nomme vingt-quatre commissaires pour se rendre dans les différents départements, afin de pourvoir à tout ce qui intéresse le salut public, délègue à M. Billaud-Varennes, substitut du procureur de la Commune, tous les pouvoirs dont il croira avoir besoin, et avoue tout ce que sa sagesse lui dictera dans l'importante mission dont il est chargé. »

Les autres municipaux reçurent également une commission du pouvoir exécutif et un passe-port de la Commune.

La commission était ainsi conçue :

« *Commission pour le citoyen Soulès.*

« Au nom de la Nation, le conseil exécutif provisoire, en vertu de la loi du 28 août dernier et de la décision de ce jour-d'hui, commet le citoyen Antoine Prosper Soulès, officier muni-

---

1. Voir ce que nous avons dit de la mission spéciale de Billaud-Varennes près de l'armée de Luckner, livre XVI, p. 205 de ce volume.

cipal qui nous a été indiqué par le conseil général de la Commune de Paris, à l'effet de faire auprès des municipalités, districts et départements telles réquisitions qu'il jugera nécessaires pour le salut de la patrie. En foi de quoi nous avons signé les présentes, auxquelles nous avons fait apposer le sceau de l'État. A Paris, le troisième jour de septembre 1792, an quatrième de la liberté, et le premier de l'égalité.

« SERVAN, ROLAND, CLAVIÈRE, DANTON, MONGE, LEBRUN.

« Par le conseil,

« GROUVELLE, secrétaire. »

Le passe-port, délivré au même individu par la Commune, était conçu dans la forme ordinaire; la Commune s'effaçait pour faire prendre le change aux autorités départementales qui n'auraient peut-être pas voulu recevoir ses émissaires, s'ils s'étaient présentés en son nom seul :

MUNICIPALITÉ DE PARIS.

« Laissez passer le sieur Antoine-Prosper Soulès, officier municipal de la Commune de Paris, natif d'Avize, département de la Marne, âgé de vingt-neuf ans, chargé par le pouvoir exécutif à l'effet de se transporter dans les départements pour le bien de la chose publique, et prions de lui donner aide et assistance en cas de besoin.

« Délivré à la maison commune de Paris, le 4 septembre 1792, l'an IV de la liberté et le 1er de l'égalité.

« FRANCHET, président; MEHÉE, secrétaire-greffier adjoint. »

Il ne s'agissait plus que de procurer aux commissaires de la démagogie des moyens de transport pour se rendre à leur destination. La Commune prit à ce sujet une mesure très-expéditive, ainsi que le prouve son arrêté en date du 5 septembre:

« Le conseil général, le procureur de la Commune entendu, arrête que les ateliers du sieur Pandroue, sellier, rue de Seine-Saint-Germain, seront fermés, et, attendu qu'il n'a pas de patente, autorise le procureur de la Commune à prononcer la confiscation de tous les objets qui s'y trouvent.

« Messieurs. . . . ., commissaires nommés pour les départements. . . . . . ., sont autorisés à partir sur le champ et à choisir telle voiture qu'il leur plaira chez le sieur Pandroue. »

Après les voitures on saisissait les chevaux. Il y avait, pour ce dernier article, une administration spéciale et des commissaires *ad hoc*. A la tête de cette administration se trouvait un ancien ouvrier typographe, capitaine d'une compagnie de volontaires de Seine-et-Oise, futur maréchal de France, Brune. L'amitié de Danton et de Camille Desmoulins lui avait fait confier ces fonctions moitié civiles et moitié militaires, qui commencèrent sa fortune. La réaction de 1815, sous les coups de laquelle il périt, voulut frapper dans sa personne au moins autant le protégé des hommes de 1793 que le lieutenant de Napoléon [1].

---

[1]. Nous avons retrouvé les trois pièces suivantes à l'occasion de la mission spéciale qui fut confiée à Brune en septembre 1792 :

« Nous, commissaire-général du pouvoir exécutif dans toute l'étendue de l'empire français, commettons les citoyens Mallet, Duplessis, Baudin, Lefèvre, Hérissant, Thuot, Boulanger et Berret, à se transporter de Paris à Fontainebleau pour y faire la saisie des chevaux de luxe que le salut de la patrie exige, tant de selle que de carrosse, avec leurs harnais, selles, brides, traits et autres ustensiles nécessaires à leur entretien, comme aussi les chariots superflus propres à faire des convois pour le transport des fourrages et vivres de l'armée; les autorisons, en outre, à faire la perquisition des armes à feu et autres, notamment des fusils de chasse; enjoignons à nos frères les officiers municipaux des lieux où ils passeront, au nom de la nation et de la patrie en danger, d'employer toute la force que la loi permet pour l'exécution du présent ordre dont il sera dressé procès-verbal, où il sera fait mention de la reconnaissance et du signalement des chevaux qui sera délivré au propriétaire, et qui sera à nous adressé dans le plus court délai.

« Donné à notre bureau de la commission générale du pouvoir exécutif à Paris, le ... septembre, l'an IVe de la Liberté, 1er de l'Égalité.

« BRUNE, commissaire général du pouvoir exécutif. »

« MUNICIPALITÉ DE PARIS.

« *Nous autorisons nos concitoyens Mallet, Duplessis, Boulanger, Baudin, Lefèvre, Hérissant et Berret, à parcourir les environs de Paris à dix lieues à*

Danton fit également donner une commission spéciale pour des livraisons de fusils à Guermeur, l'un des membres du fameux comité de surveillance, que Panis avait subrepticement introduit dans ce comité, le matin du 2 septembre. (Voir t. III, p. 215.) Cet ancien chef des bureaux de la ville avait été chargé de vérifier les papiers de Brissot et au besoin de l'arrêter [1]. Il était devenu un embarras pour ceux qui l'avaient mis en avant; on ne trouva rien de mieux, afin de l'éloigner de Paris, que de lui donner une mission pour la Bretagne. Ce fut à l'occasion de cette nomination qu'eut lieu la scène que raconte Mme Roland, dans ses Mémoires, et à la suite de laquelle le ministre de l'intérieur biffa la signature qu'il avait déjà apposée sur la commission délivrée au protégé de Danton. Mais le ministre de la justice ayant obtenu la signature de ses autres collègues, Guermeur se contenta d'un pouvoir qui portait avec lui le témoignage de l'opposition impuissante de Roland.

la ronde, accompagnés de six gendarmes, pour se saisir de tous les chevaux de luxe, et de ceux appartenant aux émigrés. Ils dresseront procès-verbal de leur saisie et nous amèneront tous ces chevaux.

« A la mairie, ce . . . septembre 1792, l'an IVe de la Liberté.

« Les administrateurs de police, membres du comité de surveillance générale,

« DUFFORT, LENFANT, DEFORGUES, PANIS, DUPLAIN, CHANAY, secrétaire.

« CONSEIL EXÉCUTIF PROVISOIRE.

Séance du 30 novembre 1792.

« Le ministre de la guerre a présenté au Conseil un rapport concernant le compte des frais occasionnés par la commission donnée au citoyen Brune dans le mois de septembre dernier, à l'effet de faire saisir et réunir les chevaux des particuliers qui pourraient être employés au service des armées. Le Conseil, délibérant sur cet exposé, arrête : qu'il sera fait un nouvel examen des objets énoncés dans ce compte; qu'il sera demandé au citoyen Brune des éclaircissements sur l'emploi des sommes qu'il présente comme dépenses secrètes; que néanmoins il sera pourvu à l'acquittement des objets qui peuvent rester dus sur les frais de ladite commission.

« PACHE, MONGE, ROLAND, GARAT, LEBRUN, CLAVIÈRE, GROUVELLE, secrétaire. »

1. Voir le *Moniteur* du 7 septembre 1792.

Voici quelle était la teneur de cette pièce :

« Le citoyen Claude-Michel Guermeur, assisté du fédéré Breton Jezégabel est chargé de se transporter à Brest et à Lorient, pour s'assurer s'il existe encore, dans les magasins et arsenaux des ports, des fusils qui puissent servir à armer les citoyens enrôlés. »

Avec ce pouvoir, Guermeur emportait une autre pièce qu'il s'était fait délivrer par ses collègues du comité de surveillance. « Mission lui était donnée d'éclairer le peuple et de l'engager à prendre les mesures les plus promptes pour le salut de la patrie; il était en conséquence autorisé à faire dans tous les départements de la ci-devant Bretagne et même dans ceux circonvoisins, des perquisitions et des réquisitions de fusils, canons, armes, chevaux, poudres, etc., et ce au nom de la municipalité de Paris, qui s'engageait à tirer vengeance de toute violence, de toute opposition dont son délégué pourrait avoir à se plaindre dans l'exercice de son mandat. »

Ce singulier passe-port était signé: Duffort, Sergent, Leclerc, Duplain, Panis, Deforgues, Marat l'Ami du peuple, Jourdeuil, Lenfant.

Les commissaires, qu'ils fissent partie des trente ou des vingt-quatre, avaient quitté Paris depuis quelques jours à peine, que des plaintes unanimes s'élevaient contre eux de tous côtés. Au lieu de surexciter l'enthousiasme général, ces dignes mandataires de Danton et de Marat semaient partout la terreur et l'anarchie. Au lieu de prêcher la concorde et l'union, ils professaient les doctrines les plus subversives, excitaient les populations au mépris des autorités constituées, se permettaient de continuels abus de pouvoir, et répandaient à profusion des exemplaires de la fameuse lettre du comité de surveillance, invitant les départements « à imiter l'exemple que venait de donner Paris, en se débarrassant des traîtres par un massacre général [1] ».

---

1. Louvet rapporte un mot de Danton qui peint bien le caractère de ces singuliers *missi dominici :* « Un député lui représentant la conduite qu'avait tenue l'un de ces *effervescents*, n'obtint de lui que cette justification : « Eh !

Dès le 13 septembre, Roland expédiait à tous les corps administratifs une circulaire dans laquelle, tout en cherchant à ménager Danton et ses amis, il désavouait des agents pourvus de commissions signées de sa propre main, et prétendait, après coup, qu'ils n'avaient été chargés que de concilier tous les cœurs, en faisant connaître aux populations tout ce qu'avaient d'*aimable et d'utile* les principes inaugurés par la révolution du 10 août.

Cette circulaire est trop curieuse pour que nous ne la donnions pas *in extenso* :

« AUX CORPS ADMINISTRATIFS.

« Paris, le 13 septembre 1792, l'an ive de la liberté, le 1er de l'égalité.

« Des plaintes de plusieurs départements, messieurs, me sont déjà parvenues contre des commissaires qui les parcourent, et qui sont envoyés par le pouvoir exécutif ou par la municipalité de Paris ; l'excès de zèle est sans doute le principe des irrégularités ou des erreurs qu'on leur reproche, et doit leur servir d'excuse. Mais, afin de leur rappeler le but de leur mission et de mettre les administrateurs à portée de le juger, je vous adresse une copie des instructions, ainsi que de la formule de commission, que j'ai données à tous ceux que j'ai choisis. Vous verrez par elles qu'il s'agit uniquement de répandre les lumières par le simple exposé des faits et la plus grande publicité de tout ce qui peut éclairer l'opinion ; de rallier les esprits aux principes de la *justice* et de l'*égalité* ; de leur concilier les cœurs par le développement de ce qu'elles ont d'aimable et d'utile pour leur application aux intérêts de tous ; enfin d'exciter l'attention générale et de porter l'activité de chacun sur les moyens de défense contre nos ennemis extérieurs. Si des *pouvoirs* ont été ajoutés à ces *instructions*, c'est pour en user dans le même esprit, et quiconque s'en écarte trahit sa destination.

f....., croyez-vous qu'on vous enverra des demoiselles ! » C'était, ajoute l'ami de Roland, un rude ministre de la justice que ce monsieur-là ! »

« Quant aux commissaires de la Commune de Paris, à plus forte raison n'ont-ils et ne peuvent-ils employer que les moyens de la persuasion ; il est évident que la municipalité ne saurait avoir d'action et d'influence hors de son territoire que par les sentiments de la fraternité. Il m'a été dénoncé un imprimé qu'on dit être envoyé de sa part, et qui renferme une invitation à de grandes violences. Je suis porté à le croire supposé ; il est probablement l'ouvrage des ennemis de la Commune provisoire. Cette Commune doit son existence à une révolution nécessaire et qu'elle a bien servie. Il est possible sans doute que l'effervescence utile aux révolutions produise, après elle, des effets dangereux ; mais elle doit se tempérer et se régler par le sentiment de cette justice qui demeure dans le cœur du peuple, et qui le porte à blâmer lui-même les excès auxquels on l'aurait entraîné contre ses propres intérêts, en profitant de son agitation pour servir des passions particulières.

« Une cour perverse a disparu ; les Français ont juré de maintenir la *Liberté*, *l'Égalité* ; ils ont appelé une *Convention* pour les consacrer par un sage gouvernement ; ils n'ont plus qu'à se serrer, qu'à s'unir contre les ennemis du dehors, et à déployer autant de sagesse que d'énergie.

« Au nom sacré de la Patrie, je vous conjure et je vous ordonne de travailler courageusement à établir le règne de l'*Égalité*, à faire respecter les lois, dont la *Convention nationale* doit seule réformer ce qu'elles peuvent avoir de défectueux ; à honorer enfin l'humanité par le régime le plus propre à soutenir toutes les vertus morales et politiques.

« Le Ministre de l'Intérieur,

« ROLAND. »

« FORMULE DE LA COMMISSION.

« Le ministre de l'intérieur donne au citoyen NN. la mission de parcourir les départements ; d'y répandre les écrits dont l'Assemblée nationale a voté l'impression et l'envoi dans les départements ; de fixer l'attention des citoyens sur les lois que l'Assemblée nationale a décrétées et décrète journellement pour pourvoir à la sûreté de l'État contre l'invasion de ses ennemis; d'en presser partout l'exécution, de la recommander à la surveillance des bons citoyens ; de les exciter à fabriquer des armes de toute espèce, à transformer en moyens de défense les métaux et tout ce qui peut y servir ; de répandre de toutes parts les lumières et l'esprit public, de faire en un mot tout ce que pourra lui inspirer l'amour le plus ardent de la patrie, en se bornant néanmoins à ce que tout citoyen a individuellement le droit d'entreprendre ; et je le recommande à ce titre, en tant que de besoin, aux bons offices des corps administratifs et des amis de la patrie.

« ROLAND [1]. »

La Législative, en votant les mesures énergiques proposées par Vergniaud (voir livre XIV, page 15), s'était fait l'interprète de la réprobation universelle qu'avaient excitée les commissaires. Le conseil exécutif, enhardi par l'esprit qu'avait montré la Convention dans sa première séance et dans ses premiers choix, prit, le 22 septembre, une mesure décisive qui mettait fin à ces pouvoirs dont on avait si étrangement abusé, à ces missions qui, quoique ne datant que de vingt jours au plus, avaient jeté le trouble et l'effroi dans la France entière.

Son arrêté était ainsi conçu :

« Le conseil, considérant que les motifs qui ont déterminé l'envoi des commissaires dans les départements ne subsistent plus ; après en avoir délibéré, arrête que les commissaires précédemment envoyés dans les divers départements au nom du pouvoir exécutif seront rappelés, que les pouvoirs qui leur ont été délégués sont dès à présent révoqués ;

« Qu'en conséquence, le ministre de l'intérieur donnera sur le champ avis aux corps administratifs de cette révocation. »

Roland ne se le fit pas dire deux fois ; il accompagna l'envoi-

1. En rapprochant cette pièce des commissions spéciales données à Parrain, Corchant et Soulès, que nous avons retrouvées et que nous avons données, les deux premières, tome III, p. 349, la dernière, p. 433 de ce volume, on se demande involontairement si Roland a dit l'exacte vérité, en insérant dans la circulaire officielle du 13 septembre une formule autre que celle qui avait servi à libeller les pouvoirs originaux donnés aux trente et aux vingt-quatre commissaires.

de l'arrêté du conseil exécutif d'une nouvelle circulaire dans laquelle on remarquait ce passage :

« Si quelques commissaires ont rempli l'intention du conseil, qui était de ramener les hommes et les choses à l'unité de principes et d'action, de justice et d'ordre, quelques autres s'en sont étrangement écartés en provoquant, au contraire, des rumeurs occasionnant du trouble, exposant même la sûreté des personnes et des biens voulue par les lois, la justice et la raison. Le calme doit succéder à l'orage... Si donc, messieurs, il se présente dans votre département des hommes qui se disent encore investis des pouvoirs du conseil exécutif, hâtez-vous de leur apprendre que ces pouvoirs sont révoqués. Quant à ceux qui ne seraient pourvus que d'une commission émanée d'un seul ministre, ils resteront chargés d'en poursuivre l'exécution sous la responsabilité du ministre dont ils l'auront reçue. »

La rentrée des commissaires à Paris s'opéra beaucoup plus lentement que leur départ. Leur premier soin fut de se faire payer largement leurs dépenses[1] ; mais, pendant longtemps, le conseil exécutif, et spécialement le ministre de l'intérieur, eurent à examiner les comptes des fournisseurs qui s'adressèrent naturellement au trésor public, pour obtenir le remboursement

---

[1]. Nous n'avons retrouvé que le compte relatif à la mission de Paris et de Fréron ; ils avaient dépensé pour eux deux et leur secrétaire 24,000 francs. La mission des 54 commissaires imposa-t-elle à l'État des sacrifices dans la même proportion, soit 12,000 francs par tête et pour trois semaines? on arriverait au chiffre de 648,000 livres. Il paraîtrait, d'après la pièce que nous donnons, que les ordonnateurs de la dépense se méfiaient quelque peu de la manière dont la somme allouée serait répartie ; car ils prenaient leurs précautions pour que le secrétaire de ces messieurs reçût sa part, afin de ne pas être obligé de la lui payer deux fois.

« CONSEIL EXÉCUTIF PROVISOIRE.

« 2 janvier 1793.

« Sur le rapport fait au Conseil des demandes formées par les citoyens Paris et Fréron, ci-devant commissaires du conseil exécutif, envoyés à Metz et dans toutes les places fortes du département de la Moselle, pour le remboursement des dépenses par eux faites pour l'exécution de leur mission et pour l'indemnité qui est due à chacun d'eux, le conseil exécutif provisoire arrête que le ministre des affaires étrangères est autorisé à faire payer sur

des avances que ces singuliers agents avaient oublié de solder[1].

Quelques-uns des commissaires étaient très-peu disposés à obtempérer aux ordres du ministre dont ils se prétendaient les délégués. Il fallut un décret formel de la Convention pour ordonner au pouvoir exécutif de rappeler sur le champ ces agents récalcitrants, et de rendre compte de la conduite de chacun de ces commissaires, spécialement « de ceux qui auraient été arrêtés et maintenus en état de détention. »

Il s'était donc trouvé des autorités départementales assez résolues pour faire emprisonner les énergumènes qui leur avaient été envoyés de Paris, et mettre fin à leurs menées démagogiques, en s'assurant de leurs personnes. Ces exemples de courage civique furent donnés notamment par les administrateurs du Calvados, de la Haute-Saône et du Finistère.

Momoro, membre du directoire du département de Paris, (voir t. III, p. 106), et Dufour, membre du conseil général de la Commune insurrectionnelle, faillirent être écharpés à Lisieux, pour avoir prêché ouvertement la loi agraire. Les officiers municipaux de cette ville les firent arrêter; mais, ne voulant pas retenir en prison des agents revêtus d'un certain caractère officiel, ils facilitèrent bientôt leur évasion. Les agents

---

le fonds des dépenses secrètes la somme de 24,730 livres, montant de ces réclamations, mais qu'en même temps il s'assurera que le citoyen Sutières, employé dans la même mission avec lesdits citoyens, touche ce qui peut lui être dû sur ladite somme.

« ROLAND, CLAVIÈRE, MONGE, PACHE, GARAT, LEBRUN, GROUVELLE, secrétaire. »

1. Ces demandes de remboursement sont constatées par une délibération du conseil éxécutif provisoire, du 6 octobre 1792 :

« Sur le rapport fait au conseil que plusieurs réclamations ont été faites par différents fournisseurs pour des dépenses occasionnées par l'envoi qui a eu lieu pendant le mois d'août de divers commissaires dans les départements;

« Le conseil, considérant que tous ces objets ne peuvent être examinés et réglés que par l'un des ministres, et qu'ils ressortissent par leur nature au département de l'intérieur, arrête que le ministre de l'intérieur sera prié de faire vérifier et de faire payer, sur les fonds destinés aux dépenses extraordinaires, les fournitures et autres dépenses occasionnées par l'envoi desdits commissaires, comme aussi d'ordonner dans sa sagesse toutes les autres dispositions nécessaires pour faire cesser les réclamations à cet égard. »

maratistes se hâtèrent de regagner Paris; puis, une fois en sûreté, ils s'inscrivirent en faux[1] contre les assertions des autorités du Calvados qu'ils accusèrent d'avoir adressé au ministre de l'intérieur un rapport calomnieux sur les désordres dont ce département avait été le théâtre. L'affaire en resta là.

Martin et Daujon étaient tous deux membres du conseil général; ils s'étaient empressés de se faire comprendre dans la liste des municipaux à envoyer en mission, parce qu'ils avaient tous les deux à Paris une fort mauvaise affaire sur le corps. On les accusait d'avoir, moyennant finance, fait évader le prince de Poix, et soustrait un carton rempli de pièces à sa charge.

Dans l'Yonne, ces deux commissaires avaient marqué leur passage par des déprédations incroyables, par des prédications plus incroyables encore. Ils avaient déployé un zèle démagogique d'autant plus grand, qu'ils avaient plus de torts à se faire pardonner par leurs amis pour s'être laissé acheter par un aristocrate. Ils allaient partout enlevant les plombs des maisons, sous prétexte que ces maisons appartenaient aux émigrés, taxant le blé et les vivres sur les marchés et menaçant de mort ceux qui cherchaient à s'opposer à leurs attentats contre les propriétés et les personnes.

Grâce à leurs excitations, des troubles avaient éclaté sur plusieurs points du département. Le sang avait coulé. De l'Yonne, Martin et Daujon passèrent dans la Haute-Marne. Les autorités s'y montrèrent moins patientes; les deux apôtres des doctrines maratistes furent fort mal menés à Langres. Le conseil général de la Haute-Saône alla plus loin; il les fit arrêter et reconduire à Paris de brigade en brigade, comme des criminels en rupture de ban.

Le conseil exécutif n'imita pas l'exemple de courage que venaient de lui donner des administrateurs pleins du sentiment de leur devoir; il se hâta de faire réparation d'honneur à ces apôtres du vol et du pillage. Voici l'arrêté qui consacre son honteux abandon des principes qu'il proclamait bien haut, mais pour l'application desquels il n'osait pas affronter les récrimi-

---

1. Voir les affirmations de Sergent et de Lidon, séance du 26 novembre, *Journal des Débats et Décrets*.

nations des dictateurs de l'Hôtel de Ville. Il porte la date du 5 octobre.

« CONSEIL EXÉCUTIF PROVISOIRE.

« Lecture a été faite d'un arrêté du conseil général des commissaires des quarante-huit sections de Paris, auquel étaient jointes des délibérations du département de la Haute-Saône, ainsi que du district de Langres, le tout relatif à l'arrestation des citoyens Daujon et Martin, lesquels, envoyés en qualité de commissaires du conseil exécutif, n'ont pas été reconnus pour tels par le directoire du département de la Haute-Saône, qui au contraire, s'est permis de les faire arrêter et conduire à Paris, par la gendarmerie nationale, de brigade en brigade.

« Le conseil, délibérant sur ces faits, et considérant que les citoyens Daujon et Martin avaient en effet reçu des pouvoirs et des commissions du conseil, lesquelles étaient revêtues des formes les plus authentiques, arrête : que lesdites pièces seront adressées au ministre de l'intérieur, qui examinera la conduite du directoire du département de la Haute-Saône, vérifiera les motifs qu'il a pu avoir de ne point reconnaître les commissions du pouvoir exécutif, et proposera au conseil les mesures qui lui paraîtront convenables à cet égard.

« Le conseil arrête en outre que lesdits citoyens Daujon et Martin seront sur le champ mis en pleine liberté, que leurs effets leur seront rendus, et que le secrétaire du conseil est autorisé à délivrer au brigadier de la gendarmerie nationale chargé de la conduite de ces citoyens un certificat qui lui serve de décharge vis-à-vis des administrateurs dont il a reçu mission. »

Tous les commissaires du pouvoir exécutif et de la commune de Paris étaient rentrés à Paris, prêts à recevoir de nouvelles missions, soit à l'intérieur, soit en Belgique. (Voir, au volume suivant, § x du livre XIX.) Un seul était encore détenu, et nul ne paraissait vouloir s'occuper de lui, tant il était compromettant. C'était Guermeur. Ce membre adjoint du comité de surveillance était d'origine bretonne, et s'appelait Royou[1]; il avait

---

1. Il ne faut pas confondre Royou-Guermeur avec le conventionnel de ce

changé de nom parce qu'ayant adopté les idées démagogiques, il ne se souciait pas d'être confondu avec ses frères qui, alliés très-proches de Fréron, le célèbre ennemi de Voltaire, avaient continué, dans le journal l'*Ami du Roi*, de défendre les doctrines politiques de l'*Année littéraire*. Son pseudonyme était emprunté à un village du canton de Pont-l'Abbé, dans le Finistère, dont sa famille était originaire.

Guermeur avait quitté depuis plusieurs années son pays natal, où probablement ses vertus et ses talents n'étaient pas appréciés à leur juste valeur. Lorsqu'en septembre 1792 il y revint avec des pouvoirs considérables, il fit sonner d'autant plus haut son crédit et ses amitiés, qu'il avait été jadis plus discrédité et méprisé. Préconisant les vertus, l'énergie, le patriotisme pur et sans tache des Panis, des Danton, des Marat, des Robespierre, il déblatérait contre les ministres de qui il tenait ses pouvoirs ostensibles, contre les chefs de la Gironde qu'il qualifiait de traîtres, contre les autorités locales, « auxquelles la Commune de Paris apprendrait bientôt à obéir ». Il poussa si loin l'insolence de ses propos et l'audace de ses menées, que l'administration départementale le fit arrêter et comparaître devant elle.

« — Qui êtes-vous, lui dit le président Kergariou?

« — Claude-Michel Royou-Guermeur, réplique le prévenu, envoyé de la Commune de Paris, et chargé de pouvoirs extraordinaires pour poursuivre la vente des biens nationaux et la levée en masse des patriotes [1]. »

Il exhibe ses pouvoirs, mais ils paraissent fort peu en règle aux administrateurs, l'un parce qu'il émane de la Commune de Paris, laquelle n'a pas le droit de donner des ordres au fond de la Bretagne; l'autre, bien que signé par plusieurs ministres, parce qu'il présente des traces de surcharge et des ratures, et que notamment la signature de Roland y est biffée.

Le jour même, 22 septembre, les administrateurs du dé-

---

nom, qui était du même département (Finistère), mais n'avait avec lui aucun lien de parenté.

1. Duchatellier, *Histoire de la Révolution dans les départements de l'ancienne Bretagne*, t. II, p. 199.

partement du Finistère rendent compte à la Convention des mesures qu'ils viennent de prendre, et lui transmettent en même temps les dépositions relatives aux propos incendiaires que Guermeur a tenus depuis qu'il est arrivé dans le Finistère[1].

Pendant ce temps, Guermeur, espérant intimider ceux qui avaient osé mettre en état d'arrestation le délégué de la Commune de Paris, leur écrivait une lettre dans laquelle il déclarait vouloir donner une preuve écrite contre lui, et reproduisait les injures dont il avait particulièrement honoré Roland et Pétion, les éloges qu'il avait décernés à Panis, Marat et Robespierre. « Vous n'êtes pas, ajoutait-il, bien instruits de ce qu'on pense, dit et écrit à Paris, car vous verriez que mon opinion est dominante ou plutôt que je ne suis que l'écho des sentiments des plus ardents patriotes de la capitale. »

La municipalité de Quimper dédaigna les injures de Guermeur et prit l'arrêté suivant :

« *Extrait du registre du conseil général de la commune de Quimper.*

« Du 24 septembre 1792, l'an IV de la Liberté et 1er de l'Égalité, séance du conseil général présidée par M. Vinot, en l'absence de M. le maire, assisté de MM. les officiers municipaux et notables.

« Présent M. Legoarre, procureur de la Commune.

« Messieurs les commissaires, chargés de la vérification des papiers du sieur Royou-Guermeur, ont déposé sur le bureau le procès-verbal qu'ils ont rapporté, duquel il résulte qu'ils ont saisi le nombre de cent quatre-vingt-dix-huit feuilles imprimées d'une lettre des administrateurs du Comité de salut public et des administrateurs adjoints réunis, nommés par la commune de Paris, et une autorisation signée des mêmes administrateurs, qui donne audit sieur Royou le pouvoir de faire réimprimer et afficher, partout où il le croira nécessaire, la lettre, l'affiche et l'adresse dont il est porteur. Ces pièces ont aussi été déposées sur le bureau, et l'assemblée s'en est fait donner lecture. Les

---

1. La lettre des administrateurs du Finistère est au *Moniteur* du 15 février, compte rendu de la séance du 12 février 1793.

commissaires ayant ensuite exposé à l'assemblée que M. Royou demande à être mis provisoirement en liberté, donnant caution *réséante* de se présenter, ou à être transféré dans une autre maison, le conseil, après en avoir délibéré, a arrêté et arrête que la détention du sieur Royou continuera conformément à l'arrêté du jour d'hier, et, sur la seconde demande, n'y ayant d'autre maison que celle de justice où le sieur Royou put tenir arrêt, s'il quittait celle où il est actuellement, il a été arrêté qu'il n'y a lieu à délibérer faute d'une déclaration formelle et souscrite par lui de préférer d'être détenu dans la maison de justice que la loi réserve pour ceux qui sont prévenus de crimes ou de délits graves; et sera copie du présent envoyée au Directoire du district, avec prière d'en donner connaissance au Directoire du département, conformément à la loi du 12 août dernier. »

La Convention renvoya toutes les pièces à son Comité de sûreté générale; mais celui-ci laissa dormir l'affaire dans ses cartons.

Après avoir vainement attendu que ses anciens amis, qui l'avaient mis en avant, s'occupassent d'obtenir sa liberté, Guermeur écrivit à Marat la lettre suivante :

« 4 décembre, an 1er.

« Il est inouï, mon cher Marat, que depuis trois mois qu'on me tient en captivité, le Comité de sûreté générale n'ait pas encore donné son avis. Je me doute bien qu'il est composé de Brissotins et de Rolandistes. En ce cas, ils me tiendront dans leurs griffes le plus longtemps qu'ils pourront. Il est plus que temps que cette vexation finisse; vous êtes vous-même si cruellement persécuté, que je ne m'étonne pas que vous n'ayez pu prendre ma défense. Oh ! mon cher Marat, comme on cherche à tromper le peuple de ces départements sur votre compte et sur celui de Robespierre; il n'y a pas de calomnie qu'on ne débite. Que je voudrais être libre pour désabuser ce peuple ignorant qu'on égare ! je périrai s'il le faut, mais je lui ferai entendre les mâles accents de la vérité. Il y a eu ici avant-hier, une grande fermentation. Les députés de ce département, qui

sont d'enragés Rolandistes, Kervelegan, Gomaire et Marec, ont écrit une lettre alarmante; on n'en a lu que quelques fragments. Voici en substance ce qu'ils marquent, ou du moins ce qu'on m'a rapporté : — « Le parti Marat et Robespierre ne demande la
« punition du Roi que pour élever Égalité au trône. La Conven-
« tion ne délibère pas librement; elle n'est même pas en sûreté
« à Paris. » En conséquence ils invitent le département à tenir une force armée prête à se rendre à Paris au premier signal. Effectivement le département a arrêté hier publiquement qu'il serait levé trois cents hommes dans l'étendue de son ressort, qui seront rassemblés tous ici, le 25 de ce mois; que copie de cet arrêté sera envoyée à tous les districts et municipalités pour procéder, sans perdre un instant à cette levée, chacun suivant sa cote-part.

« Je vous réponds sur ma tête de la réalité de cette mesure qui me semble la plus effrayante pour la chose publique. Je ne m'étendrai pas en réflexions, mais, si l'on peut tolérer un pareil excès de démence, on ne tardera pas à voir quelque département armer les citoyens pour aller guerroyer contre un département rival. On m'assure aussi que l'arrêté portait qu'il serait envoyé copie aux autres départements, celui de Paris excepté, avec invitation de prendre la même mesure.

« Vous trouverez ci-jointe une circulaire aux quatre-vingt-un départements, qui prouvera que ce n'est pas la première fois que celui-ci cherche à se coaliser avec d'autres. Tout cela, je gage ma tête à couper, est le fruit de la correspondance de Roland. Si vous pouvez une fois parvenir à vous procurer une correspondance de cet abominable ministre avec ce département, c'est alors qu'on verrait sa scélératesse au grand jour. Ce qu'il y a de certain, c'est que Roland flatte, caresse toutes les administrations pour en obtenir au besoin des adresses. Il laisse les départements agir à leur gré, commettre tous les actes arbitraires, pour pouvoir en être soutenu. J'avais observé; j'avais réservé ces pièces pour en faire la base d'une dénonciation solide et d'un rapport intéressant à la Commune et aux Jacobins. Mais vous m'avez tous oublié, et j'ignore quand finira ma captivité, mais rien au monde ne me fera changer d'opinion.

« Je vous envoie aussi trois numéros d'un journal de Rennes; lisez attentivement les trois lettres de deux de vos collègues qui sont en tête et dévouez au mépris ces vils législateurs.

« Voilà les vrais agitateurs, ceux qui cherchent à faire régner l'anarchie, à avilir la Convention. Quel parti je comptais tirer de ces pièces! Mais elles sont en de bien meilleures mains si vous voulez en faire usage.

« Je vous envoie aussi toutes les pièces relatives à mon arrestation; vous y verrez l'insigne fourberie des témoins. Les quatre derniers ont déposé des choses auxquelles je n'ai jamais pensé. J'ai bien dit que Marat, Panis et Danton avaient sauvé la France; aussi dès que j'ai eu connaissance de cette information frauduleuse, je me suis inscrit en faux, et j'ai sommé la municipalité de me confronter avec les témoins, ce dont elle s'est donné de garde.

« Voyez donc enfin, mon cher Marat, ce que veut le Comité de sûreté générale; veut-il ma tête parce que je déteste Roland et toute sa sequelle; qu'ils trouvent donc des juges aussi vils qu'eux pour me condamner.

« J'ai écrit dernièrement à Bazire, croyant que mon affaire était au comité de surveillance; veuillez conférer avec lui, Fréron, Panis et Desmoulins, et tirez-moi enfin de la captivité que je n'ai jamais méritée. En grâce, gardez soigneusement toutes ces pièces, j'en aurai un jour besoin.

« J'ai vu qu'il y avait eu une dilapidation effrayante à notre comité [1]; je n'ai cessé de tonner contre le peu d'ordre qui régnait, mais certes il y a une négligence coupable, pour ne rien dire de plus, de la part des *gardiataires*. J'ai toujours eu cette appréhension, aussi je n'ai jamais voulu me charger de rien, et mes comptes seront rendus bien promptement. Cela m'a bien affecté pour Panis. Vous n'avez pas fait usage de ma lettre, relativement aux subsistances; j'ai un projet là-dessus, mais que

---

1. Ce passage est une preuve nouvelle des effroyables dilapidations qui s'étaient commises au comité de surveillance de la Commune pendant les premiers jours de septembre, et cette preuve, nous la trouvons dans un écrit signé d'un des membres mêmes de ce comité. Seulement, comme tout mauvais cas est niable, les voleurs se rejetaient les uns aux autres la responsabilité des vols.

je n'ai pu vous développer, je connais cette partie à fond.

« Veuillez donc, mon cher Marat, prendre en main ma cause. Elle est celle d'un ardent patriote opprimé par cette infernale clique girondaise, et comptez sur l'estime et la reconnaissance éternelle de votre concitoyen dévoué,

« GUERMEUR.

« En grâce, donnez-moi de vos nouvelles. Mon adresse est : le citoyen Guermeur, à la maison d'arrestation, à Quimper, département du Finistère. »

La municipalité de Quimper n'imitait pas celle de Paris ; elle n'interceptait pas les lettres des prisonniers. Celle de Royou-Guermeur parvint à *l'Ami du peuple*, qui se hâta de la transmettre au Comité de sûreté générale de la Convention, avec cette fougueuse apostille :

« Je dénonce au comité de sûreté générale, la détention arbitraire du citoyen Royou dit Guermeur, qui a été arrêté par les administrateurs aristocrates du département de Quimper, le 12 ou le 13 septembre dernier, pour avoir travaillé à remplir une mission du conseil exécutif provisoire, tendant à procurer des armes et des munitions aux citoyens qui marchaient aux frontières ; comme il était porteur d'une lettre circulaire du comité de surveillance de Paris, lettre qui a été lue à la tribune par Vergniaud, et sur laquelle on est passé à l'ordre du jour, on lui en a fait un crime, de même que d'avoir pris le nom de Guermeur qu'il portait au collége, pour se soustraire à l'opprobre qui couvrait celui de Royou. Je réclame la justice immédiate pour ce bon patriote.

« MARAT, député de la Convention.

« Paris, ce 21 décembre 1792. »

Marat répondait en même temps à son ami :

« Mon cher Guermeur,

« J'ai été scandalisé de l'indifférence qu'ont témoignée vos anciens amis pour vous tirer de votre captivité. Il y a plus de deux mois que je fais les démarches nécessaires au comité de surveillance et de sûreté générale de la Convention. Je ne sais par quelle fatalité ma réclamation est restée à l'écart. Je l'ai renouvelée avec fureur, il y a dix jours; j'ai l'assurance que les ordres sont donnés pour votre élargissement. Vous serez à même de prendre à partie vos oppresseurs. J'ai traîné dans la boue vos coquins de députés de Quimper. Les scélérats tremblent sous le fouet de ma censure. Comptez que je vous vengerai de vos scélérats d'oppresseurs. Marquez-moi où en sont vos affaires et comptez toujours sur moi.

« MARAT, l'ami du peuple et le vôtre.

« Paris, 27 décembre 1792, n° 30, rue des Cordeliers, P. L. S[1]. »

Le renseignement donné par Marat à Guermeur était exact. A la date du 29 décembre, le Comité de sûreté générale, sous le coup des démarches incessantes de *l'Ami du peuple*, avait écrit aux autorités du Finistère :

« Rien n'autorise les mesures de rigueur contre le citoyen Guermeur. Les divers propos tenus par lui sont des opinions *très-permises*. La loi du 8 octobre vous fait une obligation de le mettre promptement en liberté; nous en réclamons l'exécution; une plus longue détention nous mettrait dans la nécessité de dénoncer cet acte arbitraire, et vous en seriez personnellement responsables [2]. »

Les autorités du Finistère ne jugèrent pas que le décret du 8 octobre (nous en avons donné le texte, page 296) fût applicable à Guermeur; aussi refusèrent-elles d'obtempérer à l'ordre du Comité de sûreté générale, déclarant qu'elles ne se soumettraient qu'à une injonction formelle de la Convention elle-même. Les choses en restèrent là jusqu'à la fin de janvier. A cette époque, comme nous le verrons dans le volume suivant,

---

1. La lettre de Marat est donnée par M. Duchatellier, p. 199-200 du tome II de son *Histoire de la Révolution dans les départements de l'ancienne Bretagne*. Nous avons été assez heureux pour retrouver la lettre de Guermeur. On a ainsi la demande et la réponse.

2. Cette pièce est au *Moniteur* du 15 février 1793.

les montagnards profitèrent de la victoire qu'ils venaient de remporter en envoyant Louis XVI à l'échafaud, pour envahir les comités les plus importants, et notamment, le Comité de sûreté générale.

Le 13 février, Duhem, l'un des membres les plus fougueux de l'extrême gauche, vint, au nom de ce comité, lire un rapport qui concluait à ce qu'il plût à l'Assemblée de faire élargir le prisonnier de Quimper, et de mander à la barre le procureur général syndic du Finistère, « coupable d'avoir violé les droits de l'homme. »

A cette proposition, la droite se soulève indignée :

« Ce n'est point un rapport, s'écrie Lesage (d'Eure-et-Loir), qu'on nous en donne un autre!...

« Qu'on lise le premier arrêté du Finistère, demande Bailleul, et la Convention reconnaîtra qu'on réclame la liberté d'un assassin et la punition d'administrateurs fidèles à leurs devoirs. Par cet arrêté, il est prouvé, d'une part, que Royou-Guermeur a paru suspect, non-seulement à cause des propos incendiaires qu'il tenait, mais encore à cause de la forme même de la commission dont il était porteur, commission où le nom du ministre de l'intérieur se trouvait biffé, où nul sceau ne garantissait la signature des quatre ministres signataires. Il est prouvé, d'autre part, que Guermeur n'a été arrêté que provisoirement, jusqu'à ce qu'il plût à la Convention nationale et au ministre de l'intérieur de décider. C'est ce que n'ont fait depuis cette époque, ni l'Assemblée, ni le pouvoir exécutif. »

Duhem se trouve alors obligé de lire et la commission quelque peu irrégulière remise par le conseil exécutif à Guermeur et la pièce émanée du comité de surveillance de la Commune de Paris. Lorsque le rapporteur cite les noms des signataires Panis, Sergent et Marat, plusieurs voix s'écrient à droite : « Voilà les tyrans! »

« — Qu'on lise le procès-verbal d'arrestation!

« — Je ne l'ai pas, répond Duhem.

« — Nous voulons toutes les pièces!

« — On conspire pour faire perdre le temps à l'Assemblée; mettez aux voix l'élargissement et passez à l'ordre du jour sur tout le reste.

« — Non, non ! disent un grand nombre de membres. »

Au plus fort du tumulte, Marat descend de son banc et va se poser dans le milieu de la salle, le chapeau sur l'oreille ; il montre le poing aux députés du Finistère et les apostrophe sur ce ton : « Taisez-vous, malheureux, laissez parler les patriotes !... Taisez-vous, contre-révolutionnaires !... Taisez-vous, conspirateurs !... vous n'êtes que des gredins, des aristocrates, des coquins !... »

L'*Ami du peuple*, comme certains démagogues de son espèce, croyait avoir, pour lui et ses amis, le monopole des injures et des interruptions ; il criait à l'oppression dès qu'on voulait user de représailles. Un spectateur l'ayant apostrophé au moment où il menaçait et insultait la Gironde, il se tourne vers le président et le somme de faire vider les tribunes : « Il y a, dit-il, un insolent qui manque aux députés ! »

Dès que l'on a réussi à faire taire *l'Ami du peuple*, Duhem est obligé de lire toutes les pièces qu'il niait, un instant auparavant, avoir entre les mains. Dans l'une d'elles, plusieurs citoyens déposaient avoir entendu dire à Guermeur que Roland, Brissot, Guadet et Vergniaud étaient des gens détestables, tandis que Robespierre et Marat étaient des patriotes par excellence. La droite éclate de rire ; Marat rit aussi en criant : Oui ! oui ! — Ce qui augmente encore l'hilarité générale. Mais bientôt on redevient sérieux, lorsque Duhem, continuant la lecture des faits allégués par les administrateurs du Finistère contre le client de *l'Ami du peuple*, en vient à la pièce où celui-ci menace les départements « de la surveillance de Paris. »

« Ce sont des faux fabriqués à Quimper, interrompt Marat ! »

L'agitation est à son comble. Le président ne peut la dominer ; sa voix se perd dans le tumulte. « Je demande la parole contre vous, monsieur le président, crie Bréard, si vous ne réduisez au silence ceux qui vous la dérobent audacieusement. »

Enfin Lesage, pour empêcher que la discussion du projet du comité n'occupe toute la séance, propose qu'elle soit ajournée jusqu'à ce que toutes les pièces de cette affaire aient été imprimées.

Cette motion est adoptée. On pouvait croire qu'elle mettrait fin à des débats scandaleux ; mais ils recommencent lorsque

Marat insiste afin d'arracher à la Convention la mise en liberté provisoire de Guermeur.

On réclame la question préalable sur cette nouvelle proposition ; elle est deux fois mise aux voix, et deux fois l'épreuve reste douteuse. Enfin, malgré l'insistance très-vive de Marat, de Legendre, de Basire et de Duhem, elle est adoptée, et il est décidé que Guermeur restera en prison jusqu'à nouvel ordre [1].

Mais ces discussions rétrospectives sur la circulaire du 3 septembre, ses auteurs et ses propagateurs, avaient épuisé toute l'énergie de la Convention. Le 4 mars, Duhem revient à la charge, et présente cette fois un décret qui déclare la parfaite innocence de Guermeur, et enveloppe, dans les poursuites destinées à venger sa détention arbitraire, cinq ou six magistrats du Finistère. Au nom du Comité de sûreté générale il propose [2] :

1° La mise en liberté du citoyen Royou dit Guermeur et de son compagnon Jézégabel, détenus à Quimper, en vertu d'un arrêté du département du Finistère ;

2° La citation à la barre des citoyens Kergariou, président du département, Brichet, procureur syndic, Ledeau, maire de Quimper, Vuéack, officier municipal, Legoarre, procureur de la Commune, pour rendre compte de leur conduite.

Une très-vive discussion s'engage sur ce rapport. Un député du Finistère, Gomaire, déclare qu'il ne s'oppose pas à la mise en liberté du prisonnier de Quimper, mais il demande la question préalable sur la seconde partie de la proposition du Comité de sûreté générale.

« Personne ne contestera, dit-il, que la municipalité de Quimper, essentiellement chargée de veiller au maintien de la paix autour d'elle et dans son sein, n'ait été fondée à faire mettre en état d'arrestation un homme porteur d'ordres arbitraires émanés du comité de surveillance de la Commune de Paris ; un homme connu pour avoir assisté, présidé même aux sanglantes exécutions de septembre. Quels reproches peut-on faire à la

---

[1]. Cette scène est racontée au *Moniteur* des 16 et 17 février 1793, n°s 213 et 214, et dans le *Journal des Débats et Décrets*, p. 174-176, n° 148.

[2]. Voir le *Journal des Débats et Décrets*, n° 167, p. 42-44, et le *Moniteur* du 5 mars 1793, n° 64.

municipalité de Quimper et au département du Finistère, à moins qu'on ne leur fasse un crime d'avoir entravé les desseins de certaines gens?

« N'ont-ils pas au contraire bien mérité de la patrie, s'ils ont prévenu dans leur département le renouvellement des scènes d'horreur, qui ont déshonoré Paris et fait reculer la révolution... »

« Guermeur n'a été arrêté, répond Lamarque, que parce qu'il ne professait pas pour Roland l'idolâtrie qu'à ce moment l'on avait pour ce ministre; je pensais qu'il avait été convenu qu'on ensevelirait dans le silence ces débats honteux sur les personnes qui ont si souvent troublé nos discussions. Je demande avec Gomaire, la question préalable sur la comparution à la barre des magistrats désignés par le Comité de sûreté générale, et je propose la rédaction suivante :

« La Convention nationale décrète que le citoyen Royou dit Guermeur, sera mis en liberté sur le champ, ainsi que son compagnon Jézégabel, si ce dernier est encore détenu, et passe à l'ordre du jour sur le fond de cette affaire. »

Comme le disait Lamarque, les choses avaient marché depuis le jour où, pour la première fois, la circulaire du 3 septembre avait été lue par Vergniaud à la Convention. Ce qui excitait alors les cris d'indignation de l'immense majorité, était maintenant accepté comme un acte de peu d'importance, comme le résultat d'un entraînement fatal. Le procès du roi, les doctrines sauvages, qui, à cette occasion, avaient été proclamées à la tribune, le décret ordonnant la suspension de toute procédure contre les assassins de septembre, décret que, le 8 février, les montagnards avaient arraché à l'Assemblée (voir t. III, p. 612), tout concourait à empêcher les girondins d'insister désormais pour faire maintenir en arrestation le prisonnier de Quimper. Ils se crurent trop heureux d'acheter, au prix de sa mise en liberté, l'abandon des poursuites que leurs adversaires voulaient commencer contre les magistrats courageux qui l'avaient fait arrêter six mois auparavant.

Ce fut une espèce de contrat synallagmatique; mais les conditions n'en furent pas longtemps respectées, au moins d'un côté. Guermeur fut mis en liberté; quelque temps après le 31 mai 1793, les administrateurs du Finistère furent jetés en prison et traduits au tribunal révolutionnaire établi à Brest par les représentants que la Montagne victorieuse y avait envoyés en mission. Un des principaux griefs articulés contre eux fut l'arrestation de Guermeur. Celui-ci était revenu une seconde fois en Bretagne, à la suite des proconsuls montagnards. Il put lui-même surveiller la réalisation de la vengeance qu'il avait à exercer contre Kergariou et les vingt-cinq courageux administrateurs du Finistère. Le 1er prairial an II, ils furent tous condamnés à mort et exécutés le même jour[1].

Plus heureux que bien d'autres démagogues, Guermeur échappa à la tourmente révolutionnaire. Sous le Directoire, il était l'un des confidents de Barras ; sous le Consulat, il partit, avec son ami Fréron, pour l'expédition de Saint-Domingue, à laquelle il fut attaché en qualité de commissaire civil. Comme lui aussi, il y mourut misérablement.

---

1. Le savant auteur de l'*Histoire de la Révolution dans les départements de l'ancienne Bretagne*, M. Duchatellier, cite de Guermeur un trait trop honorable pour que, dans notre impartialité, nous le passions sous silence; ses opinions ultra-démagogiques ne l'empêchèrent pas de cacher dans sa propre maison, en 1793, son frère, le rédacteur de *l'Ami du Roi*.

III

DÉTAILS STATISTIQUES

SUR LA COMPOSITION DE LA CONVENTION[1].

(Voir page 61.)

DÉPUTÉS A L'ASSEMBLÉE CONSTITUANTE

ÉLUS A LA CONVENTION NATIONALE EN SEPTEMBRE 1792[2].

AIN. — Gauthier, avocat, député du bailliage de Bourg. — Royer, curé de Chavannes, député du clergé du bailliage d'Aval, évêque de l'Ain, en 1792.

ARDÈCHE. — Boissy-d'Anglas, député de la sénéchaussée d'Annonay. — Saint-Martin, avocat, député de la sénéchaussée d'Annonay.

---

1. Quelques erreurs d'impression, peu importantes d'ailleurs, se sont glissées dans les chiffres de la page 61; elles sont rectifiées par les totaux qui se trouvent à la suite de chacune des listes contenues dans cette note.

Nous avons rangé les personnages qui figurent dans cette statistique suivant l'ordre des départements qu'ils représentèrent à la Convention. Nous n'avons mentionné ici que les députés qui vinrent siéger dans cette assemblée en septembre 1792, à l'ouverture de la session, et nous avons omis à dessein ceux qui n'arrivèrent que plus tard en qualité de suppléants.

2. Nous avons donné aux ex-constituants les qualifications qu'ils portaient au moment où ils entrèrent en 1789 aux états généraux. Nous nous sommes bornés, pour les ecclésiastiques, à indiquer les nouvelles dignités dont ils avaient été revêtus après l'acceptation de la constitution civile du clergé. Nous avons indiqué ceux des ex-constituants qui avaient été nommés par le clergé ou par la noblesse; ceux qui n'ont pas une désignation spéciale avaient été députés du tiers état.

Ardennes. — Dubois-Crancé, ancien mousquetaire, député du bailliage de Vitry-le-Français.

Ariége. — Vadier, conseiller au présidial, député de la sénéchaussée de Pamiers.

Aube. — Rabaut-Saint-Étienne, député de la sénéchaussée de Nimes et Beaucaire.

Aude. — Ramel-Nogaret, avocat du roi et député de la sénéchaussée de Carcassonne. — Morin, avocat, député de la sénéchaussée de Carcassonne.

Bouches-du-Rhône. — Durand-Maillane, avocat à Arles, député de la sénéchaussée de cette ville.

Calvados. — Cussy (de) directeur de la Monnaie de Caen, député du bailliage de Caen.

Cantal. — Thibault, curé de Souppes, député du clergé du bailliage de Nemours, évêque du Cantal, en 1792.

Cher. — Baucheton, avocat, député du bailliage du Berri.

Corse. — Salicetti, avocat au conseil supérieur, député de l'île de Corse.

Côte-d'Or. — Guiot de Saint-Florent, avocat, député du bailliage d'Auxois.

Côtes-du-Nord. — Couppé, sénéchal de Lannion, député de la sénéchaussée de Morlaix et Lannion. — Champeaux (Palasne de), sénéchal de Saint-Brieuc, député de la sénéchaussée de Saint-Brieuc.

Drôme. — Colaud de la Salcette, chanoine de Die, député du clergé du Dauphiné.

Eure. — Buzot (Léonard), avocat, député du bailliage d'Évreux. — Lindet (Thomas), curé de Bernay, député du clergé du bailliage d'Évreux, évêque de l'Eure, en 1792. — Le Maréchal, négociant, député du bailliage d'Évreux.

Eure-et-Loir. — Pétion de Villeneuve, avocat, député du bailliage de Chartres.

Gard. — Voulland (Henri), avocat, député de la sénéchaussée de Nimes et Beaucaire. — Jac, avocat, député de la sénéchaussée de Montpellier.

Garonne (Haute-). — Pérés-Lagasse, de Saint-Gaudens, avocat, député du pays et jugerie de Rivière-Verdun.

Ille-et-Vilaine.—Lanjuinais, avocat, député de la sénéchaussée de Rennes. — Defermont des Chapelières, ci-devant procureur au Parlement, député de la sénéchaussée de Rennes.

Indre-et-Loire. — Nioche, avocat, député du bailliage de Touraine.

Jura. — Vernier, avocat à Lons-le-Saulnier, député du bailliage d'Aval, en Franche-Comté. — Grenot, avocat à Besançon, député du bailliage de Dôle en Franche-Comté. — Babey, avocat à Orgelet, député du bailliage d'Aval, en Franche-Comté.

Landes. — Saurine, député du Béarn pour l'ordre du clergé, évêque des Landes, en 1792.

Loir-et-Cher. — Grégoire (Henri), curé d'Embermesnil, député du clergé du bailliage de Nancy, évêque de Loir-et-Cher, en 1792.

Loire (Haute-). — Camus, avocat, membre de l'Académie des Inscriptions et Belles-Lettres, député de la Ville de Paris.

Loire-Inférieure). — Chaillon, avocat, député de la sénéchaussée de Nantes. — Jary, cultivateur, député de la sénéchaussée de Nantes.

Lot-et-Garonne. — Boussion, médecin à Lauzun, député de la sénéchaussée d'Agen.

Lozère. — Châteauneuf-Randon (marquis de), député de la noblesse de la sénéchaussée de Mende.

Maine-et-Loire. — Réveillère-Lépaux (de La), propriétaire, député de la sénéchaussée d'Anjou. — Pilastre de la Brardière, propriétaire, député de la sénéchaussée d'Anjou. — J. B. Leclerc, conseiller à l'élection d'Angers, député de la sénéchaussée d'Anjou. — Lemaignan, lieutenant criminel à Baugé, député de la sénéchaussée d'Anjou.

Marne. — Prieur, avocat, député du bailliage de Châlons-sur-Marne. — Poulain-Boutancourt, maître de forges, député du bailliage de Vitry-le-Français.

Marne (Haute-). — Monnel, curé de Valdelancourt, député du clergé du bailliage de Chaumont en Bassigny.

Mayenne. — Enjubault de la Roche, juge, député de la sénéchaussée du Maine.

Meurthe. — Salles (Jean-Baptiste), médecin à Vézelise, député du bailliage de Nancy.

Meuse. — Marquis, avocat à Saint-Mihiel, député du bailliage de Bar-le-Duc.

Moselle. — Anthoine, ancien lieutenant général du bailliage de Boulay, député du bailliage de Sarreguemines.

Nord. — Merlin, avocat, député du bailliage de Douai. — Aoust (marquis d'), député de la noblesse du bailliage de Douai.

Oise. — Massieu, curé de Sergy, député du clergé du bailliage de Senlis, évêque de l'Oise, en 1792.

Paris. — Le duc d'Orléans, député de la noblesse du bailliage de Crépy en Valois. — Robespierre, avocat, député de la province d'Artois.

Puy-de-Dôme. — Girot-Pouzol, député de la sénéchaussée de Riom.

Pyrénées (Basses-). — Pémartin, avocat, député du Béarn.

Pyrénées (Hautes-). — Barère de Vieuzac, avocat au Parlement de Toulouse, député de la sénéchaussée de Bigorre[1]. — Dupont de Luz, avocat, député de la sénéchaussée de Bigorre.

Rhin (Haut-). — Reubell, avocat, député du bailliage de Colmar. — Pflieger aîné, député du bailliage de Belfort et Huningue. — Albert, député du bailliage de Colmar.

Rhône-et-Loire. — Chasset (Antoine), avocat, député de la sénéchaussée du Beaujolais.

Saône (Haute-). — Gourdan, lieutenant criminel au bailliage de Gray, député du bailliage d'Amont.

Sarthe. — Sieyès, vicaire général de l'évêque de Chartres, député du tiers État de la ville de Paris.

Seine-et-Marne. — Tellier, avocat, député du bailliage de Melun.

Seine-et-Oise. — Alquier, avocat du roi, député de la sénéchaussée de La Rochelle. — Treilhard, avocat, député de la ville de Paris.

Deux-Sèvres. — Lofficial, lieutenant général au bailliage de Vouvant, député de la sénéchaussée du Poitou. — Cochon de Lapparent (Charles), conseiller à Fontenay, député de la sénéchaussée du Poitou.

---

1. Des doutes se sont élevés sur l'orthographe du nom de Barère. Le *Moniteur* l'écrit par deux *r*. Vérification faite de sa signature manuscrite, il doit s'écrire par un seul *r*.

Somme. — Sillery (marquis de), député de la noblesse du bailliage de Reims.

Tarn. — Campmas, docteur en médecine, député de la sénéchaussée de Toulouse. — Rochegude (marquis de), capitaine de vaisseau, député de la noblesse de la sénéchaussée de Carcassonne.

Vendée. — Goupilleau de Fontenai, notaire à Montaigu, député de la sénéchaussée du Poitou.

Vienne. — Bion, avocat, député du bailliage de Loudun. — Creuzé de la Touche, lieutenant de la sénéchaussée de Châtellerault, député de la sénéchaussée de Châtellerault.

Vienne (Haute-). — Lesterpt Beauvais, avocat, député de la sénéchaussée de la basse Marche.

Yonne. — Lepeletier de Saint-Fargeau (Michel), président au parlement, député de la noblesse de la ville de Paris.

Sur 77 membres de l'Assemblée constituante réélus à la Convention, 6 avaient été envoyés aux états généraux par l'ordre de la noblesse, 8 par l'ordre du clergé, 63 par le tiers état.

DÉPUTÉS A L'ASSEMBLÉE LÉGISLATIVE

ÉLUS A LA CONVENTION NATIONALE EN SEPTEMBRE 1792[1].

Ain. — Deydier, notaire feudiste et géomètre à Pont-de-Vaux. — Jagot, juge de paix à Nantua.

Aisne. — Quinette, administrateur du département. — Jean Debry, administrateur du département. — Belin, cultivateur à Guise. — Condorcet, secrétaire de l'Académie des sciences (député de Paris à l'Assemblée législative). — Fiquet, procureur syndic du district de Soissons. — Loysel, vice-président du département.

---

1. Nous avons donné aux membres de l'Assemblée législative, réélus à la Convention, les qualifications qu'ils portaient au moment où ils entrèrent, en 1791, dans la première de ces assemblées.

ALPES (BASSES-). — Dherbez-Latour, homme de loi, administrateur du département.

ARDÈCHE. — Soubeiran-Saint-Prix, homme de loi, administrateur du département. — Gamon, homme de loi à Antraigues.

ARDENNES. — Baudin, maire de Sedan.

ARIÉGE. — Clauzel, maire de Lavelanet. — Gaston, juge de paix à Foix.

AUBE. — Courtois, receveur du district, à Arcis-sur-Aube. — Robin, marchand et cultivateur à Nogent-sur-Seine. — Perrin, maire de Troyes.

AUDE. — Azema, homme de loi, administrateur du département.

AVEYRON. — Bô, médecin à Mur-de-Barrez.

BOUCHES-DU-RHÔNE. — Granet, administrateur du département. — Gasparin, capitaine au 2ᵉ régiment d'infanterie, ci-devant Picardie. — Lauze Deperret, cultivateur à Apt. — Rovère, ancien officier des gardes du Pape, à Avignon.

CALVADOS. — Fauchet, évêque du département. — Dubois-Dubais, administrateur du département. — Lomont, administrateur du département. — Henri Larivière, homme de loi à Falaise. — Bonnet de Meautry, maire de Caen. — Vardon, administrateur du département.

CHARENTE. — De Bellegarde (Dubois), commandant de la garde nationale d'Angoulême. — Guimberteau, juge au tribunal d'Angoulême. — Chazaud, administrateur du district de Confolens. — Chedaneau, administrateur de l'hôpital de Ruffec.

CHARENTE-INFÉRIEURE. — Bernard (de Saintes), président du tribunal de cette ville. — Bréard, propriétaire à Marennes, vice-président du directoire du département. — Eschasseriaux, homme de loi à Saintes, administrateur du département. — Nion, ingénieur de la marine, maire de Rochefort. — Ruamps, cultivateur à Saint-Saturnin-du-Bois.

CHER. — Foucher, notaire à Aubigny, administrateur du département.

CORRÈZE. — Brival, homme de loi, procureur général syndic du département. — Borie, homme de loi, administrateur du département. — Germignac, médecin, président du département.

CÔTE-D'OR. — Bazire, administrateur du département. — Guyton-Morveau, procureur général syndic. — Prieur-Duvernois, officier du génie. — Oudot, commissaire du roi au tribunal du district de Beaune. — Lambert, juge de paix de Belan.

CREUSE. — Huguet, évêque du département. — Guyès, administrateur du district d'Aubusson.

DORDOGNE. — Lamarque, juge au tribunal de Périgueux. — Pinet aîné, administrateur du district de Bergerac. — Lacoste (Élie), médecin, à Montignac, administrateur du département. — Roux-Fasillac, chevalier de Saint-Louis, à Excideuil. — Taillefer, médecin à Domme, administrateur du district de Sarlat.

DOUBS. — Michaud, homme de loi à Pontarlier, administrateur du département. — Monnot, homme de loi à Besançon. — Vernerey, homme de loi, à Baume-les-Dames, administrateur du département. — Besson, ancien notaire, administrateur du département.

DRÔME. — Sautayra, administrateur du district de Montélimart. — Olivier Gérente.

EURE. — Robert Lindet, homme de loi, procureur syndic du district de Bernay.

EURE-ET-LOIR. — Delacroix, juge au tribunal de cassation. — — Brissot de Warville, (député de Paris à l'Assemblée législative). — Giroust, juge au tribunal de Nogent-le-Rotrou.

FINISTÈRE. — Bohan, juge au tribunal du district de Châteaulin.

GARD. — Leyris, vice-président du district d'Alais. — Tavernel, juge au tribunal de Beaucaire.

HAUTE-GARONNE. — Mailhe, homme de loi, procureur syndic du département. — Delmas, ancien officier de milice, aide-major général de la garde nationale de Toulouse. — Projean, cultivateur et homme de loi à Carbonne.

GERS. — Laplaigne, président du tribunal d'Auch. — Montaut-Maribon, administrateur du district de Condom. — Descamps, procureur syndic du district de Lectoure. — Cappin, homme de loi, à Vic-Fezensac. — Laguire, juge de paix à Manciet. — Ichon, prêtre, supérieur de l'Oratoire à Condom.

GIRONDE. — Vergniaud, avocat, administrateur du département.

— Guadet, homme de loi, président du tribunal criminel du département. — Gensonné, membre du tribunal de cassation. — Grangeneuve, homme de loi, substitut du procureur de la commune de Bordeaux. — Jay de Sainte-Foix, administrateur du département. — Ducos, négociant à Bordeaux. — Garreau, président du district de Libourne.

Hérault. — Cambon, officier municipal à Montpellier. — Bonnier, président du district de Montpellier. — Curée, administrateur du département. — Viennet, officier municipal à Béziers. — Rouyer, maire de Béziers.

Ille-et-Vilaine. — Duval (Charles), juge au tribunal de La Guerche. — Lebreton, procureur syndic du district de Fougères.

Indre-et-Loire. — Dupont (Jacob), maire de Perrusson.

Landes. — Dyzès, procureur général syndic du département.

Loir-et-Cher. — Chabot (François), vicaire épiscopal à Blois. — Brisson, procureur général syndic du département. — Frécine, président du tribunal du district de Saint-Aignan et Montrichard, administrateur du département.

Loire (Haute-). — Raynaud, maire du Puy. — Delcher, homme de loi, procureur de la commune de Brioude. — Rongier, cultivateur à Flageac.

Loire-Inférieure. — Coustard, commandant de la garde nationale de Nantes, ancien mousquetaire, chevalier de Saint-Louis, et lieutenant des maréchaux de France.

Loiret. — Gentil (Michel), administrateur du département. — Garran de Coulon, président du tribunal de cassation (député de Paris à l'Assemblée législative).

Lot. — Cledel, médecin, procureur syndic du district de Saint-Céré. — Laboissière, juge au tribunal du district de Moissac.

Lot-et-Garonne. — Vidalot, homme de loi, juge au tribunal du district de Valence. — Paganel, curé de Noaillac, et procureur syndic du district de Villeneuve.

Lozère. — Monestier, homme de loi, à Banassac.

Maine-et-Loire. — Choudieu, accusateur public à Angers. — Delaunay, l'aîné, commissaire du roi au tribunal d'Angers. — Dehoulière, maire d'Angers.

Manche. — Sauvé (Gervais), maire de Ducey, district d'Avranches. — Poisson, président du tribunal de Saint-Lô, administrateur du département. — Lemoine-Villeneuve, juge au tribunal de Mortain. — Letourneur, capitaine du génie à Cherbourg.

Marne. — Thuriot, juge au tribunal du district de Sézanne. — Charlier, homme de loi, membre du directoire du département.

Marne (Haute-). — Valdruche, administrateur du département. — Chaudron Roussau, procureur syndic de Bourbonne. — Laloy, administrateur du département.

Mayenne. — Bissy, juge au tribunal de Mayenne. — Esnuë de La Vallée, juge au tribunal de Craon. — Grosse du Rocher, administrateur du département, cultivateur à Lassay.

Meurthe. — Mallarmé, procureur syndic du district de Pont-à-Mousson. — Le Vasseur, procureur syndic du district de Sarrebourg. — Bonneval, cultivateur à Ogéviller, administrateur du département.

Meuse. — Moreau, procureur général syndic du département. — Tocquot, cultivateur, juge de paix de Dompcevrin, district de Saint-Mihiel.

Morbihan. — Lemalliaud, procureur général syndic du département. — Corbel, juge au tribunal de Pontivy. — Lequinio, juge au tribunal de Vannes. — Audrein, premier vicaire de l'évêque du département.

Moselle. — Merlin, homme de loi, et premier officier municipal à Thionville. — Couturier, juge au tribunal de Bouzonville.

Nièvre. — Sautereau, homme de loi, procureur général syndic du département. — Dameron, président du tribunal du district de la Charité-sur-Loire.

Nord. — Duhem, médecin à Lille et juge de paix du 1er arrondissement. — Gossuin, administrateur du département. — Cochet, administrateur du département. — Carpentier, président du district d'Hazebrouck. — Sallengros, homme de loi, officier municipal à Maubeuge.

Oise. — Coupé, curé de Sermaise, président du district de Noyon. — Calon, officier d'état-major de l'armée, chevalier de Saint-Louis, membre du directoire du département.

Paris. — Dusaulx, de l'Académie des Inscriptions et Belles-Lettres.

— Beauvais, docteur en médecine, juge de paix de la section de la Croix-Rouge.

Pas-de-Calais. — Carnot aîné, capitaine du génie. — Duquesnoy, cultivateur à Boyeffles.

Puy-de-Dôme. — Couthon, président du tribunal de Clermont-Ferrand. — Gibergues, prêtre à Saint-Floret. — Maignet, administrateur du département. — Romme, ancien professeur de mathématiques et de physique, cultivateur à Gimeaux. — Soubrany, maire de Riom, ancien officier au régiment de royal-dragon.

Pyrénées (Hautes-). — Gertoux, homme de loi, à Campan.

Rhin (Bas-). — Rühl, administrateur du département. — Arbogast, ancien recteur de l'Université de Strasbourg.

Rhin (Haut-). Ritter, juge au tribunal d'Altkirch. — La Porte (Sébastien de), avoué au tribunal de Belfort.

Rhône-et-Loire. — Dupuis, homme de loi, juge au tribunal du district de Montbrison. — Du Bouchet, médecin, maire de Montbrison.

Saône (Haute-). — Siblot (Bruno), docteur en médecine à Lure.

Saône-et-Loire. — Gelin, administrateur du district de Charolles. — Masuyer, juge au tribunal du district de Louhans. Reverchon, négociant à Vergisson. — Baudot, médecin à Charolles.

Sarthe. — Richard, procureur de la Commune de la Flèche. — François, procureur syndic du district de Sablé. — Salmon, notaire à Sillé-le-Guillaume.

Seine-Inférieure. — Albitte, homme de loi à Dieppe.

Seine-et-Oise. — Le Cointre (Laurent), commandant de la garde nationale de Versailles, administrateur du département. — Haussmann, négociant à Versailles, membre du département. — Bassal, curé de la paroisse de Saint-Louis de Versailles, vice-président du district. — Hérault de Séchelles, commissaire du roi au tribunal de cassation (député de Paris à la Législative). — Kersaint, officier de marine (député de Paris à la Législative).

Deux-Sèvres. — Lecointe-Puyraveau, homme de loi à Saint-Maixent, administrateur du département. — Jard-Panvillier, médecin à Niort, procureur général syndic du département.

— Auguis, juge au tribunal de Melle. — Dubreuil-Chambardel, cultivateur à Avon.

SOMME. — Saladin, juge au tribunal du district d'Amiens. — Rivery, négociant et cultivateur à Saint-Valery, administrateur du département.— Louvet, juge au tribunal du district de Montdidier.

TARN. —Lasource, ministre protestant.— Lacombe Saint-Michel, officier d'artillerie, membre du département. — Gouzy, homme de loi à Rabastens.

VAR. — Isnard, négociant à Draguignan. — Despinassy, capitaine d'artillerie, administrateur du département.—Roubaud (Jean-Louis), médecin à Tourves.

VENDÉE. — Goupilleau (Philippe-Charles-Aimé), avocat, procureur syndic du district de Montaigu. — Gaudin (Joseph-Marie-Jacques-François, négociant, maire des Sables d'Olonne.— Maignen, administrateur du district de La Châtaigneraie. — Musset, curé de Falleron. — Morisson, homme de loi, administrateur du département.

VIENNE. — Piorry, homme de loi, administrateur du département. — Ingrand, homme de loi à Usseau, administrateur du département. — Martineau, juge au tribunal de Châtellerault.

VIENNE (HAUTE-). —Bordas, président du tribunal de Saint-Yrieix. —Gay-Vernon, évêque du département.—Faye, administrateur du département.

184 anciens membres de la Législative rentrèrent immédiatement à la Convention. Tous représentèrent les mêmes départements, hormis cinq; ces cinq étaient Condorcet, Brissot, Garran-Coulon, Hérault-Séchelles et Kersaint, qui avaient été députés de Paris à la seconde Assemblée, et qui, repoussés par les électeurs de cette ville en 1792, furent envoyés par d'autres départements à la Convention nationale.

ECCLÉSIASTIQUES

QUI FIRENT PARTIE DE LA CONVENTION DÈS LE COMMENCEMENT DE LA SESSION.

ÉVÊQUES.

Ain. — Royer, ancien curé de Chavannes, membre de l'Assemblée constituante.

Alpes (Hautes-). — Cazeneuve, ancien chanoine de la cathédrale de Gap, et maire de cette ville.

Calvados. — Fauchet, membre de l'Assemblée législative.

Cantal. — Thibault, ancien curé de Souppes, membre de l'Assemblée constituante.

Creuse. — Huguet, membre de l'Assemblée législative.

Doubs. — Seguin.

Drôme. — Marbos, ancien curé du Bourg-lez-Valence.

Eure. — Thomas-Lindet, ancien curé de Bernay, membre de l'Assemblée constituante.

Landes. — Saurine, membre de l'Assemblée constituante, prêtre du diocèse d'Oloron.

Loir-et-Cher. — Grégoire, ancien curé d'Embermesnil, membre de l'Assemblée constituante.

Marne (Haute-). — Wandelaincourt, ancien principal du collége de Verdun.

Mayenne. — Villars.

Meurthe. — Lalande.

Oise. — Massieu, ancien curé de Sergy, membre de l'Assemblée constituante.

Pyrénées (Basses-). — Sanadon.

Vienne (Haute-). — Gay-Vernon, membre de l'Assemblée législative, ancien curé de Compreignac.

Les seize évêques, membres de la Convention, furent tous élus par les départements dont les électeurs les avaient, deux ans auparavant, revêtus des fonctions épiscopales après la promulgation de la constitution civile du clergé.

NOTES.

GRANDS VICAIRES ÉPISCOPAUX.

ARIÉGE. — Lakanal, ancien oratorien, vicaire général de l'évêque de Pamiers.

CORSE. — Moltedo, vicaire général de l'évêque d'Ajaccio.

LOIR-ET-CHER. — Chabot, ancien capucin, vicaire général de l'évêque de Blois, membre de l'Assemblée législative.

MARNE (HAUTE-). — Roux, vicaire général de l'évêque de Langres.

NIÈVRE. — Goyre-Laplanche, ancien bénédictin, vicaire général de l'évêque de Nevers.

PAS-DE-CALAIS. — Daunou, ancien oratorien, vicaire général de l'évêque de Paris.

RHIN (BAS-) Simond, vicaire général de l'évêque de Strasbourg.

MORBIHAN. — Audrein, ancien sous-principal du collége de Louis-le-Grand, vicaire général de l'évêque de Vannes, membre de l'Assemblée législative.

Au total, 8 vicaires généraux.

CURÉS ET SIMPLES PRÊTRES.

DRÔME. — Colaud de la Salcette, chanoine de Die, membre de l'Assemblée constituante.

EURE-ET-LOIR. — Chasles, chanoine de Chartres et maire de Nogent-le-Rotrou.

GARONNE (HAUTE-) — Drulhe, curé à Toulouse.

GERS. — Ichon, prêtre supérieur de la maison de l'Oratoire à Condom, membre de l'Assemblée législative.

INDRE-ET-LOIRE. — Ysabeau, prêtre de l'Oratoire, curé de Saint-Martin de Tours.

LOIRE-INFÉRIEURE. — Villers, prêtre. — Fouché, prêtre de l'Oratoire.

LOT-ET-GARONNE. — Paganel, curé de Noaillat, membre de l'Assemblée législative.

MARNE (HAUTE-). — Monnel, curé de Valdelancourt, membre de l'Assemblée législative.

NORD. — Poultier, ancien bénédictin.

Oise. — Coupé, curé de Sermaise, membre de l'Assemblée législative.
Orne. — Plat-Beauprey, prêtre.
Pas-de-Calais. — Duquesnoy, ancien moine, membre de l'Assemblée législative.
Puy-de-Dôme. Gibergues, prêtre à Saint-Floret, membre de l'Assemblée législative. — Monestier, curé de Saint-Pierre de Clermont.
Sarthe. — Sieyès, ancien vicaire général de l'évêque de Chartres, membre de l'Assemblée constituante.
Seine-Inférieure. — Ruaut, curé d'Yvetot.
Seine-et-Marne. — Bailly (de Juilly), prêtre de l'Oratoire.
Seine-et-Oise. — Bassal, prêtre de la congrégation de la Mission, curé à Versailles, membre de l'Assemblée législative.
Vendée. — Musset, curé de Falleron, membre de l'Assemblée législative.

Au total, 18 curés ou simples prêtres.

MINISTRES PROTESTANTS.

Aube. — Rabaut-Saint-Étienne, membre de l'Assemblée constituante.
Aveyron. — Bernard Saint-Affrique.
Gard. — Rabaut-Pommier.
Garonne (Haute-). — Julien (de Toulouse).
Lot. — Jean-Bon Saint-André.
Rhin (Bas-) — Dentzel.
Tarn. — La Source, membre de l'Assemblée législative.

Au total, 7 ministres protestants.

IV

RÈGLEMENT DE LA CONVENTION NATIONALE

ET ORGANISATION DES COMITÉS.

(Voir page 72.)

I.

RÈGLEMENT.

Sur la motion de Lanjuinais, la Convention avait décrété, le 22 septembre au soir, la création d'une commission pour préparer un règlement et en même temps la distribution du travail législatif entre différents comités. Par le fait, il y eut deux commissions, l'une chargée de la confection du règlement, l'autre de l'organisation des comités.

La première était composée de Guyton-Morveau, Lanjuinais, Jean Debry et Léonard Bourdon. Ce dernier en fut le rapporteur; il ne présenta pas son travail en un seul et même rapport, mais il soumit successivement au vote de l'Assemblée une série de chapitres et d'articles qui furent adoptés dans diverses séances des mois de septembre, d'octobre et de novembre 1792. Ils se trouvent épars dans les procès-verbaux imprimés de la Convention.

Ce règlement était en majeure partie calqué sur celui de la Législative, qui lui-même était calqué sur celui de la Constituante. Il nous paraît inutile de reproduire ici celles de ses dispositions qui ont été pour ainsi dire stéréotypées dans tous les règlements parlementaires faits depuis 1789 jusqu'à nos jours.

Nous n'insisterons que sur les articles spéciaux à l'Assemblée conventionnelle et particulièrement sur ceux qui subirent les violations les plus fréquentes et les plus solennelles.

Le chapitre Ier est consacré à la *constitution du bureau*. Il y avait un président et six secrétaires. Le président était élu par appel nominal à la majorité absolue des voix; il ne pouvait occuper le fauteuil que durant quinze jours et n'était rééligible qu'après l'intervalle d'une quinzaine [1].

Quand le président se trouvait empêché ou désirait descendre à la tribune, le dernier des ex-présidents montait au fauteuil; il n'y avait point de vice-présidents [2].

Les secrétaires devaient être renouvelés par moitié tous les quinze jours, ils étaient élus à la pluralité relative des voix. Pour les élections des membres du bureau, comme du reste dans toutes les occasions où il était réclamé, l'appel nominal se faisait par département d'après un roulement qui devait s'opérer successivement en suivant les lettres de l'alphabet. Le vote avait lieu à haute voix; il était souvent motivé, surtout dans les occasions solennelles.

L'ordre de la salle fait l'objet du chapitre II.

Il ne devait y avoir par jour qu'une séance, ne durant pas moins de six heures, et qui devait s'ouvrir à neuf heures du

---

1. Depuis l'ouverture de la Convention jusqu'à la mort de Louis XVI, neuf présidents différents se succédèrent :

Du 21 septembre au 5 octobre. . . .	Pétion.
Du 5 octobre au 19.	J. P. Lacroix.
Du 19 octobre au 1er novembre. . . .	Guadet.
Du 1er novembre au 16.	Hérault-Séchelles.
Du 16 novembre au 30.	Grégoire.
Du 30 novembre au 14 décembre. . .	Barère.
Du 14 décembre au 28.	Defermont.
Du 28 décembre au 11 janvier. . . .	Treilhard.
Du 11 janvier au 24.	Vergniaud.

2 Durant la première quinzaine de la session conventionnelle, comme il ne pouvait encore y avoir d'ex-président, il fut créé pour cette fois seulement un vice-président. Ce fut à Condorcet que fut décerné cet honneur; mais la faiblesse de son organe fit probablement reconnaître qu'il était peu propre à remplir ce rôle; il ne succéda pas à Pétion au fauteuil de la présidence, ce fut Lacroix qui fut élu.

matin. Le président pouvait toujours, si les circonstances l'exigeaient faire des convocations extraordinaires. Douze membres devaient être nommés chaque jour pour rester dans l'intervalle de la séance de la veille à celle du lendemain, prêts à ouvrir les dépêches adressées à l'Assemblée et à la convoquer s'il était nécessaire.

En fait les procès-verbaux montrent que les séances ne commençaient jamais avant dix heures du matin et ne se terminaient ordinairement pas avant cinq heures de l'après-midi. Quant aux séances extraordinaires tenues le soir, il y en eut souvent jusqu'au 31 mai 1793, époque à laquelle la proscription des Girondins rendit le côté droit presque désert et imposa silence aux centres. Les séances du soir se prolongeaient souvent fort avant dans la nuit et étaient en général plus tumultueuses que celles du matin.

La séance ne pouvait être ouverte que si deux cents membres étaient présents; en cas de doute, on devait s'assurer du nombre des présents au moyen d'un appel nominal. Chaque séance commençait par la lecture du procès-verbal et des lettres des commissaires aux armées, des ministres, des généraux; toutes les communications officielles devaient être renvoyées sans discussion aux comités, à moins que l'Assemblée ne voulût, par exception, en décréter la discussion immédiate. Aucune lettre particulière ne devait être lue dans les séances ordinaires. Le bordereau des dons patriotiques devait être proclamé tous les dimanches immédiatement après l'adoption du procès-verbal et la lecture des lettres officielles. Les membres qui avaient à communiquer à la Convention quelques objets relatifs à leurs départements avaient la parole pour en faire l'exposé sommaire; les motions incidentes pouvaient se produire jusqu'à midi; mais, à partir de ce moment, lisons-nous à l'article 6, « l'ordre du jour indiqué la veille sera commencé; on ne pourra l'interrompre, à moins que, pour des objets d'un intérêt majeur et pressant, l'Assemblée n'en décrète l'interruption. » L'exception, dès les premiers temps, devint la règle et sans cesse l'ordre du jour se trouva troublé en vertu d'un décret spécial ou simplement en violation du règlement.

La barre était réservée aux citoyens ayant des pétitions à

faire et à ceux qui étaient appelés ou admis devant l'assemblée. La majeure partie des tribunes était ouverte indistinctement à tous les citoyens; quelques-unes étaient cependant réservées aux citoyens des départements et aux étrangers. Une place spéciale était marquée pour les députés suppléants, les députations et les pétitionnaires admis aux honneurs de la séance[1]. Tout étranger qui s'introduisait dans la salle pendant la séance devait être mis en état d'arrestation. Le président était autorisé à prononcer contre les délinquants de cette espèce la peine de la prison pendant trois jours, pour la première fois, et d'un mois pour la seconde.

Les membres de la Convention étaient tenus de rester en place et assis, de laisser toujours le bureau et la tribune complétement libres. (Art. 7.) Si l'un d'eux troublait l'ordre, il y était rappelé par le président; s'il continuait, il pouvait être inscrit nominativement au procès-verbal avec censure, exclu de la séance par décret, mis aux arrêts et même emprisonné. (Art. 12 et 13.)

Toutes les précautions étaient prises, au chapitre III, afin que tout tumulte pût être prévenu et au besoin réprimé, afin que chacun parlant à son tour d'inscription, l'un pour l'autre, contre l'objet en discussion, les délibérations eussent lieu dans l'ordre le plus parfait.

En vertu de l'article 9 « *toutes personnalités étaient défendues.* » On a pu voir, en lisant le volume, et on verra en lisant les suivants, combien cet article fut peu observé dès l'ouverture de la session conventionnelle. Les personnalités et les violents débats qu'elles suscitent remplissent au moins la moitié des comptes rendus des séances de la Convention.

Le chapitre IV, sur les *motions,* ne contient rien que d'ordinaire sur la présentation, l'ordre de discussion, la division, l'amendement, le sous-amendement, le retrait des propositions, ainsi que sur la question préalable. Aucun orateur ne pouvait

---

1. Le 27 octobre, sur la motion de Vergniaud, la Convention nationale décréta que tout citoyen mandé à la barre ne pourrait être admis aux honneurs de la séance qu'il n'eût été acquitté, par un décret, sur l'objet en raison duquel il avait été mandé. — (*Journal des Débats et Décrets*, n° 38, p. 705.)

se faire entendre plus de deux fois sur la même motion. Le vote avait lieu par assis et levé, et seulement dans le cas d'une majorité indécise, par appel nominal. Les propositions relatives à la constitution ou à la législation ne devaient être décrétées qu'après avoir été mises deux fois et à deux jours différents en discussion. (Art. 14.) La seconde délibération ne pouvait commencer qu'après que la motion avait été imprimée et annoncée à l'ordre du jour.

Dans les chapitres VI et VII relatifs *aux procès-verbaux et aux comités* on trouve les prescriptions habituelles sur la rédaction des procès-verbaux par chaque secrétaire à tour de rôle, leur impression immédiate, celle des rapports et projets; l'expédition au pouvoir exécutif et l'envoi aux départements des lois et adresses. Les lois devaient être expédiées dans les trois jours.

Personne ne pouvait faire partie de deux comités à la fois[1]. Lorsque des commissions particulières devaient être nommées, elles ne pouvaient l'être que par l'Assemblée directement, jamais par les comités[2]. (Art. 2, ch. VII.)

Les chapitres V et VIII sont beaucoup plus importants. C'est là que se trouvent accumulées toutes les précautions, au moyen desquelles la Convention naissante essayait de se soustraire à ce joug brutal des pétitionnaires armés et des tribunes que l'Assemblée législative avait subi avec tant de honte. Bien vaines étaient ces précautions, car l'émeute envahit plus d'une fois la Convention, et jamais les spectateurs, jamais les tricoteuses de Robespierre ne purent être réduits au silence. La populace, plus souveraine que l'Assemblée, ne profitait pas,

---

1. Tantôt cette prescription fut observée, tantôt elle ne le fut pas. Nous voyons figurer dans l'almanach de 1793 le nom du même membre dans deux comités différents; mais, aux occasions solennelles et notamment pour la formation du comité de constitution, pour celle de la fameuse commission des douze instituée quelques jours avant le 31 mai, cet article du règlement reçut son application.

2. Il arrivait quelquefois que des commissions étaient nommées ou que des adjonctions à des commissions déjà formées étaient faites par le président en vertu d'une délégation formelle de la Convention. Dans ce cas il soumettait ses choix à la ratification de l'Assemblée. (Voir notamment, p. 128 de ce volume.)

comme avant le 10 août, du silence des lois, mais violait sciemment et impudemment une loi que ses auteurs étaient incapables de faire respecter.

Voici textuellement les dispositions principales de ces chapitres du règlement de la Convention :

« Chapitre V. *Des Députations et Pétitions.*

« Art. 1ᵉʳ. La séance du dimanche sera particulièrement consacrée à entendre les députations et les pétitions à la barre.

« Art. 2. La Convention nationale, comptable de tous ses moments à la nation entière, ne peut permettre à aucune troupe particulière de citoyens armés de défiler dans la salle de ses séances; mais, suivant les circonstances, elle enverra des commissaires pour recevoir leurs hommages au nom des représentants du peuple.

« Art. 3. La Convention ne recevra désormais aucune députation qui n'aurait pour objet que de lui adresser des compliments et des félicitations; mais toutes les adresses de ce genre seront annoncées par les secrétaires.

« Art. 4. Les députations qui, pour des objets d'intérêt général ou particulier, désireraient obtenir la parole, seront tenues de faire passer au président la copie ou un extrait de leur adresse, et, sur le compte qui en sera rendu à l'Assemblée, elle décidera ou de l'admission ou du renvoi aux comités compétents. Il en sera usé de même à l'égard des pétitions.

« Art. 6. Les comités seront tenus, lorsque les pétitions auront pour objet des réclamations particulières, d'en rendre compte dans la huitaine.

« Art. 7. Le rapport de ces objets particuliers et des autres non compris dans l'ordre du jour sera renvoyé au jeudi, à moins que l'Assemblée ne le juge d'un intérêt trop pressant pour en différer la décision. »

« Chapitre VIII. *Des Tribunes.*

« Art. 1ᵉʳ. Aussitôt l'ouverture de la séance et jusqu'à ce qu'elle soit levée, les citoyens assistants se tiendront assis et découverts; ils auront soin de garder et de faire observer entre eux le silence nécessaire à la tranquillité des délibérations, et généralement de porter aux représentants du souverain le respect dû à leurs fonctions et de conserver le calme commandé par les grands intérêts de l'État.

« La Convention nationale compte à cet égard sur le patriotisme et la sagesse des citoyens ; elle leur rappelle qu'ils ne peuvent honorer leurs représentants sans s'honorer eux-mêmes.

« Art. 2. S'il arrivait que quelqu'un ou plusieurs individus troublassent les délibérations, ils seront considérés comme perturbateurs à dessein et comme tels punis ainsi qu'il suit, et d'après la gravité des infractions : 1° exclus des tribunes par leurs inspecteurs ; 2° mis en prison pour vingt-quatre heures sur l'ordre du président ou des commissaires inspecteurs de la salle ; 3° condamnés depuis trois jours jusqu'à un mois de détention par l'Assemblée.

« Tous les articles du règlement étant obligatoires, il est du devoir de chacun d'en réclamer l'exécution.

II.

COMITÉS.

Osselin, Hérault-Séchelles, Mathieu et Defermont avaient été chargés de dresser le tableau des comités à créer. Plus tard, sans doute, Gossuin leur fut adjoint, car ce fut sur son rapport que la Convention décréta le 2 octobre l'organisation des comités.

« Il sera placé, était-il dit dans ce décret, une boîte aux deux entrées principales de la salle ; chaque député y déposera un billet contenant son nom et la désignation du comité auquel il se croira propre, en observant de mettre autant de billets qu'il désignera de comités. Les boîtes seront ouvertes vendredi, 3 de ce mois, à midi ; la liste des candidats sera imprimée et distribuée samedi matin ; il sera procédé à la nomination de chaque comité, d'après l'ordre qui sera distribué demain avant la séance [1]. »

Le 25 octobre, il fut décrété que les comités seraient renou-

---

1. *Journal des Débats et Décrets*, n° 13, p. 219.

velés par moitié deux mois après le jour de leur formation [1]. Ce décret fut rendu à la suite d'une motion de J.-B. Louvet dont nous avons retrouvé la minute.

« *Du 22 octobre.*

« La Convention nationale décrète que dans trois jours les comités qui, aux termes de son règlement, doivent être renouvelés tous les deux mois, tireront au sort, que les résultats seront remis aux commissaires de la salle qui les feront imprimer sur deux colonnes, celle des membres restants, celle des membres sortants; autorise les comités à mettre sur la liste des sortants ceux qui ne se sont pas rendus avec exactitude à leurs comités; ordonne qu'il sera formé une liste générale de candidats et qu'il sera ensuite procédé au renouvellement par moitié de chaque comité suivant l'ordre dans lequel ces comités ont été formés.

« JEAN-BAPTISTE LOUVET, secrétaire. »

Par un décret rendu le 6 novembre [2], sur la proposition de Goupilleau, amendée par Lanjuinais; « chaque comité fut autorisé à faire imprimer et distribuer les projets de décrets sur les questions générales ou particulières qu'il aurait résolu de faire présenter en son nom, et même les rapports lorsqu'ils concerneraient des questions générales. La discussion ne pouvait commencer que deux jours après celui de la distribution. »

L'organisation primitive telle qu'elle fut décrétée le 2 octobre comprenait vingt et un comités [3].

1° *Le comité de constitution* [4], dont les neuf membres étaient:

Sieyès,	Barère,
Th. Payne,	Danton,
Brissot,	Condorcet,
Pétion,	Gensonné.
Vergniaud,	

---

1. *Journal des Débats et Décrets*, n° 36, p. 671
2. *Ibid.*, n° 48, p. 93.
3. *Ibid.*, n° 14, p. 243.
4. Le comité de constitution avait été établi par un décret spécial du

2° *Le comité diplomatique* dont les neuf membres étaient :

Grégoire,
Anacharsis Clootz,
Brissot,
Rewbell,
Charles Villette,
Guadet,
Guyton-Morveau,
Kersaint,
Carnot.

3° *Le comité militaire*, composé de vingt-quatre membres et divisé en deux sections, *guerre* et *armes*, et dont les principaux membres étaient :

Lacroix,
Letourneur (de la Manche),
Dubois-Crancé,
Gasparin,
Lacombe Saint-Michel,
Milhaud,
Merlin de Douai,
Bellegarde,
Carnot,
Delmas,
Sillery,
Albitte,
Fabre-d'Églantine,
Duquesnoy,
Coustard.

4° *Le comité de surveillance et de sûreté générale*, composé de trente membres ; les principaux étaient :

Hérault-Séchelles,
Bazire,
Delaunay (d'Angers),
Fauchet,
Maribon-Montaud,
Rovère,
Ruamps,
Kervélégan,

20 septembre qui portait « qu'il devait présenter son projet en masse, le faire imprimer et distribuer et se dissoudre à l'instant même. » Sur la motion de Barère, le décret suivant, tout à fait conforme à ceux qu'avait, en 1789, rendus la Constituante, fut adopté par la Convention :

« *Du 19 novembre.*

« Sur la demande du comité de constitution, la Convention nationale invite tous les amis de la liberté et de l'égalité à lui présenter en quelques langues que ce soit les plans et les moyens qu'ils croiront propres à donner une bonne constitution à la république française.

« Autorise son comité de constitution à faire traduire et publier par la voie de l'impression les ouvrages qui seront envoyés à la Convention nationale. »

Couppé,
Ingrand,
Chabot,
Lavicomterie,
Manuel,
Vardon,

Grangeneuve,
Cavaignac,
Bernard (de Saintes),
Tallien,
Drouet.

5° *Le comité de législation civile et criminelle*, composé de quarante-huit membres et subdivisé en huit sections. Les principaux membres étaient :

Garran-Coulon,
Mailhe,
Guadet,
Couthon,
Lanjuinais,
Vergniaud,
Louvet,
Thuriot,

Barère,
Osselin,
Lepelletier de Saint-Fargeau,
Delaunay jeune,
Robespierre,
Cambacérès,
Vadier.

6° *Le comité d'instruction publique*, composé de vingt-quatre membres ; les principaux étaient :

David,
Dussaulx,
Arbogast,
Chénier,
Romme,

Mercier,
Durand-Maillane,
Léonard Bourdon,
Fouché,
Buzot.

7° *Le comité des finances*, composé de quarante-deux membres et qui se subdivisait en quatre ou cinq sections. Les principaux étaient :

Cambon,
Camus,
Defermont,
Osselin,
Treilhard,
Fouché,

Mallarmé,
Ramel,
Jacob Dupont,
Cussy,
Mazuyer.

NOTES.

Les autres comités étaient ceux :

8° Des décrets.	9	membres.
9° Des pétitions et de la correspondance.	24	—
10° Des inspecteurs de la salle, du secrétariat et de l'imprimerie.	18	—
11° Des procès-verbaux, des renvois et des expéditions.	6	—
12° Des secours publics.	24	—
13° De division [1].	24	—
14° D'agriculture.	24	—
15° Du commerce.	24	—
16° Des domaines.	24	—
17° De liquidation.	24	—
18° De l'examen des comptes	15	—
19° De la marine.	18	—
20° Des colonies.	12	—
21° Des archives.	3	—

Cette organisation des comités ne comprenait que 418 membres, c'est-à-dire un peu plus de la moitié de la Convention, composée de 749 députés.

Il y avait enfin *la commission centrale* composée d'un membre de chaque comité chargée de présenter chaque jour, un tableau du travail de l'Assemblée divisé en deux parties; dans la première, devaient être inscrites les affaires dites d'expédition qui ne pouvaient être traitées que jusqu'à midi; dans la seconde devaient être portés les travaux invariables dont l'Assemblée devait être occupée depuis midi jusqu'à la fin de la séance.

---

1. Le comité de division était chargé de tout ce qui était relatif à la division de la France en départements, districts et communes.

V

LES VIERGES DE VERDUN

ET LEURS COMPAGNONS D'INFORTUNE.

(Voir page 148.)

La mort des vierges de Verdun est l'un des épisodes les plus célèbres de l'histoire de la Terreur. Les poëtes l'ont chanté maintes fois, mais chez la plupart des historiens de la Révolution il n'a obtenu qu'une mention très-sommaire. Ce ne fut qu'en 1854 qu'une polémique sérieuse s'engagea à ce sujet entre le célèbre statuaire David (d'Angers) et le savant et spirituel rédacteur du *Journal des Débats,* M. Cuvillier-Fleury. Par une singulière aberration de l'esprit de parti, David (d'Angers) avait fait insérer, dans l'*Almanach du Peuple,* une note où le ridicule et la dérision étaient deversés à pleines mains sur ces malheureuses jeunes filles et sur ceux qui avaient donné des larmes à leur mémoire. On y prétendait, entre autres choses, que la plus jeune de ces intéressantes victimes avait au moins quarante ans. Les faits furent rétablis dans toute leur vérité et dans toute leur exactitude par M. Cuvillier-Fleury, à l'aide de documents authentiques, dont plusieurs lui avaient été communiqués par les parents mêmes de l'une des jeunes filles qui, comme nous le verrons plus loin, avait survécu au meurtre de toute sa famille [1].

---

[1]. Les pages éloquentes par lesquelles M. Cuvillier-Fleury a vengé la mémoire des jeunes filles de Verdun se trouvent dans le deuxième volume de ses *Portraits politiques et révolutionnaires*.

L'honorable rédacteur du *Journal des Débats* a singulièrement simplifié notre tâche; aussi, nous contenterons-nous de réunir dans un récit rapide ce que les conditions de la polémique l'ont obligé à scinder en plusieurs articles. Nous pourrons seulement corroborer ses assertions par la production de plusieurs pièces inédites que nous avons exhumées de la poussière des greffes, où gît depuis soixante-dix ans la volumineuse procédure qui se termina par le sanglant holocauste du 5 floréal an II.

Nous ne reviendrons ni sur la prise de Verdun (2 septembre 1792) ni sur la réoccupation de cette place (14 octobre suivant). Nous en avons parlé p. 140 et 169 de ce volume; nous reprendrons donc notre récit au lendemain même de ce dernier événement.

Une commission fut formée par les soins des représentants du peuple pour (ce sont les termes de l'arrêté de nomination) « rechercher les ennemis de la Révolution et de la République. » Un grand nombre de personnes connues par leurs opinions royalistes furent jetées en prison, et tous les bons citoyens furent invités, par affiche et à son de trompe, à dénoncer les auteurs, fauteurs et complices des crimes commis contre l'État.

Le président de cette commission était Sommellier, ancien moine defroqué, alors vicaire de l'évêque constitutionnel; devenu peu de temps après procureur syndic du district de Verdun, il fut poursuivi pour malversation et obligé de prendre la fuite. Le secrétaire était un nommé Madin, homme de loi du plus bas étage, dont une lettre citée plus loin, nous révèlera le style et le caractère. Les autres membres étaient : Neucourt, marchand chapelier; Pointurier, professeur; Alès, professeur de mathématiques; Lecoq, avoué; Thiéry, professeur; Dauphin, Mettry fils, Morlet, Simon Pons, Buvignier jeune, dont nous ignorons les professions[1].

---

1. L'arrêté énonce les noms de deux autres individus, Collignon et Sauveaux, mais ils ne se retrouvent dans aucun des procès-verbaux officiels que nous avons eus entre les mains; en revanche nous avons trouvé, dans ces procès-verbaux, les noms des sieurs Lessen et Deveinturier qui probablement remplacèrent Collignon et Sauveaux absents ou non acceptants.

De nombreux témoins comparurent devant la commission ; beaucoup d'entre eux professaient des opinions qui ne pouvaient être suspectes, puisque le président *les adjurait au nom de la République auquel on les savait attachés*, de dire toute la vérité. L'interrogatoire des témoins, comme celui des personnes arrêtées, roula en grande partie : 1° sur le compliment que l'on disait avoir été adressé au roi de Prusse à son entrée à Verdun, et dont le texte avait été inséré au *Moniteur* du 5 octobre précédent ; 2° sur le bal qui, prétendait-on, avait été donné aux officiers de l'armée envahissante ; 3° sur la députation composée de jeunes filles appartenant aux premières familles de Verdun et que l'on disait avoir été processionnellement au camp féliciter le roi Guillaume [1].

Pas un seul témoin ne put indiquer qui avait rédigé ou prononcé le compliment qu'une main officieuse avait envoyé au *Moniteur*. Personne ne put dire ni quand, ni où le bal prétendu

---

[1]. Fait remarquable : les habitants de Longwy, plus heureux que ceux de Verdun, ne furent l'objet d'aucune poursuite à raison de l'envoi ou de la présentation d'une adresse au roi de Prusse. Et pourtant, l'existence de l'adresse verdunoise était prouvée uniquement par son insertion au *Moniteur*, sans date, sans signatures, sans détails d'aucune sorte; celle de Longwy avait, au contraire, tous les caractères de l'authenticité, puisqu'elle se trouvait comprise parmi les pièces officielles expédiées à la Convention aussitôt après la retraite de l'ennemi. (Nous donnons ce document note VII de ce volume.)

Comme nous l'avons dit, page 129 du tome III, en recevant la nouvelle de la prise de Longwy, la Législative avait décrété que toutes les maisons de la ville « rendue ou livrée » seraient, aussitôt qu'elle serait « rentrée au pouvoir de la nation, » détruites et rasées, à l'exception des monuments publics; que tous les habitants, réputés infâmes et traîtres, seraient à jamais indignes d'exercer les droits des citoyens français, etc. La Convention oublia complètement de faire exécuter ce décret; les maisons restèrent debout, les habitants recouvrèrent facilement leurs droits civiques, pas un seul ne fut traduit devant une cour martiale, pas un seul ne fut exécuté.

Verdun n'avait pas été l'objet d'un semblable anathème, aucune loi spéciale n'avait été fulminée contre ses habitants. Néanmoins, comme nous le racontons dans les pages qui suivent, la Convention se montra à l'égard des Verdunois, réputés complices des envahisseurs, aussi implacable qu'elle fut indulgente à l'égard des citoyens de Longwy. Une telle partialité étonne d'autant plus qu'elle ne s'explique pas. En vain en avons-nous recherché les motifs; sans doute, il n'y en avait pas. La vengeance a ses hasards.

avait été donné. Quant au fait relatif à la procession de jeunes filles vêtues de blanc et parées d'habits de fête, il avait été complétement dénaturé. L'enquête constata que beaucoup de personnes étaient allées au camp par groupes différents et à des jours divers, mais que le roi de Prusse n'avait reçu aucune députation officielle, qu'il n'avait parlé qu'à une seule dame nommée madame Bonviller-Catoire. Celle-ci avoua que le monarque prussien lui avait demandé s'il y avait comédie à Verdun, et qu'elle avait répondu négativement ; à cela s'était bornée toute la conversation. Il fut reconnu par une dame Mongaut de la Lance, qu'un panier de dragées avait été acheté par elle, porté au camp avec l'intention de l'offrir au roi de Prusse ou à ses officiers, mais que cette intention n'avait pas même été mise à exécution. Enfin, les demoiselles Watrin, jeunes et intéressantes orphelines, reconnurent avoir remis une somme de quatre mille livres à un ancien ami de leur famille, M. de Rodès, ex-président du parlement de Metz, qui était rentré avec les émigrés, et qui se trouvait dans le plus grand dénûment.

Toute l'instruction fut envoyée à Paris au comité de sûreté générale, et, le 7 janvier 1793, Cavaignac, organe de ce comité, fit un long rapport dans lequel il constatait lui-même l'impossibilité de la défense de Verdun « place démantelée et à peine tenable, » déclarait que les habitants de cette ville n'avaient pas démérité de la patrie, et concluait cependant : 1° à la mise en accusation de Neyon, commandant de la place, et de plusieurs autres officiers y résidant ; des gendarmes nationaux qui avaient continué leur service pendant l'ocupation des Prussiens, de l'ancien évêque Desnos et d'un certain nombre de prêtres, qui, sur sa demande et celle des autorités constituées, avaient repris leurs fonctions ecclésiastiques ; 2° au renvoi devant le tribunal criminel de la Meuse des individus qui s'étaient portés en attroupement à l'hôtel de la Commune pour presser la capitulation, et des femmes qui avaient été au camp haranguer le roi de Prusse et lui offrir des présents.

Relativement à ces dernières, le rapporteur s'exprimait ainsi :

« Jusqu'ici le sexe en général a hautement insulté à la liberté. La prise de Longwy fut célébrée dans un bal scandaleux. Les flammes qui embrasaient Lille éclairaient aussi des danses et des jeux. Ce sont les femmes surtout qui ont provoqué l'émigration des Français; ce sont elles qui, d'accord avec les prêtres, entretiennent l'esprit de fanatisme dans toute la République et appellent la contre-révolution.

« Cependant, citoyens, c'est aux mères que la nature et nos usages ont confié le soin de l'enfance des citoyens, cet âge où leur cœur doit se former pour toutes les vertus civiques. Si vous laissez impuni l'incivisme des mères, elles l'inspireront à leurs enfants, elles leur prêcheront d'exemple la haine de la liberté et l'amour de l'esclavage.

« Il faut donc que la loi cesse de les épargner, et que des exemples de sévérité les avertissent que l'œil du magistrat les surveille, et que le glaive de la loi est levé pour les frapper si elles se rendent coupables [1]. »

Le décret proposé par le comité de sûreté générale fut adopté avec quelques modifications par la Convention, le 9 février 1793, et transcrit sur les registres du tribunal criminel de la Meuse, séant à Saint-Mihiel, le 16 février suivant.

Le tribunal ne se pressa nullement de faire le procès aux accusés de la première catégorie, et encore moins à ceux de la

---

[1]. Dans ce rapport Cavaignac avait signalé madame Bonviller comme étant la personne sur qui devait principalement incomber la responsabilité de la visite au camp prussien. Le président de la commission d'enquête, Sommellier, s'empressa de démentir cette partie du rapport de Cavaignac dans deux lettres adressées l'une à Cavaignac, l'autre à Mme Bonviller elle-même.

« *Au citoyen Cavaignac rapporteur du comité de sûreté générale et de surveillance.*

« Verdun, le 10 janvier 1793, l'an second de la République.
« Citoyen,
« Une erreur s'est glissée dans le rapport fait à la Convention nationale sur la ville de Verdun; il y est dit que la citoyenne Bonviller a harangué le roi de Prusse au camp de Bras, à la tête des femmes qui ont été lui offrir des dragées.

« Dans le moment où il a été fait information sur tous les faits relatifs à la reddition de la place et au séjour des ennemis sur le territoire de la république, j'étais président de la Commission municipale et, en cette qualité, j'ai fait prêter presque toutes les interrogations aux citoyens inculpés et pré-

deuxième; les femmes et les jeunes filles qui avaient été arrêtées en octobre 1792, par les ordres de la commission présidée par Sommellier, étaient détenues dans l'ancien couvent de Saint-Maur, à Verdun; elles furent, à la suite du décret de février, transférées à Saint-Mihiel et placées dans le couvent des Annonciades de cette ville, mais elles y restèrent près d'un an sans que l'on s'occupât d'elles. Ce ne fut qu'au commencement de frimaire an II, que les pièces de l'instruction faite par les soins de la commission de Verdun, furent demandées par l'accusateur public.

Le secrétaire Madin les lui envoya, le 10 de ce mois (30 novembre 1793). La lettre d'envoi est un monument de cynisme capable à lui seul de caractériser toute une époque. Nous en extrayons ce qui a trait aux jeunes filles que le facétieux jacobin désigne sous le nom de *guillemettes* par allusion à la visite qu'elles avaient faite au camp de Frédéric Guillaume.

« A l'égard de nos belles guillemettes qui ont été en robes détroussées faire leur cour au tyran prussien, et qui, pour procurer sans doute à ses intestins royaux un purgatif salutaire contre les atteintes poignantes de la dyssenterie, ont eu la précaution charitable de porter une bonne dose de pilules sucrées, je me suis assuré que les plus notables de ces *vénérables ma-*

venus; dans le cours de ce travail, je n'y ai rien trouvé capable d'autoriser l'assertion du fait reproché à la citoyenne Bonviller qui, à la vérité, a été au camp de Bras, mais dans une tout autre société que celle des donneuses de bonbons. L'hommage que je dois à la vérité m'engage à vous prier, citoyen, de vouloir bien éclairer la Convention sur cette erreur qui met l'innocent à la place du coupable et de rétablir l'exactitude des faits au moment où la discussion s'ouvrira sur votre rapport.

« Le procureur-syndic du district de Verdun,

« SOMMELLIER. »

« Je vous envoie, madame, copie de la lettre que j'ai écrite hier au membre du comité de surveillance, rapporteur de l'affaire de la ville de Verdun. Vous verrez que j'ai prévu les suites du désagrément que pouvait vous occasionner une inculpation que vous n'avez pas méritée; j'ai en cela rempli les devoirs de mon état et satisfait mon cœur.

« Je suis, madame, avec fraternité,

« Le procureur-syndic du district de Verdun,

« SOMMELLIER. »

trones ont été impitoyablement encagées par ordre du comité de surveillance, et qu'elles ont été transférées à Saint-Mihiel. De ce nombre sont les femmes et filles La Lance dite de Larue Mongaut, la femme Tabouillot et la femme Masson, *quatre vieilles laides,* qui, ne pouvant payer de leur personne, ont voulu payer de leur bourse. Ce sont elles qui paraissent avoir fait les frais des bonbons. Les trois filles Henry, la fille Tabouillot ont été de la fête, et composent avec les autres le groupe courtois qu'une vieille voiture et deux vieilles haquenées, appartenant à la femme La Lance de Montgaut, ont charroyé au camp prussien.

« Je dois t'avertir que tu trouveras dans les pièces l'aveu fait par deux jeunes ci-devant demoiselles nommées Anne Watrin et Louise-Henriette Watrin, qu'elles ont délié les cordons de leur petite bourse en faveur d'un robinocrate membre de l'émigraille, et que ces âmes complaisantes soupirent en ce moment dans la retraite pénitentielle de la maison de Saint-Mihiel. »

Sur ces entrefaites, le représentant du peuple, Mallarmé, arrive dans la Meuse pour y établir le gouvernement révolutionnaire, c'est-à-dire, en d'autres termes, pour y mettre à l'ordre du jour le régime de la terreur. Un de ses premiers soins est de s'informer de l'exécution du décret du 9 février. Il invite le tribunal de Saint-Mihiel à s'occuper sans retard des individus désignés comme coupables du crime de lèse-nation pour avoir livré la place de Verdun en 1792.

Les juges du tribunal criminel écrivent à la Convention pour lui demander de dresser elle-même l'acte d'accusation concernant les individus compris dans le décret du 9 février. Mais, en réponse à cette demande, le président reçoit la lettre suivante du ministre de la justice, Gohier :

« Paris, le 1er nivôse, de l'an second de la République.

Égalité, fraternité, liberté, ou la mort.

« Je n'ai pas cru, citoyen, devoir soumettre à la Convention nationale l'arrêté pris par ton tribunal, le 29 brumaire, pour en solliciter l'acte d'accusation contre les prévenus de la reddition de Verdun, et la faculté de se transporter dans cette commune pour procéder à leur jugement. Le décret du 9 février dernier porte, il est vrai, art. 4 : « L'information faite par « les commissaires municipaux provisoires, et les pièces qui y « sont jointes seront envoyées sans délai aux tribunaux compé- « tents, pour le procès être fait et parfait aux accusés qui y sont « dénoncés ; notamment à ceux qui se portèrent en attroupe- « ment à l'hôtel de la Commune, pour presser la capitulation, et « aux femmes qui furent au camp de Bras, haranguer le roi de « Prusse, et lui offrir des présents. » A cette époque, citoyen, les tribunaux de l'arrondissement étaient sans doute les juges naturels de cette affaire ; mais, depuis la loi du 10 mars et surtout celle du 11, on ne peut dire qu'ils aient conservé leur juridiction à cet égard. La première, en établissant un tribunal criminel extraordinaire à Paris, dit, art. 1er, qu'il connaîtra de toute entreprise contre la sûreté intérieure et extérieure de l'État, etc. La seconde décrète que tous les prévenus de délits dont la connaissance est attribuée au tribunal extraordinaire, et toutes les procédures qui ont été commencées à leur occasion, dans les différents tribunaux criminels de la République, et qui n'ont pas été jugés définitivement, seront renvoyés au tribunal criminel extraordinaire pour y être jugés. Ces textes ne laissent aucun doute sur la compétence exclusive du tribunal révolutionnaire, et ton tribunal sentira qu'il était impossible de présenter aux législateurs des propositions évidemment contraires, en même temps qu'il s'empressera de rétracter l'arrêté qui les contient. Tu voudras bien de ton côté mettre la plus grande activité dans l'arrestation des prévenus et dans leur translation à Paris ; j'ai déjà écrit, le 8 de ce mois, à la municipalité de Verdun de te désigner à cet effet tous ceux à qui on peut justement appliquer le décret du 9 février ; il est temps qu'il reçoive sa pleine et entière exécution ; il est temps que les traîtres de toute espèce soient solennellement punis ; l'exemple de leur châtiment sera d'autant plus utile, qu'il sera plus facilement et plus promptement connu de toute la République. Le tribunal révolutionnaire est déjà saisi des principales pièces relatives à cet infâme complot. Hâte-toi d'en faire l'envoi, ainsi que des personnes, sous bonne et sûre escorte ; de plus longs retards rendraient non-seulement suspects, mais encore coupables tous les fonctionnaires publics chargés de requérir et remplir les mesures nécessaires pour satisfaire au vœu du décret du 9 février dernier.

« Le ministre de la justice,

« GOHIER. »

Il n'y avait plus à hésiter; les magistrats qui avaient si longtemps laissé dormir cette affaire déploient une très-grande activité pour racheter le péché d'indulgence que l'on pouvait leur reprocher. Mais, comme tous les témoignages recueillis contre la plupart des accusés sont fort peu précis et fort peu concluants, le tribunal de Saint-Mihiel ordonne un supplément d'instruction et envoie deux de ses membres à Verdun procéder à de nouveaux interrogatoires et constater l'identité de certains prévenus. Le représentant du peuple, Mallarmé, profite de cette occasion pour prendre des informations sur plusieurs malheureuses femmes qui, détenues dans la prison de cette ville, sollicitaient depuis longtemps leur mise en liberté. On lui envoie la pièce suivante, accompagnée de plusieurs procès-verbaux [1] :

« Le conseil général de Verdun donne à l'agent national les renseignements suivants sur la conduite *politique* des pétitionnaires avant leur détention.

« La fille Croutte est une ivrogne dont le vin est très-dangereux, et l'a portée avant sa détention à tenir des bavardages qui annonçaient la folie.

« Les filles et femmes Gobert, Coveaux et Chenel sont des bavardes et faibles d'opinion. »

Que va faire Mallarmé contre des criminelles si dangereuses? Il prend l'arrêté suivant, qui serait burlesque s'il n'était terrible :

---

1. Toutes les pièces de la procédure qui sont émanées du tribunal criminel sont signées par le fameux Sauce, l'ancien procureur-syndic de la commune de Varennes, chez lequel Louis XVI et sa famille avaient reçu une si funeste hospitalité. La place de greffier du tribunal à Saint-Mihiel lui avait été donnée en récompense de sa conduite au 21 juin 1791.

« Le représentant du peuple près les départements de la Meuse et de la Moselle pour le gouvernement révolutionnaire, vu la demande des citoyennes femmes Gobert, Coveaux, Chenel et Croute, tendant à obtenir leur liberté...

« Considérant que des renseignement pris il résulte que :

1º la fille Croutte est accusée de s'être servi de termes très-injurieux contre les défenseurs de la patrie, en les qualifiant de crapauds bleus, de scélérats, etc.;

« 2º Les filles Chenel, Gobert et Coveaux, d'être anti-civiques, d'avoir montré des sentiments contraires à la Révolution et de les avoir inspirés aux enfants qu'elles élevaient[1];

« Considérant que l'affermissement de la République française, le règne de la liberté et de l'égalité ne peuvent se consolider et reposer sur des bases fermes et durables qu'après avoir anéanti et livré au glaive de la justice nationale tous ceux qui, soit par leurs propos, soit par leurs actions, font tous leurs efforts pour retarder la marche de la révolution;

« Arrête que la fille Croutte sera traduite devant le tribunal révolutionnaire de Paris, pour être jugée conformément à la loi;

« Que la femme Gobert et les filles Coveaux et Chenel resteront en état d'arrestation jusqu'à ce qu'elles aient été jugées par les commissions populaires, etc. »

Les démagogues, on le voit, étendaient leurs rigueurs sur les classes les plus infimes de la société; le moindre propos, sorti non pas d'une bouche aristocratique, mais proféré par des filles des rues ou des femmes sans importance, était puni de mort, ou tout au moins d'une détention illimitée.

En vertu de cet arrêté, la procédure dirigée contre la fille Croutte fut réunie à celle que l'on avait instruite contre les femmes et les jeunes filles accusées d'avoir livré Verdun. Dans la seconde comme dans la première enquête, on n'avait pu réunir contre elles que des déclarations extrêmement vagues. Voici le plus précis de ces témoignages. Il émane du voiturier qui avait

---

1. C'étaient des gardiennes d'enfants de trois à huit ans. Voir le procès-verbal de l'agent national de Briey, envoyé par Mallarmé près le conseil général de Verdun.

conduit le chariot que, dans la procédure, on avait décoré du nom de char de triomphe.

COMITÉ DE SURVEILLANCE DE LA COMMUNE DE VERDUN.

« Ce jourd'hui, 23 pluviôse an II de la République française une et indivisible ou la mort, est comparu Nicolas Bourguignon, demeurant dans la commune de Verdun, âgé de quarante et un ans, a dit n'être ni parent ni allié des porteuses de bonbons ; a dit et déposé que, quelques jours après le bombardement de ladite commune, il lui a été ordonné de mettre les chevaux au *char de triomphe,* pour conduire au camp du tyran roi de Prusse les nommées femme Tabouillot et sa fille, la femme et la fille La Lance de Mongaut, les trois demoiselles Henry, Despondrian, la femme La Lance, qui a son mari émigré, et la Samson ayant accompagné derrière le char, à pied ; lesquels dénommés ont été au camp du roi de Prusse, à Bras, distance d'une lieue, avec deux chevaux attelés, et beaucoup d'autres *qu'il ne connaît pas.* Dans ledit char de triomphe, il y avait un panier qui a été pris chez le nommé La Lance de Fromeville ; a dit aussi que le nommé Despondrian, qui a été invité de faire la même partie, a monté sur ledit char, et s'est laissé conduire jusqu'au *front de bandière dudit camp,* où les factionnaires du tyran ont fait arrêter ladite voiture ; il n'a été permis qu'aux femelles scélérates d'entrer et parcourir dans le camp, et non au scélérat du sexe masculin, pourquoi ledit Despondrian se serait trouvé forcé de rétrograder et de revenir avec ledit déposant...

« Il a reçu l'ordre de retourner au camp prussien pour y chercher lesdites dames ; il dit et déclare qu'il y en avait monté autant que ledit char pouvait en contenir, et que plusieurs autres l'ont suivi à pied ;

« A lui demandé où il a déposé les mêmes personnes, a répondu qu'il les a déposées devant la maison de M. La Lance de Mongaut ;

« A lui demandé si quelques-unes de ces personnes ne lui avaient pas donné pour boire ; a répondu qu'une seule, nommée La Lance, épouse d'un émigré, lui a donné un billet de confiance de la somme de vingt sous, et que les autres n'étaient pas trop généreuses. Voilà tout ce qu'il a dit savoir, y a persisté, et a déclaré ne savoir signer de ce interpellé et a fait sa marque[1]. »

La procédure ainsi instruite, et le contingent des victimes destinées au tribunal révolutionnaire ainsi complété, le 29 du mois de ventôse an II (19 mars 1794), trente-cinq accusés, dont sept jeunes filles et plusieurs vieillards de soixante-dix et soixante-quinze ans, furent entassés dans des charrettes et quittèrent Verdun sous l'escorte d'un fort détachement de gendarmerie. Mais laissons parler la jeune Barbe Henry dans les mémoires touchants dont M. Cuvillier-Fleury a eu le bonheur de révéler l'existence :

« Le voyage dura quatorze jours et se fit assez gaiement. Nous savions le sort qui nous était réservé, et cependant nous n'en étions pas plus troublées. Nous étions paisiblement résignées à tout ce que le Seigneur permettrait.

« Les gendarmes, pendant la route, se conduisirent envers toutes les prisonnières avec autant d'égards et d'humanité que la crainte de se compromettre et de nous compromettre nous-mêmes le permettait. Quelquefois, lorsqu'ils étaient assurés qu'aucun danger ne nous menaçait, ils nous laissaient sortir

---

[1]. Trois faits très-importants sont constatés par cette pièce même, où le cynisme du temps éclate à chaque ligne et où l'on voit percer aussi le dépit qu'inspira au sieur Bourguignon le peu de générosité des porteuses de bonbons, comme il les appelle : 1° La visite incriminée eut lieu plusieurs jours après le bombardement, ce qui démontre que ce ne fut pas une démonstration faite au moment de la prise de possession des Prussiens ; 2° Cette visite n'était qu'une partie de campagne, comme le témoin le dit lui-même et il fallut toute l'imagination de ceux qui interrogeaient le sieur Bourguignon, pour transformer en un char de triomphe un chariot attelé de deux chevaux, monté par sept femmes et un homme ; 3° La venue de ces dames était si peu attendue et fit si peu d'effet que le *factionnaire* du *tyran prussien* les arrêta à l'entrée du camp et les fit sans plus de cérémonie descendre dans la boue sans que personne s'occupât d'elles.

Le réalisme du fait en lui-même est loin de répondre à la description que certains historiens nous ont faite de ces jeunes filles parées de robes de fête et allant processionnellement jeter des fleurs sous les pas du roi de Prusse à son entrée dans la ville ; mais il prouve d'autant mieux la parfaite innocence de la visite.

pour nous délasser de la fatigue que nous occasionnaient les cahots des chariots sur lesquels nous étions montées. Comme tous les jours on en changeait, nous ne trouvions jamais de paille pour nous asseoir. Quelques-unes étaient assises sur les petits paquets qui renfermaient le peu de linge que nous avions emporté; mais les autres étaient obligées de rester droites et seulement appuyées sur les côtés des chariots. Cependant nos conducteurs faisaient ce qu'ils pouvaient pour nous; mais tout le monde sait qu'en Champagne, il est difficile de se procurer du fourrage, surtout au printemps. »

A Sainte-Menehould, des officiers d'un régiment de carabiniers, parti la veille de Verdun, voulurent délivrer les prisonniers; il y eut une escarmouche, à la suite de laquelle quelques militaires furent pris, mais relâchés ensuite par les gendarmes, sur la prière des prisonniers.

A leur arrivée à Paris, les trente-cinq accusés furent conduits directement à la Conciergerie. On enferma les trois sœurs Henry, madame de La Lance et deux autres dames dans un cachot où il n'y avait que trois bois de lit fixés dans le mur avec une couverture et une paillasse pour chaque lit. Le lendemain, elles purent à leurs frais se procurer un matelas. Elles passaient leur temps en prières, et, quand elles étaient conduites dans le préau, elles y trouvaient de nombreuses compagnes d'infortune dont les unes venaient de perdre un père, les autres un mari, des enfants, d'autres une famille entière.

Riouffe, dans les *Mémoires d'un Détenu*, parle de l'effet que produisit l'apparition de ces belles jeunes filles dans le sombre préau de la Conciergerie; mais beauté, jeunesse, enjouement, tout devait être abattu sous la terrible faux du tribunal révolutionnaire.

Suivant l'usage, tous les accusés comparurent d'abord devant un juge du tribunal. Leur interrogatoire ne fut pas long. Les juges étaient trop pressés pour se perdre dans des questions qui auraient pu les conduire plus loin qu'ils ne l'auraient voulu; il fallait remplir une formalité, on la remplissait en cinq minutes, et tout était dit.

Voici l'interrogatoire de la jeune Barbe Henry; tous les autres sont presque identiques. Les reproduire ne serait qu'une fastidieuse répétition; que l'on se souvienne que la jeune fille interrogée n'avait que quinze ans et demi au moment du prétendu crime qui l'amenait devant le sanglant tribunal.

« — N'avez-vous pas, par vos intrigues, forcé les autorités constituées de la garnison à rendre une place de guerre aux ennemis de la France?

« — Non.

« — Depuis la prise de la ville, ne vous êtes-vous pas transportée au campement, pour féliciter les ennemis de leurs succès et leur offrir des dragées?

« — J'ai été au camp par pure curiosité. J'ignore si on y a porté des dragées, mais je n'en ai vu aucune.

« — Avez-vous fait choix d'un conseil?

« — Non. »

Et le juge interrogateur donne à Barbe Henry pour conseil Chauveau Lagarde, l'un des défenseurs de la reine.

Les trente-cinq accusés qui comparurent le 5 floréal an II (26 avril 1794) devant le tribunal révolutionnaire peuvent se diviser en six catégories.

1° Sept jeunes filles[1], qui donnèrent ainsi qu'il suit au président Dumas, leurs nom, prénoms et âge (naturellement leur âge lors de leur comparution devant le tribunal, non celui qu'elles avaient au moment de la prise de Verdun.)

> Suzanne Henry, âgée de......... 26 ans.
> Gabrielle Henry............... 25 ans.
> Barbe Henry................... 17 ans.
> Anne Wattrin.................. 25 ans.
> Henriette Wattrin............. 23 ans.
> Hélène Wattrin................ 22 ans.
> Claire Tabouillot............. 17 ans.

Six d'entre elles étaient orphelines de père et de mère; la septième, Claire Tabouillot, avait perdu son père; sa mère était assise près d'elle sur le banc des accusés.

---

1. Riouffe, dans ses *Mémoires*, parle de quatorze jeunes filles; il confond le nombre des jeunes filles avec le nombre total des femmes comprises dans cette affaire.

Les trois sœurs du nom de Henry étaient filles de l'ancien président du bailliage de Verdun; Mlle Tabouillot, du procureur du roi près le même bailliage, et les trois demoiselles Wattrin, d'un ancien officier;

2° A côté d'elles comparurent :

La tante des jeunes demoiselles Henry, la dame La Lance de Mongaut, née Henry, âgée de soixante-neuf ans;

La mère de la jeune Tabouillot, âgée de quarante-six ans;

Françoise Herbillon, âgée de cinquante-quatre ans, veuve du sieur Masson, procureur en la maîtrise des eaux et forêts de Verdun;

Élisabeth Dauphin, âgée de cinquante-six ans, veuve du sieur Brigand, capitaine des grenadiers de France;

Angélique Lagirousière, âgée de quarante-huit ans, fille du sieur Lagirousière, ancien prévôt de campagne [1];

Thérèse Pierson, femme Bestel, âgée de quarante et un ans, cordonnière;

Marguerite Croutte, âgée de quarante-huit ans, qualifiée d'horlogère dans l'acte d'accusation. (Dans les pièces citées plus haut, on peut facilement voir quel était le véritable état de cette malheureuse.)

3° La troisième catégorie comprenait quatre accusés qui étaient nominativement désignés, dans le décret du 9 février 1793, comme s'étant rendus coupables du crime de lèse-nation. C'étaient :

De Neyon, âgé de cinquante-sept ans, lieutenant-colonel du 2e bataillon de la Meuse qui, sur l'ordre du conseil défensif et à la demande des autorités constituées, avait signé la capitulation;

Grimoard, âgé de soixante-dix ans, ancien colonel d'un régiment provincial de l'artillerie de Metz, qui avait paru dans les rues de Verdun avec la cocarde blanche;

Lamelle, âgé de quarante-sept ans, avoué;

Barthe, âgé de soixante ans, juge de paix.

---

1. Plusieurs écrivains ont émis des doutes sur l'âge exact de Mlle de la Girousière; le *Moniteur* et le *Bulletin du tribunal révolutionnaire* disent dix-huit ans, la liste des guillotinés indique quarante-huit ans. Vérification faite sur les pièces de la procédure, c'est ce dernier chiffre qui est exact.

Ces deux derniers, avant 1789, avaient été receveurs, l'un des tailles, l'autre de l'octroi de Verdun, et avaient été adjoints à la municipalité conservée en fonctions par arrêté du gouverneur prussien.

4° La quatrième catégorie réunissait cinq ecclésiastiques également désignés, dans le décret du 9 février, comme criminels de haute trahison, pour avoir repris leurs fonctions curiales, quoique prêtres insermentés :

Lacordière, âgé de cinquante-neuf ans, doyen du chapitre de la cathédrale ;

Colloz, âgé de soixante-douze ans, ancien bénédictin, prieur de Saint-Héry ;

Guillaume Lefèvre, ancien bénédictin, âgé de soixante-deux ans ;

Herbillon, âgé de soixante-seize ans, curé de Saint-Médard ;

Gossuin, âgé de soixante-neuf ans, chanoine de la Madeleine.

5° La cinquième catégorie se composait d'un capitaine de gendarmerie et de cinq gendarmes, compris par une désignation générale dans le décret du 9 février, comme ayant continué leur service pendant l'occupation de Verdun par les Prussiens. Ces militaires avaient vu la municipalité, les tribunaux, l'administration du district rester à leur poste ; ils étaient restés au leur, avaient fait de la répression pour le compte du vainqueur, comme ils en avaient fait auparavant pour le compte des autorités républicaines. Depuis, ils avaient servi pendant dix-huit mois à l'armée de la Moselle, et en avaient rapporté des certificats de courage et de civisme émanés de leurs supérieurs militaires ; bien plus, ils pouvaient présenter une absolution en règle à eux délivrée par les jacobins de Verdun[1]. L'un

---

1. L'acte d'absolution dont se prévalaient ces malheureux gendarmes était ainsi conçu :

LIBERTÉ, ÉGALITÉ, FRATERNITÉ OU LA MORT.

La société populaire, jacobine et révolutionnaire de Verdun au représentant du peuple Mallarmé.

« Citoyen représentant,

« Les gendarmes de Verdun, en exercice lors de la reddition de Verdun,

d'eux, Thuilleur, invoquait même le verdict d'un jury d'accusation qui l'avait déclaré innocent du fait qu'on lui imputait. Tout cela fut inutile ; les soldats, victimes de l'obéissance passive, furent englobés avec leur chef dans une accusation que, dans leur naïveté, ils ne pouvaient encore comprendre, même devant le redoutable tribunal.

A l'appel de leurs noms, ils déclarèrent se nommer :

Pellegrin, âgé de cinquante-deux ans, capitaine de gendarmerie ;

Thuilleur, âgé de soixante et un ans, brigadier ;

Joulin, âgé de trente et un ans, gendarme ;

Milly, âgé de trente et un an, gendarme ;

Bedelon Leclerc, âgé de cinquante-deux ans, gendarme ;

Girard Desprez, âgé de cinquante ans, gendarme.

6º La sixième catégorie renfermait six individus non désignés dans le décret du 9 février 1793, à savoir :

Perrin, âgé de cinquante ans, droguiste, considéré comme

---

nous ont adressé une pétition dans laquelle ils invitent la société à réclamer leur prompt jugement.

« Ils demandent d'être traduits plutôt au tribunal de Saint-Mihiel qu'au tribunal révolutionnaire de Paris. Après bien des discussions, toutes en leur faveur, la société s'est levée par un mouvement spontané, et, au milieu des acclamations dont le peuple a fait retentir les voûtes du temple de la Raison, elle a arrêté que tu serais invité à accorder à ces citoyens l'objet de leur demande.

« Parmi les raisons qui concourent toutes à prouver leur innocence, nous pourrions te dire que, n'étant point compris dans la capitulation de la place, ils ont été forcés de rester à leur poste et par conséquent exposés à toute la fureur du despote prussien.

« Ainsi tu vois, Représentant, par le témoignage flatteur que le peuple verdunois rend aux accusés, qu'ils n'ont été que malheureux, oui, malheureux, d'avoir été contraints de plier sous l'infâme joug, et ce sous peine de mort.

« L'opinion publique se répète partout pour attester leur innocence. D'après cet exposé nous t'invitons, au nom de l'équité qui dirige toutes tes démarches, à autoriser le tribunal de Saint-Mihiel à connaître de l'affaire des gendarmes nationaux.

« Salut et fraternité.

« Tes concitoyens,

BAILLE, président ; DIEUDONNÉ, secrétaire ; GUILLOT, archiviste. »

le chef de l'attroupement qui s'était formé devant la maison commune pour demander la reddition de la ville;

Daubermesnil, âgé de soixante-quinze ans, major de la place de Verdun, qui avait continué son service pendant l'occupation ;

Croyer, âgé de cinquante-quatre ans, ouvrier d'artillerie, qui était accusé d'avoir montré des sympathies très-vives en faveur des Prussiens;

Enfin François Fortin, âgé de quarante-trois ans, marchand ;

Chotain, âgé de trente et un ans, perruquier;

Petit, âgé de cinquante ans, vigneron.

Ces trois derniers individus avaient été ajoutés à la fatale liste, en compagnie de la fille Croutte, par le représentant du peuple Mallarmé. Le délit qui leur était reproché était, comme celui de cette malheureuse prostituée, d'avoir montré des sentiments et tenu des propos anticiviques.

Le *Bulletin du tribunal révolutionnaire,* ce journal rédigé par les bourreaux ou du moins sous leur inspiration, ne fournit aucun détail sur les faits qui se passèrent à l'audience du 5 floréal. On n'y trouve que le réquisitoire de Fouquier-Tinville.

Le public de ces effroyables assises était blasé sur les tragédies qui tous les jours se jouaient sous ses yeux; des vieillards, des femmes, des princesses, des reines avaient passé successivement à la barre du tribunal pour être insultés et condamnés par les Hermann, les Dumas, les Fouquier-Tinville. Mais un essaim de jeunes filles belles, naïves, serrant dans leurs bras leurs mères, leurs parents, entrelaçant leurs mains de peur que la mort ne vînt les séparer, avouant ingénument ce qui pouvait être à leur charge, s'efforçant de prendre pour elles ce qui pouvait inculper leurs sœurs ou leurs compagnes; voilà ce qui ne s'était pas encore vu, voilà ce qui émut jusqu'au fond du cœur, ce qui remua jusqu'au fond des entrailles les plus féroces des spectateurs !

Seul, le procureur de la guillotine ne put être touché par tant de grâce, de dévouement et de générosité. Sur l'explication donnée que le prétendu char de triomphe n'était autre chose qu'une grande charrette destinée à la rentrée des foins et au transport des fumiers, Fouquier-Tinville s'écria : « Eh bien ! en appréciant à leur juste valeur les femmes rampantes montées dans leur voiture à fumier, je dis que jamais cette charrette n'en voitura autant que lorsque ces femmes allèrent visiter le tyran. »

Mais cette accusation, si peu fournie de preuves pour les autres jeunes filles, tombait d'elle-même pour les trois demoiselles Wattrin ; car l'une d'elles n'avait pas paru au camp, et ses deux sœurs y étaient allées un autre jour que les demoiselles Henry et Tabouillot ; leurs compagnes de route n'avaient pas été inquiétées. Restait seulement pour elles l'accusation d'avoir donné quelque argent à un ami dans la détresse. Cet ami était, il est vrai, émigré ; il était rentré un instant sur le sol de la patrie, ces jeunes filles pouvaient ignorer qu'il fût sous le coup de la loi de proscription édictée par l'Assemblée législative. On n'avait contre les accusées que leur aveu même ; elles reculèrent devant l'idée de faire un mensonge. Interrogées à l'audience, elles se firent gloire de réitérer la déclaration qu'elles avaient faite spontanément dix-huit mois auparavant. Mais chacune d'elles, jalouse d'assumer sur sa tête une responsabilité sans partage, déclara avoir seule et à l'insu de ses sœurs, prélevé sur sa modeste fortune un secours offert à un ami malheureux.

Dumas et Fouquier-Tinville cherchèrent vainement à lutter contre l'espèce de conspiration tacite que ces sept jeunes filles avait formée, sans s'être entendues, pour déconcerter la rage de leurs bourreaux. Ils voulurent arracher à Barbe Henry l'aveu qu'elle avait été entraînée dans cette fatale visite par ses sœurs et par sa tante. Mais, pour toute réponse, elle alla tomber dans les bras de ses sœurs bien-aimées. On l'a dit, il n'y a pas de plus beau spectacle sur la terre que celui du juste luttant contre l'adversité ; mais ce spectacle n'est-il pas mille fois plus magnifique, lorsque le juste est une jeune fille à peine sortie de l'adolescence, entourée de gendarmes et de bourreaux, torturée moralement par les magistrats, au mépris de toutes les lois divines et humaines.

Ces magistrats iniques eurent l'audace de faire écrire, le lendemain, dans le *Bulletin du tribunal révolutionnaire,* cette phrase qui les condamne eux-mêmes : « Malheureusement pour le triomphe de l'innocence, ces jeunes personnes, soit par une opiniâtreté mal entendue, soit par attachement pour leurs mères et leurs coaccusées, n'ont point secondé les vues humaines du tribunal, qui s'efforçait de les soustraire au glaive de la loi. »

Après le réquisitoire de Fouquier-Tinville, une seule question fut posée aux jurés. Elle était ainsi conçue : « Est-il constant qu'il ait été pratiqué des manœuvres et des intelligences tendant à livrer aux ennemis la place de Verdun, à favoriser le progrès de leurs armes sur le territoire français, à détruire la liberté et la représentation nationale et à rétablir le despotisme ? »

Suivaient les noms des trente-cinq accusés, accompagnés chacun de cette mention :

« Un tel est-il complice de ces manœuvres? »

Seulement après les noms de Claire Tabouillot (n° 23), et celui de Barbe Henry (n° 29), le tribunal avait daigné ajouter à la suite de la question banale, cette seconde question :

« L'a-t-elle fait avec discernement? »

Nous avons tenu entre les mains la minute même des questions soumises au jury. Les trente-cinq questions remplissent une seule feuille de papier, au dos de laquelle sont écrits ces mots terribles : « La déclaration du jury est affirmative sur les questions de l'autre part transcrites.

« Ducros, commis-greffier, Dumas, président. »

Le tribunal, habitué à ces *feux de file* (c'était l'expression consacrée), prononça trente-trois condamnations à mort; mais, attendu l'âge peu avancé de Claire Tabouillot et de Barbe Henry au moment du crime, auquel elles étaient néanmoins déclarées convaincues d'avoir participé avec discernement, il ordonna qu'elles subiraient un supplice cent fois pire que la mort : l'exposition pendant six heures sur un échafaud, avec un écriteau infamant attaché sur leurs têtes, ensuite vingt années de réclusion !

A peine le jugement est-il rendu que des applaudissements éclatent dans une partie de l'auditoire; par un mouvement soudain, les demoiselles Wattrin y répondent en applaudissant elles-mêmes à une condamnation qui les réunit toutes trois dans la mort. N'ayant rien qui les rattachât à la terre, elles n'aspiraient qu'à aller dans le ciel rejoindre leurs parents et y obtenir une couronne immortelle. Leur exemple gagne les autres jeunes filles, et toutes, dans un frénétique enthousiasme, applaudissent à l'iniquité de leurs juges et se jettent en pleurant de joie dans les bras les unes des autres.

Un intervalle de deux à trois heures s'écoulait d'ordinaire entre le moment où la condamnation était prononcée et celui où le bourreau venait chercher les condamnés. Ces quelques heures, les victimes du tribunal révolutionnaire les mettaient à profit pour se préparer à paraître devant Dieu.

Mais, d'habitude, elles étaient obligées de s'y préparer seules ; car, à cette époque, les monstres qui régnaient sur la France refusaient aux malheureux qu'ils envoyaient par charretées à la mort la consolation qui, dans tous les temps, a été accordée au plus vil des criminels, au plus détestable des assassins : celle de s'entretenir avec un ministre de son culte, choisi ou accepté par lui. Les jeunes filles de Verdun furent en cela au moins plus heureuses que la plupart des autres condamnés. Cinq vénérables ecclésiastiques, leurs amis et leurs compatriotes, avaient été, comme nous l'avons vu, englobés dans la même accusation et dans le même arrêt de mort. Renfermés avec elles dans la salle basse où l'on attendait la visite du bourreau, ils purent leur donner les dernières consolations de la religion. Les deux jeunes filles, que venait d'épargner la singulière clémence du tribunal, s'y trouvaient aussi, ayant obtenu de l'humanité des geôliers l'autorisation de rester avec leurs sœurs et leurs amies. Tout à coup le bourreau entre avec ses aides, et l'un d'eux, ne sachant pas bien son compte, s'apprête à couper les cheveux de la jeune Barbe Henry. Celle-ci se laisse faire, espérant que cette erreur la réunira à ses chères compagnes. Mais sa sœur aînée s'élance vers la victime, qui s'immolait elle-même, et l'arrache des mains du bourreau au moment où la première mèche de ses cheveux venait de tomber sous le fatal ciseau. Barbe Henry est sauvée.

Une heure après, les trente-trois condamnés étaient conduits à la place de la Révolution. Le jour venait de tomber, la lueur blafarde de quelques torches éclaira le dernier sacrifice.

Le lendemain, un huissier faisait monter Claire Tabouillot et Barbe Henry en habits de deuil sur un échafaud dressé exprès. Le bourreau les fit asseoir sur la sellette d'infamie, et posa au-dessus de leurs têtes un écriteau annonçant que les deux innocentes créatures avaient livré la ville de Verdun à l'ennemi, en lui fournissant des vivres et des munitions de guerre de toute espèce. Les passants haussaient les épaules de pitié, et la foule, plus humaine que les juges, n'insulta pas une seule fois les victimes pendant les six heures que dura leur effroyable supplice [1].

Qui osera dire que la République dut se sentir plus forte lorsqu'elle eut fait tomber la tête des cinq jeunes filles de Verdun, celle de la misérable ivrognesse qu'on leur accola, celle de leurs parents et de leurs amis ; lorsqu'elle eut exposé sur un échafaud infamant deux enfants que leur âge n'avait point permis de faire passer sous le niveau sanglant de la guillotine ? qui osera dire que la liberté fut sauvée par cet épouvantable holocauste et par tant d'autres qui le précédèrent et le suivirent ?

Les généreux fils de la France qui, dans ce moment, aux

[1]. En regard de ce récit basé sur des pièces authentiques et irréfutables, nous devons citer textuellement ce passage d'une histoire de la Révolution française faite spécialement à l'usage des classes populaires :

« Trente-trois habitants de Verdun qui livrèrent cette place au roi de Prusse furent punis de mort. Quelques femmes furent du nombre ; deux jeunes filles de dix-sept ans ne furent condamnées qu'à la détention à cause de la faiblesse de leur âge, peu après on les remit en liberté ; d'autres furent acquittées. *Ainsi disparaît la fable des vierges de Verdun, qui servit si longtemps de thème aux déclamations des poëtes et des chroniqueurs royalistes.* » (Villiaumé, *Histoire de la Révolution française*, t. III, p. 232, édit. de 1864.)

La dernière phrase que nous imprimons en italiques ne se trouve pas dans les éditions précédentes. L'auteur, non content de prétendre qu'il y eut des acquittements dans cette affaire, lorsqu'il n'y en a pas eu un seul, non content d'englober dans une accusation de trahison beaucoup d'individus qui, même indirectement, n'avaient en rien contribué à la reddition de Verdun, oublie de dire que, si les deux jeunes filles qui échappèrent à la mort furent mises peu de temps après en liberté, elles ne durent leur délivrance qu'à la fin du régime atroce de la Terreur. Bien plus, il aggrave à plaisir les étranges assertions que contiennent ses cinq premières éditions, et en arrive à traiter de fable la mort des vierges de Verdun, à se moquer de ceux qui ont pu en faire le thème de leurs déclamations poétiques. Tout cela s'imprime treize ans après que M. Cuvillier-Fleury a réfuté si victorieusement les doutes qu'un des coreligionnaires politiques de M. Villiaumé avait émis sur la réalité de cette triste hécatombe ; il est des hommes qui, par esprit de parti, nieraient la lumière du soleil. On ne peut faire justice de ces aveugles volontaires qu'en les citant au tribunal de la publicité.

plaines de Wattignies et de Fleurus, conquéraient la victoire et chassaient les ennemis du sol de la patrie, avaient-ils besoin d'avoir pour auxiliaires les Dumas, les Fouquier-Tinville et leurs pourvoyeurs du comité de sûreté générale ? C'est ce que certains historiens ont fait entendre, s'ils n'ont pas eu le courage de le dire ouvertement ; c'est ce que niera la conscience publique, c'est ce que nieront tous ceux qui réunissent dans un même amour la liberté, la justice et l'humanité.

VI

GOSSIN ET TERNAUX,

ADMINISTRATEURS DU DÉPARTEMENT DE LA MEUSE,
DÉCRÉTÉS D'ACCUSATION LE 5 SEPTEMBRE 1792.

(Voir page 151.)

Nul épisode ne nous paraît plus propre que celui-ci à mettre en lumière la véritable physionomie du régime dont nous avons entrepris de raconter l'histoire.

Après la proscription des Girondins, l'Assemblée, qui réunissait dans ses mains tous les pouvoirs, en avait, pour ainsi dire, fait tacitement deux parts : l'une confiée à de nombreux comités, où souvent les moindres pétitions étaient examinées avec un soin scrupuleux, où s'élaboraient parfois avec fruit et maturité les questions se rattachant aux plus hautes spéculations de l'intelligence humaine, à l'instruction publique, aux beaux-arts, au perfectionnement des sciences, à la fusion de toutes nos lois civiles dans un code unique ; l'autre, réservée à un comité dit de salut public, où quelques hommes disposaient, sans contrôle, de la vie des citoyens, des trésors de la France, des armées de la République. Dans ce dernier comité, la besogne se partageait encore entre les organisateurs des armées et les pourvoyeurs de la guillotine, entre ceux qui consacraient leurs veilles à expédier les innombrables ordres que nécessitait la défense du territoire et ceux qui ne songeaient qu'à enrichir le bulletin des lois de nouvelles tables de proscriptions, à décréter de nouvelles catégories de suspects, à perfectionner l'instrument de leur domination, le tribunal révolutionnaire.

Le comité de sûreté générale n'était qu'une émanation du comité de salut public; il lui était subordonné; il exécutait ses ordres, mais en les amplifiant et en les rendant plus cruels, comme cela arrive toujours aux subalternes qui, ne pouvant faire acte de puissance par eux-mêmes, cherchent, au moyen d'un servile dévouement, à se faire compter pour quelque chose.

Ces diverses parties d'un même gouvernement étaient juxtaposées, et n'avaient entre elles que le moins de rapports possible. On s'empruntait des signatures quand cela était nécessaire, on délibérait en commun sur des questions mixtes, mais c'était tout.

L'Assemblée, convertie en une véritable chambre d'enregistrement, adoptait sans mot dire les décrets que l'on présentait à sa sanction. Tant mieux s'ils étaient bons, tant pis s'ils étaient mauvais. Elle ne s'informait ni de leur exécution ni de leurs conséquences. Les pouvoirs terribles dont avait été investi le tribunal révolutionnaire ne se révélaient, dans toute leur étendue et dans toute leur horreur, aux yeux des membres de l'Assemblée souveraine, que lorsqu'une circonstance fortuite leur faisait toucher du doigt les résultats pratiques des décrets qu'on avait arrachés à leur faiblesse.

Le 4 thermidor an II (22 juillet 1794), le désir de prêter à un ami, à un compatriote un appui qui semblait devoir être superflu, puisque l'innocence du prévenu avait été proclamée d'avance au sein de la Convention, amenait à l'audience du tribunal révolutionnaire quelques députés appartenant à cette partie de l'Assemblée que, par dérision, on appelait le Marais. La soudaineté de la condamnation qui frappa leur client, l'incroyable rapidité des formes, la froide cruauté des juges et des jurés, les glaça d'épouvante, mais probablement les éclaira. Bon nombre de leurs collègues reçurent leurs confidences et partagèrent leur tardive, mais salutaire indignation. Qui peut dire toute l'influence que leur récit eut sur la détermination, prise cinq jours après par la majorité silencieuse de la Convention, de se débarrasser enfin de cet intolérable régime?

Mais, avant de raconter quelles furent les dernières conséquences du décret du 5 septembre 1792, lancé *ab irato* par l'Assemblée législative contre les deux administrateurs du département de la Meuse, Gossin et Ternaux, il nous faut reprendre l'exposé des faits qui les concernent là où nous l'avons laissé (p. 151 de ce volume), c'est-à-dire au moment même où, refusant d'obéir aux ordres du roi de Prusse, ils furent jetés en prison comme otages.

Gossin et Ternaux restèrent détenus à Verdun pendant six semaines, jusqu'après la réoccupation de cette place par l'armée française.

Lorsqu'ils recouvrèrent leur liberté, ils apprirent qu'en conséquence du décret d'accusation lancé contre eux, on avait mis les scellés sur leurs papiers et le séquestre sur leurs biens; mais ils furent peu inquiétés dans leurs personnes; pendant plus de quinze mois, ils se tinrent à moitié cachés. A cette époque, il valait cent fois mieux se faire oublier que de plaider sa cause, quelque juste qu'elle fût. Mais madame Gossin, par une malheureuse inspiration de l'amour conjugal, conçut l'idée de faire révoquer le décret rendu contre son mari, et l'engagea à purger sa contumace. Elle adressa dans ce but pétition sur pétition à l'Assemblée; ses lettres furent renvoyées au comité de législation, et un décret en ordonna la communication au représentant du peuple Mallarmé, qui, à cette époque (nivôse an II) était chargé d'organiser le gouvernement révolutionnaire dans les départements de la Moselle et de la Meuse. Ce représentant ne pouvait être soupçonné de partialité en faveur d'individus accusés d'avoir pactisé avec l'étranger. C'était un montagnard fougueux; il avait présidé la Convention au 31 mai, lors de la proscription des Girondins. Dans la note précédente nous avons vu quel était le style de ses arrêtés.

Obéissant aux ordres du comité de législation, Mallarmé prescrivit qu'il fût fait, à la diligence des agents nationaux de Bar et de Verdun, une information minutieuse sur les faits reprochés à Gossin. Cette enquête fut annoncée dans ces deux villes par affiche et à son de trompe, avec invitation à tous ceux qui auraient à faire connaître des faits à la charge ou à la décharge de l'ex-procureur général syndic, de se présenter devant un membre du conseil de surveillance de la commune, délégué à cet effet; plus de cent témoins comparurent dans l'enquête.

Mallarmé, en transmettant cette procédure au comité de législation, reconnut lui-même qu'il en résultait la preuve la plus complète « que Gossin, au lieu de se rendre volontairement au pouvoir de l'ennemi, y avait été forcé par les autorités constituées de Bar ; qu'il avait offert sa démission, mais que le Conseil général avait refusé de l'accepter ; que, contraint de partir, il ne l'avait fait que dans l'intention de se sacrifier pour son pays, afin de préserver par là ses concitoyens de l'invasion de l'ennemi et des horreurs de la guerre ; qu'à Verdun, il défendait à ceux qui venaient le consulter de fournir des subsistances à l'ennemi; qu'enfin, il avait toujours été reconnu pour un bon citoyen. »

Le rapport de cette affaire, pour laquelle les comités de législation et de sûreté générale s'étaient réunis, fut confié à Bézard (de l'Oise), qui en rédigea un compte rendu très-long et très-minutieux (il n'a pas moins de 15 pages d'une écriture serrée). La parfaite innocence de Gossin était proclamée à chaque ligne; on y proposait le rapport pur et simple du décret d'accusation. Mais, lors de la discussion au sein des deux comités, un montagnard, Charlier, prétendit que cette conclusion était contraire aux principes; que, puisque la loi avait institué un tribunal pour le jugement de tous les délits contre-révolutionnaires, c'était à ce tribunal, et non à la Convention qu'il appartenait de prononcer sur la culpabilité ou la non-culpabilité de Gossin. La règle qu'invoquait Charlier avait été violée cent fois par la Convention ; mais il y a des hommes qui rappellent les principes lorsqu'il s'agit de prendre des mesures d'humanité, et qui les oublient, l'instant d'après, lorsqu'ils croient pouvoir les fouler aux pieds pour satisfaire leurs passions sanguinaires. Quoi qu'il en soit, sur l'insistance de Charlier, les conclusions de Bézard furent modifiées; le rapport présenté à la Convention le 28 messidor an II, se terminait en ces termes :

« Toutes les pièces envoyées par Mallarmé, en exécution de votre décret, ont été mûrement examinées par vos comités de législation et de sûreté générale. En rendant hommage à la sagesse et à la prudence qui ont dirigé les opérations de Mallarmé et qui donnent aux témoignages qu'il a recueillis en faveur de Gossin tout le crédit dont ils ont besoin pour fixer votre jugement ; nous n'avons cependant pas pensé que nous puissions vous proposer le rapport du décret d'accusation.

« Vous avez créé un tribunal révolutionnaire ; il jouit de votre confiance, il peut aussi mériter celle de Gossin. C'est dans la balance de ce tribunal que doivent être pesés les moyens qu'il peut fournir. Si la Convention se déterminait à rapporter le décret d'accusation rendu contre Gossin, il n'y aurait pas de raison pour qu'elle n'entendît pas et ne jugeât pas toutes les réclamations qui lui seraient adressées. Des citoyens qui se présenteraient même avec moins de faveur que Gossin, auraient le droit de dire que, la loi étant égale, la Convention doit les entendre et prononcer. Vos travaux ne vous permettent pas de vous occuper de semblables fonctions. Tels sont les motifs de vos comités pour passer à l'ordre du jour sur la pétition de la citoyenne Gossin ; mais comme il ne faut rien préjuger, et *qu'un ordre du jour pur et simple* pourrait faire croire que vous avez rejeté les pièces justificatives que vous a envoyées le représentant Mallarmé, nous proposons un décret ainsi conçu :

« La Convention nationale, après avoir entendu ses comités de législation et de sûreté générale réunis sur la pétition de la citoyenne Gossin tendant à obtenir le rapport du décret d'accusation rendu contre son mari, ex-procureur général syndic du département de la Meuse, le 5 septembre 1792 ;

« Considérant que, quels que soient les moyens de justification des accusés, ils doivent être portés devant les tribunaux, et que c'est aux jurés à en apprécier le mérite ;

« Passe à l'ordre du jour :

« La Convention ordonne que les pièces recueillies par Mallarmé, représentant du peuple dans le département de la Meuse, et les informations par lui faites en exécution du décret du 22 nivôse dernier, seront envoyées au *tribunal révolutionnaire*, avec le rapport fait au nom des deux comités. »

Après de tels rapports, après un tel décret, la comparution de Gossin devant le tribunal semblait devoir être une affaire de pure forme ; tous ses amis le pensèrent ainsi ; et, sur leur conseil, l'accusé se constitua prisonnier au corps de garde même du comité de sûreté générale. Six jours après (le 4 thermidor), il comparaissait devant le tribunal présidé par Dumas. Quatre membres de la Convention nationale avaient voulu, par leur présence, témoigner tout l'intérêt qu'ils portaient à la cause, pour ainsi dire déjà gagnée, de l'ex-procureur général syndic du département de la Meuse. C'était Harmand, son compatriote et son ami; Bézard (de l'Oise), le rapporteur des deux comités, Ramel et Pémartin, avec lesquels il était lié d'amitié depuis l'Assemblée constituante.

Mais laissons parler un témoin, Harmand, qui nous a conservé tous les détails de cette audience [1] :

« Nous entrons; mes collègues, n'étant pas témoins, se placent près de la barrière du parquet, mais en dehors. Comme témoin, je suis introduit en dedans; j'étais assis au-dessous du banc des jurés, en face des accusés. Ils étaient là quarante-deux ou quarante-trois réunis de tous les points de la France, sans se connaître, sans s'être jamais vus, et confondus dans la même accusation. »

Il y avait, parmi les inculpés, des grands seigneurs, des généraux, des jeunes gens, dont l'un n'avait que dix-sept ans, des dames de la plus haute naissance, et notamment trois dames de la famille de Noailles, des commis-marchands, des domestiques, des commissionnaires, etc.

A ces accusés qui composaient, suivant Fouquier-Tinville, la troisième fournée des conspirateurs du Luxembourg, on avait joint Gossin, un conducteur de bœufs prévenu d'en avoir volé trois dans un convoi destiné aux armées de la Vendée, et enfin une jeune paysanne du département du Doubs, à laquelle on reprochait d'avoir porté des lettres à des émigrés dans un bois limitrophe de la Suisse.

---

1. Le récit d'Harmand (de la Meuse) se trouve consigné dans un opuscule publié par lui en 1815, sous ce titre : *Anecdotes relatives à plusieurs événements remarquables de la Révolution;* nous l'avons rapproché des indications données par le procès-verbal du tribunal révolutionnaire, et nous avons pu ainsi en vérifier la parfaite exactitude.

Nous avons eu soin de marquer par des guillemets les passages que nous avons empruntés textuellement au récit d'Harmand (de la Meuse).

Dumas commença son interrogatoire par la duchesse de Noailles [1] :

« Tu étais de la conspiration du Luxembourg ? »

Mme DE NOAILLES portant un acoustique à son oreille : « Citoyen président, je suis extrêmement sourde, je n'ai pas entendu. »

LE PRÉSIDENT, d'une voix grossièrement et ironiquement élevée. « ..... Tu conspirais donc sourdement ? » (Ris affreux des autres juges). Puis reprenant la parole encore plus haut : « Tu étais de la conspiration du Luxembourg ?

R. « Citoyen président, lorsque nous avons été arrêtées, il y avait six semaines que Dillon, que l'on disait le chef de cette conspiration, avait péri sous le glaive de la loi.

D. « Mais tu connaissais les femmes Lévi ?

R. « Citoyen président, lorsque nous étions dans le monde, nous n'étions pas de la société des femmes Lévi ; mais lorsque nous avons été conduites au Luxembourg, soit intérêt, soit curiosité, les citoyennes Lévi sont venues nous voir, et nous leur avons rendu leur visite...

LE PRÉSIDENT. « Silence ! en voilà assez. » Puis s'adressant aux jurés : « Citoyens jurés, vous avez entendu que l'accusée, de son propre aveu, connaissait les femmes Lévi ; les femmes Lévi étaient de la conspiration et ont porté leurs têtes coupables sur l'échafaud ; donc... »

« Le monstre s'en tint à cette suspension assez indicative de la conclusion ; on verra dans un instant quelle en fut la conséquence. Après avoir *interrogé sur le même ton* plusieurs autres accusés, il arriva à un jeune homme d'environ dix-sept ans, qui était commissionnaire à la porte du Luxembourg. »

LE PRÉSIDENT. « Tu as porté la correspondance des conspirateurs ?

L'ACCUSÉ. « Citoyen président, j'étais commissionnaire à la

---

1. La duchesse de Noailles était la petite-fille du chancelier d'Aguesseau. Elle avait dans ce moment à ses côtés la maréchale de Noailles, sa belle-mère, âgée de soixante-dix ans, et sa fille aînée, la vicomtesse de Noailles, âgée de trente-cinq ans.

porte du Luxembourg ; mon état était de porter des lettres comme toute autre chose ; si on ne voulait pas que je le fisse, il fallait me le défendre et me renvoyer, je me serais retiré.

Le Président. « Tu as reçu un assignat de quinze sous pour porter cette lettre. » Puis, montrant aux jurés une lettre qu'il tenait à la main, il leur dit : « ... Citoyens jurés, cette lettre est de cette criminelle...

Les Jurés. « Oui, nous le savons.

L'Accusé. « Citoyen président, je ne savais pas ce que contenait cette lettre.

Le Président. « Pourquoi ne l'as-tu pas portée au comité révolutionnaire de la section, ou au comité de sûreté générale ?

L'Accusé. « Je devais la porter à son adresse, c'était mon devoir, et j'étais payé pour cela.

Le Président. « Tu as donc reçu l'assignat de quinze sous ?

L'Accusé. « Oui, citoyen président.

Le Président. « C'est assez. Citoyens jurés, vous avez entendu ?

Les Jurés. « Oui! oui! »

L'interrogatoire des autres soi-disant conspirateurs du Luxembourg fut encore moins long. On passa assez légèrement sur l'accusation imputée à la jeune paysanne et au voleur de bœufs. On fit avouer à la jeune fille que le rendez-vous, auquel elle allait quand on l'avait arrêtée, était un rendez-vous d'amour, et l'un des jurés ajouta sentencieusement : « La nature et la société ne défendent pas le sentiment qui vous a fait agir. » Le voleur de bœufs avait été recommandé au président comme un bon patriote ; aussi Dumas s'empressa-t-il de déclarer que l'accusation qui pesait sur lui n'était qu'une calomnie lancée par quelque aristocrate.

« Ce fut enfin le tour de Gossin ; on ne l'interrogea pas ; le président lui dit : *Tu as la parole*. Il parla donc, et se justifia complétement et sans peine.

« Pendant qu'il parlait, deux jurés, qui étaient derrière moi, me dirent : « Citoyen représentant, *sois tranquille, tout « ira bien.* » Quand Gossin eut fini, on me donna la parole ; je confirmai par une déposition solennelle les faits justificatifs ; je fis valoir le courage avec lequel l'accusé avait refusé d'obéir aux ordres du roi de Prusse, quoique en sa puissance; je protestai qu'il avait sauvé la ville de Bar-le-Duc d'une exécution militaire, ce qui était le devoir d'un bon magistrat et la preuve d'un grand dévouement; je fus écouté assez longtemps, et en apparence avec assez d'attention.

« Après moi, Mallarmé, député du département de la Meurthe et qui, en qualité de commissaire de la Convention dans le département de la Meuse, avait pris et transmis les renseignements préliminaires, parla aussi et confirma ses premiers rapports, qui étaient tous favorables et justes.

« Alors les jurés et les accusés se retirèrent.

« En sortant, le malheureux Gossin me fit un signe de tête interrogatif sur mes espérances. Il avait vu les deux jurés qui s'étaient inclinés pour me parler; je lui répondis par un autre signe de confiance. Je l'avoue cependant, je n'étais pas guéri de mon oppression; elle n'était que trop fondée, je ne devais plus le revoir.

« Après quelques minutes de délibération, les jurés rentrèrent et, s'étant remis à leur banc, ils prononcèrent l'un après l'autre leur prétendu verdict qui déclarait ennemis du peuple, et, comme tels, conspirateurs, tous les accusés, à l'exception de la jeune paysanne et du voleur de bœufs. En même temps, les deux scélérats d'entre eux qui m'avaient dit que tout irait bien eurent la cruelle audace de me dire : « Eh bien, citoyen représentant, nous vous l'avions bien dit que tout irait bien[1] ! »

---

1. Une dernière circonstance de cet épouvantable procès nous a été révélée par l'examen des dossiers des affaires jugées le 4 thermidor par le tribunal révolutionnaire. Le tribunal était partagé en deux sections : la première, qui siégeait dans la salle de la Liberté (la salle Saint-Louis, où siége aujourd'hui la Chambre civile de la Cour de cassation); la seconde, dans celle de l'Égalité (la Chambre des requêtes de la même Cour). Ce jour-là, on jugeait dans la salle de la Liberté la prétendue conspiration du Luxembourg; dans la salle de l'Égalité, celle des soi-disant contre-révolutionnaires de Nevers. L'affaire de Gossin avait été mise au rôle de la première section; c'est là qu'il comparut avec mesdames de Noailles, le jeune commissionnaire, la jeune fille du Doubs, etc. Dans le dossier de cette audience, on ne voit figurer qu'une seule pièce concernant Gossin : le décret de la

En entendant ce verdict, Harmand et ses collègues se précipitent hors de la salle, désespérés, mais impuissants à arrêter le cours de ce qu'on avait l'audace d'appeler la justice.

Les amis de Gossin avaient tellement la certitude de son acquittement, qu'un repas avait été préparé pour fêter sa sortie de prison : la femme de l'infortuné procureur-général-syndic devait en faire les honneurs. Déjà tout le monde est réuni, mais Gossin et Harmand n'arrivent pas. L'anxiété de madame Gossin redouble à chaque minute ; elle se reproche d'avoir engagé son mari à se confier à son innocence ; elle veut aller au tribunal plaider elle-même une cause si juste. Ses amis la retiennent ; enfin apparaît Harmand, il est seul ; madame Gossin comprend toute l'étendue de son malheur et tombe évanouie. A ce moment même, la tête de son malheureux époux roulait sur l'échafaud de la place de la *Barrière renversée,* aujourd'hui la barrière du Trône.

Ternaux n'avait pas cru à la justice du tribunal révolutionnaire, il fut sauvé. Cinq jours après la mort de l'infortuné Gossin, le règne de Robespierre finissait. Peu à peu l'humanité et la raison reprirent leurs droits ; le 4 thermidor an III (1er août 1795), le même rapporteur, Bézard, fut chargé d'appeler de nouveau l'attention de la Convention sur le décret rendu par la Législative contre les deux administrateurs du département de la Meuse. Il proclama une seconde fois leur

---

Convention qui le renvoie au tribunal révolutionnaire, et dont nous avons donné le texte plus haut. La chemise qui renferme ce décret porte ces mots significatifs : *Pièce unique.* Au contraire, dans le dossier de l'audience où l'on jugeait les accusés de Nevers, nous avons retrouvé le rapport de Bézard, celui de Mallarmé, et toutes les autres pièces à l'appui au nombre de quarante-trois. Ces pièces, si importantes pour la justification de Gossin, ne passèrent donc pas sous les yeux des juges et des jurés. Fut-ce par une erreur involontaire ou avec une intention préméditée que ces pièces s'égarèrent dans le dossier de l'autre section, il est impossible de le dire ; mais un pareil fait démontre une fois de plus avec quelle incroyable insouciance des plus simples notions de la justice on agissait à cette époque. Un président ne s'apercevait pas que les pièces annoncées dans le décret de la Convention n'étaient pas jointes au dossier ; le président de l'autre section, qu'il avait entre les mains quarante-trois pièces qui ne concernaient aucun des accusés qu'il avait à juger.

parfaite innocence, et déclara qu'en se rendant à Verdun « Gossin et Ternaux avaient agi comme Régulus partant pour Carthage. » La Convention, moins scrupuleuse que l'année précédente, ne crut pas devoir renvoyer à un tribunal l'examen de la conduite du magistrat survivant; elle rapporta à l'unanimité le décret du 5 septembre 1792.

VII

LES ÉMIGRÉS

EN LORRAINE ET EN CHAMPAGNE.

(Voir page 149.)

Nous réunissons ici plusieurs pièces inédites qui font connaître quelle fut l'attitude prise par les frères du roi et leurs adhérents, lors de leur rentrée momentanée sur le territoire français, en 1792.

I.

ADRESSES DE FÉLICITATIONS ET D'HOMMAGES ENVOYÉES AUX FRÈRES DU ROI.

« *A Leurs Altesses Royales les Princes français.*

« Princes, vous voyez à vos pieds la députation de la comté d'Audun-le-Riche, qui vient vous exprimer sa satisfaction la plus vive pour l'honneur que vous lui faites, en choisissant cet endroit pour votre rentrée en France. Que ce bonheur, ô Princes, ne la prive pas de la douce consolation d'offrir à Vos Altesses son hommage le plus respectueux, son attachement sincère au plus vertueux des monarques, enfin son obéissance entière à toutes les lois futures qui émaneront de Sa Majesté!

« Cette communauté, Princes, dont les mœurs n'ont jamais démenti la pureté de ses sentiments, si elle s'est quelquefois oubliée, si elle s'est rendue réfractaire en adoptant des maximes qui répugnaient à sa conscience et à sa probité, son silence aujourd'hui parle en sa faveur, et manifeste à vos yeux le plus vif repentir de sa faute.

« Si ces regrets sincères, accompagnés d'une vraie résipiscence, touchent votre âme sensible, cette paroisse sollicitera des bontés du Roi et de Vos Altesses Royales, qu'elle respecte et qu'elle chérit, un pardon dont le souvenir lui retracera toujours son erreur passée. Cet acte généreux, Princes, si elle l'obtient, assurera à ce village en partie ruiné par les mouvements de cette guerre injuste une protection de laquelle ils ne seront redevables qu'à la gloire que vont acquérir deux héros, deux princes magnanimes, pour le succès de laquelle ces habitants ne cessent d'invoquer le Très-Haut, afin qu'il répande sa bénédiction sur leurs armes. »

La députation termine son adresse par les cris de : Vive le roi! vive Monsieur! vive M. le comte d'Artois!

« BAUVET, procureur ; J. BARTHELEMY, maire; J.-C. BARTHELEMY, substitut; DENAISSAME, greffier ; TRAISIN, receveur de la Douane. »

« *A Monsieur le marquis de Lambert, lieutenant général, commissaire des Princes* [1].

« Les habitants de la ville de Longwy viennent de faire une adresse à Monsieur, Frère du roi, dans laquelle ils expriment les sentiments qui les animent; le style en est peu soigné, parce qu'elle a été rédigée au milieu des applaudissements. Veuillez bien la faire agréer à Son Altesse Royale comme un témoignage de notre fidélité et de notre respect envers Sa Majesté.

« Je suis, monsieur le marquis, etc.

« BERNARD. »

---

1. Le marquis de Lambert était commissaire des princes près le roi de Prusse.

NOTES.

« A son Altesse royale Monsieur, Frère du roi.

« Les notables habitants de la ville de Longwy, appréciant la générosité du général des armées combinées de Leurs Majestés l'Empereur et le Roi de Prusse, instruits tout récemment des manœuvres odieuses pratiquées contre le trône, informés que la sanction donnée par le Roi à plusieurs décrets de l'Assemblée nationale a été dictée par la contrainte ; forts de leur conscience, ils prennent la liberté d'offrir à Votre Altesse Royale leur vraie profession de foi.

« Depuis le commencement de cette révolution orageuse, ils ne se sont jamais livrés ni aux publicistes, ni aux factieux ; si quelquefois ils ont été égarés par la force, ils ont néanmoins fait tous leurs efforts pour empêcher les vexations, les émeutes populaires. La plus belle preuve qu'ils puissent en offrir, c'est que l'étendue de cette juridiction n'a jamais offert les tristes et affreux spectacles qui ont affligé les autres provinces. Lorsque des malheurs extraordinaires forcèrent les princes, et avec eux les chefs de l'État, à s'expatrier, lorsque des écrits incendiaires semés de toutes parts enfantaient dans les opinions quelque chose de sinistre, lorsque les divisions intestines étaient entretenues par une faction d'autant plus redoutable qu'elle avait armé le plus grand nombre contre l'honnête homme, les citoyens de la ville de Longwy et de sa dépendance sont restés constamment attachés aux principes de l'union, de la subordination et de la véritable monarchie. Il est cependant vrai que, de temps à autre, quelques menaces, quelques violences les ont forcés au silence, mais aujourd'hui qu'ils commencent seulement à jouir de la vraie liberté, ayant fait un retour sérieux sur tous les événements extraordinaires et inouïs qui ont donné lieu aux crimes, aux assassinats, aux incendies qui se sont commis à Paris et dans la plus grande partie du royaume, convaincus que la France ne peut subsister sans un pouvoir royal revêtu de toute sa plénitude, de toute sa souveraineté, assurés d'ailleurs que Louis XVI, notre auguste souverain, est le meilleur ainsi que le plus calomnié des rois, indignés contre les factieux qui, par un régicide abominable, se sont emparés de sa personne et l'ont exposé à la fureur populaire ;

« Ils promettent solennellement à Son Altesse Royale Monsieur que toujours la ville de Longwy et dépendance regardera Louis XVI, roi de France et de Navarre, comme son seul et unique souverain, aux volontés duquel elle se résigne indéfiniment. Elle supplie ce même Prince de vouloir bien lui servir de protecteur auprès de Sa Majesté, et de l'assurer qu'elle désavoue hautement les voies de fait, les horreurs dont un peuple de cannibales rougirait de se rendre coupable, et comme il se répand que Louis XVI est impitoyablement détenu dans une des tours du Temple ; que cette captivité est la même que celle du roi Jean en Angleterre ; les exposants, au nom de tout l'arrondissement, prient instamment, et avec toute l'ardeur dont ils sont capables, Son Altesse Royale Monsieur, de vouloir bien accepter la régence du royaume de France, de se faire reconnaître en cette qualité par les peuples et armées, de former lui-même son conseil de gens instruits, éclairés, vertueux, propres au rétablissement du bon ordre et à la prospérité de l'État. Tel est le vœu de leur cœur, tel est l'exemple que suivront sans doute les autres cités du royaume, et avec lesquels tous les Français s'écrieront avec allégresse : Vive Louis XVI, notre bon roi ! vive le père des Français !

« *Aux notables habitants de Longwy.*

« Du camp sous Verdun, le 3 de septembre.

« Messieurs,

« J'ai reçu la lettre dont vous m'avez honoré, à laquelle était jointe celle que les notables du district et de la ville de Longwy ont adressée à Monsieur, Frère du roi. Je me suis empressé de la communiquer à Sa Majesté Prussienne, et à Son Altesse Sérénissime monseigneur le duc de Brunswick, général des armées prussienne, autrichienne et royale de France. Je suis flatté de pouvoir vous apprendre, Messieurs, la satisfaction que le Roi et monseigneur le duc de Brunswick ont éprouvée en apprenant le premier effet de la liberté qu'ils sont venus apporter au peuple français, en le délivrant de l'oppression des factieux qui l'empêchaient de manifester ses véritables sentiments pour notre malheureux souverain et son auguste famille.

« Il est honorable pour la ville de Longwy et pour chacun de ceux qui ont signé la lettre adressée à Leurs Altesses Royales, d'avoir été les premiers à publier le vœu de leur cœur, qui est celui de tous les bons Français, qui s'empresseront à suivre votre exemple, à mesure que les armées avanceront en France et que chaque citoyen pourra librement faire connaître son opinion.

« L'histoire fera passer à la postérité la plus reculée cette circonstance unique dans les fastes de deux grandes puissances, qui emploient leurs armées non pour la gloire passagère, souvent aussi funeste aux vainqueurs qu'aux vaincus, d'enlever quelques provinces, mais pour porter l'ordre, la paix, la véritable liberté chez une grande nation rivale ; de mériter par là, d'être regardés comme les bienfaiteurs des peuples qu'ils vont combattre. Le nom de votre ville et la démarche qu'elle vient de faire trouveront une place dans le récit de cette mémorable entreprise. On ne dira point qu'elle fut conquise, mais qu'elle eut le bonheur et la gloire d'être la première à reconnaître son souverain légitime, et à réclamer l'empire d'antiques lois qui avaient fait prospérer la France pendant tant de siècles.

« Leurs Altesses Royales ne tarderont pas à vous adresser les assurances de leur sensibilité, aussitôt qu'elles auront terminé quelques affaires qui les occupent uniquement dans ce moment. En attendant, elles me permettent d'être l'interprète de leurs sentiments auprès de vous. Si vous avez quelques demandes à leur faire passer, je vous supplie de me les adresser avec confiance. Mon exactitude est un devoir que je remplirai avec empressement et que m'imposent également la confiance dont ils veulent bien m'honorer, et la reconnaissance que je vous dois d'avoir bien voulu me choisir pour leur faire parvenir vos vœux.

« Je suis avec respect, Messieurs, etc.

« Le marquis DE LAMBERT. »

« *Réponse de Monsieur à l'adresse envoyée le 30 août dernier par les notables habitants de la ville de Longwy et environs.*

« Au quartier général d'Hettange-la-Grande,
le 4 septembre 1792.

« Il me serait difficile, Messieurs, de vous peindre combien je suis touché des sentiments d'amour et de fidélité pour le Roi mon Frère, qui sont si bien exprimés dans la lettre que vous m'avez adressée. Je me ferai un devoir et un plaisir de les porter à ses pieds, aussitôt que le plus cher de nos vœux sera rempli, et je regrette bien vivement de ne pouvoir les lui faire parvenir dès ce moment même, étant bien assuré que la certitude d'être aimé comme il mérite de l'être adoucirait les peines dont il est accablé. L'accueil que j'ai reçu de vous et qui ne s'effacera jamais de mon souvenir m'était un sûr garant de votre façon de penser, et je ne doute pas que tous les Français n'imitent le grand exemple que vous venez de donner, dès que les armées des souverains, qui ont si généreusement embrassé notre cause, les auront délivrés des factieux qui tyrannisent jusqu'à leurs pensées.

« Quant à moi, Messieurs, je m'estimerai toujours heureux d'avoir été le premier dépositaire de vos véritables sentiments, et je vous prie d'être bien persuadés de tous les miens pour vous.

« Louis-Stanislas-Xavier. »

II.

SOMMATIONS FAITES A THIONVILLE.

Nous avons donné, dans le texte même de ce volume, (pages 142 et 144) l'extrait des deux sommations qui furent envoyées aux autorités civiles et militaires de Verdun par le duc de Brunswick. Elles étaient faites en son nom, et invoquaient accessoirement le nom des frères de Louis XVI. Celles envoyées aux autorités de Thionville présentaient le fait contraire. Elles étaient libellées au nom du comte de Provence et du comte d'Artois; le nom du généralissime des armées coalisées y était à peine mentionné. Nous ne croyons pas que les sommations adressées à Thionville aient jamais été imprimées. Nous donnons le texte même de ces sommations, ainsi que celui des réponses du général Wimpffen qui commandait cette place.

Première sommation faite par les frères du roi, commandant leur armée campée près Thionville.

« De par le roi,

« Nous, Louis-Stanislas-Xavier et Charles-Philippe, Fils de de France, Frères du Roi, commandant l'armée de Sa Majesté, composée de ses plus fidèles sujets et réunie à celle de Leurs Majestés Impériale et Prussienne, sous les ordres de Son Altesse Sérénissime le duc de Brunswick, déclarons au commandant de la ville de Thionville, à la garnison, à la municipalité, au district et à tous les habitants, que nous venons prendre possession de cette ville, pour le Roi notre Frère, et qu'en son nom nous les sommons, par ces présentes, d'ouvrir aussitôt leurs portes, d'apporter leurs clefs et de se soumettre au commandement de leur légitime souverain, sous peine, en cas de refus et d'une résistance, qui, lorsqu'ils se trouvent cernés par trois armées, serait aussi insensée que criminelle, d'y être forcés par toutes voies d'exécution militaire, avec la plus extrême rigueur, et de subir les punitions exemplaires dues à des rebelles pris les armes à la main; déclarons, conformément aux intentions de Leurs Majestés Impériale et Prussienne, que, s'il n'était pas satisfait à la présente sommation, le commandant, les officiers municipaux et les chefs du district répondraient personnellement des suites d'une désobéissance séditieuse qui obligerait d'employer le fer et le feu sans ménagement et exposerait la ville à une subversion totale. Nous espérons que les habitants préviendront cette cruelle nécessité qui serait infiniment douloureuse à notre cœur, et nous les conjurons, au nom de tout ce qu'ils ont de plus cher, de nous l'épargner en se hâtant de rentrer dans leur devoir. Nous sommes informés qu'on a caché aux peuples des provinces qu'un roi, qui fut et sera toujours leur père, est détenu et emprisonné, livré aux plus indignes traitements. Nous sommes persuadés qu'il suffit de le leur apprendre, pour faire reparaître des sentiments innés à tous les Français et leur faire abjurer toute liaison avec des scélérats qui veulent rendre la nation complice de leur attentat atroce contre la Majesté Royale.

« Les habitants de Thionville doivent reconnaître que si la présente sommation est accompagnée de menaces redoutables, ells ont leur salut pour objet, qu'elles ne tendent qu'à les arracher à un funeste égarement, et que ce serait le comble du délire que de se laisser écraser par des forces irrésistibles, plutôt que de redevenir fidèles à leurs premiers serments, et d'imiter l'exemple des villes de Longwy et de Verdun qui ont prévenu leur ruine par une prompte soumission. Nous désirons vivement que celle des habitants de Thionville nous mette dans le cas de n'avoir à exercer envers eux que des actes de clémence et de bienfaisance analogues aux sentiments paternels de Sa Majesté ; nous comptons sur la fidélité des officiers de ses troupes et nous saurons faire valoir toutes les preuves qu'ils donneront de leur attachement à leur Roi.

« Ainsi fait et notifié par nous Frères du roi, Fils de France, au nom de Sa Majesté, de concert avec Son Altesse le prince de Hohenlohe, commandant les troupes autrichiennes unies aux nôtres en ce moment.

« Au quartier général d'Hettange-la-Grande, le 4 septembre 1792.

> « Louis-Stanislas-Xavier, Charles-Philippe, de concert avec Son Altesse Royale le prince de Hohenlohe, général, commandant l'armée impériale au quartier général de Richemont. »

Réponse du général commandant la place de Thionville.

« Nous ignorons ce qui se passe en France : les citoyens et la garnison n'ont pas cessé un instant d'être fidèles à la nation, à la loi et au roi; ils dépendent des autorités constituées, tant civiles que militaires, établies dans leur chef-lieu de département et ne peuvent recevoir d'ordre que d'elles.

« Fait à Thionville, le 4ᵉ jour du mois de septembre 1792.

« Félix Wimpffen, maréchal de camp, commandant à Thionville. »

Seconde sommation faite par les frères du roi.

« Aux citoyens et à la garnison de Thionville.

« Puisque vous déclarez vous-mêmes que vous ignorez ce qui se passe en France, nous sommes portés à croire qu'aussitôt que vous en serez instruits vous en aurez horreur, et que vous vous séparerez avec indignation de la faction criminelle dont les attentats font frémir l'humanité; qui a violé la personne sacrée de votre Roi, qui le tient emprisonné, qui menace ses jours, qui menace vos compatriotes et qui a plongé le royaume dans un abîme de maux.

« Les affreuses vérités, qu'on a eu soin de dérober à vos regards, sont tracées dans notre déclaration du 8 du mois dernier, dont nous vous envoyons plusieurs exemplaires; voyez-y par combien d'égarements on a porté la nation à se détruire elle-même, de combien de forfaits on a souillé nos annales; vous y verrez que l'on a forcé les puissances de l'Europe à s'armer contre notre malheureuse patrie, et dans quelles intentions nous nous sommes joints aux armées qui n'attaquent la France que pour la sauver; nous y avons consigné nos sentiments et vous y trouverez vos devoirs.

« Ce qui est arrivé depuis doit achever de vous ouvrir les yeux, non-seulement sur le caractère et les projets des scélérats qui oppriment le royaume, mais aussi sur les suites abominables qu'entraînent les innovations qui vous ont séduits : sachez donc qu'un roi, qui a tout sacrifié à son amour pour son peuple, est aujourd'hui victime des séditieux acharnés à le combler d'outrages ; sachez que, forcé de fuir, avec toute la famille royale, son palais ruisselant de sang et fumant d'incendie, votre infortuné monarque s'est vu réduit à chercher sa sûreté au sein même de l'Assemblée qui surprit son pouvoir, et que là, après l'avoir confiné avec la Reine et monsieur le Dauphin dans un espace étroit, où pendant vingt-quatre heures il a été abandonné sans aucun secours, on a eu l'indignité de prononcer en sa personne la suspension de tout exercice d'autorité ; sachez que renfermé ensuite au Temple, dont la tour est préparée pour lui servir de prison, il est traité en criminel d'État, séquestré de toute communication et soumis à l'humiliation d'être interrogé par des sujets rebelles sur des accusations chimériques ; sachez enfin que, dans l'état des choses, il n'y a plus à hésiter ; que ne pas se hâter de désavouer les crimes des usurpateurs, c'est y tremper ; que rester armé avec des factieux, c'est mériter les peines qui leur sont dues, et qu'il faut ou redevenir Français fidèles, ou périr révoltés. Vous n'avez plus que peu d'instants pour choisir, et votre choix décidera du sort de votre ville ; celui qu'une résistance aveugle attirerait sur elle lui est notifié par la déclaration que Son Altesse le duc de Brunswick a faite le 25 juillet dernier au nom de l'empereur et du roi de Prusse. Peut-être en a-t-on empêché la publication dans votre ville ; nous vous en adressons un exemplaire et nous vous exhortons avec les plus vives instances à ne pas vous exposer aux exécutions militaires qui y sont annoncées ; vous devez voir que rien ne pourrait vous en préserver et que l'armée formidable dont vous êtes entourés, ainsi que la prise de Verdun, ne vous laissent aucun espoir de secours ; vous ne pouvez trouver de salut que dans la soumission ; rendez-la assez prompte pour qu'on puisse l'attribuer aux sentiments plutôt qu'à la crainte. Le retard ne pourrait être d'aucune utilité et les effets en seraient funestes ; s'il vous faut un exemple de ce qu'exige le cas où vous êtes, vous le trouverez dans la déclaration ci-jointe, que les habitants de la ville de Longwy nous ont envoyée : ils ignoraient comme vous ce qui s'était passé dans la capitale; ils ont frémi en l'apprenant, et se sont empressés de déposer en nos mains l'expression des sentiments qu'il nous paraît impossible que vous ne partagiez pas avec eux et avec tous les bons Français. Hâtez-vous donc de faire les mêmes protestations; profitez de la modération des puissances qui veulent éclairer avant de frapper, et donnez à votre Roi captif la consolation de voir ses peuples revenir à lui, revenir à leurs devoirs sans y être forcés par des rigueurs dont il gémirait, mais que leur obstination rendrait indispensables.

« Nous vous déclarons finalement, suivant les instructions de Leurs Majestés Impériale et Prussienne et d'accord avec Son Altesse le prince de Hohenlohe, dont l'armée est devant votre ville, que la présente itérative sommation de nous ouvrir sur-le-champ vos portes est la dernière que nous puissions vous faire; vous rendant personnellement responsables des suites terribles que votre refus aurait immédiatement causées.

« Au quartier général d'Hettange-la-Grande, le 5 septembre 1792.

« Louis-Stanislas-Xavier, Charles-Philippe, de concert avec Son Altesse Royale le prince de Hohenlohe, général commandant l'armée impériale au quartier général de Richemont. »

Réponse du commandant de la place de Thionville à l'armée impériale et prussienne.

« Nous gémissons avec vous sur les maux qui affligent la France, nous ne partageons et ne partagerons jamais les crimes qui souillent les annales de notre révolution; mais, citoyens français, nous sommes tout aussi peu disposés à nous soumettre au despotisme que vous nous offrez; et les princes savent bien qu'à part opinion, un ensemble de gens d'honneur ne posent point les armes sur des invitations qui ne sont que des menaces.

« A Thionville, le 5 septembre 1792, l'an 4e de la liberté.

« Félix Wimpffen, maréchal de camp, commandant à Thionville. »

III.

COMMISSIONS DONNÉES POUR LA LEVÉE DES IMPÔTS.

« De par le Roi et Leurs Altesses Royales les Frères de Sa Majesté, commandant son armée,

« Nous, Ministre d'État, chargé par les princes, Frères du Roi, de faire vérifier l'état des recettes et recouvrements de droits dans les différents lieux où ils ont ordonné qu'ils seraient perçus au nom et pour le compte de Sa Majesté, avons autorisé et autorisons, de la part de Leurs Altesses Royales, le sieur Ostone, receveur principal des douanes à Sierck, de procéder à la susdite vérification tant des registres de recette que de l'état des caisses dans les lieux dépendants des districts de Longwy et de Thionville, pour en être rendu compte à Leurs Altesses Royales et être ensuite par elles ordonné ce qu'il appartiendra.

« Fait au camp de Hettange, le 2 septembre 1792.

« DE CALONNE. »

« Nous, Ministre d'État soussigné, certifions que le sieur Ostone, receveur principal des douanes nationales à Sierck, sorti de France en juillet, et admis au nombre des émigrés, par certificat de M. Rey, du 17 août dernier, s'est rendu depuis ce temps aussi utile qu'il a dépendu de lui.

« Au camp de Hettange, le 14 septembre 1792.

« DE CALONNE. »

« Luxembourg, le 29 septembre 1792.

« Je vous préviens, Monsieur, que Leurs Altesses Royales les princes, Frères du Roi, m'ont nommé administrateur des droits du Roi, et m'ont donné les ordres les plus précis pour que j'établisse une régie exacte et suivie pour le compte du Roi. En conséquence des pouvoirs qui m'ont été confiés, je vous engage à continuer le zèle que vous avez montré jusqu'à présent pour l'exactitude du service.

« Je sais que, pour le moment, ce service est à peu près nul, à cause du passage des armées qui ont anéanti tout le commerce ; mais il peut d'un moment à l'autre reprendre son activité, et il est toujours nécessaire d'entretenir les brigades et les préposés dans un travail suivi, avec d'autant plus de raison qu'il se fait toujours un transport de comestibles pour les armées, et il faut empêcher que sous ce prétexte il ne se fasse des versements dans votre ville et des entrepôts dans votre inspection.

« Vous avez sans doute la connaissance de la décision donnée par M. de Calonne, Ministre d'État, au nom des princes et pour le compte du Roi, qui exempte de tous droits tous les comestibles destinés pour les armées combinées et celles des princes. Mais il est nécessaire que les marchands ou détaillants soient munis de passe-ports, qui attestent et prouvent que lesdites denrées sont pour la consommation des armées. Cette formalité est de rigueur, et, dans le cas où lesdits marchands n'auraient pu se procurer les passe-ports lors de leur passage aux bureaux des douanes royales, il faudrait que les receveurs ou contrôleurs expédiassent des acquits-à-caution, qui seraient visés et certifiés par les officiers commissaires des guerres des armées. A l'égard du sucre et du café qui ne sont point des comestibles de première nécessité, vous aurez pour agréable de faire payer les droits à l'entrée, sauf cependant à les restituer aux marchands s'ils vous rapportaient des certificats en bonne forme des officiers qui auront acheté lesdits sucre et café pour leur consommation. Ces précautions sont essentielles pour éviter autant que possible les dépôts de ces marchandises précieuses ; vous voudrez bien, Monsieur, donner connaissance de la présente aux receveurs de votre inspection, en les engageant à en prendre copie et l'enregistrer sur leurs registres d'ordre.

« Je vous engage en outre, Monsieur, à vous rendre chez M. Laires, votre inspecteur général, pour lui faire part de cette lettre, et le prier de vouloir bien se transporter avec vous chez MM. les généraux commandants de votre ville, ainsi que chez M. le commissaire de l'armée impériale et royale, pour prendre et recevoir leurs ordres et leur demander sûreté, protection et main-forte en cas de besoin, et surtout des passe-ports pour que vous et vos subordonnés puissiez vaquer à l'exercice de vos fonctions, avec autorisation de porter vos armes, étant revêtus des plaques aux armes de France, ainsi que de vos anciennes commissions.

« A l'égard de vos appointements, en attendant qu'ils vous soient totalement payés, je vous autorise à prendre et recevoir les fonds qui pourraient se trouver dans vos recettes.

« Goulard, administrateur des fermes du Roi.

« *P. S.* Vous voudrez bien renvoyer copie de la présente avec soumission de vous y conformer. »

IV.

LES ÉMIGRÉS APRÈS L'ÉVACUATION DU TERRITOIRE FRANÇAIS.

On trouve dans le *Moniteur* de 1792, et notamment dans le numéro 300, un grand nombre de lettres saisies ou interceptées, qui peignent l'effroyable détresse des émigrés au moment de la retraite de l'armée austro-prussienne. Nous y renvoyons nos lecteurs, nous nous contenterons de faire connaître comment l'Empereur d'Allemagne en agissait avec eux au moment même où ils venaient de servir sous ses drapeaux. Cette pièce a été imprimée à Bruxelles, mais elle est extrêmement rare. Elle donne une triste idée de la reconnaissance et de la générosité de François II.

Déclaration de Sa Majesté l'Empereur et Roi, concernant les émigrés français.

« Du 23 octobre 1792.

« Sa Majesté voulant prévenir les inconvénients qui pourraient résulter pour la chose publique de la grande affluence des émigrés français de toute classe dans ce pays, Elle a trouvé bon, à la délibération des sérénissimes gouverneurs généraux des Pays-Bas, de statuer et ordonner comme Elle statue et ordonne ce qui suit :

« Art. 1er. Les émigrés employés ou attachés à l'armée des princes français ne pourront se tenir ou séjourner ailleurs que dans les lieux désignés pour les cantonnements de cette armée ; tous ceux qui se trouveraient ou se présenteraient dans quelque autre ville ou lieu de ce pays, seront arrêtés par les officiers de police, à l'assistance, s'il est besoin, du militaire, pour être reconduits à ladite armée, et, en cas de la moindre résistance, ils seront punis comme perturbateurs du repos public.

« II. Les autres émigrés français, de quelque état ou qualité qu'ils puissent être, ecclésiastiques ou laïques, qui ne tiennent pas en louage une maison ou un quartier, devront sortir du pays dans le terme de huit jours, à compter de la publication des présentes, à peine d'être traités comme gens sans aveu.

« III. Tous ceux des émigrés qui, en conséquence de l'article précédent, peuvent rester dans le pays, devront remettre, dans le même terme de huit jours, à l'officier de justice ou de police de l'endroit de leur demeure, une note exacte signée par eux, contenant leurs noms de baptême et de famille, ainsi que ceux des personnes qui composent leur famille et leur domestique, avec une indication exacte de leur logement, l'endroit du dernier domicile qu'ils avaient en France, ainsi que leur état ou profession. Ceux qui resteront en défaut de donner ces renseignements, ou qui se permettront de porter à leur chapeau des cocardes ou des plumes blanches, devront également vider le pays sous la même peine. »

VIII

LETTRES CONFIDENTIELLES

RELATIVES A LA CAMPAGNE DE L'ARGONNE ET A LA RETRAITE
DE L'ARMÉE AUSTRO-PRUSSIENNE EN 1792.

(Voir pages 160 et 167.)

La campagne de l'Argonne a été racontée avec les plus grands détails par tous les historiens de la Révolution. Aussi avons-nous essayé, dans le cours de notre récit, d'en résumer le plus brièvement possible les faits les plus importants, afin de réserver une plus large place au récit beaucoup moins épuisé de ce qui se passait à cette époque à la Convention et au club des Jacobins. Mais nos recherches nous ayant permis de réunir un certain nombre de lettres confidentielles et inédites qui jettent un jour nouveau sur plusieurs points historiques relatifs à cette campagne et lui donnent sa véritable physionomie, nous avons cru devoir les publier presque sans commentaires en les accompagnant seulement de notes qui indiquent : 1° les événements auxquels certains passages font allusion ; 2° la concordance qui existe entre la correspondance intime et les lettres ostensibles signées souvent des mêmes personnes. On a ainsi le récit confidentiel mis en regard du récit officiel. C'est au lecteur à comparer les différences que l'on rencontre souvent entre ce qui se disait tout haut et ce qui se pensait tout bas.

*Dumouriez, général en chef de l'armée du Nord,
à Servan, ministre de la guerre.*

> « Sainte-Menehould, le 11 septembre 1792,
> l'an IVe de la Liberté.

« Je ne peux pas m'empêcher de vous dire, mon cher Servan, qu'en voulant réparer le mal qui est arrivé dans le département du Nord, vous faites un autre mal irréparable, car vous allez être cause de la désorganisation du corps excellent que m'amène Beurnonville.

« Je ne connaissais point M. de Ruault; c'est sur la recommandation du sage et vertueux La Bourdonnaye que je l'ai proposé pour maréchal de camp, pour le suppléer à Lille; vous l'en ôtez; sans doute il l'a mérité, mais il est possible que cet homme qui n'a pas assez de tête pour être en chef soit bon avec La Bourdonnaye; ainsi, écrivez-lui sur cela.

« Le premier mal a été d'ôter La Bourdonnaye du commandement général, et je ne vous connais d'autre moyen que de le renvoyer en chef.

« Beurnonville est excellent pour l'armée et ne vaut rien pour un commandement stable. Il n'est pas encore assez fait pour cela. Les détails l'impatienteront; il sera fâché de ne pas être à la guerre et avec moi; le corps de troupes qu'il amène sera découragé. D'ailleurs je n'ai que lui pour les avant-gardes, car Dillon ne vaut rien du tout; je m'en rapporte à ce que vous dira le commissaire Pâris. Je vous prie même de le rappeler au plus tôt pour m'éviter la contradiction de le destituer, après l'avoir soutenu contre votre opinion à tous, parce que je lui croyais des talents militaires qu'il n'a pas.

« Quelque utile que puisse être La Bourdonnaye auprès du maréchal pour le salut de la patrie, donnez-lui le commandement en chef de l'armée du Nord, et faites-le marcher avec dix mille hommes du camp de Soissons. Je lui donnerai tous les conseils de mon expérience et de l'amitié; mais il est nécessaire en Flandre, où il est aimé. Répondez-moi courrier par courrier. Vous vous plaignez, mon ami, de ce que je fais trop d'officiers généraux, et nous n'en avons pas assez ici debout.

« Chazot n'a pas de santé et ne peut qu'être attaché au corps de bataille. Il faut absolument renvoyer Dillon, que les commissaires de l'Assemblée et moi-même avons jugé trop favorablement. Dubouquet, Duverger, Diethmann sont de vieux routiers, honnêtes gens, mais sans de grands talents. Stengel est le seul bon officier que j'aie ; Miaczinski et Mouet, sont deux étrangers ; le dernier n'a qu'un baragouin inintelligible et ne peut pas mener nos troupes.

« Je fais venir Beurnonville pour mon avant-garde, il a encore besoin de mes conseils ; il a la confiance des troupes, à cause de sa figure, de sa bravoure, de sa loyauté ; j'en aurais fait en six mois un bon général ; vous me l'ôtez pour le charger d'un commandement au-dessus de ses forces. Vous m'ôtez Dampierre, qui de même est un général de main et n'a ni les talents, ni l'âge pour un commandement stable. Desforêts, que vous laissez pour conduire le renfort, est plus propre dans une place et n'a pas cette réputation patriotique qui peut maintenir dans ce renfort l'esprit du camp de Maulde.

« Je vous prie, pour le salut de la patrie, de changer cette disposition ; si je n'ai pas de coopérateurs à mon choix, je ne réponds plus de rien. J'ai encore besoin de deux officiers généraux excellents que je vous demande. L'un est M. de Pouthier, colonel du 21e régiment de cavalerie, qui a sauvé son régiment ; l'autre est M. Neuilly, colonel de dragons, qui est propre à tout.

« Je retourne ce soir à mon camp ; et, à tout hasard, je vais renvoyer le général Duval au-devant des dix mille hommes que je n'ai fait venir de Flandre qu'à regret et sur votre sollicitation, car je craignais de dégarnir ce côté ; aussi ne m'y suis-je décidé qu'après la prise de Verdun, et à l'extrémité. Je peux, si vous voulez, renvoyer en Flandre M. de Vouillers, chef de mon état-major, et je reprendrai Moreton, mais c'est encore faire tort à La Bourdonnaye, qui est nécessaire en Flandre. Vous me direz qu'il est utile auprès du maréchal ; point du tout, donnez-lui des commissaires civils, et il ira bien.

« Mon dernier mot est que, si vous ne vous dépêchez pas d'envoyer La Bourdonnaye en Flandre, ce pays est perdu ; que Beurnonville ne peut pas le suppléer et qu'il m'est nécessaire ici, parce que je n'ai que lui, Stengel, Duval et Neuilly, à employer détachés. Je serai ce soir à Grandpré.

« Le général en chef de l'armée du Nord,

« DUMOURIEZ. »

Beurnonville au maréchal Luckner.

« A La Cheppe, le 16 septembre 1792.

« Monsieur le Généralissime,

« J'avais eu le bonheur d'échapper cette nuit au nombreux ennemi qui s'oppose à ma jonction avec M. le général Dumouriez ; à deux heures elle devait être faite à Dammartin, mais j'ai trouvé l'ennemi placé à Contrevout, entre M. Dumouriez et moi ; je suis forcé de me replier sur Châlons, où j'arriverai à sept heures du soir. Je vous supplie d'ordonner que l'on m'envoie bois et paille pour près de onze mille hommes accablés de fatigue, qui ont huit jours et trois nuits de marche sans relâche, par la pluie, par la boue, par la traverse, et qui meurent de fatigue, mais pleins de zèle pour se réunir à leurs braves camarades.

« Voilà quatre nuits, Monsieur le Général, que nous ne dormons point, nous comptons sur vos bontés. J'ai besoin d'un logement de trois mille hommes d'avant-garde, le reste campera.

« Je demande repos pour demain, et après je serai au général Dumouriez. Je crois qu'il sera attaqué ce soir, je l'en préviens, et vous prie de lui faire parvenir diligemment ma lettre.

« Le lieutenant général,

« BEURNONVILLE. »

Dumouriez à Philippe Devaux, son aide de camp [1].

« Le 18 septembre, à deux heures, au camp du Braux.

« Dites à mon brave ami Kellermann, mon cher Devaux, que je crois qu'il n'y a pas d'inconvénient à ce qu'il campe à

---

1. Cette lettre est adressée par Dumouriez à Devaux qui était déjà à Dampierre auprès de Kellermann ; elle était évidemment faite pour être montrée à ce dernier.

Dampierre, mais que je serais bien aise, pour prouver à mon armée quels secours lui arrivent, qu'il m'envoyât soit des ordonnances, soit des détachements de plusieurs espèces de troupes pour qu'on les vît dans le camp. Il n'y a rien qui paraisse en avant de mon front de ce côté-ci de la *Tourbe*, dont j'ai fait couper tous les ponts. Le général Stengel observe tout ce fond.

« C'est le général Duval qui est attaqué du côté de ce bois, entre l'Aisne et la forêt. Il m'annonce trois colonnes de plus de vingt-cinq escadrons de cavalerie. Je lui ai envoyé cinq bataillons de renfort. J'en ai envoyé deux à Florent avec deux pièces de position; je lui ai conseillé de perfectionner les abatis qu'il a commencés, pour n'être pas tourné par le bois; il a coupé tous les ponts et il a sept mille hommes, dont moitié d'excellente cavalerie, pour tomber sur les têtes de colonnes en cas qu'elles s'avisent de vouloir passer le canal de la Biesme devant lui. C'est une attaque à faire périr beaucoup de Prussiens. J'espère qu'ils n'en tenteront pas une sur la Tourbe : si cela était, j'aurais le temps d'avertir mon ami Kellermann, et il aurait le temps de m'envoyer du secours. J'ai le plus grand désir de l'embrasser.

« Le général d'armée,

« DUMOURIEZ. »

Le général Dumouriez au général La Bourdonnaye.

« Quartier général de Sainte-Menehould, le 19 septembre 1792,
l'an IVe de la Liberté, le Ier de l'Égalité.

« Je vous envoie sur-le-champ, mon cher La Bourdonnaye, le pauvre Valence[1], comme vous le désirez ; je suis enchanté qu'enfin on ait suivi mon avis, quoique un peu tard, et qu'on ait remis en vos mains le commandement de l'armée du Nord, qu'on n'aurait jamais dû vous laisser quitter un seul moment. Je vous enverrai à Valenciennes tous les papiers qui concernent ce commandement, et je vous conseille de laisser à Lanoue les détails du camp de Maubeuge et de l'arrondissement de Rocroy,

---

1. En marge est écrit, de la main du général La Bourdonnaye : « C'est M. de Sparre qui est arrivé. »

Philippeville, Marienbourg et Givet. Gardez-vous Malus? si vous voulez Vouillers, qui est un homme sage et de détails, envoyez-moi Moreton et nous ferons l'échange.

« J'ai été plus brave que vous pour mon adresse à l'armée de Châlons ; je l'ai fait publier ici à l'ordre aux sept bataillons que vous m'avez envoyés, ils ont été très-souples et m'ont promis *monts et merveilles*; je leur tiendrai parole et je ne les raterai pas. Si je ne prenais ce parti, ils ruineraient mon armée et finiraient par me pendre, ce que je ne suis point du tout d'humeur à endurer. — Les Prussiens sont accablés de maladies, exténués de fatigue et mourant de faim. En tenant cette position-ci, j'achèverai de ruiner leur armée; c'est l'affaire de quinze jours et je réponds du succès, à moins de crise fâcheuse dans l'armée même, ce qui, j'espère, n'arrivera pas. Ainsi tenez-vous sur la défensive : les Autrichiens ne peuvent faire aucun siége ; il est trop tard et ils n'ont pas ce qu'il faut. Je vous promets avant le 10 octobre de mener trente ou quarante mille hommes à votre secours, et de pénétrer encore cet hiver en Brabant. Je vous conjure de bien examiner l'instruction que j'ai laissée à Moreton, de pousser la levée des bataillons francs et surtout celle des Belges. Faites venir Maret, qui est auprès de vous. Voyez ce qui reste des six cent mille francs, et demandez six cents autres mille francs qu'il faut vous envoyer sans délai. Vous pouvez envoyer copie de ma lettre au Conseil exécutif pour appuyer vos demandes. Donnez-moi de vos nouvelles. Votre présence vaut beaucoup dans un pays où vous êtes aimé et estimé. Notre tendre et sincère amitié ajoutera encore au concert qui va s'établir entre nous, et j'espère que nous finirons cette guerre heureusement ensemble. Je vous embrasse.

« Le général en chef de l'armée du Nord,

« DUMOURIEZ. »

Dumouriez à Biron.

« Sainte-Menehould, 25 septembre 1792.

« Tout se réunit ici, mon cher Biron; le roi de Prusse s'est fourré dans le guêpier et meurt de faim. Vous m'avez mandé que vous avez quinze mille hommes prêts. Faites-les marcher par Metz et Toul sur Bar avec la plus grande diligence. Là, je leur indiquerai les moyens de couper la communication de Verdun. Ne perdez pas de temps, nous tenons les ennemis, et sous quinze jours nous pouvons ruiner leur armée et terminer la guerre.

« Votre ami,

« DUMOURIEZ »

« P. S. Je réunis ici près de cent mille hommes. Je couvre Reims, Châlons et Vitry ; votre corps d'armée achèvera le reste. »

Dumouriez, général en chef de l'armée du Nord, au ministre de la guerre.

« Sainte-Menehould, le 26 septembre 1792, l'an IVe de la Liberté, le Ier de la République.

« J'ai reçu, ministre citoyen, votre lettre du 23, par laquelle vous me demandez des lettres plus fréquentes et plus détaillées. Si tout était en bon ordre, si tout marchait comme je le désire, je n'aurais à faire que mon métier de général, et alors j'aurais du temps de reste pour vous écrire ; mais je suis obligé de faire tous les métiers et de passer à tout moment au travers de toutes les contrariétés.

« Le petit nuage est entièrement dissipé entre Kellermann et moi. Je lui ai développé mon plan ; il l'entend parfaitement bien, il l'a entièrement adopté, et nous sommes convenus de tous nos faits ; mais je n'en crois pas moins nécessaire que vous donniez une décision sur le commandement du plus ancien, quand deux armées sont réunies, pour tout le temps qu'elles passent ensemble. Vous devez être sûr que je n'en abuserai pas et que je ferai faire par amour ce que je pourrais exiger par droit. Kellermann me fait dire que vous lui écrivez une lettre très-pressante pour l'engager à se porter sur Châlons. Je vous avoue, mon cher Servan, que je pourrais être un peu étonné de ce que vous vous adressez séparément à un des deux chefs de l'armée : 1º parce que vous avez l'air de craindre que je m'obstine à garder ma position de Sainte-Menehould ;

2° parce que, si Kellermann prenait au pied de la lettre votre dépêche, ou il me forcerait la main et dérangerait mon plan, ou il partirait seul et m'abandonnerait à l'ennemi. Si j'ai votre confiance, comme vous me le mandez dans toutes vos lettres, n'écrivez rien qui puisse me faire croire le contraire; sinon, je vous demanderai des ordres, je les exécuterai, et vous répondrez de tout. Ne vous laissez point aller par les frayeurs de la ville, et analysons de sang-froid ma conduite depuis l'ouverture de la campagne.

« Je suis arrivé à Sedan le 28 d'août ; la totalité de l'armée du traître La Fayette était de dix-sept à dix-huit mille hommes. Le roi de Prusse et Clerfayt en avaient quatre-vingt mille contre moi ; je leur ai tenu tête, sans être entamé, jusqu'au 15 de ce mois.

« Depuis lors, au moyen des différentes réunions, j'ai rassemblé au camp de Sainte-Menehould cinquante-huit mille hommes. Ce camp, contre lequel on crie tant à Paris, a tenu si bien en échec l'armée prussienne, que, quoique placée entre Reims et Châlons et moi, elle n'a osé pénétrer ni à Reims ni à Châlons.

« Je suis arrivé au point d'épuiser cette armée par les bivacs, la famine, les maladies et la désertion. J'ai eu l'avantage dans tous les combats particuliers : c'est en quoi le brave Kellermann m'a vigoureusement aidé. J'ai été le Fabius, il a été le Marcellus, et nous minons sensiblement l'Annibal Brunswick. Après avoir joué le rôle de temporiseur tout le temps nécessaire pour en imposer à ces fameux généraux prussiens, lorsque j'ai appris qu'ils avaient écrit pour recevoir des secours, j'ai fait un plan pour réunir soixante-dix à quatre-vingt mille hommes, avec lesquels je vais les forcer à faire un mouvement. En attendant, nous nous amusons mutuellement avec de vaines négociations dont j'ai tout l'avantage, parce que cette espèce de trêve donne l'occasion à nos postes avancés d'inonder les leurs du décret des déserteurs en allemand. Vous verrez, par le plan développé dans la dépêche que vous porte M. Vialla, que par mon projet de réunion je couvre également Châlons et Reims sans découvrir Vitry. Je tiendrai cette nouvelle position beaucoup plus facilement encore que celle de Sainte-Menehould. Je recevrai mes convois avec une extrême facilité et j'embarrasserai fort l'ennemi, à qui je ne laisserai pas même la ressource désespérée de hasarder une bataille. Si, au lieu de cela, nous nous divisions, le général Kellermann et moi, nous courrions risque l'un et l'autre de nous voir accablés par la totalité des Prussiens avant d'être secourus; nous nous éloignerions trop de l'ennemi, nous laisserions trop de terrain à sa disposition et nous intimiderions nos deux armées, parce que nous aurions l'air de fuir un ennemi qui n'ose nous attaquer.

« Le général Dubouquet est déjà rendu d'hier au soir au Frêne; sa cavalerie légère est en avant de lui sur Tilloy. Voilà donc notre communication de Châlons bien parfaitement rétablie. Quant à celle de Reims, comme j'espère que, le 28 ou le 29 au plus tard, le général d'Harville sera campé à Auberive sur Suippe, alors je pourrai faire mon mouvement par la gauche et déborder la droite du roi de Prusse. Je fais partir aujourd'hui les gros équipages pour Vitry, ainsi que Kellermann les siens, afin d'être moins embarrassé dans nos mouvements, et, vers le 30, j'exécuterai ma grande disposition; jusque-là, rien ne périclite, et si vous montrez mon plan au patriote Laclos, je le fais juge lui-même de cette disposition militaire.

« J'attends ce que mon ami Le Brun me mandera sur les propositions de l'aide de camp général Manstein; il a dîné chez moi hier avec Kellermann, Valence et les deux princes Égalité. Je lui ai remis *le Moniteur*, et je lui ai expliqué avec beaucoup de franchise que le roi de Prusse, s'il voulait traiter, devait le faire avec la Convention nationale. J'ai aujourd'hui chez le roi de Prusse M. Thouvenot, adjudant général, pour traiter l'échange des prisonniers. Je crois que, malgré la répugnance du monarque prussien, on me rapportera de nouvelles propositions. Je les ferai passer sur-le-champ par un courrier. J'avoue que je suis intimement persuadé que rien ne serait plus heureux pour la France que de détacher le roi de Prusse; jusqu'à présent je ne suis que la raquette qui reçoit et qui renvoie les propositions de négociations. Comme les Prussiens paraissent me témoigner une confiance exclusive, parce que j'ai été ministre des affaires étrangères, je pourrai, si la République le juge à propos, et si on m'envoie des bases, travailler activement et profiter des circonstances. J'attends sur cela des ordres ultérieurs, mais on peut être persuadé que la négociation ne dérangera en rien mes opérations militaires, et que dans la position militaire où nous sommes, j'aime mieux couper le nœud gordien que le délier. Il faut nécessairement que le roi de Prusse : 1° reconnaisse la République et traite avec elle ; 2° rompe la convention de Pilnitz ; 3° évacue les places de Longwy et Verdun qu'il a prises et remmène ses troupes ; 4° ne se mêle point de notre guerre avec la maison d'Autriche, et déclare qu'il ne la regarde point comme une guerre d'empire ; 5° se contente d'une simple intercession en faveur de Louis XVI ; sans rien exiger à cet égard ; 6° laisse terminer par une discussion juridique l'affaire des princes possessionnés.

« Si ces six articles, avec peut-être quelques modifications, peuvent être accordés, il s'ensuivra très-vite un traité d'alliance entre la France et la Prusse qui donnera, presque sans combattre, la liberté aux peuples de la Belgique. Je n'ai rien entamé à cet égard avec M. Manstein, mais dans la conversation d'hier je lui ai fait entrevoir l'impossibilité de traiter autrement, et le peu d'intérêt que mettent les Français à traiter de quelque manière que ce soit. Je saurai ce soir quelle impression ma conversation a pu faire au quartier général.

« Vous pouvez annoncer à nos pères conscrits que les soldats montrent autant de persévérance que de courage ; que, quoique sans pain depuis deux jours par la lenteur des convois, non-seulement ils ne murmurent pas, mais que, plus ils souffrent, plus ils semblent redoubler de confiance en leurs généraux. Je vais encore faire quelques exemples pour achever d'établir l'obéissance aux lois. Dans l'armée de Dubouquet, on ne parle que de couper des têtes. J'ai écrit une lettre qui, j'espère, fera effet. Si cela ne suffit pas, je prendrai d'abord le parti de chasser avec infamie les motionnaires, et, si cela ne suffit pas encore, j'en ferai faire une justice sévère et expéditive. Les troupes républicaines doivent avoir, avec moins de châtiments avilissants, une discipline plus austère que les satellites des despotes.

« Le général en chef de l'armée du Nord,

« Dumouriez. »

NOTES.

Beurnonville à Dumouriez [1].

« J'ai trouvé sur les journaux que le général Kellermann n'a pas oublié les louanges pour son armée le jour de l'affaire du 20. Je n'en demande point pour moi, mais dites quelque chose pour votre avant-garde à mes ordres ; elle lit, elle verra avec plaisir que vous ne l'oubliez pas.

« Voilà plus de 250 prisonniers dans la semaine ; mais depuis hier à aujourd'hui, 200 prisonniers, 4 émigrés officiers de la maison du roi, régénérée à Coblentz, 1 aumônier, 80 chevaux, 24 chariots chargés : voilà le résultat de mes prises dans quarante-huit heures.

« Tués, 27 hussards et fantassins, et l'officier commandant les hussards.

« Assaisonnez ce bulletin pour louer votre avant-garde sur le premier journal. Vous avez fait trêve de feu, mais je n'ai point cessé de courir sur le butin ; aussi tous mes hussards ont des montres et de l'or.

« AJAX [2]. »

« Ajax se rappelle à MM. les commissaires, et surtout à Ulysse qui a de si bon vin de Sillery, à qui il présente ses hommages. »

---

1. Cette lettre n'est pas datée, mais elle fait allusion au rapport de Kellermann sur la canonnade de Valmy. Ce rapport, ainsi que celui de Dumouriez, se trouve au *Moniteur* du 24 septembre, n° 268. Il n'a pu être connu des avant-postes français que le 27 ou le 28 ; d'un autre côté, on voit que l'armistice sur le front de l'armée dure encore ; il ne finit que le 30. On peut donc avec certitude assigner à cette lettre la date du 28.

2. Beurnonville signe *Ajax*. C'est un surnom que Dumouriez lui avait donné quelques jours auparavant et dont on trouve la confirmation dans la lettre écrite par celui-ci au ministre de la guerre, datée du 1er octobre (*Journal des Débats et décrets*, n° 13, p. 221.) « L'armée, y est-il dit, a baptisé le brave Beurnonville du nom d'*Ajax français*. » On voit par une lettre de Carra (*Moniteur*, n° 182) que l'on s'était plu à donner aux principaux personnages de cette guerre des surnoms qui rappelaient les héros d'Homère. Ainsi à côté d'Ajax-Beurnonville, figuraient Ulysse-Sillery, Agamemnon-Dumouriez, Diomède-Duval.

Beurnonville à Dumouriez.

« La Neuville-au-Pont, le 29 septembre 1792.

« Comme j'aime à vous faire plaisir, mon cher général, je joins aux 18 chariots de ce matin l'envoi d'environ 70 prisonniers, savoir : 1 sergent, 1 chirurgien, 46 soldats, un Liégeois, 3 domestiques, 4 femmes, plus deux hussards déserteurs de Chamboran; plus MM. de Boisseuil, émigré, se disant major de la nouvelle gendarmerie, Detrès de Tissard, officier aux gardes françaises, et de Nauvray, officier de chevau-légers, avec M. Girard, aumônier des hussards Lauzun. Demain matin j'espère vous envoyer autre chose; mes corsaires sont en course.

« J'envoie le commissaire des guerres et un adjoint pour voir si, dans l'envoi que je fais, il y a des chemises, souliers et eau-de-vie, afin que vous fassiez donner à l'avant-garde ce qu'elle a besoin de ces objets qui lui manquent.

« Je vous embrasse, bien content de votre fils aîné.

« BEURNONVILLE. »

« Je vous recommande ces b...... d'émigrés qui ont l'air de pendards et qui nous font tant de mal. Vous voyez ici qu'on les abandonne à la sévérité des lois. »

Westermann au ministre de la guerre.

« Du quartier général de Sainte-Menehould,
le 30 septembre 1792.

« Mon général,

« MM. les députés de l'Assemblée nationale ont été hier aux deux armées, et avant-hier à celle de M. Dubouquet, ils ont harangué les soldats avec force et un *Vive la nation! Vive la république!* est devenu le refrain général de l'armée. J'ai parlé à M. Kellermann; les deux généraux ont resserré de nouveaux nœuds d'amitié; l'amour-propre ni de l'un ni de l'autre ne fera souffrir la chose publique, quoique vous en ayez été effrayé un instant. L'ennemi lève dans le moment son camp, et nous le nôtre pour le suivre ; nous ne savons pas encore où il porte sa marche. Soyez parfaitement rassuré sur notre position ; l'ennemi est aux abois, nous lui avons coupé sa communication avec Verdun ; 105 prisonniers avec 27 voitures de vivres ont été le fruit du courage du brave Beurnonville ; il y a 8 émigrés au nombre des prisonniers ; nos hussards avaient déjà pris 60 voitures de vivres, mais le bataillon de la section des Lombards de Paris devant soutenir ce convoi a pris la fuite à l'approche d'un escadron de hussards ; ces malheureux crièrent aussitôt, en fuyant, à la trahison, et qu'on les conduisait à la boucherie ; nos hussards, forcés d'abandonner leur proie, ont coupé les jarrets à 40 chevaux, et ont amené encore 6 de ces voitures. 25 volontaires de ce bataillon des Lombards ont eu la tête rasée, et ont été chassés en veste [1].

« Je n'entrerai dans aucun détail sur la négociation avec les Prussiens. M. Dumouriez a fait imprimer le tout, qui va vous parvenir, et MM. les députés de l'Assemblée nationale vont de même en rendre compte [2].

« Je vous demande pardon de mon griffonnage ; les chevaux sont à la porte pour suivre l'ennemi.

« Je suis avec respect, mon général,

« Votre très-humble et très-obéissant serviteur,

« WESTERMANN. »

« J'apprends par des paysans près du camp de l'ennemi que, chaque jour, ils enterrent une grande quantité de monde. »

---

1. C'est à cet incident que Dumouriez fit allusion dans son discours à la section des Lombards. (Voir page 181 de ce volume.)

2. Voir au n° 277 du *Moniteur* la lettre par laquelle Dumouriez annonce, le 1er octobre, au ministère de la guerre, l'envoi de ces pièces : — « Je vous envoie quelques exemplaires de ma négociation, écrit le général en chef ; je l'ai fait imprimer, parce que le général d'une armée d'hommes libres ne doit point laisser de soupçon sur sa correspondance avec les ennemis. » — Les pièces sont publiées au *Moniteur,* n° 280. Elles se composent : 1° d'un *Mémoire de Dumouriez au roi de Prusse ;* 2° d'une *Lettre de l'aide de camp prussien Manstein ;* 3° de la *Réponse de Dumouriez* à cette lettre, 28 septembre ; 4° d'une nouvelle *Lettre de Manstein,* 29 septembre ; 5° de la *Réponse de Dumouriez,* en date du même jour.

Westermann à Pétion.

« Du quartier général de Sainte-Menehould, le 30 septembre 1792,
à onze heures du soir.

« Monsieur le Maire,

« Nous n'avons pas eu d'attaque ; l'ennemi s'est replié pour se rapprocher de ses magasins. Il s'est campé à Saint-Jean-sur-Tourbe. Le chirurgien-major de l'armée a visité le camp qu'ils ont abandonné. Il dit qu'il est *pestiféré* et qu'il faut y brûler beaucoup de vinaigre et autres choses. Demain toute la route de Châlons sera bien garnie ; notre communication y est rétablie. Je vous envoie des lettres du général Beurnonville à M. Dumouriez, où vous verrez ses projets et ses prises ; elles me dispensent d'entrer en détail. Demain je vous enverrai une espèce de supplique des Prussiens et la réponse imprimée de M. Dumouriez, après le manifeste de Brunswick. Je sors des prisons ; tous les prisonniers sont d'accord que l'armée prussienne et autrichienne est attaquée de la dyssenterie. Sur 200 prisonniers, 45 sont à l'hôpital. Nous avons appris qu'ils ont 8,000 malades à Grand-Pré. Tous disent qu'ils manquent de tout. En voilà assez ; je vais me coucher bien fatigué. A demain.

« Envoyez de ma part, si vous le pouvez, plusieurs de ces imprimés aux Jacobins.

« WESTERMANN. »

« Du quartier général de Sainte-Menehould, le 1er octobre 1792,
an 1er de la République française.

« Monsieur le Maire,

« Indépendamment des nouvelles que vous apprendrez par les pièces ci-jointes, je vous dirai qu'environ 26 à 28 autres prisonniers et 6 voitures nous ont été amenés, 3 émigrés, les sieurs Condé, Gissert et Montigny, ci-devant officiers d'Angoulême, Français. Mais ces braves chevaliers revenaient tranquillement en France reconnaître leur erreur ; c'est le refrain de tous ceux qui sont pris.

« J'ai été aujourd'hui au camp que l'ennemi a occupé hier la nuit. J'y ai trouvé 6 chevaux et 2 hommes morts, je crois qu'ils retournent chez eux. Tout va au mieux.

« Je viens d'embrasser la malheureuse victime, Georges, qui, avec une très-grande barbe, accompagnera vos commissaires à Paris; demain je vais avec un trompette au camp de l'ennemi, au risque de ma vie, pour délivrer un autre député, nommé *Daude*, que Georges m'a dit être aux fers à Verdun. Heureux si je puis être assez heureux de le délivrer aussi! A demain d'autres nouvelles.

« WESTERMANN [1]. »

Dillon à Dumouriez.

« A la ferme de Milet, le 1ᵉʳ octobre 1792, l'an 1ᵉʳ de la République, huit heures du soir.

« Je rentre, mon cher général, de ma petite excursion contre les Hessois. En arrivant le matin à Passavant, j'ai appris qu'un corps de Hessois avait passé à six heures du matin à Lavoye et se portait sur Fleury, où il avait commandé hier des vivres. Les hussards et la brigade de dragons se portèrent sur ces deux villages pour connaître la force et la position des ennemis. Je me portai avec mon infanterie au coin du bois Labbé, en avant de la verrerie de Waly. J'appris, presque au même moment, qu'un corps ennemi occupait les villages d'Autrecourt et de Fleury. Je

---

1. Les trois lettres de Westermann, les deux lettres de Beurnonville et les autres lettres qui vont suivre doivent être rapprochées:

1° De la dépêche écrite de Sainte-Menehould, le 30 septembre, par les commissaires Carra, Sillery, Prieur, et de la lettre de Dumouriez, en date du 1ᵉʳ octobre, qui se trouvent toutes deux au *Moniteur*, n° 277;

2° De la lettre des trois commissaires, en date du 2 octobre, et de la lettre de Dumouriez, en date du 1ᵉʳ octobre au soir, *Moniteur*, n° 278;

3° De la lettre de Dumouriez, datée de Vienne-la-Ville, 2 octobre, *Moniteur*, n° 279;

4° De la lettre des trois commissaires, datée de Sainte-Menehould, 2 octobre, *Moniteur*, n° 280;

5° De la lettre de Carra, du 2 octobre, dont extrait est donné au *Moniteur*, n° 282.

me portai immédiatement en avant, et je découvris un corps d'infanterie hessoise d'environ 600 hommes, et 200 chevaux, ainsi qu'un escadron d'émigrés, postés sur une hauteur entre Autrecourt et Fleury ; les deux villages occupés par de petits postes de tirailleurs. Malheureusement la rivière d'Aire, qui n'est guéable que dans un point, s'est trouvée entre nous et les ennemis. Je fus obligée d'attendre quelque temps mon canon et mon infanterie, et de la faire passer par le pont de Fleury. Aussitôt que les ennemis virent notre canon, ils firent leur retraite sur Rarecourt. Le général Neuilly, qui était à ma gauche à Autrecourt, n'a pas attendu que le bataillon de M. Fegond fût arrivé ; il s'est précipité à la tête de ses dragons dans le village, y a rencontré trente Hessois qui gardaient le pont, les a culbutés ; ils ont été tous tués, à l'exception de deux, qui sont prisonniers et fort blessés, et du lieutenant Lindon, que j'ai ici prisonnier, et que je vous mènerai demain. Il y a eu de plus 7 Hessois et 1 officier appelé Haller tué à Lavoye.

« Le général Galbaud a pointé lui-même un canon sur les émigrés et en a culbuté un. Sans la maudite rivière et le chemin immense que mon infanterie avait fait, j'enveloppais le corps hessois ; mais il eût été imprudent de le suivre plus loin que Lavoye. Nos hussards et nos dragons ont été jusqu'à une petite lieue de Clermont. J'ai admiré la patience et l'ardeur des troupes, après avoir fait six lieues dans des chemins affreux. L'intrépidité et la promptitude des dragons est au-dessus de tout éloge. Le général Neuilly a tué le premier Hessois de sa main, et a donné la vie au lieutenant Lindon.

« Cette petite expédition fera, je crois, très-bien ; ces ennemis verront que les Français vont partout au-devant eux ; j'ai donné aux troupes 4 bœufs tués par les Hessois.

« Si vous avez quelques nouveaux ordres à me donner, mon cher général, faites-les-moi passer tout de suite ; sans quoi je me propose de renvoyer mes troupes à *Bienne,* quitte à les faire revenir si les Hessois reparaissent, ce que je ne crois pas.

« Le lieutenant général Dillon. »

Sillery à Pétion.

« Sainte-Menehould, le 2 octobre.

« Vous pouvez juger, mon cher ami, par ma correspondance avec la Convention, que je suis dans la plus parfaite sécurité relativement à notre position. Dumouriez fait la plus belle et la plus savante campagne que la France ait jamais faite. Vous verrez quelle est mon opinion dans le petit résumé que j'en ai fait dans la lettre qui arrive à la Convention par ce même courrier. Ce général a su tenir tête contre l'opinion générale, et la France est sauvée. Elle eût été dans un grand danger, s'il ne s'était pas obstiné à garder sa position. En effet, s'il s'était jeté sur Châlons ou Reims, les ennemis, mourant de faim, n'eussent point cherché à l'attaquer, mais ils se seraient emparés du Barois, auraient hiverné dans nos campagnes abondantes, et là ils se seraient raccommodés et renforcés ; l'année prochaine ils eussent entamé une nouvelle campagne, au lieu que je les en défie maintenant.

« Depuis trois jours que nous sommes ici, plus de 4 ou 500 prisonniers ont été faits ; toutes les routes sont sillonnées de cadavres et de chevaux morts : en un mot, il n'en sortira pas de France 30,000 hommes, et ils sont venus au nombre de plus de 80,000. La France doit une grande marque de sa reconnaissance aux généraux qui l'ont si honorablement servie.

« Malgré ma goutte, je suis à cheval depuis le matin jusqu'au soir, et je sens, mon cher ami, que lorsqu'on est mû par un grand intérêt, on oublie ses maux facilement.

« Les nouvelles de cette nuit annoncent que Dillon a attaqué les *passes* de l'arrière-garde de l'ennemi qui décampe de Clermont ; il leur a tué 30 hommes et fait quelques prisonniers. Tout va bien, je suis content, et d'ici à vingt jours, ces b...... là ne seront plus sur notre terrain. Dumouriez a envoyé un courrier à Metz pour faire venir de l'artillerie de siège, des mortiers, et bientôt Verdun et Longwy seront assiégés. Adieu, cher ami, je vous embrasse de tout mon cœur.

« SILLERY. »

« Mes respects aux deux bonnes citoyennes. »

Westermann à Pétion.

« De Vienne-le-Château, le 3 octobre 1792,
à six heures du matin.

« Tout continue à aller bien ; nous suivons l'ennemi, nous faisons toujours des prisonniers, nous prenons des équipages sans pour ainsi dire perdre des hommes.

« Ci-joint des lettres des généraux en sous-ordre à M. Dumouriez, où vous verrez notre position ; une autre, prise sur un paysan arrêté, et envoyée à un émigré de Grand-Pré à Verdun, où vous connaîtrez aussi la déplorable position des armées ennemies ; c'est là la meilleure correspondance. Ces misérables sont à Grand-Pré, et marchent selon toute apparence sur Longwy et Verdun. Nous les suivons de près... De l'eau-de-vie, du vinaigre, du riz et des munitions, et nous chasserons ces ennemis de notre félicité jusqu'à Vienne et Berlin.

« J'écris sous un arbre ; excusez mon griffonnage. Mes hommages à vos dames, qui, à l'heure qu'il est, sont bien sûrement plus à leur aise que moi.

« WESTERMANN. »

---

*Le général Westermann au citoyen Philibert,
négociant à Strasbourg.*

« Du quartier général de Sainte-Menehould,
le 3 octobre 1792.

« Ne m'accusez pas, mon ami, d'ingratitude de ce que je suis si longtemps sans vous écrire ; je n'ai pas le temps de respirer, je ne dors pas, et je ne puis plus résister à la fatigue. Chef de la légion du Nord, adjoint à l'état-major de l'armée, et commissaire général du pouvoir exécutif, mes occupations et mes courses sont inexprimables.

« J'ai été au camp prussien, dîner avec le roi de Prusse ; j'ai fait plus que jamais l'on n'a espéré de moi ; dans ce moment je suis tout-puissant ; que peux-je faire pour vous, mon ami ? — J'ai fait chasser Thomassin. La place n'était pas pour vous ;

dites-moi quelle est la place de l'imprudent Ehremann fils; je le ferai chasser et vous la ferai donner; ou marquez-moi ce que vous désirez. — Tout va bien; les Prussiens se séparent d'avec les Autrichiens; toutes leurs armées sont en déroute; chaque jour nous leur prenons des équipages de vivres et des hommes, et nous leur tuons passablement. La République sera établie malgré l'univers. Oubliez vos anciens préjugés. Aimez-moi, et je vous aimerai toujours.

« Adieu, mille choses à vos dames.

« WESTERMANN. »

Sillery à Pétion.

« Sainte-Menehould, le 3 octobre, an 1ᵉʳ de la République.

« Tout va, cher ami, au delà de nos espérances; les ennemis f...... le camp grand train; ils ont déjà dépassé les gorges de Grand-Pré, et si Dumouriez était obéi par le général Kellerman, on les aurait écrasés dans leur retraite. A deux heures du matin, j'ai été réveillé par un aide de camp du général, qui m'annonce que Kellermann a donné ordre aux troupes qui sont sous ses ordres de rétrograder. Kellermann a probablement imaginé ce mouvement sur un faux avis qu'il a reçu, que les Hessois qui étaient à Clermont se portaient du côté de Bar-le-Duc. Nous avions reçu, hier au soir, le même avis de la part des administrateurs du département, et je n'en avais été nullement inquiet, parce que j'avais été le même jour (qui était hier au soir) à Clermont, et que je n'en étais revenu qu'à dix heures du soir : j'y avais appris que les Hessois se repliaient du côté de Verdun en grande hâte, et déjà nous avions dix mille hommes à Clermont.

« Dumouriez, qui s'était porté en avant, avait fait ses dispositions, et son ancienneté lui donnant le droit de commander Kellermann, il lui avait prescrit le mouvement qu'il devait faire. Ce dernier, enorgueilli d'être général en chef, ne reçoit qu'avec répugnance de tels ordres, et il se croit le maître d'agir d'après ses idées. Vous sentez, mon ami, combien il est fâcheux que des f...... disputes de commandement nuisent ainsi au bien de la chose publique. Je n'ai pas hésité, j'ai fait réveiller mes collègues, et voilà la lettre que nous avons envoyée au général Kellermann :

« Général Kellermann,

« C'est avec une surprise extrême que nous apprenons le
« mouvement rétrograde que vous vous proposez de faire. Rien
« ne motive une démarche aussi étrange dans la circonstance,
« et si vous donniez pour raison l'avis que vous avez reçu, que
« les ennemis se portaient sur Saint-Mihiel, nous vous répon-
« drions que c'est un faux avis, dont on nous a envoyé le
« double. Nous avons été hier à Clermont ; les ennemis ont pris
« la fuite et font leur retraite par Verdun ; le général Dillon
« est à leur poursuite.
« Il serait bien étonnant qu'au moment de terminer la cam-
« pagne la plus brillante, le mouvement que vous vous propo-
« sez de faire pût faire en un moment changer toutes les espé-
« rances que nous donne la situation des ennemis. Nous ne
« pouvons vous cacher que le général Dumouriez, par son an-
« cienneté, a le droit de vous commander et que vous ne pouvez
« opérer aucune séparation sans ses ordres positifs. La circon-
« stance est trop urgente pour ne pas vous déclarer, au nom de
« la patrie, que nous vous rendons personnellement responsable
« du mouvement que vous allez opérer et que nous vous ordon-
« nons, au nom de la Convention nationale, d'obéir aux diffé-
« rents ordres que vous recevrez du général Dumouriez, et de
« reprendre votre position, si vous l'avez quittée.

« Les commissaires de la Convention nationale. »

« Vous jugez, mon ami, combien il était instant de prendre une mesure vigoureuse. Nous avons peut-être outre-passé nos pouvoirs ; mais à ma conscience et à mon amour pour le bien public, j'ai cru que c'était une de ces circonstances où un sot ne fait rien de bien.

« Carra et Prieur sont allés cette nuit au camp de Kellermann ; il m'a été impossible d'y aller ; j'avais été hier jusqu'à Clermont et je n'étais rentré qu'à dix heures du soir avec une attaque de goutte affreuse; à leur retour, je verrai s'il faut rendre compte de ce détail à la Convention nationale; faites part de ce détail à nos vrais amis.

« Nous venons d'apprendre les grandes victoires de Custine et vous ne tarderez pas à apprendre que tous ces coquins-là sont partis. — Mon cher ami, il n'y a pas deux partis à prendre; il faut donner à Dumouriez le grade de maréchal de France qui ôte tout prétexte de division entre les chefs; lui seul a tenu tête à toutes les opinions différentes, et le résultat est qu'il a sauvé la France et fait la plus savante campagne que jamais général ait faite. Il faut promptement décider cette querelle et que toutes les petites rivalités cessent.

« Arthur Dillon va à merveille; il les saboule dans leur retraite; hier, il a tué trente hommes et fait quelques prisonniers.

« On assure que Verdun est évacué; cependant nous n'en avons encore aucune nouvelle positive; le fait est très-probable. Dumouriez va sous peu de jours assiéger Longwy; il a demandé de la grosse artillerie à Metz, elle est en route.

« Leur retraite, leur séjour en France, leur coûtera plus de trente mille hommes. Vive la République française ! Je vous embrasse de tout mon cœur.

« Sillery. »

« Westermann[1] vous rendra à peu près un pareil compte et vous fera sentir la nécessité de donner à Dumouriez un grade qui ôte tout prétexte de lui désobéir. J'espère que Carra et Prieur auront arrangé cette affaire à l'amiable; car, sans cela, ils sont décidés à agir avec autorité, le bien public l'exige.

---

1. Vraisemblablement Westermann porta lui-même la lettre de Sillery à Pétion, car, par une note qui se trouve à la fin du *Moniteur*, n° 280, on voit que Westermann arriva le 5 octobre au matin à Paris; il avait fait diligence, puisque nous venons de le voir dater une lettre de Sainte-Menehould, 3 octobre. Westermann faisait à chaque instant la route de Sainte-Menehould à Paris et de Paris à Sainte-Menehould. Nous avons constaté sa présence à Paris le 26 septembre (*Moniteur*, n° 272); nous la constatons de nouveau le 5 octobre (*Moniteur*, n° 280); dans l'intervalle, il avait été dîner chez le roi de Prusse, et donner quelques coups de sabre à l'avant-garde de Beurnonville.

« Ne rendez pas ma lettre publique sur cette querelle. Prieur et Carra reviennent du camp de Kellermann ; les généraux sont d'accord, mais je n'en persiste pas moins à demander que Dumouriez commande le tout. Ne parlez de rien de ce qui est contenu dans cette lettre, qui est pour vous seul. — Montrez-la à Gensonné. »

Beurnonville à Dumouriez.

« Au quartier général, à Marcq, le 5 octobre 1792,
l'an v de la République.

« Pour calmer vos inquiétudes sur le sort de vos enfants, mon cher général, je vous dirai où je suis, ce que je possède, et en jetant après un coup d'œil sur votre carte vous verrez que je serai votre avant-garde par quel trou il vous plaira passer la chaîne du précipice (*sic*) et que je suis parfaitement en mesure pour vous la faire passer avec sécurité.

« Mes vedettes sont à portée de fusil des vedettes ennemies. J'ai fait un pont avec des charrettes, que j'ai consolidé sur l'Aire.

« Je veux faire suivre l'ennemi pour lui prendre jusqu'aux semelles de ses souliers, qu'il laissera dans les boues, par le temps affreux qu'il fait. Du reste j'ai une position, la plus défensive. Ma retraite est sûre, et j'ai ma correspondance assurée avec le général Dillon ; je puis enfin me porter à tous vos débouchés et vous en faciliter la sortie. Voilà, cher général, le fruit le plus essentiel, mais bien nécessaire de cette expédition infernale.

« Telle est la position de l'ennemi par rapport à son emplacement et aux entraves de sa marche : il occupe tous les espaces qui se trouvent entre Remonville, Bayonville, la côte de Chaumont, Thenorgue et Sivry; mes postes avancés sont à Verpel et Sinécourt, les postes ennemis en sont à portée de fusil. Vous voyez que je fais mieux que de les observer.

« Telle a été mon expédition, et le fruit que j'en ai tiré.

« Je me suis arrêté à Condé-lez-Autry, à huit heures du soir.

« J'ai donné ordre au général Rozière de partir à minuit d'Autry avec la légion belgique et liégeoise, avec les volontaires de Cambray et cinq compagnies des volontaires de Paris, suivis de six cents chevaux des chasseurs et hussards du 6e régiment, sous les ordres de l'excellent capitaine Zunig Hellemen, que vous m'avez chargé de recevoir lieutenant-colonel du 6e des hussards. Cette avant-garde de votre avant-garde a eu ordre de fouiller les bois de Marcq, les bois de Négremont, de se porter sur les hauteurs de Grand-Pré même, à votre ancien camp, enfin à Grand-Pré avec prudence et précaution. Enfin, à sept heures, cette avant-garde était en possession de Grand-Pré. Elle n'a eu la peine que de tuer une douzaine de chasseurs prussiens et de mettre en fuite une cinquantaine de hussards, que l'on avait laissés en vedette pour imposer; on en a pris onze, qui demandent à s'enrôler dans les Belges, et j'y ai consenti.

« Je n'ai pu faire usage de mon infanterie, elle a mis huit heures pour faire deux lieues.

« Il y a des bataillons qui n'ont pas eu le pain depuis deux jours, il était dû à tous aujourd'hui; il pleut, il fait un temps abominable, leurs tentes sont restées au milieu des bois; ils vont passer la nuit sous les haies; je leur ai dit que l'ennemi fuyait et était plus mal qu'eux; si je les écoutais, nous irions l'ensevelir dans la boue.

« Quant aux captures, cela se borne à une trentaine de chevaux, à quelques voitures, à une vingtaine de prisonniers, à une douzaine de tués et à cent vingt moribonds du flux de sang chargés sur une vingtaine de voitures de nos paysans, et que je leur ai envoyés plutôt que de conserver la peste chez nous.

« J'ai cependant observé à M. Manstein, dans la lettre que le trompette lui a portée, que vous n'aviez pas eu tort de prévoir les difficultés qui pouvaient résulter de la retraite de l'armée prussienne; si j'étais arrivé un peu plus matin, j'aurais pu prendre cent voitures de pareils malades, et un tel convoi aurait été très-embarrassant. Je me suis porté avec douze cents chevaux sur Champigneulle; en arrivant, ne trouvant plus de pont sur l'Aire, je l'ai passée, l'eau au ventre du cheval; j'ai fait charger les piquets et vedettes prussiens; tout s'est replié sur le camp que j'ai trouvé très-grand; j'ai fait placer mes vedettes, qui ont été respectées. Ce soir on veillera exactement.

« Malgré les circonstances fâcheuses du temps, la retraite de l'ennemi s'est faite dans le plus grand ordre; l'armée campée avant-hier entre Termes et Grand-Pré est venue camper entre Briquenay et Thenorgues. L'arrière-garde de douze mille hommes avec vingt-quatre pièces d'artillerie à cheval est partie de Termes à minuit, a passé à Grand-Pré à deux heures; tous les gros équipages étaient filés; alors cinquante voitures de malades sont restées en arrière, parce que l'on ne trouvait pas de chevaux; partie sont passés à deux heures à Champigneulle. Nos troupes ont trouvé les autres à sept heures, et j'ai ordonné qu'on leur laissât porter la peste à leur armée. Au demeurant ces messieurs s'en vont, je suis en mesure d'observer leurs mouvements et de vous attendre[1].

« BEURNONVILLE. »

Biron à Dumouriez.

« Strasbourg, le 4 octobre 1792.

« Je vous envoie, mon ami, copie de la lettre du général Custine, par laquelle vous verrez qu'il ne s'éloignera pas de Spire[2]; qu'il pourra y recevoir votre réponse, et concerter ses mouvements avec les vôtres. Nos affaires sont en bien bon train, et je crois les Autrichiens et les Prussiens également dégoûtés de venir faire la police chez nous; leurs soldats commencent à déserter beaucoup par Bâle et à nous venir trouver. Le seul moyen qui nous ait réussi de leur faire passer nos décrets sur la désertion, a été de payer fort cher des gens pour les attacher la nuit dans toutes les latrines. Celui-ci n'avait pas été prévu, et il est le seul auquel les ennemis n'aient pas paré.

---

1. *Le Moniteur*, n° 283, contient en quelques lignes l'analyse de cette lettre que nous donnons tout entière.
Pour compléter le tableau de la retraite de l'armée austro-prussienne, il faut recourir aux dépêches des trois commissaires, en date des 7, 10, 13, 18, 22, 25 octobre. *Moniteur*, n°s 283, 286, 291, 295, 300, 302.

2. On voit par cette lettre que Custine avait promis à Biron de ne pas dépasser Spire. Il tint bien mal ses promesses.

« Voici, mon cher Dumouriez, deux rapports d'espions ensemble, assez intéressants pour nous, et peut-être même un peu pour vous.

« Voici encore quelques décrets de désertion.

« Je vous aime et vous embrasse de tout mon cœur.

« BIRON. »

« P. S. Renvoyez-moi mon courrier le plus promptement que vous pourrez, mon bon ami, et adressez en même temps au ministre de la guerre copie de la réponse que vous me ferez, pour qu'il n'y ait pas de temps perdu, et que tout puisse marcher ensemble.

« Vous communiquerez, si vous le jugez à propos, la lettre du général Custine au général Kellermann, à qui je n'en adresse point de copie. »

Le général Dumouriez, commandant en chef l'armée du Nord, au général Biron, commandant en chef l'armée du Rhin.

« Au quartier général, à Autry, le 6 octobre, l'an 1er de la République.

« J'envoie sur-le-champ au ministre, mon cher Biron, votre lettre en original. Je vous ai mandé dernièrement quelques détails formant une espèce de précis historique de ma campagne, qui est certainement une des plus singulières que l'histoire militaire des peuples ait présentée. Depuis le 1er du mois, les Prussiens sont en déroute, et cependant ils se retirent avec un ordre que je ne peux trop louer. J'ai mis à leurs trousses Kellermann avec plus de cinquante mille hommes : nous nous séparons demain ; il se porte sur Verdun, que cette armée évacue ; il se porte de là sur Longwy par où ces malheureux se retirent. Leur route est jalonnée de chevaux et d'hommes morts. Les chemins sont détestables, ce qui est contre nous autant que contre eux ; ils sont affamés et remplis de maladies ; j'estime déjà leur perte effective à plus de vingt-cinq mille hommes, et je suis persuadé qu'il ne reste pas quarante mille hommes en état de combattre. Les paysans en assomment beaucoup. Le roi de Prusse est furieux contre les Autrichiens et les émigrés. Il a traité Monsieur comme un nègre, et l'a chassé d'auprès de lui.

« J'espère que cela facilitera nos négociations et que je finirai par lui faire préférer l'alliance de la France à celle de la dangereuse et perfide Autriche. Je charge Kellermann d'achever sa conversion à coups de canon, et comme il n'y a plus de guerre offensive à craindre dans ce pays-ci, je fais filer, dès après-demain, trente mille hommes pour aller délivrer le département du Nord; j'y marche à leur tête, et vous jugez d'avance, mon ami, que je ne compte pas m'en tenir là, et que j'espère passer mon carnaval à Bruxelles. C'est la seule récompense que je demande pour avoir sauvé la patrie.

« Entretenez dorénavant une correspondance exacte....[1], c'est un brave et digne homme. On avait cherché à nous brouiller en lui soufflant la jalousie du commandement; on n'a pas réussi et il m'aime à la folie. Voilà ce que fait la République, et ce que l'on n'aurait pas obtenu sous un roi.

« Pendant la marche de mon armée pour la Flandre, je vais faire une tournée militaire; je passerai par Paris, et je rejoindrai mes braves compagnons à Valenciennes; je vous donnerai de mes nouvelles quand je pourrai, mais je vous aimerai tous les jours.
« DUMOURIEZ. »

« P. S. Les détails des succès du brave Custine nous ont infiniment réjouis. Son attaque de Spire est digne du bon temps des armées françaises, et prouvera aux Allemands combien les émigrés leur en ont imposé sur l'esprit de nos troupes; son acte de vigueur assurera la discipline, et nous rendra invincibles[2]. »

---

1. Le reste de la phrase est en blanc dans l'original; évidemment les mots que par discrétion Dumouriez a laissés au bout de sa plume sont ceux-ci : *avec Kellermann.*

2. Dumouriez fait ici allusion aux mesures sévères que Custine avait prises contre les pillards de Spire (voir p. 213 de ce volume), et qu'il se proposait d'imiter à la première occasion : ce qu'il fit quelques jours après en apprenant les meurtres de Rethel.

« Mandez-lui nos succès en lui faisant nos tendres et sincères compliments. S'il n'avait affaire qu'aux troupes des cercles, je serais fâché qu'il rompît le cours de ses conquêtes; mais je crains qu'il n'ait sur les bras les Autrichiens, qu'il ne soit engagé à une retraite difficile, et qu'il ne finisse par être entamé, ce qui diminuerait beaucoup vos moyens de défense. Je crois donc qu'il n'est pas mal de se contenter de ce succès; qu'il vaut mieux qu'il se rapproche de vous, et qu'ensuite il concerte un bon plan d'invasion avec Kellermann, que je laisse à la tête de plus de cinquante mille hommes, qui par conséquent pourra vous rendre les cinq à six mille hommes que vous lui avez prêtés, avec lesquels vous pourrez fortifier Custine, pour lui faire faire une expédition plus solide, que les contingents de l'empire ne gêneront ni n'empêcheront. Cette expédition peut être concertée avec mon entrée dans les Pays-Bas, et avec une attaque intermédiaire de Custine, et même avec une attaque de l'armée de Montesquiou, qui doit bientôt se faire sur Genève. C'est ainsi que que nous pourrons travailler en grand, au lieu de nous livrer à des opérations partielles.

« Je vous expliquerai une autre fois cette grande idée, qui est faite pour vous plaire. »

IX

LES QUATRE DÉSERTEURS ÉMIGRÉS

MASSACRÉS A RETHEL.

(Voir page 173.)

La procédure commencée contre les principaux auteurs et complices du meurtre commis à Rethel, le 5 octobre 1792, sur la personne de quatre déserteurs réputés émigrés, forme un dossier très-volumineux que nous avons eu le bonheur de retrouver tout entier. Nous nous contenterons d'en donner les trois principales pièces : 1° la déclaration faite par-devant notaire par les officiers de la garde nationale qui arrêtèrent les quatre déserteurs, le 3 octobre ; 2° le procès-verbal dressé par la municipalité de Rethel, le 5 octobre, quelques heures après la perpétration du crime ; 3° l'attestation du président du tribunal de Rethel donnée à la décharge d'un seul des accusés, le sieur Joly, quartier-maître du bataillon Mauconseil.

I.

« Par-devant les notaires au ci-devant bailliage de Vitry en Vermandois, aux résidences de Rethel et Château-Porcien, département des Ardennes,

« Sont comparus, Jean-Baptiste Tellier, domestique chez le

sieur Marc-Antoine Bonnevie, maire de la municipalité de Ville-sur-Retourne, y demeurant, et Jacques Pennès, commandant en second de la garde nationale, demeurant à Bignicourt;

« Lesquels ont déclaré et attesté, savoir : ledit Tellier que, étant dans la rue à Ville, il a aperçu quatre chasseurs des armées étrangères, montés chacun sur un cheval et avec armes et bagages, qui lui ont demandé la maison du maire dudit Ville, en lui disant qu'ils étaient patriotes, et qu'ils venaient pour se rendre et s'engager dans les armées françaises; et lesdits Pennès et Tellier ont attesté l'un et l'autre que lesdits chasseurs ont remis entre leurs mains leurs armes pour prouver la sincérité de leurs déclarations, et les ont engagés, ainsi que la garde nationale d'Annelles, de les accompagner jusqu'à Rethel, où ils voulaient prendre l'engagement de servir la France ; que les comparants les ont effectivement accompagnés en ladite ville de Rethel avec la garde nationale d'Annelles; qu'arrivés au district de Rethel avec lesdits quatre chasseurs, ils ont remis à ces derniers, du consentement du Directoire, les armes qui leur avaient été confiées ; que lesdits quatre chasseurs leur ont dit qu'ils venaient de déserter du régiment des chasseurs impériaux russes, qui passaient à Bourg ; qu'ils se nommaient Bonneville, Dusellier, Jacques Cotier et Devaux[1]; qu'ils étaient tous les quatre Français, qu'ils venaient se ranger sous l'étendard de la République française ; desquelles déclarations ledit Bonneville, aussi présent, a requis acte, que nous lui avons accordé. Fait et passé aujourd'hui 3 octobre 1792, an 1er de la République française[2]. »

---

1. Ces quatre malheureux étaient tous très-jeunes ; d'après leurs actes d'engagement, Dusellier était âgé de vingt et un ans; Jacques Cotier, de vingt-six ans; Devaux, de dix-neuf ans; Bonneville était un peu plus âgé, il avait servi quelque temps dans le 6e chasseurs, en qualité d'élève chirurgien.

2. Cette pièce est donnée par le *Journal des Débats et Décrets*, n° 29, p. 540 et 541, séance du 18 octobre. Elle est simplement analysée, dans le compte rendu de la même séance, par le *Moniteur*, n° 293.

II.

Extrait du registre des délibérations du conseil permanent de la municipalité de Rethel, du 5 octobre 1792.

« La municipalité, instruite que quatre soldats de la légion des impériaux russes, qui avaient été amenés au district de Rethel le 3 courant, comme déserteurs de l'armée ennemie, et dont trois s'étaient engagés le même jour au service de la République, dans le 10e régiment de dragons, avaient été saisis dans la nuit par Palloy, commandant d'un bataillon, et par quelques volontaires de l'armée du général Chazot, qui logeait ce jour à Rethel, conduits par eux, d'après les ordres et en présence de Palloy, à un de leurs corps de garde, où ils ont passé le reste de la nuit;

« Instruits que le général, ayant été averti de l'arrestation de ces quatre déserteurs, avait de suite fait battre la générale et donné des ordres à son aide de camp pour les faire conduire en prison et les soustraire à la fureur de ces volontaires; mais que ses ordres n'avaient pu être exécutés; que les volontaires les avaient transférés au domicile du général, à qui ils demandaient la tête de ces quatre hommes; qu'il y avait un assez grand nombre de volontaires attroupés; que le citoyen Chazot, parlant avec fermeté au nom de la loi, n'était pas respecté, que même on entendait des menaces contre lui, dans le cas où il parviendrait à sauver ces quatre hommes de la fureur des volontaires;

« Une partie de la municipalité, au milieu des embarras que lui occasionnait la distribution de la viande et du pain à l'armée, attendu qu'il n'y avait point de commissaire des guerres, et qu'elle n'avait pas été prévenue de l'arrivée de cette colonne, s'est transportée au lieu de l'attroupement, grossi alors de plusieurs hommes, femmes et enfants, tant de la ville que de la campagne, où elle réunit ses efforts à ceux du général pour le dissiper. Elle crut y parvenir en instruisant les volontaires présents des détails de la désertion de ces quatre hommes, qui s'étaient rendus à un commandant de garde nationale d'un village voisin de Rethel, qui, en les amenant en cette ville, avait attesté le fait aux membres du district, et enfin en invitant ces volontaires à se rendre aux derniers ordres du général, qui demandait que ces quatre hommes fussent conduits au conseil de guerre à Mézières, pour y être jugés suivant la loi. Pour toute réponse, on n'entendit que des cris de fureur : *Notre jugement est au bout de notre sabre!* A l'instant, la garde est forcée par des volontaires ; ces quatre malheureux sont arrachés de la maison où ils étaient détenus, traînés sur la place de la maison commune et massacrés.

« Le général faisait alors battre le rappel : il partait lui-même, parce que le maire venait de lui faire passer l'avis qu'il recevait à l'instant de la municipalité de Saulcé-aux-Bois, que l'ennemi se montrait à deux lieues de la ville sur le chemin qu'il avait à faire, et déjà le 38e régiment d'infanterie, qui était de sa brigade, avait pris les devants ; cet avis avait même été lu à haute voix, dans la rue, au milieu de l'attroupement des volontaires, par le général et par le citoyen chez lequel il était logé, mais sans succès, et ces forcenés ne voulurent joindre leur drapeau qu'après avoir assouvi leur fureur. Dont et de quoi nous avons dressé procès-verbal, ce 5 octobre 1792.

« *Signé au registre :*

« Brulé-Brulé, Miroy-Destournelles, Leroy le jeune, Potier, Clayevidie, Declèves, Bigot, Justinart, Demeaux, procureur de la commune, et Landragin le jeune, maire [1]. »

III.

« Nous, Nicolas Noblet, président du tribunal du district de Rethel, certifions et attestons que les quatre malheureux déserteurs ont été mis à mort sur la place de la maison commune de cette ville. Un officier d'un des bataillons qui étaient arrivés la veille en ladite ville, et que j'ai appris depuis être le

---

1. Ce procès-verbal est donné par Marat lui-même, dans le n° XXV du *Journal de la République*.

citoyen Joly, quartier-maître du bataillon de Mauconseil, est venu me trouver vers les huit heures du matin, accompagné du citoyen Chantrart, premier grenadier dans l'une des compagnies de la garde nationale de la même ville, pour m'engager à me rendre sur-le-champ à la place de la maison commune, à l'effet de juger quatre innocents, que ma présence soustrairait peut-être au sort dont ils étaient menacés ; que ma réponse a été de lui détailler les raisons qui ne me permettaient pas de déférer à sa demande, en lui exposant, entre autres choses, que tout ce que je pouvais faire était de requérir que les quatre particuliers dont il s'agissait fussent constitués prisonniers ; que ledit sieur Joly ayant insisté sur mon transport, j'étais prêt à sortir, lorsque environ quatre minutes après on est venu nous annoncer que ces quatre particuliers venaient d'être massacrés à coups de sabre et de baïonnette, que cette boucherie a été exercée en l'absence du citoyen Joly et avant qu'il soit retourné sur la place de la maison commune.

« Noblet.

« Le 28 octobre 1792 [1]. »

Deux jours après que la Convention, après avoir entendu les accusations de Marat contre Dumouriez et Chazot, eut fait justice des allégations de l'Ami du peuple en passant dédaigneusement à l'ordre du jour (voir page 189 et suivantes de ce volume), la section Mauconseil vint (le 20 octobre) présenter à la barre de l'Assemblée une adresse dans laquelle elle demandait : 1° qu'il fût sursis à toute procédure contre les soldats de son bataillon ; 2° que les accusés fussent conduits à Paris « pour y être jugés, là et non ailleurs, sauf à prendre par la suite telles voies que de raison contre les généraux eux-mêmes, s'ils étaient convaincus d'avoir prévariqué dans des fonctions qui, motivées sur la confiance publique, ne les rendaient que plus coupables, s'ils en avaient indignement abusé. »

Déjà cette section avait envoyé de sa propre autorité dans le département des Ardennes des commissaires pour faire une enquête sur les faits qui s'étaient passés à Rethel le 5 octobre. Ces commissaires se rendirent dans cette ville, dans les villages

1. Cette pièce n'a jamais été imprimée.

environnants et jusque dans les lieux de cantonnement du bataillon, qui se trouvait alors dispersé dans plusieurs villages situés entre Sedan et Charleville. Ils recueillirent tous les témoignages qu'ils purent ramasser par promesses et menaces, et vinrent apporter à leur section le résultat de leur enquête[1].

Les individus livrés par les bataillons eux-mêmes comme les principaux coupables du meurtre de Rethel (voir pages 185 et 193 de ce volume), avaient été conduits, les uns à Paris, les autres à Givet.

Deux de ces derniers obtinrent du général Miaczinski, qui commandait à Sedan, l'autorisation de venir à la barre de l'Assemblée plaider leur cause et celle de leurs camarades. Leur défense ne fut qu'une longue diatribe « contre l'intolérable tyrannie du général Chazot, qui n'avait pas hésité à sacrifier le bataillon Mauconseil tout entier en holocauste à sa haine et à sa colère implacable. »

L'Assemblée passa à l'ordre du jour sur cette pétition, comme six semaines auparavant elle l'avait fait pour l'adresse de la section Mauconseil elle-même[2].

Mais Marat et ses amis ne se rebutaient pas pour si peu ; ils avaient fait parvenir aux comités de la guerre et de sûreté générale réunis l'enquête à laquelle s'étaient livrés, sans contrôle et sans caractère légal, les commissaires de la section Mauconseil. Dans cette enquête on avait accumulé invraisemblance sur invraisemblance, mensonge sur mensonge, on y attribuait à la population de Rethel ce qui était l'œuvre des volontaires commandés et excités par Palloy[3].

Peut-être par les mêmes moyens que nous avons vu mettre

1. La plupart de ces témoignages étaient évidemment entachés de fraude ; l'on y prétendait notamment que les quatre déserteurs avaient refusé de s'engager dans l'armée française. Pendant ce temps, la municipalité de Rethel transmettait à la Convention les engagements en forme contractés par ces malheureux deux jours avant d'avoir été saisis et égorgés par les *apôtres* de Palloy.

2. Voir le *Journal des Débats et Décrets*, n° 31, p. 579.

3. Cette assertion avait été démentie d'avance par les autorités de Rethel, qui, tout en reconnaissant que le meurtre avait été commis par l'infime minorité des deux bataillons, avait elle-même demandé que l'on informât contre les citoyens de cette ville et des environs qu'on pourrait soupçonner d'avoir

en usage pour escamoter le fameux rapport de Bazire sur les journées de septembre (livre XVIII, voir pages 347 et suiv.), les Montagnards parvinrent à faire préparer un rapport dans le sens même des conclusions des commissaires de Mauconseil. Vardon, l'un des membres les plus obscurs du comité de sûreté générale, avait été chargé de le rédiger. A la séance du 18 décembre, il fait connaître à Marat, à qui cette affaire tenait naturellement fort à cœur, que son travail est prêt. L'Assemblée se livrait depuis quelques heures à une discussion fort importante et très-approfondie sur un projet de loi qui lui avait été présenté pour la complète réorganisation de l'instruction publique. Mais l'éducation du peuple était bien ce qui importait le moins à Marat, lorsqu'il entrevoyait le moyen de se venger d'un de ses ennemis et de satisfaire sa haine. Aussitôt qu'il apprend la bonne nouvelle, Marat se place au pied de la tribune et guette le moment favorable, afin d'obtenir un tour de faveur pour le rapport de Vardon. Sa face livide est illuminée d'une joie diabolique, ses gestes animés trahissent son impatience ; il interrompt à chaque phrase l'orateur, qui explique compendieusement les bienfaits de l'instruction primaire ; enfin il ne peut y tenir, et s'écrie : « Quelque brillants que soient les dis-

---

été mêlés à cette scène de meurtre ; voici le texte même de cette lettre adressée au président de la Convention :

« Citoyen président,

« Nous vous envoyons le procès-verbal du 5 octobre du massacre commis à Rethel, de quatre déserteurs des armées ennemies. D'après des renseignements ultérieurs que nous avons pris, il parait que le plus grand nombre des bataillons Républicain et Mauconseil n'ont point eu de part active à cette malheureuse affaire. Les uns étaient restés chez leurs hôtes, d'autres s'étaient éloignés du lieu de la scène. Cependant, la générale avait été battue. Il est douloureux pour nous que la tête du général Chazot et celle de plusieurs citoyens de notre ville aient été menacées. On nous annonce que les volontaires accusent les habitants de Rethel ; nous désirons découvrir s'il y a des coupables, afin que, s'ils ont partagé le crime, ils partagent la peine.

« Les maire et officiers municipaux de Rethel :

« A. Destournelles, Habon, Boucher, Baillard, Declèves. »

« P. S. Se trouvent ci-jointes les expéditions des engagements de trois des déserteurs et de la déclaration faite par-devant notaire du commandant de garde nationale auquel se sont rendus les quatre déserteurs. »

cours que l'on nous débite sur l'éducation publique, ils doivent céder la place à des intérêts plus urgents. Je demande que l'Assemblée ordonne.l'impression de ce discours pour s'occuper d'objets plus importants, et qu'elle entende le rapport de l'affaire de Rethel; il est urgent de rendre justice à des bataillons patriotes indignement vexés par des généraux. »

Cette sortie est violemment applaudie par les tribunes, et l'Assemblée, subissant leur pression irrésistible, consent à entendre Vardon. Celui-ci débute ainsi :

« Je viens, au nom des comités militaire et de sûreté générale, payer un tribut à la vérité, et ramener l'opinion sur deux bataillons recommandables par leur vertu et leur patriotisme. Un meurtre a été commis à Rethel : aussitôt le général Chazot l'attribue exclusivement à deux bataillons parisiens (Mauconseil et Républicain); il les dénonce par une lettre outrageante pour tous les volontaires, contre lesquels il ne dissimule pas sa haine et son mépris. Une punition flétrissante prive depuis deux mois la France de ses braves défenseurs ; ils sont punis comme s'ils étaient tous coupables, et soixante d'entre eux gémissent dans les cachots. Quelle réparation ne leur doit-on pas, s'ils sont innocents ? »

Le sont-ils? Oui, se hâte de répondre le rapporteur; puis brodant sur le thème donné par l'enquête Mauconseil, passant sous silence tout ce qui était prouvé jusqu'à la dernière évidence par les pièces officielles qu'il a entre les mains, il déclare que les quatre déserteurs ont été immolés non pas à la fureur des deux bataillons accusés, mais du peuple entier, et il se hâte d'ajouter : « S'il était permis de justifier un meurtre, je dirais que jamais il ne s'est trouvé un concours de circonstances plus propres à excuser la mort de quatre coupables que les organes de la loi semblaient épargner... S'il y a des coupables dans cet événement, ce ne sont pas seulement les deux bataillons de Paris, c'est le peuple, ce sont les soldats de tous les autres corps de troupes qui se trouvaient à Rethel ; ce ne sont pas même ces bataillons, car la plus grande partie du bataillon de Mauconseil était alors hors de la ville, où il attendait son artillerie... »

Mais Vardon ne se contente pas d'excuser, presque de glorifier les assassins ; il a promis à Marat de servir sa haine jusqu'au bout, et il veut lui tenir parole. Il s'embarrasse fort peu de relâcher les liens de la discipline militaire, d'exciter les défiances et les rancunes des troupes contre les généraux qui, dans ce moment même, les conduisent à la victoire. Il continue en ces termes : « Qu'on relise maintenant la lettre de Chazot ; on verra qu'elle est dictée par la mauvaise foi la plus insigne. Quant à Dumouriez, il a satisfait sa haine contre les volontaires ; n'a-t-il pas eu, en effet, l'indélicatesse de supprimer de la lettre de Chazot un dernier paragraphe qui n'aurait laissé aucun doute sur la partialité de ce rapport? »

Or, quelle était cette phrase que, de l'aveu du rapporteur lui-même, ni Dumouriez, ni le ministre n'avaient jugé utile de livrer à la publicité? La voici :

« Je pense aujourd'hui qu'il est d'autant moins possible d'entreprendre une guerre sérieuse avec des troupes telles que nos volontaires nationaux, qu'ils méprisent les lois, qu'ils ne connaissent ni discipline, ni règle militaire ; ce sont des volontaires dans toute l'étendue du mot, ils n'inspirent que l'effroi. Si notre cavalerie légère venait, je les enverrais tout de suite au feu pour voir s'ils sont aussi braves que turbulents. »

L'organe des maratistes n'avait pas compris ou peut-être n'avait pas voulu comprendre que, si cette phrase avait été omise à dessein par le ministre de la guerre, comme par le général en chef, dans la copie transmise à la Convention et destinée à être lue en séance publique, c'est qu'elle pouvait (surtout au moment où elle était écrite, 8 octobre), révéler à l'ennemi la faiblesse de l'armée française, et qu'elle était de nature à décourager ou à irriter les soldats encore indisciplinés qui en formaient la majeure partie. Vardon termine son rapport en proposant à la sanction de l'Assemblée un projet de décret ainsi conçu :

« La Convention nationale déclare que *c'est à tort que les deux bataillons le Mauconseil et le Républicain ont été inculpés par le général Chazot.*

« Décrète, en conséquence, que ces deux bataillons reprendront à l'armée leur rang et leur service ; que les volontaires détenus seront *remis en liberté et réintégrés dans leurs grades respectifs;* que le ministre de la guerre rendra compte dans quinzaine de l'exécution de cet article; enfin que le présent décret sera envoyé aux sections de Paris, aux quatre-vingt-quatre départements et aux armées. »

Le rapporteur avait été plus d'une fois interrompu par les murmures de la droite et les applaudissements de la gauche. Au moment où il descend de la tribune, plusieurs représentants s'y précipitent pour combattre ses conclusions. Rewbell obtient le premier la parole. « On ne disconvient pas, dit-il, qu'une partie des deux bataillons a été l'instrument du meurtre, que la discipline a été indignement violée, qu'il y a eu désobéissance formelle aux ordres du général Chazot. Sachez-le bien; si vous voulez avoir une armée, il est impossible d'adopter la mesure que l'on vous propose et d'envoyer aux troupes un pareil décret. Par la manière dont il est rédigé, il contient un blâme formel contre les généraux. Et pourquoi ce blâme? Parce qu'ils ont voulu empêcher des bataillons patriotes de se souiller du sang de quatre étrangers, ou, si vous le voulez, de quatre ennemis vaincus. Suffira-t-il donc d'appeler un homme aristocrate, émigré, pour être autorisé à lui couper la tête? » A cet appel fait au bon sens, à l'humanité, à l'honneur français, les énergumènes des tribunes répondent par des cris : « A bas l'orateur! » — Le président a beaucoup de peine à maintenir la parole au courageux député du Bas-Rhin. Cependant celui-ci parvient à résumer ainsi son opinion. « Je conçois la proposition d'une amnistie, mais décerner des louanges à l'insurrection, frapper d'un blâme les généraux, c'est le comble de l'horreur. » Une partie de l'Assemblée applaudit; mais à l'extrémité de la salle et dans les tribunes, on pousse des clameurs effroyables. Legendre, Billaud-Varennes et Marat s'inscrivent comme défenseurs officieux des bataillons.

Le montagnard Albitte avait été deux mois auparavant le rapporteur du décret qui avait formellement approuvé les mesures rigoureuses prises par Dumouriez contre les deux bataillons. Ses confrères en démagogie lui avaient, plus d'une fois depuis cette époque, amèrement reproché le concours qu'il avait donné dans cette circonstance aux idées d'ordre et de justice. Il avait à obtenir le pardon de sa faute, à faire amende honorable de son hérésie. Il succède à Rewbell, et pour expliquer son changement d'opinion, il commence par quelques phrases embarrassées dans lesquelles il est difficile de comprendre autre chose que, « si les volontaires ont peut-être péché par la forme, le général a péché par le fond. Le vrai coupable, ajoute-t-il, c'est Chazot, qui a voulu faire passer des émigrés pour des étrangers. Qu'ont fait au contraire les volontaires, si ce n'est de devancer l'action de la justice, puisqu'il est presque certain que ces quatre prétendus déserteurs prussiens étaient des émigrés français qui eussent subi la mort, en vertu de la loi, si les administrateurs et les généraux eussent rempli leur devoir?

Albitte avait été interrompu au milieu de son discours par des applaudissements frénétiques partis à la fois de toutes les galeries. Ce n'était pas à lui que s'adressait cette ovation subite, mais bien à Marat, qui à ce moment, la tête haute, l'œil enflammé, la menace à la bouche, traversait la salle et venait se placer au pied de la tribune pour s'y élancer aussitôt qu'Albitte la quitterait. L'un des plus courageux d'entre les Girondins, Chambon, veut la lui disputer, et déclare que si on inculpe les corps administratifs de Rethel, il est au moins de toute justice de les entendre contradictoirement avec les défenseurs officieux des bataillons.

Marat, par une tendance commune à tous ceux qui crient contre les aristocrates, prenait assez facilement le ton qu'il reprochait à ses adversaires de vouloir prendre vis-à-vis de lui. Il interrompt brusquement Chambon en ces termes : « J'avais la parole avant vous, monsieur; il vous sied bien de vouloir me l'ôter ! »

Le président met fin à cette discussion en annonçant que la parole n'est ni à l'un ni à l'autre, mais bien à Thuriot, qui l'a demandée longtemps auparavant. Celui-ci reconnaît que la loi a été violée, mais que dans le désordre dont la ville de Rethel a été le théâtre il est difficile de discerner les vrais coupables: « L'on ne peut, ajoute-t-il, frapper sept cents pères de famille qui se trouvent dans les bataillons. Le général Chazot s'est peut-être trompé sur leur compte, mais il est de son côté parfaitement excusable d'avoir exagéré les expressions de sa douleur et de son indignation au moment où le sang coulait sous ses yeux. Dès lors ce qu'il y a de mieux à faire, c'est d'adopter la proposition du comité en en effaçant tout préambule et tout blâme direct ou indirect adressé aux généraux, et en restreignant le décret à la mise en liberté des soixante détenus, à la réintégration des deux bataillons dans les rangs de l'armée. » Marat veut appuyer la rédaction primitive de Vardon, mais sa voix est étouffée par ceux qui demandent à voter sur la proposition de Thuriot. La rédaction amendée par celui-ci est lue et adoptée.

On avait fait miroiter aux yeux de l'Assemblée l'intérêt des deux bataillons qui était à peine en cause, puisque, depuis deux mois qu'ils avaient livré les individus compromis dans le meurtre de Rethel, ils avaient été reçus dans les rangs de l'armée, se battaient tous les jours aux avant-postes, et avaient lavé leur honte d'un moment dans leur sang noblement répandu pour la cause de la liberté et de la patrie. Grâce à cette plaidoirie pour des clients que personne n'attaquait, on avait soustrait aux investigations de la justice Palloy, ses apôtres et les volontaires qui s'étaient laissé aller à leurs violentes excitations. Le chef du bataillon *le Républicain* et ses complices purent donc se promener dans Paris tête levée, et, par l'impunité qu'ils avaient obtenue, prouver à tous combien déjà, à cette époque, la protection de l'*ami du peuple* était précieuse.

Mais un vieux soldat avait été violemment insulté dans le rapport inspiré par Marat [1]. Son honneur lui défendait de se taire. Aussitôt que Chazot eut connaissance de ce rapport, il écrivit à la Convention la lettre suivante :

« Sedan, le 23 décembre 1792, an 1er de la République.

« Citoyens législateurs,

« Je suis accusé, outragé devant vous; mardi, 18 de ce mois, je le fus d'une manière aussi sanglante que solennelle. Le rap-

---

[1]. Chazot comptait à cette époque quarante ans de service militaire. Il s'était engagé simple soldat dans le corps des volontaires de Flandre en 1753 et avait fait les campagnes de la guerre de sept ans ; il était colonel en 1788, avait été fait maréchal de camp le 26 mai 1790, et lieutenant général le 7 septembre 1792.

port de l'événement arrivé à Rethel, le 5 octobre dernier, attaque à la fois mes principes, ma franchise et ma réputation.

« Dénoncé à la France entière dans la personne de ses représentants, il m'est actuellement impossible de me taire : la place que je tiens de la confiance publique, ce que je dois d'égards à l'opinion générale, ne me permettent pas d'observer le silence de l'insensibilité ; le propre intérêt, le sentiment de mon innocence me défendent celui de la crainte.

« Toutes ces considérations, citoyens législateurs, m'amènent impérieusement à vous presser avec instance de vouloir bien nommer, sans délai, des commissaires pour m'entendre quant à ce qui me concerne, examiner les pièces originales qui sont entre mes mains, d'après lesquelles j'ai rendu compte, et réviser enfin l'affaire qu'il m'importe tant de mettre au grand jour, puisque l'honneur m'est infiniment plus cher que la vie.

« Dès le premier moment, je pensai militairement que les deux bataillons Mauconseil et Républicain s'étaient parfaitement lavés dans l'esprit de la nation, en livrant d'eux-mêmes au glaive de la loi chacun neuf de leurs membres qu'ils avaient reconnus coupables. Intimement persuadé de la justice de la Convention nationale, je m'attends d'avance à la mesure que je sollicite, et puis, je dirai comme Scipion : « Allons rendre grâces aux dieux qui ont protégé mon zèle et mes services. »

« CHAZOT, lieutenant général. »

La Convention attendit deux mois pour prendre une décision sur la pétition du brave général, et au bout de deux mois, le 20 février 1793, allant de plus en plus à la dérive vers les idées démagogiques, elle passa à l'ordre du jour. Bientôt (9 avril) une autre réponse fut faite à Chazot. Quelle fut-elle ? Un ordre d'arrestation changé au bout de deux mois en une suspension illimitée.

Chazot ne put être réintégré dans les cadres de l'armée que neuf mois après la fin du régime de la Terreur (germinal an III, avril 1795). Mais sa carrière était brisée, son avenir perdu. Il fut mis peu de temps après à la retraite.

Grâce à la haine de Marat, dont les effets survécurent à la

vie de ce misérable, le vieux soldat qui avait arrosé de son sang les plaines du Hanovre en 1760 et les défilés de l'Argonne en 1792 ne put partager avec ses anciens compagnons d'armes le bonheur de défendre le sol sacré de la patrie pendant la période, si glorieuse pour les armées françaises, de 1793 à 1795.

TABLE DES MATIÈRES

DU TOME QUATRIÈME.

LIVRE XIV.

LES ÉLECTIONS CONVENTIONNELLES.

		Pages.
I.	Le lendemain des journées de septembre	1
II.	Réaction contre les auteurs du massacre	6
III.	Les commissaires du pouvoir exécutif et de la commune	9
IV.	La commune renie le comité de surveillance	17
V.	Décret du 20 septembre, pour le rétablissement de l'ordre et de la sûreté individuelle	22
VI.	Les élections de Paris. — Le vote à haute voix	29
VII.	L'assemblée électorale aux Jacobins	35
VIII.	La députation de Paris	44
IX.	Les élections départementales	49
X.	Composition de la nouvelle assemblée	55

LIVRE XV.

LA CONVENTION ET LA COMMUNE.

I.	La première séance de la Convention	63
II.	La royauté abolie	67
III.	Rapport du ministre de l'intérieur	72
IV.	La garde départementale proposée	76
V.	Les triumvirs accusés	81
VI.	Marat à la tribune	93
VII.	Les deux partis	100

VIII.	La Commune prend peur.	104
IX.	Fausse dénonciation apportée par le comité de surveillance	110
X.	Les dénonciateurs dénoncés.	115
XI.	Rapport de Buzot sur la garde départementale	125
XII.	La Convention réclame le compte des dépôts reçus par la Commune.	132
XIII.	Marat et Roland.	136

LIVRE XVI.

L'INVASION REPOUSSÉE.

I.	Capitulation de Verdun. — Mort de Beaurepaire	141
II.	Les réquisitions du duc de Brunswick	147
III.	Dumouriez dans les défilés de l'Argonne.	152
IV.	La canonnade de Valmy	157
V.	La retraite de l'armée austro-prussienne.	162
VI.	L'assassinat de Réthel.	170
VII.	Dumouriez à Paris	175
VIII.	La fête chez Talma	185
IX.	Marat dénonce les généraux	189
X.	Siége de Lille.	195
XI.	Conquête de la Savoie et du comté de Nice	203
XII.	Custine à Spire et à Worms.	212
XIII.	Pache et Garat	215

LIVRE XVII.

LA GIRONDE ET LA MONTAGNE.

I.	Le camp sous Paris.	221
II.	Les ateliers nationaux de 1792.	230
III.	Les caisses patriotiques.	241
IV.	Leur liquidation désastreuse.	251
V.	Adresse des sections contre la garde départementale.	261
VI.	Les nouveaux Marseillais. — L'orateur Gonchon.	267
VII.	La Commune humiliée et amnistiée.	272
VIII.	Le projet de loi contre les provocateurs au meurtre.	286
IX.	Séance tumultueuse du 29 octobre.	293
X.	Louvet dénonce Robespierre.	306

xi. Les Jacobins et la presse, après la séance du 29 octobre. . . . 316
xii. Double jeu de Barère 320
xiii. Robespierre répond à Louvet (5 novembre) 327

LIVRE XVIII.

LES SUBSISTANCES.

i. Les Jacobins triomphants. 339
ii. Rapport de Basire sur l'état de Paris. 347
iii. Rapport de Letourneur sur l'envoi des fédérés à l'armée. 356
iv. Lacroix et Barère veulent tenir la balance égale entre la Gironde et la Montagne 363
v. La question des subsistances. — Rapport de Fabre, lettre de Roland, opinion de Ferrand, Beffroy, Boyer-Fonfrède. . . . 371
vi. Insurrection dans les départements d'Eure-et-Loir et de Loir-et-Cher. 378
vii. Suite de la discussion sur les subsistances. — Discours de Fayau, Lequinio, Valazé, Saint-Just. 382
viii. Les trois décrets du 30 novembre 389
ix. Discussion sur le salaire des prêtres. 398
x. Les prêtres mariés. 402

NOTES,

ÉCLAIRCISSEMENTS ET PIÈCES INÉDITES.

I. *Les journaux après les journées de septembre.* 411
   Le Bulletin du tribunal criminel 413
   Le Courrier des départements 414
   Les Révolutions de Paris 416
   Le Moniteur. 419
   Le Thermomètre du jour 421
   Le Patriote français 423
   Le Courrier de l'égalité 424
   Extrait du *Mémorial de Sainte-Hélène.* 424
   Jugements de Mme de Staël, de Châteaubriand, de Lamartine, de Michelet 426
II. *Les commissaires du pouvoir exécutif et de la Commune.* 429
   Les trois catégories de commissaires 429
   Noms des commissaires de la Législative. 430

Principaux commissaires du pouvoir exécutif. 430
Noms des commissaires de la Commune. — Leurs doubles pouvoirs. 431
Commissions délivrées à Billaud-Varennes. 433
Commissions du pouvoir exécutif, passe-ports de la Commune . . 434
Arrêtés pour la saisie des chevaux et voitures. 434
Commission générale délivrée à Brune. 435
Commission spéciale délivrée à Royou-Guermeur. 436
Circulaire du ministre de l'intérieur contre les commissaires . . . 438
Arrêté du conseil exécutif, qui les rappelle, 22 septembre 1792. . 440
Règlement de leurs dépenses. 441
Commissaires arrêtés dans les départements. 442
Arrêté du conseil exécutif qui ordonne leur mise en liberté. . . 444
Guermeur arrêté à Quimper. 444
Lettre de Guermeur à Marat 447
Réponse de Marat. 450
Débats de la Convention à propos de Guermeur. 452
Il est mis en liberté. 455

III. *Détails statistiques sur la composition de la Convention.* 457
Députés à la Constituante élus à la Convention. 457
Députés à la Législative élus à la Convention. 461
Ecclésiastiques et ministres protestants qui firent partie de la Convention 468

IV. *Règlement de la Convention et organisation des comités.* 471
 I. Règlement. 471
 II. Comités. 477

V. *Les vierges de Verdun et leurs compagnons d'infortune.* 483
Extrait du rapport de Cavaignac, 7 janvier 1793 486
Lettre du procureur syndic du district de Verdun à Cavaignac, 10 janvier 1793. 487
Lettre de Madin, secrétaire de la commission de Verdun, 30 novembre 1793 488
Lettre du ministre de la justice, Gohier, 1ᵉʳ nivôse an II. 489
Extrait des informations du conseil général de la commune de Verdun. 491
Arrêté du représentant du peuple Mallarmé. 492
Déclaration du voiturier Bourguignon 493
Interrogatoire et acte d'accusation.— Les cinq catégories d'accusés. 496
Comparution des accusés devant le tribunal révolutionnaire (5 floréal an II) 500
Trente-trois condamnations à mort, deux à l'exposition 502

TABLE.

- VI. *Gossin et Ternaux, administrateurs du département de la Meuse, décrétés d'accusation le 5 septembre 1792.* 507
  - Enquête faite à Bar et à Verdun en prairial an II. 508
  - Rapport de Bézard sur Gossin, 28 messidor an II. 510
  - Tribunal révolutionnaire. — Audience du 4 thermidor an II. . . 512
  - Rapport de Bézard sur Ternaux, 4 thermidor an III. 516
- VII. *Les émigrés en Lorraine et en Champagne.* 519
  - I. Adresses de félicitations et d'hommages envoyés aux frères du roi :
    - Par les habitants d'Audun-le-Riche, août 1792. 519
    - Par les notables habitants de Longwy, 30 août 1792. . . . 521
    - Réponse du marquis de Lambert, 3 septembre 1792. . . . 522
    - Réponse de Monsieur, 4 septembre 1792. 524
  - II. Sommations faites à Thionville 524
    - Première sommation des frères du roi, 4 septembre 1792. . 525
    - Réponse de Wimpffen. 527
    - Seconde sommation, 5 septembre 527
    - Réponse de Wimpffen 529
  - III. Commissions données pour la levée d'impôts. 530
  - IV. Les émigrés après l'évacuation du territoire français. — Déclaration de l'empereur d'Allemagne, 23 octobre 1792 532
- VIII. *Lettres confidentielles relatives à la campagne de l'Argonne et à la retraite de l'armée austro-prussienne en 1792.* 535
  - Lettre de Dumouriez à Servan, 11 septembre. 536
  - Lettre de Beurnonville à Luckner, 16 septembre 538
  - Lettre de Dumouriez à Ph. Devaux, 18 septembre. 538
  - Lettre de Dumouriez à La Bourdonnaye, 19 septembre. 539
  - Lettre de Dumouriez à Biron, 25 septembre. 540
  - Lettre de Dumouriez à Servan, 26 septembre. 541
  - Lettre de Beurnonville à Dumouriez. 545
  - Lettre de Beurnonville à Dumouriez, 29 septembre. 546
  - Lettre de Westermann à Servan, 30 septembre. 546
  - Lettre de Westermann à Pétion, 30 septembre. 548
  - Lettre de Westermann à Pétion, 1er octobre. 548
  - Lettre de Dillon à Dumouriez, 1er octobre. 549
  - Lettre de Sillery à Pétion, 2 octobre. 551
  - Lettre de Westermann à Pétion, 3 octobre. 552
  - Lettre de Westermann à Philibert, 3 octobre. 552
  - Lettre de Sillery à Pétion, 3 octobre. 553
  - Lettre de Beurnonville à Dumouriez, 5 octobre. 556

Lettre de Biron à Dumouriez, 4 octobre.	558
Lettre de Dumouriez à Biron, 6 octobre.	559

IX. *Les quatre déserteurs émigrés massacrés à Réthel.* 563

Déclaration des officiers de la garde nationale de Ville-sur-Retourne, 3 octobre 1792.	563
Procès-verbal dressé par la municipalité de Rhétel, 5 octobre 1792.	565
Enquête faite par la section Mauconseil.	567
Rapport de Vardon, discussion du 18 décembre.	569
Lettre de Chazot, 23 décembre.	574

FIN DE LA TABLE DU TOME QUATRIÈME.

BIBLIOTHÈQUE ELZEVIRIENNE
In-16, papier vergé, reliure en percaline.

L'INTERNELLE CONSOLACION, première version françoise de l'*Imitation de Jesus-Christ*. Nouvelle édition, publiée par MM. L. Moland et Ch. d'Hericault. 1 vol.. 5 fr.
RÉFLEXIONS, SENTENCES ET MAXIMES DE LA ROCHEFOUCAULD. Nouvelle édition, par G. Duplessis. Préface par M. Sainte-Beuve. 1 vol...... 5 fr.
GÉRARD DE ROSSILLON, poëme provençal, publié, d'après le manuscrit unique, par M. Francisque Michel. 1 vol.............................. 5 fr.
LE DOLOPATHOS. Recueil de contes en vers du XIIe siècle, par Herbers, publié d'après les manuscrits par MM. C. Brunet et A. de Montaiglon. 1 vol. 5 fr.
FLOIRE ET BLANCEFLOR. Poëmes du XIIIe siècle, avec une introduction, des notes et un glossaire, par M. Edelestand du Méril. 1 vol.......... 5 fr.
RECUEIL DE POESIES FRANÇISES DU XVe ET DU XVIe SIÈCLE, morales, facétieuses, historiques, revues sur les anciennes éditions, et annotées par M. A. de Montaiglon. Tomes I-VIII. Chaque volume............ 5 fr.
CHANSONS DE JEHANNOT, de Lescurel. 1 vol....................... 2 fr.
ŒUVRES COMPLÈTES DE FRANÇOIS VILLON, publiées par P.-L. Jacob, bibliophile. 1 vol.. 5 fr.
ŒUVRES DE G. COQUILLART. Nouvelle édition, revue et annotée par M. Ch. d'Héricault. 2 vol...................................... 10 fr.
ŒUVRES COMPLÈTES DE PIERRE GRINGORE, revues et annotées par MM. Ch. d'Héricault et A. de Montaiglon. Tome I..................... 5 fr.
ŒUVRES DE ROGER DE COLLERYE. Nouvelle édition, avec une préface et des notes par M. Ch. d'Héricault. 1 vol........................ 5 fr.
ŒUVRES COMPLÈTES DE RONSARD, avec les variantes et des notes par M. Prosper Blanchemain. Tomes I-IV. Chaque volume................. 5 fr.
LES TRAGIQUES, DE THÉODORE AGRIPPA D'AUBIGNÉ. Édit. annotée par M. Ludovic Lalanne 1 vol...................................... 5 fr.
LE PANTHÉON ET TEMPLE DES ORACLES, par Fr. d'Hervé. 1 vol........ 5 fr.
ŒUVRES COMPLÈTES DE RACAN, revues et annotées par M. Tenant de Latour. 2 vol... 10 fr.
ŒUVRES COMPLÈTES DE THÉOPHILE, revues, annotées et précédées d'une notice biographique par M. Alleaume. 2 vol....................... 10 fr.
ŒUVRES COMPLÈTES DE SAINT-AMANT. Nouvelle édition, revue et annotée par Ch.-L. Livet. 2 vol..................................... 10 fr.
ŒUVRES CHOISIES DE SENECÉ. Nouvelle édition, publiée par MM. Émile Chasles et P.-A. Cap. 1 vol................................. 5 fr.
ŒUVRES POSTHUMES DE SENECÉ, publiées par MM. Émile Chasles et P.-A. Cap. 1 vol.. 5 fr.
ŒUVRES DE CHAPELLE ET DE BACHAUMONT, publiées par M. Tenant de Latour. 1 vol.. 4 fr.
ANCIEN THÉATRE FRANÇOIS, ou collection des ouvrages dramatiques les plus remarquables depuis les mystères jusqu'à Corneille, publié avec des notices et éclaircissements. 10 vol. Chaque volume............... 5 fr.
HISTOIRE DE LA VIE ET DES OUVRAGES DE CORNEILLE, par M. J. Taschereau. 1 vol... 5 fr.
ŒUVRES COMPLÈTES DE PIERRE CORNEILLE, revues et annotées par M. J. Taschereau. Tomes I et II. Chaque volume................... 5 fr.
MÉLUSINE, par Jehan d'Arras, nouvelle édition publiée par M. Ch. Brunet. 1 vol... 5 fr.
LE ROMAN DE JEHAN DE PARIS. Nouvelle édition, revue et annotée par M. Émile Mabille. 1 vol.................................... 3 fr.
LE ROMAN COMIQUE, par Scarron, revu et annoté par M. Victor Fournel. 2 vol.. 10 fr.
HISTOIRE AMOUREUSE DE GAULES, par Bussy-Rabutin, revue et annotée par M. Paul Boiteau; suivie des Romans historico-satiriques du XVIIe siècle, recueillis et annotés par M. Ch.-L. Livet. Tomes I-III... 15 fr.
SIX MOIS DE LA VIE D'UN JEUNE HOMME (1797), par Viollet-Le-Duc. 1 v. 4 fr.

LES AVENTURES DE DON JUAN DE VARGAS, racontées par lui-même, traduites
   de l'espagnol par Charles Navarin. 1 vol...................... 3 fr.
NOUVELLES FRANÇOISES EN PROSE DU XIIIe SIÈCLE, avec notice et notes par
   MM. Moland et Ch. d'Héricault. 1 vol........................ 5 fr.
NOUVELLES FRANÇOISES EN PROSE DU XIVe SIÈCLE, par les mêmes. 1 v. 5 fr.
LE VIOLIER DES HISTOIRES ROMAINES, ancienne traduction françoise des
   GESTA ROMANORUM, revu et annoté par M. G. Brunet. 1 vol.... 5 fr.
LES FACÉTIEUSES NUITS DE STRAPAROLE, traduites par Jean Louveau et
   Pierre de Larivey. 2 vol..................................... 10 fr.
HITOPADÉSA, OU L'INSTRUCTION UTILE. Recueil d'Apologues et de contes, tra-
   duit du sanscrit par M. Ed. Lancereau. 1 vol................. 5 fr.
MORLINI NOVELLÆ, FABULÆ ET COMŒDIA. 1 vol...................... 5 fr.
LES QUINZE JOYES DE MARIAGE. 2e édition. 1 vol................... 3 fr.
LES ÉVANGILES DES QUENOUILLES. 1 vol............................ 3 fr.
ŒUVRES COMPLÈTES DE RABELAIS, seule édition conforme aux derniers textes
   revus par l'auteur, avec les variantes des anciennes éditions, des notes
   et un glossaire. Tome I..................................... 5 fr.
LA NOUVELLE FABRIQUE DES EXCELLENTS TRAITS DE VÉRITÉ, par Philippe
   d'Alcripe, sieur de Neri-en-Verbos. 1 vol.................... 4 fr.
ŒUVRES COMPLÈTES DE TABARIN, par M. Gustave Aventin. 2 vol... 10 fr.
LES CAQUETS DE L'ACCOUCHÉE. Nouvelle édition revue sur les pièces originales
   et annotée par M. Édouard Fournier, avec une introduction par M. le
   Roux de Lincy. 1 vol.. 5 fr.
LE DICTIONNAIRE DES PRÉCIEUSES, par le sieur de Somaize. Nouvelle édi-
   tion, augmentée de divers opuscules relatifs aux Précieuses, et d'une clef
   historique et anecdotique, par M. Ch.-L. Livet. 2 vol......... 10 fr.
ŒUVRES DE BONAVENTURE DES PÉRIERS, revues et annotées par M. Louis
   Lacour. 2 vol... 10 fr.
RELATION DES TROIS AMBASSADES DU COMTE DE CARLISLE, DE LA PART DE
   CHARLES II, EN RUSSIE, EN SUÈDE ET EN DANEMARK. Nouvelle édition.
   avec préface, notes et glossaire, par le prince Augustin Galitzin. 1 v. 5 fr.
HISTOIRE DU PÉROU, par le père Anello Oliva, traduite de l'espagnol sur le
   manuscrit inédit, par M. H. Ternaux-Compans. 1 vol........... 3 fr.
LES AVENTURES DU BARON DE FÆNESTE, par d'Aubigné. Édition revue et
   annotée par M. Prosper Mérimée, de l'Académie française. 1 vol... 5 fr.
CHRONIQUE DE CHARLES VII, par Jean Chartier, publiée par M. Vallet de Viri-
   ville. 3 vol. Chaque volume.................................. 5 fr.
MÉMOIRES DE LA REINE MARGUERITE, suivis des Anecdotes tirées de la bouche
   de M. du Vair. Notes par M. Ludovic Lalanne. 1 vol.......... 5 fr.
MÉMOIRES DE HENRI DE CAMPION, annotés par M. C. Moreau. 1 vol. 5 fr.
LES COURRIERS DE LA FRONDE, en vers burlesques, par Saint-Julien, annotés
   par M. C. Moreau. 2 vol..................................... 10 fr.
MÉMOIRES DU COMTE DE TAVANNES, suivis de l'Histoire de la guerre de
   Guienne, par Balthazar. Notes par M. C. Moreau 1 vol......... 5 fr.
MÉMOIRES DE LA MARQUISE DE COURCELLES, publiés, avec une notice et des
   notes, par M. Paul Pougin. 1 vol............................ 4 fr.
MÉMOIRES DE MADAME DE LA GUETTE. Nouvelle édition, revue et annotée par
   M. C. Moreau. 1 vol... 5 fr.
MÉMOIRES ET JOURNAL DU MARQUIS D'ARGENSON, ministre des affaires étran-
   gères sous Louis XV, annotés par M. le marquis d'Argenson. 5 vol. Chaque
   volume.. 5 fr.
ŒUVRES COMPLÈTES DE LA FONTAINE, revues et annotées par M. Marty-Lavaux.
   Tomes II-IV. Chaque volume.................................. 5 fr.
VARIÉTÉS HISTORIQUES ET LITTÉRAIRES, recueil de pièces volantes rares et
   curieuses, en prose et en vers, revues et annotées par M. Édouard Fournier.
   10 volumes. Chaque volume................................... 5 fr.
ŒUVRES COMPLÈTES DE BRANTHOME, avec une introduction par M. Mérimée,
   et des notes par M. Louis Lacour. Tomes I-III. Chaque volume... 5 fr.
CHANSONS DE GAULTIER GARGUILLE, revues et annotées par M. Éd. Fournier.
   1 vol... 5 fr.
LES CENT NOUVELLES NOUVELLES, publiées d'après le seul manuscrit connu,
   avec une introduction et des notes. 2 vol.................... 10 fr.

PARIS. — J. CLAYE, IMPRIMEUR, 7 RUE SAINT-BENOIT.

www.ingramcontent.com/pod-product-compliance
Lightning Source LLC
Chambersburg PA
CBHW070330240426
43665CB00045B/1302